Maria Beatriz Nizza da Silva

Ser nobre na Colônia

© 2005 Editora UNESP

Direitos de publicação reservados à:

Fundação Editora da UNESP (FEU)
Praça da Sé, 108
01001-900 – São Paulo – SP
Tel.: (0xx11) 3242-7171
Fax: (0xx11) 3242-7172
www.editoraunesp.com.br
www.livrariaunesp.com.br
feu@editora.unesp.br

CIP – Brasil. Catalogação na fonte
Sindicato Nacional dos Editores de Livros, RJ

S581s

Silva, Maria Beatriz Nizza da
   Ser nobre na Colônia / Maria Beatriz Nizza da Silva. – São Paulo: Editora UNESP, 2005.

Inclui bibliografia
ISBN 85-7139-580-2

   1. Nobreza – Brasil – História.   2. Elites (Ciências sociais) – Brasil – Brasil.   3. Brasil – História – Período colonial, 1500-1822.   I. Título.

05-0380   CDD 305.520981
                                          CDU 316.343.32

Editora afiliada:

Sumário

Introdução   7

Abreviaturas   13

1   O conceito de nobreza   15
   A nobreza civil ou política   17
   Nobres, mecânicos e a classe intermédia   19
   Hierarquia social e formas de tratamento   25
   O papel dos genealogistas e memorialistas   28

2   Do século XVI ao ministério pombalino   41
   Fidalgos donatários   41
   Fidalgos da Casa Real   68
   A distribuição de mercês   76
   As três ordens militares   96
   Morgados segundo as Ordenações do Reino   122
   A "nobreza da terra"   131

Os "homens bons" e os cargos da república   138

Os postos de prestígio nas ordenanças   149

Açorianos na tropa paga   154

A familiatura do Santo Ofício   159

Os ofícios de Justiça   165

3   Das mudanças pombalinas à chegada da Corte   175

A nova nobreza   175

Exigências para a vinculação de bens   192

A Ordem de Cristo e o ouro da Coroa   198

A difusão dos hábitos das ordens militares   202

Nobreza e brasão de armas   213

A remuneração de serviços   221

A carreira da magistratura   228

A carreira militar   234

Novos privilégios das milícias   239

Os donatários e a Coroa   244

Titulares de Portugal com patrimônio no Brasil   254

A Coroa e os ricos vassalos   256

4   A Corte joanina   261

Titulares desterrados   261

Servidores do Paço   268

Fidalgos da Casa Real   282

Uma nova ordem militar   285

Conselheiros do monarca   292

Negociantes de grosso trato e capitalistas   295

Os militares   305

Desvinculação de capelas e instituição de morgados   308

A nobreza na nova ordem política   316

Fontes e bibliografia   323

Introdução

A colonização do Brasil processou-se com a separação vigente em Portugal entre nobres e plebeus e é o conceito de nobreza e sua evolução ao longo de quase três séculos que me proponho aqui analisar. Nestes últimos anos, historiadores portugueses têm constituído grupos de trabalho sobre a nobreza, mas seus estudos ou versam sobre titulares ou sobre situações específicas do Reino que não se verificam na Colônia. Assim, há que atentar na especificidade da nobreza colonial, pois o que é relevante é o processo de nobilitação e não, como em Portugal, a reprodução social da nobreza.

A nobilitação surge primeiro intimamente ligada ao exercício de feitos militares, quer se tratasse da apropriação do território quer se vinculasse à expulsão de estrangeiros do litoral brasileiro. A malha larga da rede administrativa inicial foi-se apertando, com maior número de câmaras e de funcionários régios e com a organização das ordenanças e demais tropas auxiliares, e aqueles que exerciam os ofícios de Justiça ou Fazenda, ou ocupavam cargos camarários e postos nas milícias locais, foram sendo nobilitados pelo simples exercício dessas funções.

A concessão do estatuto de nobre foi sucessivamente utilizada pela Coroa para incentivar a busca e a extração do ouro, para solidificar o corpo mercantil e aumentar as transações comerciais, e para recompensar aqueles que ajudavam financeiramente os reis em ocasião de crise. Nobilitar alguém constituía a moeda de troca de que dispunham os monarcas do Antigo Regime para obter os resultados pretendidos sem grande dispêndio da Fazenda Real uma vez que os vassalos se contentavam com as honras e privilégios inerentes à condição de nobre.

As formas mais visíveis dessa nobreza colonial ligavam-se à concessão do foro de fidalgo da Casa Real, à atribuição de hábitos e mais raramente de comendas das três ordens militares (Cristo, Santiago e Avis), à inserção no grupo privilegiado dos familiares do Santo Ofício, à ocupação de postos na oficialidade auxiliar, e mais raramente na tropa paga (na qual reinóis e açorianos predominavam), à pertença ao grupo dos "cidadãos", ou seja, dos eleitores e dos elegíveis para os cargos municipais, à instituição de morgados, e à ocupação de ofícios que só por si nobilitavam.

Neste livro deixarei de lado o estudo prosopográfico da alta administração colonial, seja ela civil (governadores e vice-reis) ou eclesiástica (bispos e arcebispos). Não só carecemos de análises nesta área, como esses indivíduos pertencem mais à nobreza reinol do que à colonial. Eles simplesmente passavam pelo Brasil antes de se dirigir a outros pontos do império português e poucas raízes deixaram na Colônia, ao contrário dos magistrados ou dos eclesiásticos. Basta remeter para os estudos de Dauril Alden sobre o vice-rei Lavradio; de Laura de Mello e Souza sobre o conde de Assumar e Luís Diogo Lobo da Silva, governadores de Minas Gerais; de Heloísa Liberalli Bellotto sobre o morgado de Mateus em São Paulo e o do historiador português Afonso Costa dos Santos Veiga sobre Luís de Albuquerque de Melo Pereira e Cáceres, governador da capitania do Mato Grosso. Quanto a bispos e arcebispos da Colônia, só J. J. de Azeredo Coutinho tem merecido a atenção dos pesquisadores, não por ter sido bispo de Pernambuco, mas por ser um dos maiores expoentes da ilustração luso-brasileira.

Aliás, a elite letrada formada em Coimbra já questionava, em finais do século XVIII, a prática de se atribuírem os cargos mais elevados da administração colonial, como os de governadores das capitanias brasileiras, à nobreza reinol e não a quem possuía saber para a governação. Basta lembrar esta passagem das *Cartas chilenas*:

> As letras, a justiça, a temperança
> não são, não são morgados que fizesse
> a sábia natureza, para andarem,
> por sucessão, nos filhos dos fidalgos.

Aceitava-se ainda a nobreza como distinção social e detentora de alguns privilégios, mas não como algo que permitisse a obtenção automática dos cargos mais elevados na governança colonial. Mais uma razão para não nos determos no estudo dos governadores coloniais, importante para os historiadores da nobreza reinol, mas não para quem estuda a nobilitação na Colônia.

Uma questão tem de ser previamente discutida: o que se deve entender por nobreza colonial? Só os naturais do Brasil, ou também aqueles que, tendo vindo do Reino, aqui se fixaram, exerceram suas atividades e se enraizaram com família e bens? Sobretudo para os séculos XVI e XVII não tem sentido levantar o problema da naturalidade, uma vez que as guerras e a mobilidade geográfica dentro do império português predominavam. Mesmo para o século XVIII, durante o qual se observa uma maior fixação da população, a elite social manteve a sua mobilidade, até porque esta era fundamental na obtenção de ofícios e postos. Num documento de finais do século XVIII, Domingos Alves Branco Moniz Barreto lembrava que nunca a Coroa "fez divisão alguma, nem diferença" entre os naturais da Europa e do Brasil. Cargos e dignidades foram entregues aos que tinham nascido na América "tanto para o interior do Reino como para as mesmas conquistas". Ainda recentemente, no reinado de Dom José, fora um natural do Brasil encarregado dos planos da Universidade de Coimbra, em cuja reforma se puseram em prática "suas luzes e sábias instruções", numa alusão clara a Dom Francisco de Lemos, de uma família nobilitada da capitania do Rio de Janeiro.

Embora o objetivo de Moniz Barreto fosse mostrar a injustiça da Inconfidência Mineira, o fato é que seu argumento assentava em práticas facilmente observáveis nas carreiras eclesiástica, militar e da magistratura, próprias da elite colonial. Naturais da Colônia saíam para estudar em Coimbra e, bacharéis, permaneciam longos períodos em Portugal, ou nem mesmo regressavam mais ao Brasil, enquanto, por outro lado, militares de carreira nascidos no Reino, ou nos Açores, passavam a maior parte da vida nos regimentos da tropa de linha das principais capitanias. Do mesmo modo, cônegos formados em Coimbra iam engrossar os cabidos em qualquer ponto do império, fossem reinóis ou naturais do Brasil.

Só um sentido anacrônico das palavras "pátria" ou "naturalidade", transferido do século XIX para os séculos anteriores, permitiria reduzir a nobreza colonial aos nascidos no Brasil. Mesmo a chamada "nobreza da terra" (ou seja, os senhores de engenho e os fazendeiros de gado), tão mencionada pelos historiadores brasileiros, mais sedentária e que dificilmente saía do seu espaço de poder local, tinha membros que participavam, por razões de carreira honorífica, da mobilidade geográfica que se observava no interior do império português.

Para evitar anacronismos, é preciso ter sempre presente que a naturalidade dos indivíduos, a sua "pátria", não os acorrentava então a um espaço limitado e que a troca entre a Colônia e a Metrópole era constante. Basta lembrar duas biografias muito conhecidas: a de Gregório de Matos, no século XVII, e a de José Bonifácio de Andrada e Silva, no século XVIII e inícios do XIX. Ambos adquiriram a condição de nobre pelo grau acadêmico obtido na Universidade de Coimbra e, no caso do segundo, também pelo hábito da Ordem de Cristo, recebido em 1801. Ora, dos 59 anos vividos pelo baiano poeta, 32 foram passados em Portugal e o cargo da magistratura que ocupou foi em Alcácer do Sal, no Alentejo, e não no Brasil. Quanto ao santista, nascido em 1763, permaneceu 36 anos no Reino antes de assumir a liderança política depois do movimento constitucional.

A estratégia nobiliárquica dos coloniais consistiu em apostar em várias pedras do xadrez das mercês régias. Muitos procuravam aliar o foro de fidalgo da Casa Real ao hábito de uma das ordens militares, ou a um posto no oficialato das milícias, ou à familiatura do Santo Ofício. Cargos camarários reconheciam a nobreza das cidades e vilas e os vários ofícios da Fazenda ou da Justiça não só asseguravam proventos aos seus proprietários como nobilitavam quem os ocupava.

Na lógica do Antigo Regime, as mercês eram decorrência dos serviços prestados pelos vassalos à Coroa, embora houvesse sempre a possibilidade de elas serem disfarçadamente compradas mediante ajudas pecuniárias a reis em apertos financeiros. Mas não há dúvida de que era feita uma contabilidade rigorosa dos serviços e que, se estes não fossem recompensados em vida de quem os praticara, a recompensa podia ser reclamada por sua viúva ou familiares.

A história da nobreza colonial, mais complexa do que se poderia à primeira vista pensar, e por isso mesmo mais difícil de ser escrita, é a história de serviços prestados pelos vassalos e de mercês concedidas pelos monarcas. Não se trata de uma nobreza de sangue, hereditária, mas de uma nobreza individual e vitalícia, quando muito transmitida aos membros da família mais próxima.

Só com a chegada da Família Real, em 1808, os titulares, os "grandes" na nomenclatura nobiliárquica, se instalaram na Colônia, muito embora alguns, como o visconde de Asseca, já possuíssem terras e morgados no Brasil. Esses títulos ocupavam então os ministérios e as chefias dos serviços do Paço e a maior parte regressou a Portugal em 1821, com exceção daqueles que, como o conde da Lousã, permaneceram com o príncipe regente Dom Pedro.

Essa nobreza titulada só esporadicamente marcou a história colonial, mas a Corte joanina contribuiu sem dúvida para uma aceleração da nobilitação dos coloniais.

Este estudo está estruturado cronológica e conceptualmente, procurando-se salientar as mudanças ocorridas em cada período: do início da colonização até 1750, do ministério pombalino à chegada da Corte ao Rio de Janeiro e finalmente de 1808 ao movimento constitucionalista.

A legislação josefina marca sem dúvida uma ruptura ao permitir que as elites mercantis das principais praças (Bahia e Rio de Janeiro) tivessem acesso às mercês honoríficas concedidas pelo monarca. Foi Pombal que, mediante a criação da Real Junta de Comércio e também das companhias mercantis (Pernambuco e Paraíba e Grão-Pará e Maranhão), deu visibilidade social à elite dos "negociantes de grosso trato". Com a presença do príncipe regente Dom João no Brasil, e devido a suas necessidades financeiras, o leque das mercês honoríficas abriu-se a um número muito maior de indivíduos naturais do Brasil, ou que aqui tinham desempenhado suas atividades. Nem mesmo a mudança de regime político a 26 de fevereiro de 1821 fez desaparecer a sede de graças honoríficas entre os habitantes do Brasil.

Abreviaturas

ANTT	Arquivo Nacional Torre do Tombo
HOC	Habilitações da Ordem de Cristo
HOA	Habilitações da Ordem de Avis
HOS	Habilitações da Ordem de Santiago
HSO	Habilitações do Santo Ofício
LB	Leitura de bacharéis
JN	Justificações de nobreza
CN	Cartório da nobreza
AHU	Arquivo Histórico Ultramarino
BNL	Biblioteca Nacional de Lisboa
SG	Sociedade de Geografia
BMP	Biblioteca Municipal do Porto
ANRJ	Arquivo Nacional do Rio de Janeiro
BNRJ	Biblioteca Nacional do Rio de Janeiro
APEB	Arquivo Público do Estado da Bahia
IEB	Instituto de Estudos Brasileiros, Universidade de São Paulo
DH	Documentos históricos, BNRJ
DI	Documentos interessantes para a história e costumes de São Paulo
DA	Documentos avulsos para a história e costumes de São Paulo
SBPH	Sociedade Brasileira de Pesquisa Histórica
RIHGB	Revista do Instituto Histórico e Geográfico Brasileiro

RIAHGP	Revista do Instituto Arqueológico, Histórico e Geográfico Pernambucano
ABNRJ	Anais da Biblioteca Nacional do Rio de Janeiro
HAHR	Hispanic American Historical Review

1
O conceito de nobreza

Em Portugal, os historiadores que se dedicam atualmente ao estudo da nobreza preferem concentrar sua análise no restrito grupo dos titulares. De acordo com a lista elaborada pelo genealogista Dom Antônio Caetano de Sousa em 1754, os "títulos", ou seja, os duques, marqueses e condes, somavam 59 em Portugal. Eram eles que gozavam "as prerrogativas da grandeza", eram eles que na sociedade portuguesa se denominavam "grandes". Isto significava que podiam cobrir-se e se sentarem na presença do rei. Além disso recebiam "certa quantia de dinheiro da Fazenda Real, a que chamam assentamentos", sendo este valor variável conforme o título em questão. E Dom Antônio explicava: "por este motivo me parece que os nossos reis tiveram sempre dificuldade na criação de títulos e por isso tem sido mui pequeno o número deles, como se vê nos seus reinados". Assim, como escreve na introdução das suas *Memórias históricas e genealógicas*, sempre se deram "com muita consideração e por meio de relevantes serviços".

Poucos titulares estão ligados à história colonial, se excetuarmos aqueles que vieram como governadores ou vice-reis. Deve contudo recordar-se que a promessa do título de marquês de Minas foi feita a Dom Francisco de Sousa quando, depois de ter sido governador-geral, foi mandado a governar as capitanias de São Vicente, Espírito Santo e Rio de Janeiro "com a administração das minas por tempo de 5 anos". De acordo com a patente passada em Madri a 2 de janeiro de 1608, ele gozava de "todo o poder, jurisdição e alçada" do governador na Bahia, sendo independente deste "assim na administração da Justiça como da Fazenda e defensão das três capitanias" (Sousa, 1755, título "Marquês de Minas").

Além de vir a ser o administrador das minas de ouro que se descobrissem, estava em seu poder "fazer fidalgos e os mais foros" e dar dezoito hábitos de Cristo com tenças. Pela promessa do marquesado de Minas, ficaria com trinta cruzados de renda. Mas, como Dom Francisco de Sousa morreu muito pobre na vila de São Paulo, o título prometido só veio a efetivar-se em seu neto, por carta de 7 de janeiro de 1670.

Pertencente ao clã dos Sás do Rio de Janeiro, o visconde de Asseca recebeu as prerrogativas de conde quando abriu mão para a Coroa da capitania da Paraíba do Sul (Campos dos Goitacazes) em 1753, embora nela conservasse suas terras e morgado. Do patrimônio da Casa de Asseca me ocuparei no decorrer deste estudo. Aqui pretendi apenas sublinhar que, excetuados estes dois títulos mais relacionados com a história da Colônia, não é este tipo de nobreza a relevante para o Brasil.

Na edição de 1813 do seu *Dicionário da língua portuguesa*, Antônio de Morais Silva definiu "nobre" do seguinte modo: "conhecido, e distinto pela distinção, que a lei lhe dá dos populares, e plebeus, ou mecânicos, e entre os fidalgos por grandes avoengos, ou ilustres méritos". Na sua definição o lexicógrafo aponta, por um lado, para a legislação que se aplicava diferentemente a nobres e a plebeus, e por outro para a existência de uma nobreza de sangue ("por grandes avoengos") e de outra assente em serviços ("ilustres méritos").

Mais ou menos pela mesma época, o tratadista Luís da Silva Pereira Oliveira, em seus *Privilégios da nobreza e fidalguia de Portugal*, escrevia: "a nobreza no estado atual, podemos dizer que é uma certa dignidade derivada dos pais, ou da concessão do príncipe". Remete, portanto, para dois tipos de nobreza: uma que assenta na linhagem, passando de pais para filhos, e que se chamava "nobreza natural"; e outra, a "nobreza civil ou política", concedida pelo monarca (Oliveira, 1806, p.10).

A nobreza hereditária ou de linhagem exigia três gerações, como apontava esse tratadista: "entre nós é constante que só se reputa com nobreza natural aqueles cujos pais e avós forem nobres". São essas três gerações que, como veremos, surgem nas justificações de nobreza para se poder usar brasão de armas.

Não é fácil hoje para o historiador perceber a diferença entre "nobre" e "fidalgo", termos muitas vezes usados como sinônimos. Já numa carta de João

Pinto Ribeiro (1729, p.122) sobre os títulos da nobreza e seus privilégios se percebe essa sinonímia: "Fidalgo é a palavra e o título mais geral com que conhecemos a nobreza". Mas se este termo podia ter o sentido genérico de nobre, podia igualmente ser usado de maneira mais específica, como na expressão "Fidalgo da Casa Real", ou "fidalgo de cota de armas", ou seja, com direito a brasão.

O historiador português Nuno Gonçalo Monteiro aborda esta questão ao escrever que "a fidalguia e a nobreza hereditária não coincidem rigorosamente", uma vez que o rei podia tornar fidalgo quem muito bem entendesse, enquanto, por outro lado, se podia herdar durante várias gerações a condição de nobre sem por isso se ser fidalgo (Monteiro, 1987, p.19).

A fidalguia, fosse ela de que tipo fosse, implicava os seus próprios privilégios; por exemplo, não ser registrado o fidalgo nos livros das ordenanças, ser isento de servir os cargos da câmara, não ser preso quando passível de devassa, servir a tropa paga como cadete, usar o título de Dom.

Contemporâneo da Restauração, pois morreu em 1649, João Pinto Ribeiro chamou a atenção para a evolução semântica observada já no seu tempo: "Vários rumos correu neste Reino a nobreza, alterando de nomes e de títulos, posto que não de qualidade" (Ribeiro, 1729). Na verdade, ainda durante o período da monarquia dual, um certo número de leis procurou controlar e ordenar a confusão nobiliárquica existente.

A 8 de abril de 1605 foi proibido estamparem-se "árvores de geração" e brasões sem aprovação do rei de Armas; a 31 de outubro de 1606 proibia-se a impressão de livros de linhagem; a 11 de maio de 1608 foi publicado um alvará para não se imprimirem livros de armas, nem de famílias, sem serem revistos pelo rei de Armas principal e seus sucessores. Duas outras leis, uma de 3 de janeiro e outra de 3 de dezembro de 1611, declaravam quem podia usar o título de Dom e impunham penas pesadas, depois de uma devassa, a quem o usasse sem lhe pertencer (Ribeiro, 1805-1820, parte I).

A nobreza civil ou política

Em 1631, Álvaro Ferreira de Vera publicou um tratado sobre a origem da nobreza política, instituída pelo Direito (e de não menos estimação do que a natural ou hereditária), "a qual se consegue por graça e mercê dos reis que a dão aos que a merecem, com que ficam aqueles a quem é concedida nobres e isentos de tributos e de outras sujeições comuns". Graças a esta nobreza civil ou política ficavam esses indivíduos "separados dos plebeus" (Vera, 1631, p.16-7).

Deste modo, conceder a condição de nobre a alguém significava a nobilitação de plebeus pelos seus serviços ao monarca. Como lembrava Ferreira de Vera, "isto se viu neste Reino, quando os reis dele tinham cuidado de premiar e fazer largas mercês àqueles que, em serviço seu e aumento desta monarquia, gastavam suas fazendas e punham em perigo suas vidas" (ibidem, p.135).

Para o estudo da nobreza colonial é relevante apenas a análise desta nobreza que dependia da graça ou mercê régia para existir. A vontade do rei em transformar alguém em nobre aparecia, segundo os tratadistas da nobreza, de duas maneiras: uma expressa, a outra tácita. A primeira ocorria quando o monarca, "de palavra ou por escrito", declarava alguém "fidalgo, cavaleiro, ou simplesmente nobre". A segunda forma tinha lugar quando fosse conferida a um indivíduo alguma dignidade, posto ou emprego "que de ordinário costume andar em gente nobre".

Exatamente porque a nobreza civil dependia apenas da vontade régia, assente quando muito na alegação de prestação de serviços, militares ou outros, à Coroa, é que já nas Ordenações Filipinas, liv.II, tit.42, se indicava como deveriam ser registradas as mercês concedidas. Ofícios, cargos da Justiça e da Fazenda, tenças, privilégios, licenças para se venderem ou trespassarem ofícios, ou tenças, a outras pessoas, ou mercês que passassem por falecimento a filhos ou parentes, os "filhamentos" na Casa Real com a indicação de foros e moradias, as ajudas para casamento, tudo deveria ser registrado pelo escrivão, e as pessoas que recebessem tais mercês dispunham do prazo de quatro meses para as registrar.

Esse registro tornava-se tanto mais necessário quanto podia ocorrer, numa mesma pessoa, acumulação de mercês. Na sociedade de Antigo Regime aqueles que aspiravam à condição de nobre não se satisfaziam com uma única fonte de nobreza: mesmo já sendo cavaleiros, ou mais raramente comendadores, pretendiam um ofício civil ou um posto militar, pois só graças a várias mercês, reforçadas umas pelas outras, é que sua nobreza se impunha na sociedade.

Embora suas *Memórias históricas e genealógicas* se ocupem dos "grandes" de Portugal, não deixou Dom Antônio Caetano de Sousa de se referir à nobreza civil, atribuindo o seu início ao reinado de Dom Afonso V. Segundo ele, "teve princípio a fidalguia civil dos portugueses em serem moradores da Casa Real com certas pagas de reais acoutamentos, a que chamam moradias" (Sousa, 1755, "A quem ler").

Distinguia, entre os moradores da Casa Real, em 1754, duas ordens, cada uma das quais com três graus sucessivos: numa, moço fidalgo, fidalgo escudeiro e fidalgo cavaleiro; na outra, escudeiro fidalgo, moço da câmara e cavaleiro fidalgo. A diferença entre as duas ordens baseava-se, segundo o genealogista, na origem social daqueles que eram feitos moradores da Casa Real. Assim, na primeira ordem, bastava ter "sangue ilustre": "não há mister serviços e basta somente justificar a legitimidade dos pais". A este ato chamava "filhamento". Aos desembargadores do Paço andava anexo o foro de fidalgo cavaleiro e a seus filhos o de moço fidalgo.

A segunda ordem era acessível "a qualquer pessoa a que antigamente chamavam homem bom da república". Em meados do século XVIII dizia-se "homem nobre" aquele que era "benemérito do serviço do príncipe", mas tanto os da primeira ordem quanto os da segunda usufruíam de "maiores ou menores privilégios" consoante sua categoria. Os Livros de Matrícula dos Moradores da Casa Real consignavam tais privilégios.

Nobres, mecânicos e a classe intermédia

A existência da escravidão, indígena ou africana pouco importa, tem feito esquecer aos historiadores da Colônia a divisão social entre nobres e plebeus, talvez porque até os contemporâneos foram sensíveis à nova mentalidade de colonos rodeados de escravos. José Barbosa de Sá, nos seus "Diálogos geográficos, cronológicos, políticos e naturais", escritos em Cuiabá em 1769, inquiria: "Como há de conservar-se a república adonde todos são fidalgos, todos querem viver à lei da nobreza, todos têm as mãos sagradas". Também Domingos Loreto Couto escrevia em relação a Pernambuco: "Não é fácil determinar nestas províncias quais sejam os homens da plebe, porque todo aquele que é branco na cor, entende estar fora da esfera vulgar. Na sua opinião, o mesmo é ser alvo, que ser nobre, nem porque exercitam ofícios mecânicos perdem esta presunção".[1] A escravidão fazia esquecer a alguns a sua origem plebeia, mas, mesmo que os chamados "mecânicos" (que no Reino se serviam de suas próprias mãos nas suas profissões) no Brasil fossem senhores de escravos e estes os eximissem do trabalho manual, isso não significa que o ferreiro ou o sapateiro deixasse de ser considerado plebeu na Colônia, por muitos escravos que possuísse.

---

1 BMP, Cod.235, f.192. Domingos Loreto Couto (1904, liv.III, §167).

E aqueles que eram nobres não esqueciam a sua "qualidade" apesar de viverem na sociedade colonial. Num manuscrito não datado mas posterior à Inconfidência Mineira, Domingos Alves Branco Moniz Barreto, ao falar dos brancos da Bahia, não deixava de mencionar que muitos eram "descendentes daqueles primeiros nobres e valerosos fidalgos que para ela passaram, já por interesse, já por diversos exercícios e empregos". E em geral se orgulhavam mais da sua fidalguia do que aqueles que moravam em Portugal: "Facilmente se encontra mais altivez em um destes do que em um grande fidalgo da Corte".[2]

As distinções de qualidade eram visíveis no Brasil, muito embora os artesãos pudessem ter escravos e enriquecer facilmente. O governador Francisco Xavier de Mendonça Furtado refere-se em 1757, no Pará, a um certo Aleixo Lopes São Cristóvão que adquirira, no curto prazo de seis anos, uma considerável fortuna com o contrato das madeiras para a ribeira das naus: "Este homem era um pobre carpinteiro que não passava de ter mais que os jornais de que se sustentava. Entrou neste contrato no fim do ano de 1751 e ainda que dele resulte conveniência à Fazenda de Sua Majestade, ele tem tirado tais lucros que já hoje se acha nos termos dos homens de cabedais desta terra". Este carpinteiro arrematou para o triênio de 1758-1760 o contrato da renda do pesqueiro real da ilha de Joanes por 5.000 cruzados, ou seja, 2:000$000, o que era uma quantia significativa para um antigo jornaleiro (Rodrigues, 1997, v.2, p.153 e 168).

Não só na Colônia os oficiais mecânicos viram aumentar as possibilidades de enriquecimento, como o seu número era mais reduzido e as suas especialidades menos variadas do que na Metrópole. Se atentarmos nas atas da Câmara de Salvador no século XVIII, deparamos com os seguintes ofícios: alfaiate, armeiro, artilheiro, caldeireiro, carpinteiro, correeiro, curtidor, espadeiro, ferreiro, latoeiro, marceneiro, ourives, pedreiro, sapateiro, seringueiro, sombreiro, tanoeiro, tintureiro e torneiro.

Alguns destes oficiais mecânicos exerciam cargos ligados às funções camarárias. Por exemplo, em 1724 um oficial de alfaiate foi chamado para servir de almotacé da limpeza. Em 1728, dez dos treze quadrilheiros da cidade eram mecânicos. Estes cargos contudo nada tinham que ver com os chamados cargos da república entregues aos nobres da cidade.[3]

A nobreza civil ou política resultava, na Colônia como na Metrópole, das dignidades eclesiásticas, dos postos da tropa auxiliar, dos cargos da república,

---

2 BMP, Cod.1054.
3 *Atas da Câmara* (Salvador), v.8, 1718-1731, p.142-3.

ou seja, camarários, dos graus acadêmicos e, depois da legislação josefina, do grande comércio transatlântico.

Segundo Luís Pereira de Oliveira, quem quisesse desfrutar do nome e dos privilégios de nobre devia "fazer certa a sua qualidade e viver conforme a mesma". Como provar a nobreza? Por meio de documentos e também de testemunhas, admissíveis nas chamadas justificações. Pelo menos seis testemunhas tinham que ser ouvidas, e elas deveriam asseverar que o pretendente, seus pais e avós "são e foram comumente tidos, havidos e reputados nobres". Mas, como estes depoimentos se baseavam apenas na reputação, certos tipos de documento podiam fornecer uma base mais sólida à prova, por exemplo declarando que servem, ou serviram, na governança das cidades e vilas notáveis, ou que tiveram outra qualquer ocupação "das que costumam andar em gente nobre". O tratadista cita mesmo as listas da nobreza habitualmente feitas pelas misericórdias ou pelas companhias de ordenanças. O estilo de vida também constituía prova: "que foram ricos e se trataram nobremente com bestas e criados" (Oliveira, 1806, cap.XV).

A existência de uma classe intermédia entre os nobres e os plebeus surge já estabelecida por Rafael Bluteau no seu *Vocabulário português e latino*, de 1713, na entrada "Estado do meio", onde se lê: "Entre os mecânicos e os nobres há uma classe de gente, que não pode chamar-se verdadeiramente nobre, por não haver nela a nobreza política ou civil, nem a hereditária, nem poderem chamar-se rigorosamente mecânicos, por se diferençar dos que o são". Os membros dessa classe intermédia distinguiam-se dos plebeus pelo trato, "andando com cavalos e servindo-se com criados". Além disso, a arte a que se dedicavam era muito estimada, como no caso dos pintores, dos escultores, dos ourives do ouro e da prata, dos cirurgiões, dos impressores. Pertencendo ao estado do meio, esses homens gozavam de "uma quase nobreza para certas isenções". Era preciso contudo que mantivessem um estilo de vida nobre, "porque a arte somente por si não basta a privilegiá-los, mas pelo costume lhe não serve de impedimento".

Bluteau, ao escrever este verbete, inspirou-se certamente na obra de Antônio de Vilas Boas e Sampaio que, em finais do século XVII, descrevia em termos idênticos a classe intermédia da sociedade:

> Entre os mecânicos e os nobres há uma classe de gente que não se pode chamar verdadeiramente nobre, por não haver nela a nobreza civil ou política, nem a hereditária; nem se podem chamar rigorosamente mecânicos, por se diferenciar dos que o são, ou pelo trato da pessoa, andando a cavalo e servindo-se

com criados ... ou pelo privilégio e estimação da arte, como são os pintores, cirurgiões e boticários, que por muitas sentenças dos senadores foram em vários tempos escusos de pagar jugadas e outros encargos a que os mecânicos estão sujeitos, onde também se admitem a esta ordem os escultores.

Do mesmo modo os ourives do ouro e da prata constituíam "um estado distinto dos plebeus a que chamamos do meio e gozam de uma quase nobreza". E na mesma situação se encontravam os impressores e livreiros, desde que todos esses grupos profissionais andassem a cavalo e se tratassem bem, "porque a arte somente por si não basta a privilegiá-los" (Sampaio, 1708, cap.XXI).

Tal como Vilas Boas e Sampaio no século XVII e Bluteau no século XVIII, Luís da Silva Pereira Oliveira no início do século XIX enumerou uma longa lista de atividades que não implicavam mecânica, muito embora os seus praticantes não pudessem ser considerados nobres. Enquanto os ofícios artesanais eram destrutivos da nobreza, estes eram indiferentes: "não dão nem tiram nobreza". Eram as chamadas atividades "neutrais" (Oliveira, 1806, cap.XVIII).

Vejamos algumas delas. Os mestres de ler, escrever e contar e os professores de Filosofia, Retórica, Gramática Latina ou Grega, encontravam-se nesse grupo quando não possuíam um grau acadêmico. Embora a partir da reforma da Universidade de Coimbra em 1772 se desse preferência aos bacharéis em Filosofia para as Aulas Régias criadas durante o ministério pombalino, o fato é que eles raramente ocupavam tais lugares, pois em geral conseguiam obter empregos melhores. O saber dos mestres régios não bacharéis era avaliado, quando concorriam às aulas vagas, por uma junta que na Colônia incluía mesmo o governador e o bispo.

Os clérigos minoristas eram também incluídos no estado do meio, pois, enquanto não recebessem as ordens sacras, não se elevavam socialmente. Tabeliães, escrivães, alcaides, meirinhos, solicitadores da Justiça ou das partes, medidores do concelho, pilotos das naus, fragatas ou navios, e também os mestres e capitães dessas embarcações, tesoureiros ou recebedores, soldados, pertenciam igualmente à classe intermédia, segundo esse tratadista.

Os arquitetos das cidades e os impressores possuíam o mesmo estatuto, mas os livreiros, os pintores e os ourives estavam compreendidos entre os mecânicos no Regimento do mordomo-mor, que em geral os empregava no serviço do Paço. Assim, em relação a esses últimos profissionais, constatam-se divergências entre os autores que estudaram a classe intermédia. Não há dúvida de que no início do século XIX os livreiros eram simples mercadores de livros, de loja aberta e vendendo-os pessoalmente, enquanto nos séculos anteriores tinham um estatuto mais próximo dos impressores. A mesma degradação social ocorrera com os pintores e os ourives, em geral pagos a jornal e portanto mecânicos.

Pereira Oliveira prestava mais atenção do que seus antecessores à condição de assalariados da maior parte daqueles que compunham a classe intermédia. A propósito da música, "uma das sete artes liberais", afirmava que, sendo exercitada "servilmente e por ofício, derroga em seus sectários qualquer nobreza que tiverem" (ibidem, §9). Quanto aos boticários, que nas Ordenações Filipinas eram "nomeados, misturados e confundidos com outros oficiais mecânicos", continuavam pelos estatutos da Universidade de Coimbra a praticar uma arte subalterna da medicina e "tida por mecânica" (ibidem, §11).

A diferença social entre médicos e cirurgiões assentava em primeiro lugar no fato de a medicina exigir uma formação universitária, enquanto a cirurgia era aprendida sobretudo na prática, com a experiência cotidiana; e em segundo lugar na diferença entre uma atividade cerebral, teórica, e outra que implicava também o trabalho manual e por isso era considerada próxima das profissões mecânicas. Por essa razão o cirurgião, antes da reforma pombalina da Universidade, gozava de um estatuto social inferior ao do médico.

O grande problema de classificação social, contudo, surgia, quer para os tratadistas mais antigos quer para os mais modernos, em relação àqueles que se dedicavam à agricultura. Para Antônio de Vilas Boas e Sampaio, os lavradores que cultivavam suas próprias terras não perdiam por isso a nobreza, mas se fossem contratados a jornal ficavam socialmente desclassificados. "Está capaz o lavrador que cultiva e lavra as suas terras de todas as dignidades a que chegarem seus merecimentos, ainda que não tenha nobreza alguma herdada, porquanto lhe não serve de impedimento algum a vida e estado de lavrador" (Sampaio, 1708, cap.XX). Como veremos ao analisar as habilitações para as ordens militares, esta concepção era constantemente aplicada pelos deputados da Mesa de Consciência e Ordens. Num formulário impresso já no século XVII, a pergunta ao habilitando era feita nos seguintes termos: "Se é filho, ou neto de oficial mecânico, ou de lavradores que lavrassem terras alheias por jornal".

Em outra época, Pereira Oliveira inclui na classe intermédia os "agricultores da própria fazenda", mas ao dissertar sobre a nobreza civil ou política considerava a agricultura uma "honrosa profissão" que deveria abrir a porta à condição de nobre.

> Sendo a agricultura o manancial mais perene da abundância, da população e do poder das nações, seria para desejar que o governo, dando a mão a esta útil pro-

fissão, concedesse um grau de nobreza aos que adquirissem e praticassem os verdadeiros princípios de bem cultivar a terra e de tirar dela todo o lucro possível.

É preciso não esquecer que esse tratadista é contemporâneo de Dom Rodrigo de Sousa Coutinho e que, ao contrário do seu antecessor Vilas Boas e Sampaio, pensava mais na agricultura extensiva dos domínios da Coroa na América do que na pequena agricultura do Reino. Por essa razão escrevia numa nota:

> Aquele que reduzisse a cultura uma certa extensão de terreno e à sua custa o fizesse povoar por um determinado número de fogos; o outro que introduzisse e promovesse no Brasil, ou nas Colônias de África, os gêneros de primeira necessidade, como trigo e linho que (à exceção do Rio Grande) ali se não cultivam. Estes, digo eu, e outros muitos que por meio dos seus descobrimentos e aplicação poupassem ao Estado a extração de imensas somas que cada dia o empobrecem, deveriam ser beneficiados com um grau de nobreza pessoal.

E citava a este respeito o Diretório dos Índios do Grão-Pará e Maranhão e a lei de 3 de agosto de 1770. De acordo com a política pombalina, aqueles índios que se dedicassem à lavoura do tabaco deveriam ser persuadidos de que, à proporção das arrobas produzidas, se lhes distribuiriam "os empregos e os privilégios" (§25). O mesmo documento lembrava aos diretores das povoações de índios que o trabalho manual na terra não desmerecia, pelo contrário, o rei lhes distribuiria "honras" em recompensa por esse tipo de trabalho (§85).

Não fora só em relação à Amazônia que a política pombalina valorizara a agricultura. Ao ser promulgada a lei sobre os morgados (que será analisada em outro capítulo), a 3 de agosto de 1770, aqueles que tivessem "aberto algum paul, ou reduzido a cultura quaisquer outros matos, ou terras incultas", seria permitido um rendimento anual menor do morgado a instituir, apenas 600$000 réis, em vez de 1:000$000 réis.

Assim, no início do século XIX, o estatuto da agricultura mudara com a ilustração e as medidas pombalinas, mas, segundo esse tratadista, ainda não o suficiente para por si só garantir nobreza àqueles que a ela se aplicavam de uma forma desenvolvimentista e não rotineira. Por essa razão "os amigos da pátria" esperavam com impaciência a promulgação de uma lei agrária que enobrecesse os que se dedicavam à cultura de suas terras. Entretanto, escrevia Pereira Oliveira, "consolem-se os lavradores com a certeza de que sua profissão é honrosa", como declarava o Diretório dos Índios nos seus n.17 e 18.

Hierarquia social e formas de tratamento

Numa sociedade hierarquizada como era a do Antigo Regime português, as distinções de qualidade foram objeto de legislação desde o século XVI até o período pombalino. A finalidade dessas leis de 1597, 1739 e 1759 era, por um lado, instaurar a ordem no caos das práticas sociais e, por outro, acompanhar as mudanças por que a própria sociedade ia passando.

No período filipino, a Coroa quis combater as "grandes desordens e abusos" que se tinham introduzido "no modo de falar e escrever" e reduzir esses estilos escritos e orais à "ordem e termo certo". O alvará de 16 de setembro de 1597 regulamentou o modo de se dirigir ao rei, ao príncipe herdeiro, à rainha e às princesas, aos infantes e às infantas, aos familiares do rei. Em seguida abordou os aspectos, que para o nosso estudo são mais relevantes, do tratamento de Excelência e de Senhoria.

A primeira forma só podia ser usada "de palavra" ou por escrito para com aqueles a quem o rei tinha feito a mercê daquele tratamento. Quanto à segunda, só poderia ser utilizada com os arcebispos e bispos, os duques, marqueses e condes, e com aqueles que desempenhavam determinados cargos, mas só enquanto exercessem tais funções. Estavam nesta situação os vice-reis e governadores e, entre outros, os presidentes do Desembargo do Paço e da Mesa da Consciência e Ordens. Aos gerais e provinciais das ordens se dirigiriam por Paternidade e aos mais religiosos por Reverência. Mas, além destas formas de tratamento destinadas aos que se encontravam no topo da hierarquia, nada mais foi determinado. Quanto às mulheres, o tratamento seguia o que era usado com seus maridos.

Regulamentava ainda o alvará a forma de escrever os sobrescritos:

> se ponha ao prelado a dignidade eclesiástica que tiver, e ao duque, marquês ou conde, visconde ou barão, a de seu título, e aos fidalgos e outras pessoas seus nomes e apelidos, e a cada um dos nomeados neste capítulo a dignidade, ou grau de letras, que tiverem, e aos que forem criados meus o foro que em minha Casa tiverem. (n.15)

Por último condenava os "excessos" que se tinham introduzido nos escudos de armas, os quais deviam ser controlados pelo rei de Armas "conforme a qualidade do título de cada um" (n.19). Esta questão dos brasões de armas é abordada também nas Ordenações, liv.V, tit.92, onde se explicitam as penas a serem aplicadas a quem usasse armas que por direito lhe não pertenciam. Como os brasões de armas, atribuídos àqueles que por honrosos feitos os tinham merecido, constituíam "certos sinais e prova de sua nobreza e honra", e também de seus descendentes, era justo que essas insígnias andassem "em tanta certeza que suas famílias e nomes se não confundam com as dos outros que não tiverem iguais merecimentos". Ora só o rei de Armas, cuja função era escrever as genealogias dos nobres e passar cartas de brasão, estava em condições de estabelecer essa certeza no uso de tais símbolos.

Anos mais tarde, ainda no período da monarquia dual, o alvará de 3 de janeiro de 1611 procurou corrigir o excesso que se tinha introduzido em se chamarem de Dom pessoas a quem as Ordenações não permitiam tal tratamento. O Código Filipino era bem claro no §7, do liv.V, tit.92: "que nenhum homem, nem mulher, se possa chamar, nem chame de Dom, se lhe não pertencer de direito por via de seu pai, ou avô da parte de seu pai, ou por nossa mercê, ou que nos livros de nossas moradias com o dito Dom andarem".

As penas estabelecidas contra essa fraude nobiliárquica eram muito pesadas: perda de toda a fazenda e do privilégio de fidalgo. Mas, como o alvará de janeiro de 1611 não deixava de observar, exatamente porque as penas impostas pelas Ordenações eram muito rigorosas, elas tinham deixado de ser aplicadas. Assim, seria mais conveniente usar de menos rigor: "as mais das vezes o serem elas (as penas) excessivas e desiguais ao delito, é ocasião de se não guardarem".

O castigo para o uso indevido do Dom passou a ser uma pena pecuniária de 100 cruzados e o degredo de dois anos para África. E este alvará esclareceu melhor quem podia ser chamado de Dom: todos os bispos e condes, todos os filhos de fidalgos da Casa Real e de desembargadores. A mudança maior agora introduzida em relação ao determinado pelas Ordenações dizia respeito aos bastardos de titulares, os quais anteriormente, ainda que legitimados, não podiam usar o Dom, o que agora se lhes permitia.

Passado mais de um século, a sociedade portuguesa tornara-se mais complexa e o alvará de 29 de janeiro de 1739 abordou de novo a questão dos tratamentos, devido à "confusão" que se introduzira "por se haverem com a diuturnidade do tempo antiquado os que foram ordenados na lei feita sobre esta matéria em 16 de setembro de 1597". O tratamento de Senhoria, por exemplo, se vulgarizara a tal ponto que se perturbava a "ordem" e se pervertia "a distinção que faz os tratamentos estimáveis".

A lei de 1597 era agora abolida e estabeleceu-se que o tratamento de Excelência se aplicava aos "grandes eclesiásticos e seculares", incluindo-se entre estes últimos os secretários de Estado. Nos sobrescritos se escrevia Excelentíssimo e Reverendíssimo Senhor para uns, e Ilustríssimo e Excelentíssimo

Senhor para outros. Alguns presidentes de Tribunais da Coroa passavam a gozar de Excelência: os do Desembargo do Paço, da Mesa da Consciência e Ordens, do Conselho Ultramarino. E o mesmo ocorria em relação ao vice--rei do Brasil (atual ou passado), aos governadores de armas, aos mestres de campo generais, ao almirante da Armada Real e aos governadores com patente de capitães-generais.

O tratamento de Senhoria ficava reservado aos viscondes e barões, aos oficiais da Casa Real, aos gentis-homens da câmara dos infantes, aos filhos e filhas legítimos dos grandes, aos moços fidalgos que até aquela data tivessem servido no Paço, aos governadores das conquistas, aos cabidos dos arcebispados e bispados. Paternidade Reverendíssima destinava-se aos superiores das ordens religiosas.

Visando mais a questão das precedências entre os cortesãos, o alvará de 15 de janeiro de 1759 quis evitar todo o tipo de conflitos e de dúvidas por meio de uma "regra certa e clara". Para tal fim complementou a lei anterior: os gentis-homens da câmara que não fossem titulados recebiam igualmente o tratamento de Excelência; os membros do Conselho do rei o de Senhoria.

Embora a clarificação das regras que presidiam às formas de tratamento e às precedências espaciais nas cerimônias de Corte, ou nas procissões e cortejos, permeie a legislação portuguesa desde o século XVI até a segunda metade do XVIII, o fato é que a essas regras se sobrepunham por vezes as mercês concedidas pelo monarca, como podemos ver pelo seguinte exemplo.

Em 1815, no Rio de Janeiro, dois moços fidalgos da Casa Real, Diogo Lopes de Sousa e Alvim e Fradique Lopes de Sousa e Alvim, encaminharam uma petição para receber a mercê do tratamento de Senhoria, "sem embargo da lei em contrário". A 5 de maio desse mesmo ano o barão do Rio Seco informou o marquês de Aguiar acerca de tal pretensão, dando a entender que só o serviço do Paço fazia jus a tal tratamento. Nesse caso portanto seria necessário suprir tal falta com uma graça especial do soberano: "Aos filhos dos desembargadores do Paço e de outras pessoas que, tendo o mesmo foro, não está em uso terem exercício no Paço, para obterem o tratamento de Senhoria requerem por graça especial, como a têm obtido algumas pessoas proximamente". Dom João concedeu a mercê pedida.[4]

A questão dos tratamentos não pode ser menosprezada em relação à sociedade colonial. Os conflitos e as reclamações perpassam a documentação e revelam como o lugar de cada um na hierarquia social era constantemente

---

4 ANRJ, Casa Real, Mordomia-mor, Caixa 1, pacote 4, doc.196.

defendido nos mais ínfimos detalhes. Em 1758 o vice-rei conde dos Arcos comentou para Lisboa, ao secretário de Estado, que o chanceler da Relação da Bahia se sentira desconsiderado pelo modo como fora formulado um despacho pedindo uma informação sobre um requerimento. Como o chanceler estivera no exercício do governo, pretendia agora um tratamento diferenciado, o que jamais ocorrera com aqueles que, desde o século XVI, tinham ocupado interinamente o governo. Finalizava o conde dos Arcos o seu comentário com as seguintes palavras:

> Além disto é também certo que o título de senhor se não costuma de ordinário proferir em despacho, porque neles não tem lugar a civilidade das gentes, assim como a pode ter nos sobrescritos das cartas, porque o despacho, quando se profere, não é ato pessoal que admita cumprimentos, mas um exercício do ministério.[5]

O papel dos genealogistas e memorialistas

O conhecimento dos ascendentes era fundamental para quem aspirava à nobreza civil, não tanto porque a condição de nobre passasse de pais para filhos, mas porque se exigia a verificação de ausência de "mecânica" nos antepassados nas habilitações às ordens militares, na leitura dos bacharéis no Desembargo do Paço, na inserção na categoria de cadetes da tropa paga etc.

A leitura dos genealogistas e dos memorialistas revela uma diferença fundamental entre "nome" e "apelido", sendo este último termo denotativo de uma ascendência ilustre. Quando se mencionava os Sousas ou os Albuquerques, passava-se uma ideia de nobreza que estava ausente quando se tratava de um simples sobrenome. Aliás, esta questão da formação dos sobrenomes no Antigo Regime português é algo que mereceria um estudo aprofundado, pois o modo aparentemente aleatório como eles se criavam é que dificultou durante muito tempo a reconstituição de famílias pelos demógrafos.

Para exemplificar esta dificuldade basta destacar, na *Nobiliarquia paulistana*, de Pedro Taques de Almeida Paes Leme, um casal e seus filhos, por exemplo, Pedro Taques de Almeida e Dona Ângela de Siqueira, atentando na combinatória dos sobrenomes do filho e das filhas.

---

5 AHU, CA Bahia, 3548-55.

1 José de Góis e Morais
2 Dona Apolônia de Araújo
3 Dona Branca de Almeida Taques
4 Dona Maria de Araújo
5 Dona Leonor de Siqueira Pais
6 Dona Teresa de Araújo
7 Dona Catarina de Siqueira Taques
8 Dona Ângela de Siqueira Taques

Difícil é descobrir as regras subjacentes a tal combinatória, embora em alguns casos se perceba o recurso aos sobrenomes de avós, paternos ou maternos. Assim, por exemplo, o genealogista menciona que, dos quatro filhos de Agostinho Delgado e Arouche e Dona Maria Teresa de Araújo e Lara, um se chamava Diogo de Toledo Lara Ordonhes, "cujo nome lhe puseram seus pais em memória de seu avô, o capitão mor Diogo de Toledo Lara" (Leme, [1954], t.1, p.161-2). Sobretudo quando havia um avô ilustre, em geral o neto adotava não só o sobrenome como o nome completo do antepassado. Os homônimos predominam nas famílias baianas e pernambucanas, como se pode perceber pelos genealogistas.

Assim, como bem satirizou Cavaleiro de Oliveira na sua *Recreação periódica*, a semelhança de sobrenomes nada significava:

> Há pessoas que se dão por descendentes de nobre estirpe, apoiando-se em afinidades de nomes e outras suposições quiméricas. Às vezes fazem-me pena, porque apostados em passar por gente de algo dão causa a que se desenterrem dos arquivos avós que melhor fora deixar na paz do esquecimento. (Ibidem, t.2, p.85)

Por uma frase de Pedro Taques, podemos deduzir que o apelido implicava todo o clã familiar, enquanto o nome era estritamente individual. Ao referir-se a Fernando de Camargo, acrescenta: "o primeiro deste nome na família do seu apelido" (ibidem, t.1, p.114). Também na *Nobiliarquia pernambucana*, de Antônio José Vitoriano Borges da Fonseca, encontramos o mesmo uso da palavra: "A família dos Carvalhos de Pernambuco tem a sua origem na nobilíssima Casa de seu apelido..." (Fonseca, 1935, t.1, p.21).

Deparamos aqui com um novo conceito, o de Casa, que surge sobretudo a propósito da nobreza hereditária, mas que a nobreza civil ou política também adotou, como podemos ver por uma série de documentos apresentada pelo bispo conde Dom Francisco de Lemos, o reformador da Universidade de

Coimbra, ao príncipe regente Dom João, acerca do matrimônio que ajustara para seu sobrinho Manuel Pereira Ramos de Azeredo Coutinho Ramalho, e que este recusara.

Trata-se de uma família da capitania do Rio de Janeiro, onde instituíra o morgado de Marapicu, e num desses documentos se fala do direito que têm as Casas e as famílias nobres ao seu acrescentamento, e em particular a Casa do desembargador do Paço João Pereira Ramos de Azeredo Coutinho, em que sucedeu seu filho primogênito, que era precisamente o jovem que se rebelara contra o casamento ajustado pelo tio. Este encaminhava ainda ao príncipe regente a relação dos serviços da Casa em que sucedeu o jovem desembargador Manuel Pereira Ramos, os quais ilustravam aquela Casa e a tinham colocado na representação em que então se achava. E dissertava ainda sobre o papel das famílias nobres numa monarquia:

> A faculdade de procurar o que é mais vantajoso por meios honestos e justos compete ao homem em qualquer estado que viva, mas aplicada a procurar o aumento da nobreza e consideração das famílias tem força muito particular nos Estados monárquicos, como é este Reino onde a nobreza constitui uma das três ordens do Estado, é distribuída por jerarquias e goza de maiores ou menores honras segundo o grau em que está colocada.[6]

Cada família com pretensões nobiliárquicas elaborava suas próprias genealogias, de grande utilidade no momento de algum dos seus membros pedir uma mercê ao rei, ou de requerer carta de brasão de armas. Nas chamadas "justificações de nobreza", essas genealogias são cuidadosamente elaboradas. O cartório da nobreza, contudo, ardeu no terremoto de 1755 e só recorrendo aos genealogistas podemos ter notícia dos naturais do Brasil que receberam a insígnia da nobreza, o brasão de armas.

Os brasões constituíam o sinal visível que, no cotidiano, anunciava a nobreza de quem os usava. Em Portugal, o rei de Armas e o escrivão da nobreza registravam os brasões e concediam a autorização para o seu uso. Segundo o tratadista Álvaro Ferreira de Vera, foi no reinado de Dom Manuel I que se fizeram diligências "nos arquivos, capelas, sepulturas e em todos os brasões das famílias deste Reino", a fim de se reunir num livro todos os que se pudessem descobrir. Tratava-se de uma medida necessária antes de ser dado Regimento ao rei de Armas (Vera, 1631, cap.IV).

---

6 BNRJ, Ms. 5,3,13-5.

É comum os genealogistas do século XVIII se referirem a, e mesmo descreverem, brasões de algumas famílias. Encontramos essa descrição em Borges da Fonseca e em Pedro Taques. O primeiro, na "Memória da família dos Pessoas", indica a sucessão dos dois irmãos Fernão Martins Pessoa e Diogo Martins Pessoa, chegados a Pernambuco com os primeiros povoadores em 1535. Deles descendiam cônegos, religiosos, "não poucos fidalgos da Casa Real e cavaleiros das Ordens Militares", e também familiares do Santo Ofício, "com que se prova a limpeza do sangue". E passava em seguida a descrever o brasão dessa família: "São as suas armas em campo azul seis luas de ouro em duas palas e uma bordadura de preto com oito estrelas de prata de cinco pontas cada uma, timbre uma das estrelas das armas a modo de cometa" (Fonseca, 1935, t.2, p.323).

Não interessa aqui a parte técnica da heráldica e remeto os leitores interessados no assunto para os especialistas (Tostes, 1996). Basta acentuar que o uso do brasão não era tão raro na Colônia quanto se poderia pensar. Em 1607, o rei de Armas, a pedido de Antônio Gonçalves Miranda, morador em Pojuca, descendente por parte paterna dos Mirandas e por parte materna da linhagem dos Araújos, passou-lhe um brasão de "fidalguia e nobreza". Escrevia no documento:

> Busquei os livros de nobre fidalguia deste Reino e neles achei registradas as armas das nobres e antigas linhagens dos Mirandas, que neste Reino são fidalgos de cota de armas, que por parte de seu pai pertencem ao suplicante, e nos mesmos achei as armas dos Araújos, que neste Reino são fidalgos de cota de armas e solar.

Em 1718 foi tirada uma certidão de brasão de armas para o capitão Amaro Bezerra, natural do rio de São Francisco, capitania de Pernambuco, descendente das "nobres e ilustres famílias de Baiões e Bezerras". Esse capitão era filho natural, depois legitimado, de Vicente Martins Bezerra, sargento-mor do rio de São Francisco, e neto de Antônio Martins Baião, que da cidade do Porto passara a Pernambuco. Pelo lado da avó paterna descendia da família "nobilíssima" dos Bezerras de Viana do Lima, um dos quais, Antônio Bezerra, "o Barriga de alcunha", também viera para Pernambuco dando aqui origem a uma família "muito poderosa e aparentada com os principais", segundo o genealogista Borges da Fonseca.

Esses dois documentos, o de 1607 e o de 1718, foram registrados em 1735 pelo tabelião da vila de Santa Maria Madalena da Alagoa do Sul, a pedido do tenente-coronel Francisco Álvares Camelo (Fonseca, 1935, t.2, p.344-8). Quem sabe a documentação notarial ainda por estudar em várias capitanias contenha outros registros de cartas de brasão, compensando assim a perda do cartório da nobreza com o terremoto.

Tal como Borges da Fonseca, também Pedro Taques se referiu aos brasões dos povoadores da capitania de São Vicente. Por exemplo, Antônio Rodrigues de Alvarenga fixou-se em São Paulo, onde detinha a propriedade do ofício de tabelião do judicial e notas por mercê do donatário Martim Afonso de Sousa, tendo falecido em 1614. Um seu bisneto, "para desabusar alguns incrédulos de São Paulo da grande nobreza e pureza de sangue de seu bisavô", deslocou-se a Lisboa e aí pediu carta do brasão de armas pertencente a sua família. Esta foi passada no reinado de Dom Pedro II, em 1681, e transcrita na Câmara de São Paulo em 1683, tendo o genealogista o cuidado de a transcrever integralmente (Leme, [1954], t.3, p.253-4, e t.2, p.148-50).

Os descendentes de Antônio Rodrigues de Alvarenga, por viverem na vila de São Paulo e por isso terem dificuldade em manter um procurador em Lisboa, nunca tinham podido solicitar aquele documento, mas queriam provar que seu antepassado era "fidalgo de geração, da ilustre família dos Alvarengas, tão conhecida no Reino de Portugal", e assim "renovar esta memória e honra", para que o tempo as não dissipasse e também para poderem lograr as "liberdades e foros concedidos a tais famílias e gerações".

Perante o corregedor do Cível da Corte foram ouvidas sete testemunhas "de todo o crédito", a maior parte cavaleiros da Ordem de Cristo. Foram os requerentes considerados descendentes da "muito ilustre geração e família dos Alvarengas e Costas", cristãos-velhos sem raça de mouro ou judeu, "nem de outra alguma infecta nação". Esta sentença foi apresentada ao rei de Armas, pois era desejo do soberano honrar os seus vassalos, "ainda aqueles que mais remotos vivem", para que não se extinguissem "as nobrezas e fidalguias que seus avós adquiriram e alcançaram".

Podiam portanto usar as armas dos Alvarengas, as quais, segundo o "livro da armaria", eram as seguintes:

> um escudo direito com suas orlas e folhagem com um elmo em cima, e sobre o dito elmo um leão rampante com uma espada dourada na mão direita, e na outra mão esquerda uma estrela de prata, e o dito escudo orlado com filetes dourados, e terá no meio cinco estrelas prateadas em campo azul, e as pontas das folhagens serão também douradas.

Com estas armas podiam os descendentes de Antônio Rodrigues de Alvarenga aparecer em festas, carros, justas e torneios, levando-as em seus escudos e rodelas e pondo-as nas portas de suas casas e quintas, e outros lugares, gozando assim de "toda a nobreza e fidalguia".

O genealogista Pedro Taques refere ainda as armas dos Proenças, de um certo Antônio de Proença, natural da vila de Belmonte, que viera para a capitania de São Vicente no século XVI. A carta de brasão de armas foi obtida em Lisboa a 5 de julho de 1707 pelo capitão mor Pedro Taques de Almeida, seu bisneto. A descrição do brasão foi feita nos seguintes termos: "O escudo partido em pala. Na primeira em campo verde uma águia preta de duas cabeças, armada em ouro; na segunda em campo azul cinco flores de lis de ouro em santor" (ibidem, t.1, p.225).

Dom Diogo de Lara, que da sua cidade natal, Samora, passara a Portugal e dali ao Brasil em data não mencionada, morreu em São Paulo a 22 de outubro de 1665 e as suas armas são também descritas na *Nobiliarquia paulistana*: "em campo de prata, duas caldeiras pretas postas em pala, com as bocas e asas guarnecidas de ouro" (ibidem, p.255). Este era outro ascendente do capitão mor Pedro Taques de Almeida que, quando morreu, reuniu na sua campa as armas dos Taques, Proenças, Laras e Morais, "em quatro quartéis dentro de um escudo na forma que lhe foram iluminadas no brasão que tirou em Lisboa", em 1707. O seu brasão incluía portanto os quatro apelidos da sua ascendência (ibidem, p.150).

Enquanto cada família com aspirações a nobreza se preocupava com suas próprias genealogias e brasões, a segunda metade do século XVIII viu surgir genealogias mais amplas, abarcando toda uma capitania. Bahia, Pernambuco e São Paulo tiveram seus genealogistas, cujo papel foi relevante para o conhecimento da nobreza local numa época em que a memória dos fidalgos e nobres dos séculos XVI e XVII se ia já apagando.

Frei Antônio de Santa Maria Jaboatão, acadêmico membro da Academia Brasílica dos Renascidos e natural de Pernambuco, elaborou o *Catálogo genealógico das principais famílias que procederam de Albuquerques e Cavalcantis em Pernambuco e Caramurus na Bahia*, baseado em "memórias, manuscritos antigos e fidedignos", bem como em "assentos dos livros de batizados, casamentos e enterros" guardados na Câmara Eclesiástica da Bahia. Trabalhou nesse catálogo até 1768, quando tinha já 73 anos de idade.

Fontes impressas foram utilizadas também pelo frade, como a *História genealógica da Casa Real portuguesa*, de Dom Antônio Caetano de Sousa, ou as obras sobre as guerras de Pernambuco, como as *Memorias diarias de la guerra del Brasil*, de Duarte de Albuquerque Coelho, *O valeroso Lucideno e triunfo da liberdade*, de frei Manuel Calado, a *Nova Lusitânia, história da guerra brasílica*, de Francisco de Brito Freire e o *Castrioto lusitano*, de frei Rafael de Jesus.

Na medida em que se trata apenas de um catálogo, revela-se de menor interesse para o historiador do que a *Nobiliarquia pernambucana*, de Borges da Fonseca. Este iniciou a sua obra em 1748, dizendo ter sido motivado por um pedido de Dom Marcos de Noronha, 6º conde dos Arcos, governador de Pernambuco entre 1746 e 1749: "Estimaria muito que eu lhe desse por escrito notícias de algumas das famílias nobres desta capitania, suponho que para juntar aos muitos escritos curiosos que tem mandado fazer de tudo quanto pôde haver notícia nesta capitania, desde o seu descobrimento" (Fonseca, 1935, t.1, p.7).

J. A. Gonsalves de Mello, que fez uma análise minuciosa dessa *Nobiliarquia*, esclarece-nos que essa compilação do governador é a "Informação geral da capitania de Pernambuco", escrita por volta de 1748 (Mello, 1960, p.108-9). Mas a busca genealógica tomou muito mais tempo a Borges da Fonseca, que só a terminou em 1778.

Uma carta datada do Recife a 12 de maio de 1760, e dirigida a um membro da Congregação do Oratório naquela vila, revela o lado pragmático do saber genealógico na sociedade colonial. Borges da Fonseca fora consultado por um oratoriano acerca da pretensão de João Cavalcante de Albuquerque, filho do capitão mor Cristóvão de Holanda Cavalcante, senhor dos engenhos de Apoá e Goitá da freguesia de Tracunhaem, a habilitar-se a familiar do Santo Ofício.

O genealogista respondeu que seguramente o podia fazer, mas, como corria um rumor acerca da sua limpeza de sangue, procurou demonstrar que a família dos Holandas naquela capitania "é limpíssima na sua origem". E desqualificava o rumor, apesar de haver ainda quem, "com cega e bárbara tenacidade", seguisse a opinião contrária, que teve "grande, mas irracional, séquito na minha pátria, na qual só tenho encontrado genealógicos de orelha". Estes repetiam o que ouviam aos anciãos, "sem refletirem na pouca estimação que entre os homens sérios tiveram sempre os contos de velhas".

Os seus compatriotas julgavam que a genealogia era "filha da vontade e não do entendimento". Ora a genealogia, "como parte mais nobre da história de qualquer reino ou província", devia ser abordada com cuidado, mas na América "a inveja pretende murchar os ramos de vistosas árvores, a fim de que as próprias pareçam mais floridas". O verdadeiro genealogista aprendia a discernir o verdadeiro do falso por meio de uma intensa busca documental e assim a genealogia era efetivamente filha do entendimento (Fonseca, 1935, t.2, p.187-8).

Ao comentar serem "tão pobres de notícias os arquivos e cartórios" acerca dos primeiros nobres que tinham vindo para a capitania de Pernambuco, Borges da Fonseca lembrava a ocupação holandesa e o incêndio da então vila de Olinda, que "reduziu a cinzas os cartórios e espargiu os documentos que a curiosidade de alguns religiosos conservava nos seus arquivos".

Mesmo com estes obstáculos, desejava imitar Dom Antônio Caetano de Sousa, "o maior genealógico que viu Portugal". Em todos os reinos civilizados da Europa, "não só as Casas da primeira grandeza, mas ainda as que não passam de nobres", procuravam conservar o maior número de documentos possível, mas em Pernambuco "as Casas nobres são as que menos caso fazem de conservar para o futuro a memória do passado" (ibidem, t.2, p.5-6).

Pesquisando durante mais de trinta anos, o genealogista deparara apenas com raras e incompletas memórias sobre a nobreza pernambucana. As poucas que existiam não referiam "os filhamentos, os hábitos, os cargos e os empregos", ou seja, as mercês recebidas do rei, como o foro de fidalgo da Casa Real (filhamentos), os hábitos das ordens militares, além dos ofícios e postos. E contudo, nos séculos anteriores, "se fazia mais caso das honras" do que na época em que ele estava escrevendo: "não só faziam registrar nas Câmaras os alvarás de seus foros, os seus brasões e as suas patentes, mas também nas escrituras e papéis públicos usavam de seus títulos". Estas práticas tinham caído em desuso, o que parece indicar não um interesse menor na aquisição de honras, mas um descuido com as provas formais da nobreza, talvez porque na segunda metade do século XVIII os cargos camarários se tivessem tornado menos apetecíveis.

Borges da Fonseca procurou reunir algumas genealogias particulares que facilitassem seu trabalho e, ao mesmo tempo, como aponta Gonsalves de Mello, incentivou as pesquisas genealógicas de seus compatriotas sobre suas próprias famílias. Mas a base documental foi igualmente pesquisada, por exemplo os Livros das Vereações da Câmara de Olinda, sendo de 1647 a referência mais recuada e a de 1766 a mais recente. Compulsando os arquivos notariais, eclesiásticos e judiciários, coligiu a documentação necessária para não ser um desses "genealógicos de orelha" que ele tanto criticava.

O objetivo do genealogista era alcançar informações sobre os primeiros nobres que tinham chegado à capitania de Pernambuco, e as famílias pernambucanas eram por ele classificadas em "antigas" e "modernas", conforme o primeiro ascendente chegara ainda no século XVI ou pelo menos antes da ocupação holandesa, ou então já depois da restauração. Por exemplo, a família de Bezerras Felpa de Barbuda, "das mais ricas de Pernambuco", remontava ao primeiro donatário e o Livro Velho da Sé informava que Domingos Felpa de Barbuda morrera em 1607. Esta era portanto uma família antiga. Já a dos Campelos era das mais modernas, pois só em 1680 tinham chegado Antônio Rodrigues Campelo e seu primo José Peres Campelo.

Uma característica distingue Borges da Fonseca dos genealogistas seus contemporâneos: não oculta os filhos naturais nem omite ascendentes índios. Fernão Martins Pessoa, falecido em 1600, casara-se com Isabel Gonçalves Raposo, havendo quem se persuadisse que esta era "neta de uma índia do nosso país". E logo acrescenta:

> Pouco importava que Isabel Gonçalves Raposo tivesse ou deixado de ter origem em alguma índia do nosso país, porque é bem sabido que no Brasil muitas famílias tão autorizadas como esta, e algumas de ilustríssima ascendência, tiveram alianças da terra, e nem por isso perderam o esplendor com que as veneramos, porque nada tem de impura a qualidade dos índios do país.

Basta lembrar toda a descendência mameluca de Jerônimo de Albuquerque. Mas, neste caso de Isabel Gonçalves Raposo, a notícia de seu sangue índio era falsa (Fonseca, 1935, t.2, p.324).

Pedro Taques de Almeida Paes Leme, ao contrário de Jaboatão e de Borges da Fonseca, fez pesquisas genealógicas com o intuito de escrever obras históricas. Ele próprio fala da sua intenção de produzir uns elementos sobre a história de Piratininga (Leme, [1954], t.1, p.81) e efetivamente deixou-nos uma *História da capitania de São Vicente*, elaborada em resultado da ajuda prestada ao conde de Vimieiro quando este tentava obter compensações financeiras da Coroa por ter perdido aquela capitania da qual por sucessão era donatário.

Este pendor historiográfico nota-se aliás na sua *Nobiliarquia paulistana*, muito mais narrativa do que a dos seus congêneres. Ele se espraia gostosamente sobre personagens como o mestre de campo Domingos da Silva Bueno, ou sobre Guilherme Pompeu de Almeida. E não foge a oferecer pormenores ou explicações. Por exemplo, a propósito de Gaspar Leite César, reinol do Norte de Portugal, tem o cuidado de esclarecer que seus quatro avós eram "lavradores principais e nobres, que se serviam com criados e criadas", não deixando margem de dúvidas quanto à sua nobreza. Tendo casado com uma santista, ficara morando em Santos e fora da governança da terra, familiar do Santo Ofício e sargento-mor da fortaleza de Itapema com 40$000 réis de soldo (ibidem, p.84-7 e 90).

De modo geral suas afirmações assentam em documentação que ele próprio indica. Assim, acerca do reinol André Alves de Castro, morador na cidade de São Paulo, escreve que no colégio dos jesuítas fizera "profissão de freire cavaleiro da Ordem de Cristo por alvará de 5 de fevereiro de 1743, registrado na Chancelaria da Ordem"; que o alvará de escudeiro fidalgo com acrescentamento a cavaleiro fidalgo lhe proporcionava "a moradia competente a este foro e paga segundo a Ordenança"; e ainda que tirara o brasão de armas em Lisboa, assinado pelo rei de Armas e registrado pelo escrivão da nobreza "no livro 11º dos brasões a folhas 68" (ibidem, p.93).

Como por duas vezes esteve Pedro Taques em Portugal, pôde fazer em Lisboa as pesquisas histórico-genealógicas de que precisava, completando assim as informações coletadas no Brasil, como se pode constatar no exemplo acima, uma vez que cita a Chancelaria da Ordem de Cristo, o livro das moradias da Casa Real e o livro dos brasões.

Por vezes os próprios documentos existentes na capitania de São Paulo traziam anexos outros cuja origem era o Reino. Quando Dona Mécia Ferreira de Távora fez em 1702, na Ouvidoria de São Paulo, uns autos de justificação *de nobilitate et puritate sanguinis*, foi-lhe anexado um "instrumento *de puritate et nobilitate probanda*" processado em Lisboa no Juízo das Justificações em janeiro de 1686, a favor de seu irmão Pedro da Rocha Pimentel, natural e "cidadão" de São Paulo (ibidem, p.109-10).

De notar o uso por parte de Pedro Taques dos testamentos dessa elite nobiliárquica. Antônio Bicudo de Brito, por exemplo, capitão da vila de Paranaguá, faleceu em 1687, com testamento que se encontrava no cartório dos Órfãos de Paranaguá (ibidem, p.119). Muitos desses testamentos hoje são dificilmente localizáveis, o que realça o papel desse genealogista para os estudos de História da Família, muito embora o Arquivo do Estado de São Paulo tenha vindo a publicar a magnífica série de inventários e testamentos coloniais.

Uma ideia perpassa aqui e ali: a de que os paulistas não eram os rebeldes contumazes que a administração colonial fazia crer à Coroa. Tal como pernambucanos ou baianos, os moradores de São Paulo tinham sempre cumprido as "obrigações de seu nobre sangue" e para o comprovar Pedro Taques constantemente refere ou mesmo transcreve as cartas que os monarcas escreviam em agradecimento dos serviços prestados. Transcreveu, por exemplo, a carta de Dom Pedro II a Antônio de Godoy Moreira, "cidadão" de São Paulo, que auxiliara o governador do Rio de Janeiro, Artur de Sá de Meneses, em 1697, quando ele se dirigira à capitania "para adiantar os novos descobrimentos de minas de ouro descobertas pelos paulistas". Na carta de agradecimento do rei, datada de 20 de outubro de 1698 e registrada no Livro de Registro de Cartas da Secretaria do Conselho Ultramarino, deparamos com a habitual promessa de recompensa de serviços: "tudo o que neste particular obrastes me fica em lembrança para folgar de vos fazer toda a mercê quando trareis de vossos requerimentos" (ibidem, p.120).

A documentação da Câmara de São Paulo foi exaustivamente utilizada por Pedro Taques, inclusive um conjunto de cartas do governador-geral pedindo socorro para a Bahia, sobretudo nos anos 1646 e 1647, devido ao perigo holandês (ibidem, p.233-7). Cartas de sesmarias e testamentos foram também muito usados. Se em relação a esse genealogista nos sentimos mais seguros quanto à riqueza e à variedade da base documental, é preciso contudo ressaltar que, embora os testamentos paulistas façam muitas vezes menção dos filhos ilegítimos (naturais ou adulterinos), mamelucos ou mulatos, Pedro Taques geralmente silencia a tal respeito. Uma exceção é a referência ao filho mameluco, havido "fora do matrimônio", do sertanista e senhor de numerosos índios João do Prado. Falecido em 1597, fizera seu testamento em 1594, antes de entrar para o sertão (ibidem, t.2, p.3). Também são evitadas referências a situações familiares irregulares, por exemplo quando diz que José Rodrigues da Silva Horta casou "por força de consciência" com Rita da Silva, "de quem já tinha antes do matrimônio vários filhos" (ibidem, p.8).

Tal como Borges da Fonseca, era Pedro Taques um típico ilustrado, racionalista, duvidando da tradição oral por constatar que esta era muito frequentemente desmentida pela documentação. No título dos Pires escreve que "numas memórias introduzidas de pais a filhos" se atribuía a origem dessa família a Salvador Pires, mas que, "no exame e lição dos cartórios", se descobrira que o primeiro a chegar a São Vicente fora João Pires, chamado o Gago, natural do Porto (ibidem, p.71).

Uma única vez teve o genealogista de confiar na tradição oral. Foi no episódio da morte de Leonor Cabral de Camargo e na prisão de seu marido, Alberto Pires, enviado para o Rio de Janeiro numa embarcação e que morreu durante a viagem. Escreve ele: "Este sucesso que temos narrado só tem por documento a memória dos velhos, comunicada de pais a filhos". Mas mesmo esta tradição oral que precisou utilizar foi passada pelo crivo da razão, duvidando que "a causa produtiva de tantos desconcertos" fosse a morte do cunhado Antônio Pedroso de Barros, pois este morrera em 1651 e Alberto Pires casara-se em 1682 (ibidem, p.82-3).

Apesar da riqueza e da variedade da documentação sobre que assenta a *Nobiliarquia paulistana*, o genealogista ainda a considerava insuficiente: "É lamentável a falta que há de documentos que sirvam de fio verdadeiro para a genealogia do nobiliário que pretendemos dar à luz". Apresentava o seu empreendimento como dirigido apenas ao "bem público e utilidade dos descendentes, que todos vivem amortecidos na ignorância dos seus nobres progenitores". Mas, em vez de receber apoio pelo seu "infatigável trabalho", só ouvia "murmuração", pois muitos que tinham defeito de "mecanismo" (ou seja, plebeísmo) temiam que pela imprensa viesse a ser conhecido (ibidem, p.120-1).

Outros seguiram o caminho da genealogia na segunda metade do século XVIII, como Roque Luís de Macedo Paes Leme da Câmara, autor de uma "Nobiliarquia brasiliense, ou Coleção de todas as famílias nobres do Brasil, de todas as suas capitanias, principalmente daquela de São Paulo", escrita em Lisboa em 1792.[7] Mas os nomes mais confiáveis para os historiadores são os de Borges da Fonseca e Pedro Taques, pela qualidade da pesquisa por eles feita, sobretudo pelo último, que também se pretendeu historiador.

Tal como os genealogistas, os acadêmicos e memorialistas do século XVIII, ao escreverem sobre o Brasil, se mostraram atentos à nobreza não só daqueles que inicialmente receberam as doações das capitanias, como também dos outros que contribuíram com suas famílias para o povoamento do território. Sebastião da Rocha Pita, em 1730, na sua *História da América portuguesa*, reconhecia a existência de tais nobres:

> Há mui claras famílias de conhecida nobreza divididas por todo o Brasil porque, posto que a ele vieram sempre (como para todas as outras conquistas do Reino) réus punidos pela Justiça, também em todos os tempos, convidados da grandeza destes países, passaram a habitá-la muitos sujeitos oriundos de nobilíssimas Casas de Portugal, e sendo ramos de generosos troncos transplantados a este clima, produziram frutos de continuada descendência, que não degeneram das suas origens, antes as acreditam. (Pita, 1976, liv.II, n.116)

E exaltava, entre os "filhos da nossa América", um governador e capitão general do Brasil, três capitães-gerais do estado do Maranhão, dois governadores de Pernambuco, quatro do Rio de Janeiro, três conselheiros ultramarinos, doze a catorze mestres de campo, para referir apenas os mais altos cargos da administração colonial, pois os capitães-mores tinham sido inumeráveis (ibidem, n.117).

O Brasil não fora inicialmente apenas uma terra de degredo, uma vez que também atraíra os nobres do Reino. Como afirmava frei Gaspar da Madre de Deus, já em finais do século XVIII, "a nobreza com que Martim Afonso de

---

7 BNRJ, Ms. 11,3,5. Na seção de manuscritos existe ainda uma "Genealogia dos Abreus do Rio de Janeiro" (Ms. I – 32,17,8).

Sousa povoou São Vicente foi mais numerosa e distinta do que supõem até os mesmos que dela descendem". Esta afirmação ficaria suficientemente provada, segundo o frade, se fosse impressa a *Nobiliarquia* que o sargento-mor Pedro Taques de Almeida Paes Leme deixara incompleta ao morrer em 1777 (Deus, 1953, p.62).

Mas o próprio frei Gaspar deparara, no decorrer de sua pesquisa, com muitos nobres:

> Como nunca me apliquei ao estudo das genealogias, é muito limitada a minha instrução sobre este assunto. Assim mesmo poderia eu repetir muitos nomes de povoadores, se me fora necessário apontar os de todos que me lembra ter achado com o tratamento de nobres em documentos autênticos ou livros impressos. (ibidem, p.64-5)

A contribuição de genealogistas e memorialistas do século XVIII não é portanto de desprezar num estudo sobre a nobreza colonial. Eles tiveram oportunidade de compulsar muita documentação hoje em mau estado ou mesmo desaparecida, por exemplo as atas da Câmara de São Vicente. Os historiadores não têm tido a paciência suficiente para consultar de forma profícua esses autores, ou então não os levam a sério, pensando que eles inventaram todos esses nobres de que falam e que o Brasil foi no início apenas terra de degredados. Também, por outro lado, ignoram que o conceito de nobreza é muito amplo, não se circunscrevendo aos titulares, aos grandes do Reino. A nobreza assumiu na Colônia múltiplas formas e é delas que me vou ocupar nos capítulos seguintes.

2
Do século XVI ao ministério pombalino

Fidalgos donatários

As primeiras doações

Na célebre carta escrita por Dom João III a Martim Afonso de Sousa, que então se encontrava na costa brasileira, datada de 28 de setembro de 1532, lemos: "Depois de vossa partida se praticou, se seria meu serviço povoar-se toda essa costa do Brasil, e algumas pessoas me requeriam capitanias em terra dela". Havia portanto quem se interessasse por doações na Terra de Santa Cruz e estas começaram a ser feitas quando Martim Afonso de Sousa ainda andava pelo Brasil, tendo-lhe contudo o rei reservado cem léguas, e a seu irmão Pero Lopes de Sousa cinquenta léguas, "nos melhores limites dessa costa". Todos os que receberem capitanias, prosseguia Dom João III, "fazem obrigações de levarem gente, e navios à sua custa em tempo certo".[1]

---

1 Carta transcrita por frei Gaspar da Madre de Deus (1953, p.94-100). No Brasil esteve Martim Afonso de Sousa dois anos e alguns meses. Deve ter voltado para Lisboa em 1533. A 4 de março desse ano ainda se encontrava em São Vicente, pois assinou nessa data uma sesmaria a Francisco Pinto, segundo o livro do cartório da Provedoria da Fazenda Real de São Paulo consultado por frei Gaspar (ibidem, p.144).

Pouco importa que formalmente as doações só tenham começado em 1534. Dois anos antes já havia quem as tivesse solicitado ao rei, ao que este acedera. Quase todos eram fidalgos da Casa Real, como podemos ver pelas cartas de doação e forais conservados na Torre do Tombo. Martim Afonso de Sousa tinha também o título do Conselho do rei e Pero do Campo Tourinho surge sem qualificação. Vejamos a lista.

Donatários

Nome	Qualidade	Data
Duarte Coelho	Fidalgo da Casa Real	15.3.1534
Francisco Pereira Coutinho	Fidalgo da Casa Real	5.4.1534
Pero do Campo Tourinho	–	27.5.1534
Vasco Fernandes Coutinho	Fidalgo da Casa Real	1.6.1534
Martim Afonso de Sousa	Conselheiro do rei	6.10.1534
Pero Lopes de Sousa	Fidalgo da Casa Real	6.10.1534
Aires da Cunha	Fidalgo da Casa Real	11.3.1535
João de Barros	Fidalgo da Casa Real	11.3.1535
Jorge Figueiredo Correia	Fidalgo da Casa Real	1.5.1535
Antônio Cardoso de Barros	Cavaleiro fidalgo	19.11.1535
Pero de Góis	Fidalgo da Casa Real	3.1.1536

Fonte: *Doações e forais das capitanias do Brasil, 1534-1536*.

Na Torre do Tombo só existe o foral a Pero Lopes de Sousa, mas frei Gaspar da Madre de Deus transcreve a carta de doação, que fora anexada à carta de confirmação passada por Dom João V ao marquês de Cascais, assinada em Évora a 1º de setembro de 1534, sendo portanto um pouco anterior ao foral (Deus, 1953, p.152-61).

Nessa lista de cartas de doação e forais está faltando um nome, o de Fernão de Álvares de Andrade, conselheiro do rei e tesoureiro-mor, o qual surge juntamente com Aires da Cunha e João de Barros numa carta de mercê assinada em Évora, a 18 de junho de 1535. Nesse documento se faz menção à carta de doação que Álvares de Andrade recebera do rei, tal como os outros dois, e que foi publicada por Antônio Baião em anexo à sua edição da *Ásia* de João de Barros. Do foral contudo não há notícia.

Pero do Campo Tourinho, o único que surge sem qualificação, no processo da Inquisição, em 1546, só aparece com o título de capitão de Porto Seguro. Ao comparecer, em 1547, na Casa do Despacho do Santo Ofício, declarou que, quando o rei lhe fizera a mercê daquela capitania, estava em Viana do Castelo, onde fora batizado e era morador. Nada mais disse que pudesse identificá-lo socialmente.[2] Em finais do século XVIII, o jurista José de Seabra da Silva observou aquela diferença social de Tourinho em relação aos demais donatários: "o partidor da América compôs um formulário de chavão que inseriu em todas [as cartas de doação], só com a diferença de que nas cartas dos fidalgos se acrescentou a cláusula que falta na doação do Tourinho" (Saldanha, 2001, p.71). Cabe portanto aqui a pergunta, infelizmente sem resposta, se não terá sido a ausência de fidalguia no capitão de Porto Seguro que facilitou a sua denúncia à Inquisição.

Embora não se referissem muito concretamente os serviços prestados por aqueles que receberam as donatarias, pelo menos em alguns casos foi indicado o local de sua ação: Duarte Coelho fora fiel vassalo de Dom Manuel e Dom João III, "assim nestes Reinos como nas partes da Índia onde serviu muito tempo"; Francisco Pereira Coutinho igualmente andara pela Índia muitos anos; Vasco Fernandes Coutinho prestara serviços em Portugal, na África e na Índia; Antônio Cardoso de Barros dera boa conta de si no Reino e em África; Pero de Góis fora na armada chefiada por Martim Afonso de Sousa e serviu na costa do Brasil "em alguns descobrimentos que o dito Afonso fez no tempo que lá andou". Acerca de Pero do Campo Tourinho nada é dito em relação aos seus serviços e, quanto aos demais, como só se conservaram os respectivos forais, e não as cartas de doação, esse tipo de informação é neles omisso.

A doação de capitanias constituiu apenas uma das formas de o monarca recompensar quem o tinha bem servido. A doutrina serviço/recompensa estava bem alicerçada já entre os juristas do século seguinte. Manuel Álvares Pegas, por exemplo, ao defender em 1671 os direitos do conde de Vimioso à capitania de Pernambuco, afirmava: "é regalia do príncipe, própria natureza do rei, premiar os vassalos que o servem e remunerar os serviços que se fazem" (Pegas, 1671, §11).

Mais pragmático, frei Cristóvão de Lisboa aconselhara o rei, em 1657, acerca de uma eventual concessão de capitania a Salvador Correia de Sá: "é bom que se busque por todas as vias coisas de que Vossa Majestade possa fazer doações, sem detrimento de sua fazenda, para ter com que pagar serviços e animar os homens até fazer muitos outros" (Saldanha, 2001, p.100-1). O frade tocava aqui um ponto nevrálgico do sistema de capitanias: estas nada custavam à Fazenda Real, mas exigiam dos donatários capitais abundantes para

---

2 *Alguns documentos sobre a colonização do Brasil (século XVI)*, 1989, p.74.

custear o empreendimento da colonização e do povoamento. Era a honra de ser senhor de terras em troca do investimento financeiro.

O que significou a Terra de Santa Cruz para esses primeiros fidalgos donatários? As queixas a Dom João III pelas grandes despesas feitas surgem com frequência na documentação. A 27 de abril de 1542 Duarte Coelho, donatário de Pernambuco, escrevia: "para coisas de tanta importância há mister muito grandes gastos e eu estou muito gastado e endividado". Daí o não poder manter na sua capitania tanta gente de soldo como até então, insistindo na concessão do resgate de escravos da Guiné como forma de equilibrar suas finanças (*Alguns documentos...*, p.93).

Anos mais tarde, em 1549, Duarte Coelho pediu ao rei que lhe deixasse os dízimos de seus próprios engenhos e também que lhe permitisse mandar anualmente para Portugal 3.000 quintais de pau-brasil, a fim de poder acorrer aos gastos de sua capitania: "não acho já no Reino quem me empreste nem dê tanto dinheiro". Em carta de 1551 lembrava ter servido a Dom João III e a seu pai com muitos gastos de sua fazenda na Índia e agora no Brasil, e isto sem receber tença nem juro, "nem essa moradia que tinha depois que de lá parti, que agora faz 16 anos" (ibidem, p.108 e 116). Ou seja, desde que fora povoar a sua capitania deixara de receber a quantia mensal que todos os fidalgos da Casa Real recebiam.

Quando Duarte Coelho se encontrava no Reino, seu cunhado e substituto, Jerônimo de Albuquerque, lamentava-se em Olinda, em 1555, da guerra contra o gentio que começara dois anos antes, tanto mais que, na vizinha capitania de Itamaracá, Luís de Seixas, que servia de capitão, "era levantado com dívidas, deixando a dita capitania desamparada em tempo de guerra". Ele próprio despendera muito dinheiro e ficara "muito endividado e pobre". Para aliviar a sua situação financeira, pedia mais uma vez a Dom João III que provesse uma pessoa para servir de capitão à custa da Fazenda Real, pois o que Pernambuco rendia não bastava para sua irmã, Dona Brites de Albuquerque, e seus sobrinhos se manterem. "E portanto beijarei as mãos a V.A. haver por seu serviço de me dar licença que olhe por minha fazenda que estou no fundo" (ibidem, p.231).

Os rendimentos de que os donatários podiam usufruir das suas terras brasileiras estavam estipulados nos respectivos forais. Sabemos que não podiam dar sesmarias aos herdeiros das capitanias, mas a todos eles era doado um certo número de léguas (vinte em São Vicente, dez na Bahia, em Porto Seguro e Espírito Santo, e mais tarde, já no século XVII, dezesseis em Caeté e cinco na Paraíba do Sul), as quais deveriam ser repartidas e não todas juntas.

Essas terras próprias podiam "arrendar e aforar em fatiota ou em pessoas, ou como quiserem e lhes bem vier". É interessante notar que Manuel Pereira Coutinho, perante a incorporação à Coroa da capitania que fora de seu pai, Francisco Pereira Coutinho, pretendia ao menos conservar as "10 léguas de terra dentro na dita capitania, particularmente por seu morgado, repartida em 4 ou 5 partes", proposta com que o procurador da Coroa não concordou (Saldanha, 2001, p.334).

Um exemplo dessas terras próprias, ou morgados, ou reguengos como diziam na época, que podiam ser aforadas pelo donatário encontra-se em Pernambuco quando, em finais do século XVI, foi retirado do seu quinhão um conjunto de terras para os beneditinos de Olinda. Estes deveriam pagar ao donatário anualmente 10$000 réis de foro "por cada légua de terra".

Lopo de Sousa, capitão e governador da capitania de São Vicente, aforou "em fatiota" para sempre a Dom Rodrigo de Lencastre uma língua e duas léguas de terra, para este as mandar povoar, juntamente com Pero Luís Velhasco. Com eles tinha concertado pagarem-lhe anualmente dez arrobas por cada trapiche que fizessem e, havendo marinhas de sal, pagar-lhe-iam 1% da sua produção. Mas, numa carta de Dom Rodrigo de Lencastre de 1587, se vê que ele estava mais interessado em fazenda de criatório do que em engenho de açúcar (Cortesão, 1956, p.422-5). Aquelas terras situavam-se junto do Cabo Frio e, embora inicialmente tivessem sido dadas de sesmaria, na confirmação da doação, a 4 de outubro de 1592, o que se escreve é "aforamento em fatiota para sempre", o que significava uma posse mais permanente do que no sistema sesmarial.

Além dos foros dos seus morgados, ou reguengos, os donatários tinham direito à redízima e à meia dízima do pescado, mas é difícil saber quanto é que estas rendiam efetivamente. Alguns valores surgem para o início do século XVII em relação às redízimas: Ilhéus, 25$130 réis; Itamaracá, 240$000 réis; Pernambuco, 3:427$200 réis (Saldanha, 2001, p.343). No *Livro que dá razão do estado do Brasil (1612)*, a redízima de Pernambuco, "afora a redízima do rendimento da Alfândega", era 3:200$000 réis; a de Itamaracá, 240$000 réis, mas nada é dito quanto à de Ilhéus.[3]

Outra fonte de rendimento resultava das pensões pagas aos donatários pelos tabeliães. No foral da capitania de São Vicente lemos: "cada um dos tabeliães do público e judicial que nas vilas e povoações da dita capitania houver será obrigado a pagar ao dito capitão 500 réis de pensão em cada ano". E nos outros forais encontram-se indicações no mesmo sentido.

---

3 *Livro que dá razão do estado do Brasil (1612)*, 1968, p.59 e 67.

Dependia contudo de acordo o valor das licenças para fazer moendas, marinhas e engenhos. E, numa carta de sesmaria passada a 1º de janeiro de 1570, na capitania de Itamaracá, em nome de Dona Jerônima de Albuquerque e Sousa, a pensão a ser paga pela utilização da água para o engenho era "2% de todo o açúcar em pó que se fizer no engenho de água". Frei Vicente do Salvador, ao referir os rendimentos donatariais, lembrava pertencer aos capitães "todas as águas com que moem os engenhos de açúcar, pelos quais lhes pagam de cada 100 arrobas 2 ou 3, conforme se concertam os senhores de engenho com eles, ou com seus procuradores".

Também as passagens dos rios proporcionavam alguns tributos ao donatário, desde que fossem disponibilizadas barcas para a sua travessia: "Levará delas aquele direito, ou tributo, que lá em Câmara for taxado que leve" (Saldanha, 2001, p.351). Mas, apesar dos foros, pensões e tributos, o empreendimento das capitanias inicialmente foi mais honorífico do que financeiramente rentável para os fidalgos da Casa Real que as receberam em doação.

Sesmaria, morgado e capitania

No primeiro século de colonização, e sobretudo no reinado de Dom Sebastião, estabeleceu-se uma certa confusão conceptual entre sesmaria e capitania, o que deu origem a vários pleitos judiciais. A primeira contenda surgiu na Bahia com a ilha de Itaparica e já se encontra relatada em Gabriel Soares de Sousa. Segundo ele, durante o governo de Tomé de Sousa, a ilha foi dada "de sesmaria" a Dom Antônio de Ataíde, primeiro conde de Castanheira. Até aqui não há dúvida. Mas, ao ser confirmada a doação, foi atribuído ao conde o "título de capitão e governador", o que imediatamente significava outro tipo de doação e por essa razão, como relata Soares de Sousa, "veio com embargos a Câmara da cidade do Salvador, sobre o que contendem há mais de 30 anos e ele impediu sempre a jurisdição sem até agora se averiguar esta causa" (Sousa, 1989, 2ª parte, cap.XVI).

A carta de doação a Dom Antônio de Ataíde das ilhas de Itaparica e Tamarandiva foi passada a 10 de novembro de 1556, data também do foral a elas referente, e nada há que distinga esses documentos daqueles que dizem respeito às demais capitanias. A mercê era feita "esguardando aos muitos e mui continuados serviços" do conde de Castanheira: "é razão que receba de mim honra e mercê". Assim, ele recebia "de jure e herdade" os bens do "morgado" instituído por Dona Violante de Távora, mãe do conde, sendo ela a possuidora das duas ilhas "que estão na entrada da Bahia da cidade do Salvador da capitania de Todos os Santos". O conde de Castanheira e seus sucessores intitular-se-iam "capitães e governadores delas", teriam jurisdição cível e crime, instalariam ouvidor, poderiam criar vilas, proveriam tabeliães, meirinhos, escrivães e outros oficiais necessários. Os tabeliães pagariam "suas pensões segundo forma do foral".

Eram-lhes ainda doadas as alcaidarias-mores de todas as vilas e povoações daquelas ilhas, "com todas as rendas, direitos, foros e tributos". Tal como os outros donatários, podiam enviar ao Reino anualmente 24 peças "dos escravos que eles resgatarem e houverem na terra do Brasil".

Era vontade de Dom João III que "a dita capitania, governança, rendas, e bens dela que assim dou ao dito conde andem sempre juntas, e se não apartem, nem alienem em tempo algum".[4] Observa-se portanto, no caso dessas duas ilhas, um deslize formal: a primitiva sesmaria passou a morgado e este transformou-se em capitania hereditária como as demais então existentes.

A doação foi ainda feita no tempo de Dom João III, que morreu em 1557, e o filho do conde de Castanheira pediu ao novo soberano provisão para poder "usar das ditas doações, assim como o conde seu pai, sem embargo de não estarem ainda confirmadas". Prevendo a possibilidade de dificuldades levantadas a seu procurador, escrevia no fim da petição: "havendo algumas pessoas que a ele ponham alguma dúvida, ou embargo, o venha cá alegar".[5]

Foi dada uma autorização provisória a 7 de setembro de 1565 para que o conde de Castanheira pudesse usar da doação "por tempo de 2 anos". Mas, pelo que escreveu Gabriel Soares de Sousa uns vinte anos mais tarde, os problemas jurídicos em torno da doação não cessaram e ainda hoje essa sesmaria/morgado/capitania de Itaparica e Tamarandiva constitui um quebra-cabeça para os historiadores da Bahia.[6]

Um caso idêntico surgiu no tempo do 2º governador-geral, Dom Duarte da Costa. A sesmaria por ele dada em 1557 a seu filho, Dom Álvaro da Costa, fidalgo da Casa Real, também passou a capitania e deu origem a um parecer jurídico, provavelmente do início do século XVII, em resposta à "pergunta sobre algumas terras do Brasil para se saber se se hão de julgar por de sesmaria ou por de capitania".[7]

---

4 DH, v.13, p.192-202. O foral está transcrito nas p.202-8.
5 Ibidem, p.208-9.
6 A historiadora baiana Angelina Garcez está estudando a questão, mas os resultados de sua pesquisa ainda não foram publicados.
7 BNL, Coleção pombalina, Cod.475.

Alegando que, "da barra do rio de Peroaçu até à barra do rio de Jaguaripe, estavam umas terras em matos maninhos por aproveitar" e que ele as queria povoar, Dom Álvaro da Costa pediu ao governador seu pai que lhe passasse carta de sesmaria daquelas terras, "que poderá ser 4 léguas de costa, pouco mais ou menos" e para o sertão dez léguas, "e isto entrando dentro todas as ilhas que estiverem ao longo da costa e a água que está pelo rio de Peroaçu dentro da parte do sul para nele fazer engenho de açúcar", e também suas criações de gados (DH, v.13, p.226). A 27 de janeiro de 1557 a carta foi concedida, sendo estabelecidos cinco anos para o povoamento e o aproveitamento da sesmaria.

Contudo, em 1562, Dom Álvaro da Costa pediu ao rei confirmação das terras, "sem embargo de não residir nelas todos os 3 anos, como era obrigado, e de as não aproveitar nos 5 anos, conforme à dita carta, o que diz que não fez por a terra estar de guerra". Depois pediu mais, alegando querer fazer vilas e povoações: "que houvesse por bem de lhe fazer delas mercê em capitania, como o eram os outros capitães das terras da dita costa do Brasil" (ibidem, p.235-7).

Para alguém do estatuto social de Dom Álvaro da Costa não era honra suficiente possuir uma sesmaria no Brasil. Era necessário para o fidalgo ser senhor de uma capitania. E aproveitou a ocasião para fazer mais um pedido à Coroa: "que as ditas 10 léguas para o sertão corressem sempre com a largura que houvesse entre os dois rios de Peroaçu e Jaguaripe", o que significa que a largura podia eventualmente exceder as quatro léguas da costa (ibidem, p.237).

A 21 de março de 1566 foi-lhe passada carta de mercê e doação de jure e herdade para sempre "com todos os direitos, foros, tributos, que têm os capitães das outras capitanias" (ibidem, p.248). O que prova que, se inicialmente o sistema das capitanias hereditárias se podia considerar deficitário do ponto de vista dos donatários, depois da instalação do governo-geral o seu atrativo parece ter sido maior, como o mostram a capitania de Itaparica e Tamarandiva e a de Peroaçu, ambas na Bahia.

Mas, em relação a esta última capitania, o autor do parecer jurídico afirmava que a concessão feita por Dom Sebastião não tivera efeito, pois "está tudo no estado em que foram dadas as tais terras de sesmaria". Nem Dom Álvaro da Costa, nem depois seu filho, "fizeram ali castelo nem forte mais que a casa da obrigação da sesmaria"; não receberam quaisquer tributos; não criaram oficiais de Justiça. As terras eram "da jurisdição ordinária e termo da cidade da Bahia", pois os moradores, não tendo sido criada vila nem povoação, respondiam perante o juiz ordinário da cidade. É certo que Dom Álvaro da Costa mandara ao Brasil um certo Pero Carreiro para ali fazer povoação, mas a cidade da Bahia o impediu, "por aquelas terras serem da capitania daquela cidade".[8]

Sebastião da Rocha Pita, nas primeiras décadas do século XVIII, embora atribuindo ao neto, Dom Gonçalo da Costa, e não ao filho, Dom Álvaro da Costa, do segundo governador-geral a concessão do título de "capitães e governadores" daquela porção de terra, evidencia a vacuidade daquele epíteto:

> Os possuidores dela se contentam com o título de donatários de Paraguaçu [sic], sem fazerem vila em que encabeçar a jurisdição civil e política daquela capitania, e a têm dividida em datas a vários colonos que nelas lavram grandes propriedades, de que colhem grossas rendas, pagando aos seus donatários competentes foros. (Pita, 1976, liv.III, §11 e também DH, v.36, p.401)

Segundo o autor do parecer jurídico antes referido, a questão em torno dessa sesmaria/capitania surgiu quando um parente transversal de Dom Gonçalo da Costa, neto do governador-geral que se tornou noviço da Companhia de Jesus em 1607, questionou que este tivesse deixado aquelas terras a uma "obra pia", ou seja, aos jesuítas. Como parente mais chegado, e sendo aquelas terras de capitania e não de sesmaria, deveria ser ele o herdeiro, pois se tratava de "bens de morgado, os quais outro que não seu parente não pode haver".[9]

Por seu lado os jesuítas alegaram em Portugal que aquelas terras eram de "pura sesmaria", pois não tivera efeito a provisão em que o rei as dava em capitania: "Posto que vulgarmente se chamassem senhores daquela capitania", esta nunca se concretizara, posição que o autor do parecer jurídico endossava.[10]

As duas capitanias baianas a que me tenho referido foram criadas depois de a Bahia ter passado para a Coroa e ali se ter instalado o governo-geral, mas a mesma ambiguidade sesmaria/capitania perpassa numa das primeiras doações de terras em capitania de donatário.

Em 1537, Vasco Fernandes Coutinho, senhor do Espírito Santo, deu a Duarte de Lemos, fidalgo da Casa Real, "a ilha grande que está da barra para dentro que se chama de Santo Antônio". Este fidalgo viera da capitania da Bahia, talvez pelas dificuldades ali encontradas por Francisco Pereira Couti-

---

8 BNL, Coleção pombalina, Cod.475.
9 Sobre este legado ver Dauril Alden (1996, p.349).
10 BNL, Coleção pombalina, Cod.475.

nho, e trouxera para a do Espírito Santo "seus criados e outras pessoas". Depois de distribuir terras na ilha e de deixar "ordem na sua fazenda por seus moradores e criados", Duarte de Lemos regressara a Portugal. Aí lhe passara Vasco Fernandes Coutinho, em 1540, a escritura definitiva daquela doação, pela qual se permitia a Duarte de Lemos "fazer um engenho de açúcar para sua fazenda no rio das Roças Velhas, defronte da dita ilha", não pagando por ele foro algum ao donatário, exceto anualmente "um bom pão de açúcar" que pesasse quatro arráteis. A ilha de Santo Antônio fora cedida "de jure e herdade", mas Duarte de Lemos não poderia ali erguer vila (*Alguns documentos...*, p.24-7).

A ambiguidade é bem visível: por um lado a ilha fora doada "de jure e herdade", o que a afastava de uma sesmaria; por outro a impossibilidade de criar vila a aproximava dessa forma de doação. Primeiro Paulo Merea, e mais recentemente Antônio Vasconcelos de Saldanha, chamaram a atenção para estas sesmarias especiais, nas quais os donatários cediam parte dos seus direitos, como no caso de Vasco Fernandes Coutinho. Sabemos que outros donatários fizeram concessões semelhantes: Francisco Pereira Coutinho em 1542 a Afonso de Torres; e Jorge de Figueiredo a Lucas Giraldo em 1547 (Saldanha, 2001, p.297, nota 80).

A capitania de Pero de Góis, de São Tomé, dos Goitacazes ou da Paraíba do Sul

Aires do Casal, referindo-se à capitania de São Tomé, escreve na *Corografia brasílica*: "Constando que Pedro de Góis fora o seu primeiro donatário, não encontramos documento seguro do ano em que lhe foi dada, e de quando ele a colonizou" (Casal, 1817, t.2, p.41). Hoje sabemos que ele recebeu a sua capitania a 3 de janeiro de 1536 e que praticamente não a povoou. Conseguiu ali permanecer dois anos em paz com os índios, depois teve de enfrentar cinco anos de lutas e acabou por retornar a Portugal.

Por um documento não datado, mas certamente do início do século XVII, no estado do Brasil eram seis as capitanias de donatário, seis as da Coroa e uma encontrava-se despovoada. Junto do Espírito Santo situava-se a capitania que fora de Pero de Góis, "mas não está povoada e como cousa deserta se não faz dela relação, mais do que entrar nela um rio que se chama Pariba [*sic*] que não tem porto e ao longo da costa tem muitos baixios".[11]

---

[11] Documento transcrito por Matos (1995).

Esta informação do início do Seiscentos parece responder ao interesse demonstrado por Filipe II, em carta de 1º de fevereiro de 1618 ao vice-rei de Portugal, em inteirar-se da situação das capitanias do estado do Brasil, pois nessa altura já se pensava utilizar o mesmo sistema no recém-conquistado estado do Maranhão (Saldanha, 2001, p.392).

Por um alvará de 21 de outubro de 1605 sabemos que Gil Góis da Silveira, fidalgo da Casa Real, não estava em condições de povoar nem de beneficiar a capitania de São Tomé, que vagara por falecimento de seu pai, Pero de Góis da Silveira. E por isso naquela data o rei lhe permitiu, já que possuía aquela capitania "de jure e herdade para sempre", que renunciasse a ela em quem quisesse, desde que fosse "pessoa apta". E mandava ao Conselho da Índia e Terras Ultramarinas (ainda não existia o Conselho Ultramarino) que passasse a essa pessoa a carta de doação.[12]

Mas Gil Góis da Silveira não renunciou em ninguém sua capitania e, vivendo em Madri com a mulher, passou em outubro de 1618 uma procuração a um morador de Lisboa para que este assinasse em seu nome, nessa cidade, um "estromento de renunciação, deixação e aceitação" na presença dos procuradores da Coroa e da Fazenda. A 22 de março de 1619 cedia a capitania à Coroa filipina pois continuava sem posses para a governar e administrar, "por ser cousa que requeria assistência pessoal", o que ele não podia fazer.

Na procuração é esclarecido o nome da capitania: "se chama em língua de negros Paraíba, e em a nossa São Tomé". Começava "13 léguas além de Cabo Frio" e terminava "em os baixos de Pargos". Esta renúncia da capitania à Coroa não se processou sem compensação financeira: Gil de Góis da Silveira receberia 200$000 réis de tença em vida e por sua morte podia deixar 100$000 réis dessa tença a sua mulher.[13]

Os memorialistas referem-se a essa capitania, mas as datas por eles fornecidas não são coerentes com a cedência da capitania à Coroa em 1619. Frei Gaspar da Madre de Deus escreveu que a capitania de São Tomé ficara abandonada pois a povoavam "três nações bárbaras ferocíssimas, a que chamavam Guaicatá Guaçu, Guaicatá Jacoritó e Guaicatá Mopi". E citava um documento do arquivo do mosteiro de São Bento do Rio de Janeiro, datado de 19 de agosto de 1627, em que Martim de Sá, pai de Salvador Correia de Sá e Benevides, como procurador de João Gomes Leitão e Gil Góis da Silveira, donatários da capitania, dera em sesmaria a terra entre os rios Macaé e Iguaçu a Gonçalo

---

12 BNL, Ms. Caixa 44, doc.43.
13 RIHGB (Rio de Janeiro), 56, parte I, p.151-9.

Correia, Miguel Aires Maldonado, Antônio Pinto, João de Castilho e Miguel Riscado, moradores na cidade do Rio de Janeiro, os quais conjuntamente tinham pedido essa data para nela criarem gados.

Escrevia ainda o memorialista que esses indivíduos, mais Martim de Sá, foram "os primeiros povoadores daquelas deliciosas e férteis campinas, onde mandaram fazer currais e introduziram gado, assim vacum como cavalar". Mas, segundo o frade, o domínio e a propriedade dessas terras conservaram-se muitos anos nos sucessores de Pero de Góis, o que mostra não ter tido frei Gaspar conhecimento da cessão da capitania à Coroa em 1619. Por outro lado, como surge sem mais nem menos o nome de João Gomes Leitão como donatário junto com Gil Góis da Silveira? E a data de 1627 (Deus, 1953, p.65-8)?

Pizarro e Araújo, nas *Memórias históricas do Rio de Janeiro*, repete a mesma informação e afirma que a capitania de Cabo Frio foi dada conjuntamente a João Gomes Leitão e a Gil Góis da Silveira (Araújo, 1945-1951, t.3, p.83, e t.2, p.110). Haveria nos dois memorialistas uma identificação entre capitania de São Tomé e capitania de Cabo Frio?

A confusão aumenta com a leitura de Aires de Casal, que segue frei Gaspar quando este afirma que a capitania se conservou muitos anos nos sucessores de Pero de Góis e que Gil de Góis, "que sem dúvida era o terceiro donatário" (quando na verdade era o segundo), se achava por volta de 1623 associado com João Gomes Leitão na empresa de formar um sólido estabelecimento na capitania. Mas nenhum dos sócios vivia nela e Martim de Sá aparece como capitão mor, a quem um grupo de indivíduos (os três irmãos Correia, Miguel Aires Maldonado, João Castilho, Antônio Pinto e Miguel Riscado) pediu uma sesmaria, que lhes foi concedida a 19 de agosto de 1623. Pretendia o grupo expulsar os índios e ali estabelecer fazendas de gado.

Segundo o mesmo autor, a ele se agregaram Salvador Correia de Sá, uns religiosos, "e alguns sujeitos mais de qualidade e poderosos do Rio de Janeiro", tendo início a conquista do território aos indígenas em abril de 1629. Afugentados os índios, repartiram a terra em quinhões, "cabendo a cada sesmeiro 12 currais de 500 braças em quadro" (Casal, 1817, t.2, p.43-4, nota).

Todos os memorialistas de finais do século XVIII e inícios do XIX continuavam a ligar os descendentes de Pero de Góis à capitania despovoada, e apontavam a sua ocupação efetiva com currais de gado pertencentes aos poderosos do Rio de Janeiro. E Aires de Casal, embora escreva que, em 1673, o visconde de Asseca, Salvador Correia de Sá, se encontrava na Corte diligenciando a doação daquela capitania "já anexa aos bens da Coroa", em nenhum momento fornece uma data para essa anexação (ibidem, p.45, nota).

O que interessa ressaltar aqui é que, em meados do século XVII, surgiu um conflito entre os senhores dos currais e os moradores de uma povoação que entretanto se estabelecera e que pretendia, em 1652, transformar-se em vila com a ajuda do ouvidor do Rio de Janeiro. Em 1653, o capitão André Martins de Palma, em seu nome e no dos moradores de São Salvador e Campos dos Goitacazes, entre o Espírito Santo e Cabo Frio, encaminhou ao governador-geral na Bahia uma representação pois, devido às "sinistras informações de algumas pessoas moradoras no Rio de Janeiro em razão de terem seus gados nos Campos dos Goitacazes", houvera ordem para se extinguir aquela povoação, composta já de setenta vizinhos, quando afinal tinha sido aquele capitão que "domesticara" as inúmeras aldeias de índios que então se encontravam em paz (Lamego, [1913], v.1, p.96-8, nota 63).

Em carta de 23 de outubro de 1673, o governador do Rio de Janeiro comunicou ao governador-geral que se realizara uma "junta" na Câmara daquela cidade "sobre se não continuar uma vila que se intentava levantar nos Campos dos Guaitacazes". Eram contra a ereção de tal vila, "porque de outra maneira ficaria perdido o Rio de Janeiro", e tinham mesmo declarado que, se o projeto fosse adiante, "estava este povo resoluto a ir arrasá-lo" (DH, v.6, p.271-2).

O governador-geral, a 26 de maio de 1674, condenou vivamente essa atitude, pois decidir se havia de se criar uma vila ou não estava fora das atribuições da população do Rio de Janeiro, e mandou proibir aos interessados nos Campos e à Câmara do Rio de se intrometerem numa jurisdição que não era deles. Para não atacar diretamente os poderosos do Rio, diplomaticamente condenou seus feitores: "E como os que têm a cargo as fazendas que estavam pelos Campos de Guaitacazes não querem que haja quem lhos impida, buscam o meio de não haver justiça na Paraíba, nem que ali se faça vila que lhes estorve o que obram contra seus próprios donos" (ibidem, p.273).

A violência tomara já conta daquela região. O feitor-mor das fazendas e currais, o clérigo Luís Correia, expulsou "com a maior violência e tirania", no relato do ouvidor do Rio de Janeiro, os moradores amedrontados pelos soldados de que se fez acompanhar em conivência com o ouvidor de Cabo Frio, e também pela "inumerável quantidade de negros". Estes, quando os moradores não saíam logo, derrubavam as casas e roubavam-nos, "obrigando-os a se irem uns pela barra fora e outros pelos mesmos campos, largando suas casas e metendo-se pelos matos". O ouvidor-geral do Rio de Janeiro encontrou muitos desses colonos em Cabo Frio com suas mulheres e filhos, "quase todos doentes de caminhar a pé 50 léguas". Na sua opinião, para aqueles moradores viverem com sossego, o rei devia ordenar a Salvador Correia de Sá que "não admitisse mais este clérigo a seu serviço, nem tornasse mais aos campos". Na consulta do Conselho Ultramarino de 6 de setembro de 1674 foi aconselhado ao rei que se desse todo o apoio aos colonos para que voltassem para suas casas e que o clérigo feitor-mor fosse punido (DH, v.92, p.206-8).

O fato que interessa aqui sublinhar é que o clã Correia de Sá estava interessado em se apoderar formalmente dessa região, que já tinha ocupado informalmente com outros. A 15 de setembro de 1674 foi feita em Lisboa a demarcação da capitania dos Campos dos Goitacazes e esta doada a Martim Correia de Sá, já então detentor do título de visconde de Asseca, concedido por Dom Afonso VI em 1666. Nesse documento falava-se na antiga capitania de Gil de Góis, deixada vaga para a Coroa, e constituída por "umas 30 léguas de terra que estavam entre a capitania do Cabo Frio e do Espírito Santo". Comprometia-se o donatário a fundar duas vilas, "uma no porto de mar para segurança das embarcações que a ela forem, e outra no sertão, em parte conveniente para reprimir os insultos dos gentios bárbaros".

Esta mercê feita a Martim Correia de Sá, 1º visconde de Asseca, estabelecia uma capitania de vinte léguas e mais treze "além do Cabo Frio para a banda do Norte, aonde se acaba a capitania que foi de Martim Afonso de Sousa, e acabarão no baixo dos Pagos [sic]", ou Pargos. De notar que essa capitania foi dada em conjunto a Martim Correia de Sá e a seu irmão João Correia de Sá como recompensa dos "méritos e honrados serviços" de seu pai, Salvador Correia de Sá e Benevides.[14]

Cabia portanto aos novos donatários fundar as duas vilas e para tal precisavam dos antigos povoadores, expulsos pelo feitor. Por essa razão enviaram um requerimento ao rei nesse mesmo ano de 1674. Não negava o visconde de Asseca que, "a requerimento do feitor do pai", estavam presos na cadeia do Rio de Janeiro sete a oito "pobres" que se tinham instalado naquelas terras "a título de erigirem vilas, o que não teve efeito". Agora a situação era diferente. Os colonos tinham de reconhecer o visconde de Asseca e seu irmão como "senhores das ditas terras e vilas que fundarem, e como tais por seus protetores". Assim, pediam os dois irmãos Correia de Sá que fossem soltas aquelas pessoas, dando-lhes a conhecer a mercê que lhes fora feita pelo rei a fim de que não tolhessem aqueles que voluntariamente quisessem passar às novas vilas (Lamego, [1913], t.1, p.121-2, nota 6).

Estes Sás governaram a capitania por meio de procuradores. A carta régia de 23 de março de 1727 confirmou a Diogo Correia de Sá, 3º visconde de

---

14 Documento publicado por Pinto (1883, t.1, p.157).

Asseca (o 2º visconde, Salvador Correia de Sá, morrera jovem e sem descendência), a doação *de jure e herdade* da capitania da Paraíba do Sul. Era este o nome oficial agora. Mas os camaristas da vila de Campos recusaram-se a aceitar a confirmação e representaram a Dom João V que não queriam viver sujeitos a donatários. Pediam ao rei:

> Piedade, Senhor, compadecei dos míseros vassalos que há mais de 70 anos que gemem sob a mais rigorosa escravidão! Como pai não nos desampare, tire-nos do poder dos donatários e dê-nos um seguro real contra os filhos do visconde, fidalgos mal inclinados, violentos e absolutos com seus 200 escravos. (Saldanha, 2001, p.417)

Contava Pizarro e Araújo, baseado num manuscrito por ele consultado mas não indicado, que,

> induzidos certos moradores do país pelo governador Luís Vaía Monteiro (cuja oposição à família dos Correia de Sá não era oculta), se declaram inimigos de Martim Correia de Sá e Benevides e Luís José Correia, filhos de Diogo Correia de Sá, travando de propósito com eles várias dissenções.

A maquinação chegou a ponto de o governador, sob pretexto do público sossego, mandar retirar dos Campos os filhos do donatário e fazer prender alguns de seus criados e amigos (Araújo, 1945-1951, v.3, p.122-3).

Essas perturbações levaram à decisão da compra da capitania pela Coroa (resolução de 2 de junho de 1738, reiterada a 27 de outubro de 1739), mas a venda não chegou a concretizar-se e, por ordem régia de 30 de agosto de 1738, foi levantado o sequestro feito na capitania da Paraíba do Sul, restituindo-se os rendimentos que tinham sido depositados.

Governava então a capitania do Rio de Janeiro Gomes Freire de Andrade. Os camaristas da vila de Campos permaneciam na sua rebeldia e, como Dom João V estava decidido a comprar aquela capitania, os oficiais da Câmara tomaram posse dela em nome do rei, publicando editais relativos à mudança de senhorio e recorrendo à Relação da Bahia, que os apoiou.

Mas a doação régia foi confirmada, em carta de 23 de agosto de 1747, a Martim Correia de Sá e Benevides. Seu procurador, Martim Correia de Sá, tenente-coronel de um dos regimentos de linha do Rio de Janeiro, preparava-se para tomar posse da capitania, quando o procurador do concelho adiou o ato de posse e novos distúrbios ocorreram, sendo Gomes Freire de Andrade obrigado a intervir militarmente em 1748. Só então o ouvidor do Espírito Santo deu posse ao procurador do donatário.

A 2 de março de 1751 a Relação da Bahia condenou oito indivíduos e uma mulher, Mariana de Sousa Barreto, como sendo os principais instigadores da rebelião popular quando o procurador do visconde de Asseca pretendia tomar posse da capitania em seu nome: "se lhe opuseram e impediram com sediciosa ousadia e mão armada os réus acima nomeados, unidos com muitos outros moradores daquela capitania, obrigando a alguns por força e constituindo um grande corpo em tumulto e conjuração popular". Eram ainda acusados de terem cometido "muitas desordens e insolências, com as quais puseram em total perturbação toda a capitania".[15]

A capitania da Paraíba do Sul foi finalmente incorporada à Coroa em 1752, no reinado de Dom José. Opinara pela incorporação o conselheiro Rafael Pires Pardinho, bom conhecedor do sudeste da Colônia, onde fora ouvidor, considerando "ser muito conveniente ao serviço de S. M. e o sossego daqueles moradores, que o mesmo senhor mande ajustar com o visconde Martim Correia de Sá, donatário desta capitania de 20 léguas de costa e 10 de sertão, a sua compra" (Saldanha, 2001, p.418).

Essa capitania adquire, no contexto de um estudo sobre a nobreza colonial, uma relevância muito grande, pois mostra a força de um clã que já dominava o Rio de Janeiro e que, graças a um dos seus membros, herói da Restauração e membro do Conselho Ultramarino, onde tomou posse em dezembro de 1644, quis estender seus tentáculos para uma região desocupada e adquirir o prestígio do senhorio de uma capitania numa época em que já se discutia mais a incorporação das existentes à Coroa do que a criação de outras novas.

As capitanias do Norte amazônico no século XVII

Tal como no estado do Brasil no século XVI, também o sistema de capitanias hereditárias foi utilizado no Norte no período da monarquia dual, mas prolongando-se depois da Restauração. Em resposta a uma carta de Filipe II de Portugal, datada de 19 de janeiro de 1611, o governador-geral Dom Diogo de Meneses aconselhou o rei a que, uma vez efetuada a conquista do Maranhão, se repartissem as terras em três capitanias "como a costa é tão estendida".[16]

Num memorial publicado em Madri em 1627, Bento Maciel Parente mostrou-se também de opinião de que se deviam repartir as terras daquela conquista em capitanias a serem entregues a pessoas de "caudal y obligaciones"

---

15 AHU, Bahia, CA 189.
16 Saragoça (2000), doc.59, Carta escrita da Bahia a 1º de março de 1612, p.322-4.

para que se povoassem e se fortificassem, mas reservando para a Coroa as capitanias do Maranhão e do Rio das Amazonas (Pará), que eram as mais importantes (Almeida, 1860-1874, t.2, p.38-44). E não há dúvida de que o próprio Bento Maciel Parente se veio a beneficiar dessa divisão, como veremos mais adiante.

Com opiniões favoráveis, de que estas constituem apenas exemplos, o sistema foi efetivamente adotado. Ao nomear Francisco Coelho de Carvalho, fidalgo da Casa Real, para governador e capitão geral do Maranhão e Pará em 23 de setembro de 1623, a Coroa já anunciava uma provisão do Conselho da Fazenda "por onde se lhe ordenará também a forma e modo em que se há de haver na repartição das terras daquelas partes" (Saragoça, 2000, doc.30, p.271). E a 19 de março de 1624 o governador foi autorizado a repartir as terras daquele estado pelos povoadores e cultivadores que as pedissem, "sendo pessoas de sustância e cabedal, que cumpre serem tais para benefício das ditas terras e capitanias" (ibidem, doc.65, p.338). Enquanto a uns se distribuíram apenas sesmarias, outros foram feitos donatários.

Capitanias do estado do Maranhão e Grão-Pará

Donatário	Capitania	Data
Álvaro de Sousa	Caeté	1633
Feliciano Coelho de Carvalho	Camutá (ou Cametá)	1637
Bento Maciel Parente	Cabo Norte	1637
Antônio Coelho de Carvalho	Cumá (ou Tapuitapera)	1640
Antônio de Sousa de Macedo	Joanes	1665
Gaspar de Abreu e Freitas	Xingu	1681

Fonte: Saragoça (2000).

Depois da conquista do Maranhão, em 1622 Filipe III de Portugal fez mercê a Gaspar de Sousa, "gentil-homem da boca" e do Conselho do rei, e que fora governador-geral do estado do Brasil de 1613 a 1617, de uma capitania nas terras do Maranhão ou do Pará, "conforme ao sítio e parte que ele escolhesse e com a mesma jurisdição e obrigação com que foram concedidas as outras capitanias do Estado do Brasil" (ibidem, doc.61, p.326-8).

Mas, como era preciso primeiro determinar quais seriam as capitanias da Coroa, sede do governo-geral do novo estado, a mercê só se transformou em carta de doação quando, em 1633, o filho mais velho de Gaspar de Sousa e herdeiro da sua Casa, Álvaro de Sousa, peticionou nesse sentido. Ele escolhia para sua capitania as terras entre os rios Turi e Caeté, que poderiam ser umas 45 a 50 léguas de costa, recebendo ainda as ilhas que se encontrassem nas dez léguas fronteiras à costa demarcada. Pela carta de confirmação da doação, passada a 13 de fevereiro de 1634, Álvaro de Sousa e seus sucessores denominar-se-iam "capitães-gerais e governadores".

Acerca dessa capitania de Caeté possuímos um pouco mais de informação graças a um códice manuscrito da Sociedade de Geografia de Lisboa, no qual um escrivão, João da Fonseca, transcrevia em Lisboa os documentos de maior importância, com especial relevo aqueles referentes aos rendimentos a que o donatário tinha direito. Um belo brasão colorido abre o códice e seguem-se os traslados de doze documentos.

Entre eles há que salientar um alvará de mercê a Álvaro de Sousa para que pudesse levar para a sua capitania as aldeias de índios e para que os governadores e demais autoridades não inquietassem esses índios nem os outros homens livres ali moradores, seguindo-se termos assinados de cruz pelos principais Martim Moanha, Lopo, Lucas e Lázaro. E também um regimento pelo qual se deviam governar os almoxarifes e feitores de Álvaro de Sousa.

O donatário de Caeté tinha direito a cobranças idênticas às das demais capitanias.

1 Pensão anual de quinhentos réis paga "em dinheiro de contado" pelos tabeliães (f.11).

2 As rendas, direitos, foros e tributos das alcaidarias-mores, exceto o que o donatário tivesse concedido ao alcaide-mor por sua patente (f.13).

3 O foro concertado para as licenças de moendas de água e engenhos de qualquer qualidade (f.17).

4 O foro concertado para a licença das marinhas (f.22).

5 Direito das passagens dos rios "em que houver necessidade de pôr barcas", tributo este taxado em câmara (f.26).

6 Rendas e foros das terras do seu reguengo (f.29).

7 Meia dízima do pescado, "que é de 20 peixes 1" (f.43).

8 A redízima (f.48).

9 A vintena do pau-brasil, "e se paga esta vintena ao donatário na Casa da Índia da cidade de Lisboa, aonde o dito pau há de vir e ali lhe será paga pelo provedor e oficiais da dita Casa tanto que o dinheiro do dito pau for arrecadado" (f.57).

10 Dízima do quinto pago à Coroa por "qualquer sorte de pedraria, pérola, aljôfar, ouro, prata, coral, cobre, estanho, chumbo ou qualquer outra sorte

de metal". E essa dízima seria paga ao donatário "ao tempo que se o dito quinto para el-rei arrecadar por seus oficiais".

As páginas em branco desse códice deixam supor que o livro estaria destinado a anotar cada um desses rendimentos do donatário à medida que ele os fosse recebendo em Lisboa. O fato de nada estar registrado a tal respeito leva a pensar que as rendas, se foram efetivamente cobradas, permaneceram na capitania para o custeio das despesas necessárias.

Como vimos atrás, o reguengo ou morgado do donatário eram aquelas terras que lhe pertenciam na capitania. Nesse caso eram dezesseis léguas de terras, "que começam de longo da costa e entram pelo sertão dentro tanto quanto puderem entrar". Ao donatário era concedido o prazo de vinte anos para escolher o seu reguengo, a contar do dia da posse da capitania. "E tomará as ditas terras divididamente em 4 ou 5 partes, as quais terras poderá arrendar e aforar como quiser às pessoas que lhe parecer e lhe bem vier pelos foros e tributos que quiser cada um ano" (f.29).

Na verdade, a existência desses reguengos compensava a proibição, feita em todas as cartas de doação, de o donatário tomar terras para si de sesmaria. Nesse caso da capitania de Caeté, abria-se contudo para o donatário a possibilidade de compra de sesmaria, "sendo primeiro aproveitada 8 anos pelo vendedor" (f.41).

Quanto à capitania do Cabo Norte, Bento Maciel Parente preparou seus papéis de serviços, incluindo os prestados em Pernambuco, e apresentou-os na Corte de Madri em 1634. O rei fez-lhe então mercê de "algumas terras no rio de Amazonas" e do foro de fidalgo com 2$000 réis de moradia, "tudo com obrigação de ir servir a Pernambuco três anos porquanto seria ali de proveito pela muita prática que tinha daquela guerra".

Era preciso contudo definir que terras seriam aquelas e, tomadas as informações necessárias no Conselho da Fazenda e ouvido o procurador dele, se lhe atribuiu a capitania do Cabo Norte, "que tem pela costa do mar 30 até 40 léguas de distrito, que se contam do dito cabo até o rio Vincente Pinzón, onde entra a repartição dos índios do Reino de Castela". A carta de doação, passada a 14 de junho de 1637, é em tudo idêntica à de Álvaro de Sousa, da capitania de Caeté, inclusive no que se refere à dimensão do seu reguengo, dezesseis léguas (ibidem, doc.66, p.341-8).

Feliciano Coelho de Carvalho, filho do governador do estado do Maranhão e Pará, Francisco Coelho de Carvalho, encaminhou a este uma petição dizendo querer povoar uma capitania na costa do Maranhão "para o que tem bastante cabedal e fábrica com que brevemente povoará a dita capitania". Pretendia as terras "entre o rio Pará do primeiro braço do rio das Amazonas, com as léguas que houver do estreito que hoje chamam do Camutá, até sair do rio Curupá". Seriam mais ou menos quarenta léguas. A doação foi feita pelo governador a 14 de dezembro de 1633 e confirmada pelo rei a 26 de outubro de 1637, "visto não ser ele Feliciano Coelho de Carvalho de menor condição e ter tanto direito em todas as mais pelos grandes serviços que tem feito e particularmente naquela conquista em tanto aumento dela" (ibidem, doc.65, p.338-41).

Entre os particulares que dispunham de cabedal para povoar e cultivar uma capitania do Norte amazônico estava Antônio Coelho de Carvalho, desembargador da Casa da Suplicação, que em 1627 pedia, na costa do Maranhão, cinquenta léguas para norte da barra do rio Cumá. Contudo, como a escolha feita por Álvaro de Sousa da capitania de Caeté entrara pela de Cumá, "que lhe estava já nomeada até o rio Tury que eram muitas léguas" em prejuízo de Antônio Coelho de Carvalho, ficando a capitania de Cumá "mui defraudada", este pediu ao rei que lhe passasse a carta de confirmação da ponta de Tapuitapera para o norte. Pela carta de doação, de 7 de abril de 1640, ficamos sabendo que este donatário era fidalgo da Casa Real, desembargador dos Agravos da Casa da Suplicação e juiz das coutadas do Reino, empregos estes que o prendiam a Portugal, ao mesmo tempo que era senhor de terras no Norte brasileiro (ibidem, doc.63, p.329-33).

A 23 de dezembro de 1665, Dom Afonso VI passou carta de doação da ilha de Joanes a Antônio de Sousa de Macedo, fidalgo da Casa Real, do Conselho do rei e secretário de Estado, podendo ele e seus herdeiros e sucessores intitular-se capitães-gerais e governadores. Além disso os herdeiros dessa capitania chamar-se-iam de Sousa e Macedo e trariam "as armas dos Sousas e Macedos" e, se isto não fosse cumprido, perderiam a capitania de Joanes, o que evidencia a importância dos apelidos e dos brasões na sociedade seiscentista. Embora a carta de doação siga o modelo habitual, algumas restrições foram aí inseridas, sendo a principal a possibilidade de os corregedores entrarem na capitania quando isso parecesse necessário ao rei. Havia agora também a possibilidade de apelação a alçada superior quer para os peões, ou plebeus, quer para os culpados de traição, heresia, sodomia e moeda falsa (ibidem, doc.64, p.333-7).

Deste modo, as capitanias do Norte amazônico seguiram o padrão habitual: foram doadas a fidalgos da Casa Real em retribuição de serviços prestados, mas desde que tivessem "cabedal e sustância". Alguns altos funcionários também foram beneficiados. Mais do que a sua presença nas capitanias exigia-

-se a capacidade financeira para arcar com o empreendimento, que era sobretudo honorífico.

Litígios entre os donatários e a Coroa

Em geral a historiografia brasileira, quer a acadêmica quer a de divulgação, só se refere aos primeiros donatários, esquecendo-se de que as capitanias hereditárias existiram até 1754 e que portanto também têm uma história. Apesar de algumas terem passado para a Coroa durante os dois primeiros séculos de colonização, outras foram criadas ainda no século XVII na frente de colonização amazônica e no Sudeste, sobretudo com a capitania da Paraíba do Sul, embora essas doações não apresentem já as mesmas características das suas congêneres quinhentistas, sobretudo no que se refere à Justiça.

Pressionados pela Coroa, os fidalgos donatários não abriram mão facilmente de suas doações e, ao litigarem com os procuradores do rei, sempre aspiravam a compensações, como eles diziam, quanto ao "útil e honorífico", ou seja, uma quantia em dinheiro pela perda dos rendimentos donatariais e uma mercê nobiliárquica pela perda da distinção de ser senhor de uma capitania.

Tal prática se verificou logo no século XVI com a capitania da Bahia. O filho de Francisco Pereira Coutinho alegou "os serviços, trabalhos e despesas do pai, que, depois de ter consumido todo o seu patrimônio na capitania, dera ultimamente a vida nas mãos dos bárbaros". Tinha ele "rompido e feito romper terras", estabelecido dois engenhos de açúcar e faziam já vulto os dízimos do distrito da cidade. Por estas razões seu sucessor pedia a Dom João III a confirmação da sucessão, mas o rei respondeu "que se lhe deferisse com 400 mil réis de juro real na redízima da Bahia vinculados em morgado". E passou a nomear os governadores para a Bahia quando pendia ainda "esta célebre contenda" com o filho do donatário. Este foi o resumo feito em 1781 pelo Dr. José de Seabra da Silva, magistrado que tinha certamente acesso a documentação hoje de difícil localização.[17]

Depois da restauração de Pernambuco, Dom João IV escreveu a 4 de novembro de 1654 ao governador-geral Francisco Barreto, depois de ter sido informado que Dom Miguel de Portugal, como administrador da fazenda de Duarte de Albuquerque Coelho, seu sogro, "exercitara alguns atos de jurisdição" na capitania de Pernambuco, "com fundamento de o dito seu sogro haver

---

17 ANTT, Ministério do Reino, maço 642, parecer de José de Seabra da Silva, datado de Lisboa, 30 de junho de 1781.

sido donatário dela antes de a ocuparem os holandeses". O rei condenava o "excesso" de Dom Miguel e o "escândalo" de se querer introduzir na posse da capitania sem respeitar "a tanto sangue e a tantas despesas, como custou a restauração".

A ordem régia a Francisco Barreto era clara:

> Desfaçais quaisquer autos de posse que Dom Miguel tiver feito e priveis todas e quaisquer pessoas que tiverem posto, ofício, ou qualquer outra cousa feita por ele, não consentindo que o dito Dom Miguel, ou Duarte de Albuquerque exercite ato algum de donatário, nem cobre como tal direito ou emolumento.

Por outro lado, como o marquês de Cascais podia tentar alguma forma de apropriação da capitania de Itamaracá "com o fundamento de se querer chamar donatário dela", as mesmas medidas deviam ser tomadas em relação a essa capitania.[18]

Num importante documento adquirido e divulgado por José Antônio Gonsalves de Mello, o procurador da donatária, Dona Maria Margarida de Castro e Albuquerque, filha de Duarte de Albuquerque Coelho e casada com o conde de Vimioso, Dom Miguel de Portugal, enumerou, a 4 de agosto de 1655, na povoação do Recife, todos os rendimentos donatariais que iriam passar a ser cobrados pela Coroa.[19]

Mas a anexação da capitania de Pernambuco não se processou sem uma longa querela judicial movida pela família donatária e acerca da qual possuímos um valioso documento elaborado pelo advogado, o célebre jurista Manuel Álvares Pegas, publicado em Évora em 1671: *Alegação do direito por parte dos senhores condes do Vimioso sobre a sucessão da capitania de Pernambuco*.

O advogado dividiu a sua alegação em dez pontos, acompanhados de farta documentação e de abundantes citações de autores respeitados. Aqui irei resumir apenas os momentos mais fortes da argumentação do jurista. Em primeiro lugar defendia que a doação da capitania de Pernambuco fora remuneratória: "é próprio dos príncipes remunerar os serviços, que se lhe fazem" e assim podiam "premiar validamente aos vassalos com a concessão de terras, capitanias, direitos e jurisdições" (§11).

Lembrava que, na carta de doação, "confessa o senhor rei concedente os serviços, e serem dignos de toda a remuneração, por serem feitos assim neste Reino, como na Índia, e as doações e mercês desta qualidade, ainda que se

---

18 "Informação geral da capitania de Pernambuco (1749)", ABNRJ, 28, 1908, p.173.
19 RIAHGP, v.48, p.157-69.

lhe dê de nome de mercê, se chama propriamente doação remuneratória" (§30). Os serviços "tão qualificados" de Duarte Coelho tinham sido prestados "com grande dispêndio de sua fazenda e dinheiro" (§53).

Ainda que a capitania e mais terras, antes de serem doadas a Duarte Coelho, fossem bens da Coroa, uma vez concedidas em satisfação daqueles serviços, deixaram de o ser "e ficaram patrimoniais do dito Duarte Coelho". Tratava-se, assim, de um morgado patrimonial, com suas regras de sucessão próprias (§54).

Como o procurador da Coroa afirmara que o primeiro donatário "não cumpriu pontualmente as obrigações impostas", Pegas respondeu que na doação não se encontravam explícitas quaisquer condições (§105). Além disso o absentismo não podia ser criticado: "Porque os donatários que têm da Coroa capitanias perpétuas nas ilhas, Brasil ou outras terras ultramarinas, não têm obrigação de assistir nelas pessoalmente, quando se não acha na doação essa cláusula" (§119). Este ponto é importante na medida em que o absentismo dos donatários tem sido uma das principais críticas dos historiadores ao sistema, quando na verdade nada obrigava os senhores das terras a nelas residirem.

Rebatia também o advogado dos condes de Vimioso que competisse aos donatários a defesa de suas capitanias: "não são capitães de guerra, mas uns meros senhores de terras, que têm somente jurisdição e direitos declarados em suas doações". A "defensão da terra" não corria portanto por sua conta. Pertencia ao rei, "que para isso costuma pôr lá governadores e capitães-mores que saibam de milícia" (§121). Assim sendo, "o levantar gente, criar capitães, sustentar presídios e ter jurisdição militar é regalia só reservada ao príncipe"; ao donatário cabia apenas a jurisdição civil, crime e ordinária (§122).

Não houvera culpa nem dolo por ocasião da tomada da capitania pelos holandeses, nem pertencia a Duarte de Albuquerque Coelho "aperfeiçoar a conquista" pois, à época da invasão, "estava com todas as vilas e povoações, que hoje tem, todas reduzidas à política civil" e a ele não cabia fortificar as terras por sua conta. A fortificação era "obrigação inseparável do cargo real", pois este era "o estilo" que se observava em toda a Europa (§147).

O fio condutor de toda a argumentação do advogado dos donatários esbulhados da sua capitania era a negação de que o absentismo fosse condenável e que a defesa militar da capitania pertencesse ao senhor dela. O processo, iniciado em 1670, só terminou em 1716, e muitos documentos a ele referentes (petições, certidões, alegações, sentenças e outros) encontram-se numa coleção particular recolhida à Torre do Tombo.[20]

---

20 ANTT, Coleção Eng. Raul Contreiras, maço 1.

Entre as certidões apresentadas pelo conde de Vimioso deparamos com uma, passada pelos oficiais da Fazenda e Alfândega de Pernambuco, mostrando que o donatário Duarte de Albuquerque Coelho tinha contribuído, tal como a Coroa, para as despesas da guerra de Pernambuco. No ano de 1647 os próprios oficiais da Fazenda tinham cobrado os dízimos "por não haver contratador", uma vez que nem todos os engenhos moíam "por razão da guerra e entradas que fazia o inimigo pela terra dentro". A parte do donatário de pensão e redízima tinha sido 1.489 arrobas de açúcar (branco, mascavado e de panela). Isto dera, "forros de gastos que se fizeram na cobrança dos ditos açúcares", 570$990 réis.[21]

Também, na qualidade de cronista do estado do Brasil, Diogo Gomes Carneiro passou, a 25 de janeiro de 1673, uma certidão acerca da atividade de Duarte Coelho como donatário. Certificava que, "pelas relações antigas, manuscritas e impressas" que há muitos anos vinha estudando "como a quem estava encarregado de escrever a História do Brasil", logo que Dom João III lhe fizera a doação, Duarte Coelho preparara à sua custa uma armada em Lisboa, "em que levou armas, munições, casais de gente nobre e muitos homens aventureiros de conhecidas gerações, onde entraram os Cavalgantes, os Olandas, os Mouras, e outros muitos, cuja descendência e família se conserva ainda hoje em Pernambuco".

É interessante que esse cronista do Brasil (embora, segundo Diogo Barbosa Machado na sua *Biblioteca lusitana*, ele nada tenha escrito nessa qualidade) acentua, na certidão por ele passada, o esforço povoador do primeiro donatário pela fundação de vilas, esforço esse continuado por seus descendentes. Além de Igaraçu e Olinda, fundaram Siriané, Porto Calvo, Alagoa do Sul, Alagoa do Norte, "com outros muitos lugares", e na ilha de Antônio Vaz, defronte do Recife, havia uma pequena povoação antes de os holandeses a ocuparem.[22]

Pelo alvará de 16 de janeiro de 1716, tendo o conde de Vimioso, Dom Francisco de Portugal, entrado em composição com a Coroa e desistido da sentença que alcançara sobre a propriedade e os frutos da capitania, recebeu "o título de marquês em duas vidas, para ele e seu filho, duas na de conde de Vimioso, para filho e neto, uma nas comendas que ao presente logra e 80.000 cruzados por uma só vez, consignados e pagos no rendimento da mesma capitania, em 10 anos, a 8.000 cruzados cada um" (Saldanha, 2001, p.413).

---
21 Ibidem, doc.22.
22 Ibidem, doc.21.

O ouro do Brasil possibilitava já a Dom João V o pagamento da elevada quantia pedida pelo conde de Vimioso, bem como a compra de outras capitanias como as de São Paulo e Espírito Santo, embora por um preço mais baixo, 40.000 cruzados. É errado pensar que os reis do Antigo Regime tudo podiam fazer e que a anexação das capitanias hereditárias à Coroa se processava pela força e não pelo Direito e por compensações honoríficas e monetárias aos donatários esbulhados da honra de serem senhores de terras no Brasil e delas receberem rendimentos.

O marquês de Cascais, donatário da capitania de Itamaracá, também lutou pela manutenção da sua doação depois da restauração, iniciando um longo pleito com o procurador da Coroa e obtendo em 1685 uma sentença favorável. Assim, a Coroa ordenava, em março de 1692, ao governador de Pernambuco, ao ouvidor-geral e aos oficiais da Câmara de Itamaracá que dessem posse da capitania ao marquês de Cascais, ou a seu representante. Mas a ordem régia não foi cumprida, pois a população se insurgiu, não querendo voltar a ter um donatário depois de 34 anos sob o domínio da Coroa.

> Foi tão grande o tumulto de vozes, vivas que a Vossa Majestade deram, que admirou o amor e lágrimas com que repetiam homens, mulheres e meninos, e até mesmo escravos, dizendo só Vossa Majestade era o seu verdadeiro senhor, que não houve quem destes clamores os divertisse.[23]

Logo o donatário se queixou ao rei da desobediência às ordens régias por "um alvoroço e descomposição popular", enquanto os moradores de Itamaracá lembravam que fora a Coroa a libertá-los do jugo holandês. Propunham mesmo "uma ajuda de custo" para que o rei pudesse despendê-la "na comutação que quiser fazer ao marquês". Por seu lado este, perante o "desatino daqueles homens", classificou-o de injusto "em uma terra que foi povoada e construída por seus avós" e falou das graves consequências que se seguiriam se ficasse "irreprimida e dissimulada esta desobediência".

O conflito foi analisado no Conselho Ultramarino e o procurador da Coroa levou muito a sério a proposta dos moradores de Itamaracá de uma "ajuda de custo para se resgatarem do donatário". Aconselhava ao rei que mandasse avaliar o que este podia ter de renda "por sua doação e pelo estado da terra, acrescentando-se também o que podia valer o jurisdicional e honorífico e, contribuindo aqueles vassalos, se houvesse de contentar o donatário".

---

23 AHU, Pernambuco, documentos de 28 e 29 de janeiro de 1693.

Outros conselheiros foram também de parecer que o rei se compusesse com o marquês de Cascais, "com semelhante ou equivalente mercê, por ser lícito aos príncipes esta permutação". Caso tal permuta não se concretizasse, então seria conveniente que o ouvidor-geral da Paraíba pudesse entrar em correição na capitania de Itamaracá, porque assim se corrigiria a falta de administração de justiça característica das donatarias. De qualquer modo, a ordem régia de dar posse ao donatário devia ser cumprida, pois essa posse não impedia os moradores de recorrerem ao rei como vassalos que eram: "sendo caso que o donatário os não trate como deve, lhe mandará acudir como leais vassalos como seu rei e senhor". Ou seja, acima da autoridade do donatário estava sempre a autoridade régia, apesar da doação outrora feita e agora novamente confirmada.

No Sudeste, os litígios entre os sucessores de Martim Afonso de Sousa e Pero Lopes de Sousa ocuparam quase todo o século XVII, opondo duas Casas nobres de Portugal: Monsanto e Vimieiro. Essas demandas estão minuciosamente analisadas na *História da capitania de São Vicente*, de Pedro Taques de Almeida Paes Leme, e nas *Memórias* de frei Gaspar da Madre de Deus, e aqui pretendo apenas ressaltar que o objetivo dos donatários da capitania de Santo Amaro, mais despovoada, era incorporar as vilas pertencentes à capitania de São Vicente, pois eram estas que proporcionavam maiores rendimentos. Em 1679, o conde da ilha do Príncipe, Francisco Luís Carneiro e Sousa, trineto de Martim Afonso de Sousa, tomou finalmente posse de todas as vilas possuídas por seu trisavô.

A opção pela venda da capitania estava aberta aos donatários e o marquês de Cascais, senhor das cinquenta léguas da capitania de Santo Amaro, pediu em 1709 autorização ao rei para as vender por 40.000 cruzados a José de Góis de Morais. O procurador da Coroa não viu nenhum inconveniente nessa transação, tanto mais que o possível comprador "era das principais pessoas da dita capitania". Além disso, ao passo que o marquês de Cascais, Dom Luís Álvares de Castro e Sousa, do Conselho do rei, era um donatário ausente, Góis de Morais "à vista cuidaria mais no aumento e defesa das ditas terras" (Saldanha, 2001, p.410).

Os moradores de São Paulo, contudo, ofereciam a mesma quantia e, "enquanto lha não dão, que lhe pagarão os juros". Se o donatário aceitasse esta proposta, a capitania ficaria sob jurisdição da Coroa, "debaixo de algumas condições de que V. M. os honre com algumas mercês por este serviço". Por outras palavras, esses moradores, tal como os de Itamaracá, preferiam suprimir a figura do donatário.

O ouro tinha sido já descoberto e portanto os conselheiros do Ultramarino mostraram-se favoráveis a que a capitania passasse para a Coroa: "Porque esta capitania é hoje a mais importante que V. M. tem em seus reais domínios e que contém em si minas, ficando nas vizinhanças das mais preciosas e passagem para elas". Ora, só o monarca tinha condições de ali manter alguém que defendesse melhor as "tão apetecidas minas", pois as pessoas que os donatários escolhiam por seus capitães-mores "são uns feitores seus, sem graduação de serviços para acudirem à sua defesa".

Propunham assim que o rei pagasse ao donatário "o preço que se promete, tirando-se para a sua satisfação do rendimento dos quintos do ouro que vêm para estas partes e, enquanto se lhe não entrega o dito dinheiro, que se lhe satisfaçam os juros de 5 por cento". Apesar de o preço ser considerado excessivo pelo procurador da Coroa, a venda realizou-se por escritura de 19 de setembro de 1711 (ibidem, p.410-2). Para que ela tivesse lugar, Dom João V permitiu que essas cinquenta léguas se desligassem das outras trinta da capitania de Itamaracá, que juntas tinham constituído a doação inicial a Pero Lopes de Sousa.

Frei Gaspar da Madre de Deus transcreve esse documento e por ele vemos que o marquês de Cascais teria logo à sua disposição os juros, "prontos para toda a ocasião que se oferecer de se empregarem em bens de raiz". Estes ficariam sendo "bens de morgado patrimonial para suceder neles a pessoa que suceder no morgado da capitania de Itamaracá". Dom João V garantia que jamais se alegaria "lesão ou engano" para desfazer a venda à Coroa, por ser "excessivo o preço a respeito do útil e proveitoso da dita capitania pelo pouco que de presente lhe rendia". O alto preço pago por ela seria considerado uma doação ao marquês de Cascais e a seus sucessores e por isso o rei declarava "serem os ditos 40.000 cruzados o justo preço das ditas 50 léguas de terras" (Deus, 1953, p.214-25).

A 18 de junho de 1715 discutiu-se no Conselho Ultramarino a compra da capitania do Espírito Santo para se incorporar na Coroa, "evitando-se por este modo as controvérsias que hão com os donatários". As negociações para a compra ficaram a cargo do procurador da Fazenda e a 8 de abril de 1718 foi lavrada a escritura, tendo o donatário, Cosme Rolim de Moura, recebido 40.000 cruzados em quatro prestações anuais de 10.000 (Saldanha, 2001, p.412).

Já nos finais do reinado de Dom João V foram dadas ordens ao Conselho Ultramarino, a 4 de fevereiro de 1745, para que, pelas primeiras embarcações que partissem, se pedissem informações ao vice-rei e aos governadores do Brasil e do Maranhão "sobre os rendimentos que gozam anualmente e regalias de que estão de posse os donatários que ainda existem em vigor das cláusulas com que lhe foram concedidas as capitanias". Deviam igualmente apontar "os inconvenientes que considerassem em se conservarem estas capitanias separadas da jurisdição imediata da Coroa, e as utilidades que poderão resultar de se reunirem". Enviada essa ordem pelo Conselho Ultramarino em abril de 1745, passados alguns meses começaram a chegar as respostas. O governador de São Paulo, Dom Luís de Mascarenhas, limitou-se a declarar, em agosto, que naquela capitania não havia donatários.[24] E no reinado seguinte de Dom José as capitanias hereditárias finalmente foram todas anexadas à Coroa.

Fidalgos da Casa Real

Vimos que praticamente todos os donatários do Brasil eram fidalgos da Casa Real. O que isso significava do ponto de vista da hierarquia social? Segundo o tratadista Álvaro Ferreira de Vera, em 1631, foi no reinado de Dom Manuel I que aos três grupos sociais então existentes (ricos-homens, infanções e plebeus) foram dados lugares na Casa Real de acordo com sua "qualidade". "Aos filhos dos ricos-homens tomou por moços fidalgos com 1$000 réis de foro cada mês e alqueire e meio de cevada por dia. E daqui os acrescentava a fidalgos cavaleiros, subindo-lhes a moradia até 4$000 réis, o que era depois de serem armados cavaleiros por algum feito honroso que faziam na guerra." À categoria seguinte "tomou por moços da câmara com $406 réis por mês e ¾ de cevada por dia, e da mesma maneira lhes acrescentava a moradia, que a maior subia até 1$500 réis com o título de cavaleiro fidalgo". Finalmente os plebeus eram também admitidos na Casa Real como moços de estribeira, podendo passar a escudeiros e a cavaleiros rasos, "que é cavaleiro sem nobreza", e aos que gozassem de alguns privilégios dava-se o nome de cavaleiros confirmados (Vera, 1631, cap.II, p.31-4).

Assim, a partir de Dom Manuel I, ser morador da Casa Real implicava receber uma "moradia" mensal e uma ração diária de cevada, além de se poder subir de graduação. Segundo o genealogista Pedro Taques de Almeida Paes Leme, vários "homens de foro" acompanharam Martim Afonso de Sousa à capitania de São Vicente: os irmãos Góis (Luís, Pero e Gabriel), Brás Cubas e seu filho Pedro Cubas, que era moço da câmara, Rui Pinto, Nicolau de Azevedo, Jorge Pires. Eram todos cavaleiros fidalgos (Leme, [1954], t.2, p.1-2).

---

24 AHU, São Paulo, caixa 3, doc.204.

Em outro trecho da sua *Nobiliarquia paulistana* acrescenta mais nomes: Domingos Leitão, genro de Luís de Góis, e seu irmão Baltazar Leitão. Dois irmãos de Rui Pinto, Antônio e Francisco Pinto, eram também fidalgos da Casa Real. Fala ainda de Jorge Correia, moço da câmara, e Simões Borges Cerqueira, com a mesma graduação; e dos cavaleiros fidalgos Antônio Rodrigues de Almeida, Antônio de Oliveira, Antônio Rodrigues de Alvarenga (ibidem, p.114-5).

Antônio Rodrigues de Almeida chegou a São Vicente por volta de 1547 e, a propósito do seu foro de cavaleiro fidalgo, o genealogista esclareceu:

> Foi este foro de cavaleiro fidalgo o mais superior que constituía grau de fidalguia, até que alterou a ordem dos filhamentos o senhor rei Dom Sebastião, de cujo tempo até o presente ficou este foro de cavaleiro fidalgo sendo ínfimo, de sorte que o mordomo-mor do Reino o confere às pessoas mecânicas para passarem com ele ao primeiro grau de nobreza e o foro de fidalgo cavaleiro ficou sendo filhamento superior com 1$800 de moradia e constituindo grau de fidalguia, que por isso se chamam fidalgos da Casa de Sua Majestade. (Ibidem, t.1, p.219)

Esta explicação tornava-se tanto mais necessária na segunda metade do século XVIII quanto se havia já perdido a memória da mudança introduzida por Dom Sebastião.

O genealogista fornece ainda algumas informações sobre esses fidalgos que chegaram nos primórdios da capitania de São Vicente. Vieram os Pires: João Pires, de alcunha o Gago, e seu primo Jorge Pires, cavaleiro fidalgo ("naquele tempo era este o foro melhor"). João Pires e seu filho, Salvador Pires, tinham passado à povoação de Santo André da Borda do Campo, transformada em vila em 1553 e onde João Pires foi o primeiro juiz ordinário, segundo se podia ver na documentação da Câmara de São Paulo, num caderno referente a Santo André (ibidem, t.2, p.71-2).

Não se sabe a data da chegada de Antônio de Proença, moço da câmara do infante Dom Luís e natural de Belmonte, mas calcula-se que tenha sido antes da década de 60 do século XVI, quando casou na vila de Santos com Dona Maria Castanho. Mais tarde, num processo *de genere* de finais do século XVII, uma das testemunhas declarou que ele se expatriara "pelo crime de haver tirado de certo mosteiro uma religiosa". Fora preso "por este sacrílego atentado", mas fugira, procurando então a Terra de Santa Cruz (ibidem, t.1, p.225).

Serviu os cargos da república, sendo em 1582 juiz ordinário e dos Órfãos. Em 1599 foi nomeado pelo governador-geral, Dom Francisco de Sousa, que andava pelo Sudeste à procura das minas, capitão da gente de cavalo da vila de São Paulo. Em 1601 serviu como ouvidor da capitania de São Vicente, mas podendo administrar a justiça a partir de São Paulo, desde que visitasse as demais vilas (ibidem, p.223-5).

Em São Paulo fez Antônio de Proença seu estabelecimento "em uma fazenda de terras de cultura e campos criadores, na ribeira de Itiporanga, onde teve abundantes criações de gados vacuns, cavalares, porcos, etc. e grandes searas de trigo, de cujos rendimentos fornecia o tratamento de sua casa", como se podia ver por seu testamento, redigido a 9 de junho de 1605 (ibidem, p.226).

Nem todos os fidalgos eram oriundos do Reino. Pero ou Pedro Leme, da ilha da Madeira, desembarcou por volta de 1550 na vila de São Vicente "com vários criados de seu serviço e ali foi estimado e reconhecido com o caráter de fidalgo". Naquela vila, a 2 de outubro de 1564, justificou sua fidalguia perante o desembargador Brás Fragoso, ouvidor-geral de toda a costa do Brasil. Na sua petição dizia Pedro Leme que seu pai e tios eram "fidalgos nos livros d'el-rei, e por tais são tidos e havidos e conhecidos de todas as pessoas que razão têm de o saber". Pedia que fossem ouvidas testemunhas para que, por sentença, fosse ele julgado por fidalgo, mandando-se-lhe "guardar todas as honras, privilégios e liberdades que às pessoas de tal qualidade são concedidos" (ibidem, t.3, p.10).

Fez seu testamento aprovado pelo tabelião da vila de São Vicente a 21 de setembro de 1592, e este, na aprovação, declarou ter ido à casa de Pedro Leme, "fidalgo da Casa de Sua Majestade". Em 1596 redigiu um codicilo, tendo falecido em março de 1600 em casa de seu genro e filha. O fato de ter morrido na pobreza (os bens inventariados não ultrapassavam os 39$200) e na dependência de seus familiares em São Paulo nada retira ao seu estatuto de fidalgo.[25]

Tal como Pedro Taques, também frei Gaspar da Madre de Deus ficou atento à fidalguia dos primeiros moradores da capitania de São Vicente. Nos livros de registro das sesmarias, no arquivo da Câmara de São Vicente e em algumas escrituras lavradas em Santos, deparara com cavaleiros fidalgos e a este propósito também refere a mudança ocorrida no tempo de Dom Sebastião, citando a esse respeito um trecho do tratadista Antônio de Vilas Boas e Sampaio: "De sorte que quem até ao ano de 1572 achar seus avós nomeados por escudeiros fidalgos, ou cavaleiros fidalgos, não se descontente, porque esses eram em aquele tempo os verdadeiros fidalgos com acrescentamento nos livros d'el-rei" (Deus, 1953, p.76).

---

25 Ver meu artigo "Relações familiares e patrimônios na capitania de São Vicente", 1990, p.86.

Unindo suas próprias pesquisas às de Pedro Taques, cuja obra manuscrita conhecia, o memorialista conseguiu identificar cerca de 27 cavaleiros fidalgos e "todos chegaram a esta graduação antes do ano de 1572". Os documentos em que apareciam com tal qualificação mostravam que "precederam seus filhamentos ao ano de 1557, em que morreu Dom João III". Argumentando com a lógica característica da ilustração, frei Gaspar, depois de lembrar que muitos documentos desse período ou se tinham perdido ou estavam ilegíveis, conclui: "se não descobririam nos fragmentos dos cartórios tantos nomes filhados e tão grande número de pessoas nobres, se foram poucos os nobres e raros os fidalgos com que Martim Afonso povoou São Vicente" (ibidem, p.81-2).

Além da primeira leva que chegara no tempo do primeiro donatário (e alguns permaneceram na capitania), outros aqui aportaram, não só do Reino e das ilhas atlânticas, mas também de Espanha no tempo da monarquia dual. Essa nobreza "se conservou pura, conhecida e muito respeitada até pouco depois do descobrimento das Minas Gerais, principalmente em São Paulo e vilas de serra acima". Os paulistas antigos possuíam grande número de índios, com os quais lavravam suas terras "e viviam na opulência". Ora, segundo frei Gaspar, "a riqueza em todo o mundo costumou ser o esteio da nobreza" (ibidem, p.83). Veremos noutro capítulo de que modo riqueza e nobreza se relacionavam segundo os tratadistas mais renomados.

Segundo o memorialista, nessa época passada os paulistas podiam dar em dote às filhas muitas terras e índios e assim, na escolha dos futuros genros, atendiam mais ao nascimento do que ao cabedal. Casavam-nas com parentes, "ou com estranhos de nobreza conhecida". Mas, quando as leis proibindo o cativeiro e mesmo a administração dos índios foram aplicadas, "a muitos dos principais obrigou a necessidade a casarem suas filhas com homens ricos que as sustentassem". A nobreza paulista começou então a aliar-se a plebeus de cabedal (ibidem, p.84).

Do mesmo modo que Pedro Taques e frei Gaspar exaltam os fidalgos chegados à capitania de São Vicente, Borges da Fonseca, na *Nobiliarquia pernambucana*, fala da fidalguia reinol. Por exemplo no título dos Bandeiras. "Conta esta família tantos anos de antiguidade em Pernambuco quantos a mesma capitania tem de povoada pelos portugueses, porque Filipe Bandeira de Melo e seu irmão Pedro Bandeira de Melo, fidalgos muito honrados do nosso reino, obrigados das razões de parentesco que tinham com Duarte Coelho Pereira, primeiro donatário da dita capitania, o acompanharam quando a veio povoar" (Fonseca, 1935, t.1, p.184).

Na Bahia, Diogo Álvares é designado como cavaleiro da Casa Real quando Dom João III, em carta de 19 de novembro de 1548, lhe pede ajuda para Tomé de Sousa, que ia como governador-geral e ali devia fundar uma cidade. O pedido assentava na "muita prática e experiência" que Diogo Álvares tinha daquelas terras "e da gente e costumes delas" (Jaboatão, 1985, t.1, p.43). E na frota de Tomé de Sousa, segundo uma "Relação das pessoas que vieram na fundação da cidade da Bahia", se incorporaram dois fidalgos da Casa Real, Duarte de Lemos e Diogo Moniz Barreto, fazendo-se acompanhar por seus criados e também alguns escravos africanos.[26]

Já me referi a Duarte de Lemos como tendo recebido a ilha de Santo Antônio do donatário do Espírito Santo em 1537, depois de ter estado algum tempo na Bahia. Agora ele voltava na companhia de Tomé de Sousa em 1549 e, um ano depois, a mando do governador-geral, foi como capitão para Porto Seguro, enquanto Dom João III nada decidisse a respeito daquela capitania em virtude da prisão de Pero do Campo Tourinho (*Alguns documentos...*, p.28). Quanto a Diogo Moniz Barreto, sabemos por aquela relação que recebeu de soldo oitocentos réis por mês entre agosto de 1551 e junho de 1552 e que, depois da construção da cidade de Salvador, foi o seu primeiro alcaide-mor, nomeado a 2 de maio de 1554 com 20$000 réis anuais.[27]

Mais tarde, durante o governo de Dom Duarte da Costa, dois outros fidalgos da Casa Real se encontram na Bahia, em 1555: Antônio do Rego, moço da câmara da rainha, e Sebastião Ferreira, que fora moço da câmara do infante Dom Fernando. Sebastião Ferreira viera como escrivão da Armada, mas decidira ficar para ajudar na guerra movida pelo governador contra os indígenas que atacavam as roças e fazendas dos colonos. Por esta razão, em carta ao rei datada de 10 de junho de 1555, Dom Duarte da Costa pedia a Dom João III que o houvesse por cavaleiro fidalgo da sua Casa "por quão bem ele serve" (*Alguns documentos...*, p.226).

Como vimos, a mudança nos foros da Casa Real ocorreu no reinado de Dom Sebastião. Data de 3 de junho de 1572 o Regimento do mordomo-mor da Casa Real, a quem cabia a superintendência e o governo dela. Era ele que nomeava o escrivão dos Filhamentos, que devia ser pessoa nobre, o escrivão da Matrícula dos Moradores da Casa Real e os mais oficiais (tesoureiro, guarda-reposte, comprador, meirinho do Paço, manteeiros, passavantes, arautos). Algumas funções eram contudo de nomeação régia (estribeiro-mor, porteiro-

---

26 ANTT, Papéis do Brasil, avulsos 3, doc.6.
27 ANTT, Chancelaria de Dom João III, liv.59, f.13v.

-mor, armeiro-mor, copeiro-mor, mestre-sala e trinchantes (Carneiro, [1818--1820]).

Como é que alguém era "filhado" na Casa Real? O mordomo-mor consultava o rei sobre a pretensão e este examinava os serviços e merecimentos do pretendente, mas em certos casos a concessão do foro era praticamente automática, pois aos filhos de legítimo matrimônio pertencia o mesmo foro de seus pais. Quanto aos filhos ilegítimos, havia que consultar o monarca. O Regimento determina o grau de autonomia do mordomo-mor na concessão dos foros e também os limites dessa autonomia. Cuidava igualmente do pagamento das moradias e por essa razão com a mesma data foi elaborado o Regimento das moradias.[28]

No mês de janeiro de cada ano o mordomo-mor procedia ao despacho dos filhamentos, dos acrescentamentos de foro, das moradias, informando-se sobre as petições (qualidade dos requerentes, serviços, merecimento, legitimidade dos seus nascimentos) e estas informações eram lançadas num Livro de Ementa, no qual se anotava à margem do assento de cada pretendente o despacho dado ao seu requerimento.

A partir da Restauração, em 1640, é possível conhecer os nomes daqueles naturais do Brasil que foram anotados entre os "moradores da Casa Real", embora muitos outros nomes surjam de reinóis ou ilhéus que prestaram serviços no Brasil. Trata-se de vários livros manuscritos, que só foram inventariados para o século XVII.[29]

Estes livros manuscritos não seguem uma ordem cronológica rigorosa, pois tanto o Livro II quanto o VI contêm matrículas da década de 1640. Os dados ali contidos são sempre os mesmos: nome, naturalidade, filiação (mas só o pai é considerado relevante), o foro concedido (escudeiro fidalgo, cavaleiro fidalgo, fidalgo cavaleiro), o montante da moradia mensal e da cevada diária, o local onde os serviços foram prestados e, ocasionalmente, as condições impostas.

Por uma anotação de Borges da Fonseca na *Nobiliarquia pernambucana* se constata a prática do registro nas câmaras dos chamados "alvarás de filhamento". Assim, na Câmara de Olinda, no livro que servia para tal efeito, foi registrado um, passado a 23 de março de 1669 pelo regente Dom Pedro a João

---

28 João Pinto Ribeiro, 1729, 1ª parte. Esse regimento e o das moradias da Casa Real, com a mesma data, encontram-se publicados, sob forma abreviada, em Manuel Borges Carneiro, [1818-1820].

29 *Inventário dos livros de matrícula dos moradores da Casa Real*, 1911-1917.

Batista Accioli, do foro de fidalgo cavaleiro em remuneração dos serviços prestados na restauração de Pernambuco (Fonseca, 1935, t.2, p.15).

Vejamos alguns exemplos de filhamentos, embora outros mais pudessem ainda ser listados.

Fidalgos da Casa Real

Nome	Naturalidade	Moradia	Data
João Rodrigues do Pardo	Rio de Janeiro	$700	1643
Manuel da Fonseca	Rio de Janeiro	$600	1644
Diogo Fernandes	Espírito Santo	1$300	1652
Antônio Pereira de Azevedo	Bahia	$800	1656
Vicente Dourado	Paraíba	1$400	1658
João Batista Accioli	Pernambuco	1$600	1669
Francisco de Sá	Grão-Pará	1$000	1670
Manuel Bezerra Monteiro	Pernambuco	1$600	1672
João Pessoa Bezerra	Pernambuco	1$600	1672
Ângelo de Mariz Saraiva	Brasil	1$000	1673
João Gomes de Melo	Pernambuco	1$600	1674
Luís Gomes de Bulhões	Bahia	1$600	1675
Feliciano Dourado	Paraíba	3$000	1677
Francisco Gil de Araújo	Bahia	1$600	1678
Manuel Nunes Leitão	Pernambuco	1$153	1678
Antônio Guedes de Brito	Bahia	1$600	1679

Fonte: *Inventário dos livros de matrícula dos moradores da Casa Real*.

Em alguns casos exigia-se a ida à Índia, mas a maior parte dos fidalgos tinha prestado serviços na recuperação da Bahia ou na guerra de Pernambuco. A única exceção era o paraibano Feliciano Dourado, do Conselho da Índia, pelos serviços nos cargos de letras, tendo recebido uma elevada moradia mensal levando em conta os padrões habituais.

Mais achegas para o estudo da presença de naturais do Brasil entre os fidalgos da Casa Real poderiam ser trazidas pelo "Catálogo alfabetado de todos os fidalgos da Casa de Sua Majestade que se filharam desde o ano de 1641 até o ano de 1724 inclusive", que se encontra na Torre do Tombo. Esse documento foi estudado com outras finalidades por Sérgio Cunha Soares (1997/1998), que contabilizou 2.221 moços fidalgos, 373 fidalgos escudeiros e 3.031 fidalgos cavaleiros. O cômputo vai até 1723 inclusive, uma vez que o ano de 1724 se encontra incompleto, e inclui os acrescentamentos em cada categoria.

Para o estudo da nobreza colonial, mais do que a análise quantitativa de cada classe de moradores da Casa Real, seria relevante quantificar as matrículas pelas naturalidades dos agraciados, mas este dado não consta do catálogo, sendo portanto impossível localizar os naturais do Brasil, a menos que conheçamos previamente seus nomes; assim, os Livros de Matrícula continuam a ser os documentos fundamentais para o estudo dessa fidalguia, embora os genealogistas também deem sua contribuição.

Pedro Taques, por exemplo, refere, embora sem fornecer a data exata, que Pedro Taques de Almeida, "pelos grandes serviços feitos à Coroa, à custa sempre de sua fazenda", foi tomado por Dom Pedro II "por fidalgo da sua casa, com o foro e moradia de cavaleiro fidalgo, que era o que tinha seu bisavô Antônio Rodrigues de Almeida"(Leme, [1954], t.1, p.146). Também foi Dom Pedro II que concedeu o foro de fidalgo cavaleiro, em 1696, a Garcia d'Ávila Pereira, senhor da Torre. Borges da Fonseca conta que tal mercê resultou de um requerimento da mãe do agraciado, Dona Leonor Pereira Marinho, "a qual prometeu ao dito rei Dom Pedro que lhe daria 20.000 quintais de salitre postos no porto da Cachoeira, à sua custa, fazendo-lhe a mercê do acrescentamento do foro de cavaleiro fidalgo, que tivera seu marido e tinha seu filho, a fidalgo cavaleiro, e de dois hábitos com 150$000 réis de tença enquanto não houvesse comenda do lote". A promessa não foi contudo cumprida, pois em 1699 Dona Leonor tornou a requerer ao rei "que lhe aliviasse aquela obrigação do salitre e que em equivalente dela lhe oferecia 60.000 cruzados, pagos em 12 anos". Mas o rei quis o pagamento em nove anos para que as mercês ficassem válidas, e o ajuste foi celebrado por escritura com o procurador da Coroa (Fonseca, 1935, t.2, p.312). Este episódio mostra que as mercês honoríficas nos finais do século XVII não apenas recompensavam serviços como contribuíam para encher os cofres do Estado, sempre necessitados de donativos.

Mas não há dúvida de que os feitos militares deram ocasião a que muitos naturais do Brasil fossem "filhados" na Casa Real. A conquista do Maranhão, o ataque holandês à Bahia, a restauração de Pernambuco e, mais tarde, no Sul, as lutas contra os castelhanos na Colônia do Sacramento, forneceram o pretexto para tal. Francisco Pinto do Rego, natural da praça de Santos, cidadão de São Paulo, tornou-se cavaleiro fidalgo por alvará de 16 de fevereiro de 1750, registrado em Lisboa, segundo Pedro Taques, no liv.XIX da Matrícula, f.224. Esta honra deveu-se ao fato de, estando a Nova Colônia sob assédio castelhano em 1737, Pinto do Rego ter conduzido para Santa Catarina uma recruta de soldados e também mantimentos "com excessiva despesa da sua fazenda" (Leme, [1954], t.1, p.156-8).

A distribuição de mercês

> ...Terra tão nova como esta e tão minguada de coisas necessárias é digna de muitos perdões e mercês
>
> Dom Duarte da Costa, Carta a Dom João III, 1555

> ...Mas quem por seus serviços não herda,
> Desgosta de fazer cousa lustrosa,
> Que a condição do rei que não é franco,
> O vassalo faz ser nas obras manco
>
> Bento Teixeira, "Descrição do Recife de Paranambuco"

O poeta da *Prosopopeia* exprime claramente a contabilidade que rege a relação rei/vassalo no Antigo Regime: se o monarca não for liberal na recompensa dos serviços prestados pelo súdito, este "desgosta de fazer cousa lustrosa". Era preciso o incentivo do prêmio para o vassalo se prontificar a realizar feitos em benefício da Coroa, e se isto era verdade em Portugal, muito mais era no Brasil, onde tudo estava por fazer, como escrevia o governador-geral.

Quais eram as mercês mais solicitadas ao monarca? Já vimos que o "filhamento" na Casa Real não era apenas o resultado de uma ascendência fidalga e sim a recompensa de serviços militares na Colônia. Pediam-se hábitos das ordens militares, principalmente da de Cristo, a de maior prestígio; cargos na Justiça ou Fazenda, não só para os requerentes com serviços, mas também para seus familiares, inclusive para aqueles que viessem a casar com as filhas, constituindo assim para estas uma forma de dote; e postos de chefia militar.

Em momentos nos quais não havia cargos ou postos disponíveis, eram concedidos "alvarás de lembrança" para futuro provimento. Por exemplo, a Alexandre Castro, pelos serviços no Rio de Janeiro e em São Vicente, aonde fora acompanhando Salvador Correia de Sá e Benevides ao descobrimento das minas, prometeu-se, a 23 de janeiro de 1644, o comando de uma companhia de infantaria do Rio de Janeiro "estando vaga".[30] Também ao conceder mercês a Bernardo Vieira Ravasco (irmão do padre Antônio Vieira) pelos serviços na barra da Bahia, a Coroa prometeu, para um filho, um ofício de Justiça, Fazenda ou Guerra, a 4 de abril de 1663.[31]

---

30 *Inventário dos livros das portarias do Reino*, 1909-1912, t.1, p.85.
31 Ibidem, t.2, p.375.

Com o passar dos anos pediam-se mercês mais claramente pecuniárias, como alguns direitos habitualmente cobrados pela Coroa, ou então terras. Jorge Gomes Alamo, que já era fidalgo da Casa Real e cavaleiro da Ordem de Cristo, pediu e obteve, em 1652, oito léguas de terra em quadrado no Maranhão, de uma e outra parte dos rios Iepopaca e Maguim, para ali erguer engenhos e plantar canaviais. Conseguiu também poder contar com a ajuda dos gentios que quisessem de livre vontade cultivar aquelas terras, sem que os capitães-mores do Pará e Maranhão lhe pudessem levantar obstáculos.[32]

Nota-se, logo no século XVI, a preocupação da Coroa em registrar as mercês concedidas aos vassalos numa tentativa não só de evitar fraudes como de controlar um possível excesso em relação a determinados súditos. O alvará de 31 de dezembro de 1547 estipulou o prazo de dois meses para que a mercê fosse registrada, sob pena de ficar invalidada, e a lei de 17 de julho de 1567 duplicou este prazo, o que era muito conveniente para os coloniais.

No século XVII essa atitude foi reiterada. As Ordenações Filipinas ocuparam-se do assunto no liv.II, tit.42. Todas as doações e mercês, uma vez concedidas, tinham de ser registradas pelo escrivão da Chancelaria, devendo então pagar o selo ou, mais tarde, os direitos exigidos. Previam-se aí vários tipos de mercês: terras, alcaidarias-mores, rendas, jurisdições, comendas, capitanias, títulos, ofícios, cargos da Justiça ou Fazenda, tenças, privilégios, filhamentos.

O alvará de 20 de novembro de 1654 insistiu no assunto, porque as determinações régias "se não guardam com a observância que é justo e convém tanto".[33] Mas um incêndio destruiu em 1681 os livros de mercês, que logo se mandaram refazer com os documentos disponíveis. Entretanto, a concessão de mercês fora regulamentada pelo Regimento das Mercês em 1671, complementado mais tarde pelo alvará de 15 de agosto de 1706. E, de novo, pelo alvará de 28 de agosto de 1714, se insistiu no registro obrigatório: "para que se não perca a memória de todas as mercês que fizer, nem a minha Fazenda nem as partes tenham prejuízo algum" (Olival, 2001).

Se por um lado se regulamentou o registro das mercês, por outro se regularizou o modo de as pedir pelo alvará de 24 de julho de 1609. Além das certidões passadas pelo superior hierárquico, os serviços deviam ter sido prestados pelo menos durante doze anos contínuos, e só com autorização especial da Coroa se podia suprir este tempo mínimo. O requerente devia ainda provar

---

32 Ibidem, t.1, p.393.
33 Ver na Biblioteca Nacional de Lisboa o Cod.250 sobre essa legislação.

que não cometera crime, nem no Reino nem na Colônia, e apresentar certidão do registro de mercês para mostrar que não recebera nenhuma antes, conforme determinava, entre outros, o decreto de 20 de maio de 1649.

A documentação era então examinada pelo Conselho Ultramarino, criado por decreto de 14 de julho de 1643, embora seu Regimento date de 1642. Essa instituição era constituída por conselheiros que haviam servido no ultramar e que portanto podiam aconselhar o rei com o conhecimento adequado das várias regiões do império. Em geral, o parecer do Conselho tendia a diminuir bastante as pretensões dos requerentes e a decisão régia concordava na maior parte das vezes com este parecer, por vezes até restringindo ainda mais as mercês concedidas.

Convém lembrar, contudo, que os vassalos podiam requerer por segundos, ou mesmo terceiros serviços, se efetivamente os tinham realizado depois da concessão das primeiras mercês. Do mesmo modo tinham direito de réplica, caso não concordassem com a recompensa alcançada, insistindo com novos argumentos por uma maior.

É a respeito da distribuição das mercês que a questão da naturalidade perde relevância. Muitos dos que prestaram serviços no Brasil, sobretudo no século XVII, e por eles foram premiados, não eram naturais da Colônia. Além disso, como se remuneravam não só serviços próprios mas também os dos ascendentes, o local de nascimento das diferentes gerações não era o mesmo, sendo uns reinóis e outros coloniais. Para dar um exemplo, era natural do Rio de Janeiro o capitão Manuel Pereira Lobo, que em 1639 recebeu uma pensão de 40$000 réis pelos seus serviços como capitão de navio e também pelos de seu pai e avô, que não eram naturais daquela cidade.[34]

Por outro lado, naturais do Brasil prestavam serviços em outras partes do império português, como foi o caso do baiano Francisco Moniz Teles, que lutou em Angola e que por isso recebeu em 1647 a alcaidaria-mor da cidade de Salvador, que aliás já fora de seu pai, Jorge Barreto de Melo; ou do carioca Salvador Correia Vasqueanes, que, além de combater na capitania do Rio de Janeiro, também lutara no Alentejo, e por isso alcançou, em 1649, um hábito de Cristo com 40$000 réis de pensão e um lugar de freira em qualquer convento para uma irmã. O pernambucano Bernardo de Abreu Soares obteve a mercê da capitania da fortaleza de Ambaca em Angola por três anos e 20$000 réis de tença pagos no Brasil juntamente com um hábito de Avis ou de Santiago por serviços de um irmão nas guerras de Pernambuco, enquanto outro per-

---

34 *Inventário dos livros das portarias do Reino*, t.1, p.3.

nambucano, Agostinho Cardoso, fora capitão de infantaria não só no Brasil como em Tânger e por isso mereceu 50$000 réis de pensão e o alvará de capitão de uma companhia da Bahia.³⁵ Os exemplos de mobilidade geográfica são tantos que não vale a pena continuar.

Esses homens, que no século XVII se dedicavam sobretudo à guerra, circulavam constantemente pelo império e, assim, muitos reinóis se fixaram de forma mais ou menos permanente no Brasil. O lisboeta Domingos de Almeida lutou nas guerras da Paraíba de 1625 a 1639 e a sua remuneração foi, em 1648, a sargentaria-mor da cidade de Filipeia, além da mercê de um hábito de Avis. Durante doze anos o conimbricense João de Albuquerque de Almeida pelejou em Pernambuco e no Rio de Janeiro e isso lhe valeu ser designado capitão da fortaleza de Itapicuru, no Maranhão, por seis anos.³⁶

As mercês beneficiavam muitas vezes a parte feminina das famílias. O baiano Hilário Nunes de Matos, que participou em quatro batalhas junto de Itamaracá, além do prêmio pessoal recebeu um ofício de Justiça ou Fazenda para a pessoa que casasse com uma de suas irmãs.³⁷ As viúvas também não eram esquecidas, como ocorreu em 1653 com a viúva de Antônio Vicente, cavaleiro fidalgo da Casa Real, que estivera na conquista do Maranhão, servira como piloto-mor de uma armada e fora à descoberta do rio Amazonas, de onde trouxera um mapa que entregara em Madri no tempo da monarquia dual. Por tudo isto sua viúva recebeu uma tença de 20$000 réis.³⁸

Em 1681 o regente Dom Pedro resolveu organizar, sob a forma de um regimento, as leis, decretos e resoluções referentes à remuneração de serviços, pois, com o tempo, algumas dessas medidas se tinham alterado ou tinham deixado de ser observadas. O "Regimento e forma em que as partes hão de requerer satisfação de seus serviços" é composto de 26 parágrafos, destinando-se muitos deles a prevenir as fraudes que costumavam ocorrer.³⁹

Em primeiro lugar determinava-se que não fossem admitidos a despacho papéis de pessoas situadas abaixo do posto de capitão na hierarquia militar, "salvo se houver servido 12 anos contínuos, ou for aleijado na guerra", ou ainda se tivesse praticado um feito assinalável recomendado ao soberano. Esta precaução no que se refere à patente e aos anos de vida militar resulta do

---

35 Ibidem, p.248, 299, 302 e 308.
36 Ibidem, p.267 e 282.
37 Ibidem, p.445.
38 Ibidem, t.2, p.4.
39 Ver o regimento em Monteiro (1997, p.84-95).

princípio de que não convinha que "por quaisquer serviços" se fizessem mercês (§2).

Também se procurava evitar os "repetidos requerimentos" que muitos indivíduos encaminhavam sobre a satisfação de seus serviços, "metendo-os por parte e não de uma vez". Passou a exigir-se que na petição fossem descritos todos até à data do requerimento, porque deixando alguns de fora para serem apresentados mais tarde, seriam "reputados por de nenhum valor e como se nunca os tivera feito" (§10).

Um tema relevante foi ainda abordado no regimento: a questão dos serviços próprios ou alheios. Lemos no §11: "Pode suceder que os que se acham sem merecimentos próprios se valham de ações e serviços alheios". Ora, para que alguém pudesse requerer serviços de outra pessoa era preciso, por um lado, que também tivesse alguns próprios e, por outro, "ser parente em grau conhecido da pessoa que lho renuncia em vida, ou testou por morte os tais serviços". Só escapavam desta exigência os pais em relação aos filhos mortos na guerra, os filhos em relação aos pais e os irmãos em relação uns aos outros. Qualquer outro grau de parentesco exigia valor próprio para que a mercê assim alcançada "mais pareça merecida que herdada" (§12).

A parte burocrática referente a certidões de serviços, justificadas pelo Juízo das Justificações do Reino, fés de ofício, certidões de registro das mercês, é minuciosamente examinada nesse regimento, não se permitindo cópias notariais, só os originais (§6). Admitia-se que o requerente, não ficando satisfeito com o despacho, entregasse uma réplica, mas as tréplicas não eram permitidas, a menos que o interessado acrescentasse quatro anos de novos serviços (§15 e 16). Os requerentes, uma vez despachados os primeiros serviços, só podiam requerer a remuneração dos segundos passados oito anos (§17). Aqueles que residiam no Brasil dispunham do prazo de um ano para tirarem as portarias de seus despachos (§23).

A grande mobilidade geográfica dos coloniais permitiu que eles facilmente entregassem seus papéis e certidões em Lisboa; caso contrário ali apresentavam procuradores. Mas, a partir de 10 de março de 1690, quem na Colônia pretendesse requerer alguma mercê tinha de encaminhar primeiro os documentos ao governador de sua capitania para que este, "com o julgador que ali se achar" (no Brasil era o ouvidor, ou, na Bahia, o chanceler da Relação), examinasse "a verdade e legalidade dos documentos, informando-se se são verdadeiros os fatos e ocasiões que neles se referem". Depois de vistos e informados, os papéis eram então encaminhados ao Conselho Ultramarino. Essa provisão de março de 1690 decorreu da extraordinária afluência de pedidos de mercês em consequência das guerras de Pernambuco e de várias tentativas de fraude, ou pelo aumento de anos de serviço ou por certidões de terem participado em lutas onde não tinham estado.

Já num sermão pregado na Bahia, o padre Antônio Vieira insistira: "que se qualifiquem papéis, que se examinem certidões, que nem todas são verdadeiras" (Albuquerque, 1968, p.123). Assim, pela provisão de 1690, não só os requerentes eram obrigados a enviar os originais dos comprovantes de serviços (quando antes bastava enviar os traslados feitos em tabelião), como esses papéis tinham de ser examinados pelo governador e pela autoridade judicial a fim de garantir a autenticidade do conteúdo. Além disso, seriam as autoridades locais a remeter os papéis para Lisboa ao Conselho Ultramarino, não voltando estes mais às mãos dos requerentes, "por se evitar o caso, que pode suceder, de se furtar a mesma letra do governador, fazendo-se em seu nome e do ministro a informação ou aprovação, sendo ela totalmente falsa e totalmente os tais serviços falsos, e juntamente por tirar a ocasião de os pretendentes abrirem os maços dos papéis e acrescentar-lhe outros, sem serem primeiro vistos e examinados, com que se dará a mesma perturbação" (ibidem, p.131).

Pelo Regimento de 1681 e pela provisão de 1690 a Coroa tomou as precauções necessárias em relação à avalanche de pedidos de mercês que chegava a Lisboa, sobretudo do Brasil depois da restauração de Pernambuco. A burocracia se aperfeiçoou para se evitarem fraudes e nesse controle os governadores coloniais passaram a desempenhar um papel importante com suas informações.

Ofícios de Justiça e Fazenda

Entre as mercês mais solicitadas estavam sem dúvida os cargos da administração régia na Colônia, mas, como só este tema já daria um livro, vou aqui apenas me deter em alguns aspectos fundamentais dessa distribuição de cargos que por si só nobilitavam quem os ocupava e que, inicialmente, foram entregues a quem já era nobre.

Ao decidir povoar o Brasil, Dom João III não só distribuiu as capitanias por fidalgos da sua Casa, como também foram estes que receberam os ofícios ligados à Fazenda Real. Em 1551 nomeou Brás Cubas, seu moço de câmara, como provedor e contador das rendas e direitos reais na capitania de São Vicente, recebendo com essa nomeação o ordenado anual de 2% do que fosse cobrado para o rei. E exerceria tal cargo também nas vinte léguas de costa de que era capitão Martim Afonso, filho do falecido Pero Lopes de Sousa.[40] Em 1565, reinando Dom Sebastião, Brás Cubas era já cavaleiro fidalgo e foi confirmado naquele cargo, devendo ser-lhe dada a posse em câmara, pelos oficiais da vila de Santos onde residia. Não se falava mais dos 2% das rendas cobradas, mas sim de 6$000 réis anuais.

Com Tomé de Sousa chegaram mais funcionários régios, não só para a Bahia mas também para as capitanias de donatário: o provedor-mor da Fazenda, os feitores das capitanias de Porto Seguro, Espírito Santo e São Vicente, o rendeiro dos dízimos do miúdo na capitania da Nova Lusitânia (Pernambuco), o tesoureiro dos Defuntos etc.[41]

Quando o número das capitanias da Coroa aumentou, tornaram-se mais numerosos os ofícios de provisão régia, os quais nas capitanias de donatário se reduziam aos cargos da Fazenda. No início do século XVII, uma "Relação de todos os ofícios da Fazenda e Justiça que há neste Estado do Brasil..." mostra que os cargos de Justiça eram já providos pelo rei na Paraíba, em Sergipe d'el-rei e no Rio de Janeiro, além da Bahia. Escrevia o autor da relação: "Estas são todas as capitanias que Vossa Majestade tem neste Estado, exceto as províncias do Ceará, Maranhão e Pará, de que aqui se não trata por não haver ainda nelas repúblicas formadas com ministros e oficiais necessários pelo pouco tempo que são conquistadas".[42]

Os ofícios eram de dois tipos: de propriedade e de serventia. E não há dúvida de que, quanto mais ampla se tornava a rede administrativa na Colônia, mais mercês o rei podia conceder a seus vassalos. Com o passar do tempo, os ofícios deixaram de ser mercês remuneratórias e passaram a ser objeto de compra por parte dos interessados. Para dar apenas um exemplo: Francisco Cordovil de Siqueira Melo, único filho e herdeiro do proprietário do ofício de provedor da Fazenda Real no Rio de Janeiro, entrou a servir aquele ofício por morte do pai com provisão do governador. Como se tratava de um ofício da

---

40 *Alguns documentos...*, p.7-8. Dom João III tinha feito mercê daquele cargo por um alvará de lembrança a Pedro Henrique, escrivão da Real Câmara. Este morrera e sua mulher herdou o ofício. Quando esta se tornou freira, o rei passou-o para a filha e autorizou o avô desta a vendê-lo a "uma pessoa auta". Ambrósio Rodrigues, cevadeiro do rei, assim o fez e por um público instrumento de renúncia o cargo passou para Brás Cubas. O círculo dos servidores diretos do rei foi assim o primeiro beneficiário dos cargos criados na Terra de Santa Cruz.

41 ANTT, Papéis do Brasil, avulsos 3, doc.6, "Relação das pessoas...".

42 *Documentação ultramarina portuguesa*, Lisboa, Centro de Estudos Históricos Ultramarinos, 1962, t.2, p.39.

Fazenda foi obrigado a dar fiança da terça parte daquele rendimento, mas em 1739 encaminhou uma petição para que seu fiador fosse desobrigado da fiança, uma vez que aquele ofício fora "comprado com dinheiro do casal".[43]

Quando me ocupar dos magistrados, tratarei mais detidamente dos ofícios de Justiça criados na Colônia. De momento basta acentuar que os cargos fazendários foram aqueles que os monarcas maior urgência tiveram em criar a fim de que suas rendas fossem devidamente arrecadadas. Quanto aos cargos de Justiça, como eles não eram providos nas capitanias de donatário e como os juízes letrados tardaram em se implantar na Colônia, tiveram menor peso nas despesas da Coroa com o Brasil nos dois primeiros séculos de colonização.

Um clã bem recompensado: os Sás do Rio de Janeiro

Segundo Charles Boxer, os membros da família Sá, parentes do terceiro governador-geral, Mem de Sá, estiveram mais ligados à Colônia do que qualquer outra, com exceção talvez dos Albuquerques em Pernambuco. Um sobrinho do governador, Salvador Correia de Sá, foi deixado na incipiente cidade do Rio de Janeiro, tendo governado o Rio entre 1568 e 1571 e depois novamente de 1577 a 1598.

Cronista do Rio de Janeiro, Baltazar da Silva Lisboa, ao oferecer em 1791 a Martinho de Melo e Castro as "primícias" dos seus labores historiográficos, comentou, acerca de Salvador Correia de Sá, que este servira a Coroa por mais de trinta anos e se esforçara por estabelecer a defesa com fortificações, apesar das dificuldades por se tratar de "uma cidade fundada em pântano, cercada de lagoas e rodeada de serranias".[44]

O filho, Martim de Sá, nascido em 1592, foi capitão mor de São Vicente e depois governador do Rio de Janeiro, também por dois períodos como o pai, um de 1602 a 1608 e outro entre 1623 e 1632. Numa de suas viagens ao Reino, casou-se com uma senhora de Baeza, Dona Maria de Mendoza e Benevides, e o filho do casal, nascido em Cádiz, em 1602, recebeu o nome do avô, Salvador.

---

43 AHU, Rio de Janeiro, Caixa 36, doc.67.
44 BMP, Cod.516, "História do Rio de Janeiro", cap.1: "Suposto fosse cheio de admiráveis providências para aumento do continente que lhe foi encarregado, não venceu contudo o que desejava, pois uma cidade fundada em pântano, cercada de lagoas e rodeada de serranias, não podia suministrar-lhe grandes vantagens, nem ainda à força de peníveis trabalhos, que a falta de gente e de meios servia de mui forte barreira e se não obrava pouco em a guardar e defendê-la dos inimigos, fazendo-se aquela necessária defesa e fortificações, que podiam suportar".

Só veio pela primeira vez ao Brasil com doze anos de idade, estudando então com os jesuítas.

Embora este viesse a ser o membro mais célebre da família Sá, o clã de irmãos, primos e sobrinhos ocupou cargos, possuía terras, canaviais e escravos. No dizer de Boxer, com o correr dos anos passaram a considerar a capitania do Rio de Janeiro como um feudo seu (Boxer, s.d., p.22).

Os serviços prestados por essa linhagem foram devidamente recompensados. Em 1634, entre os títulos de que gozava Salvador Correia de Sá e Benevides estava o de senhor de Asseca, no Reino, como se declarava numa escritura de venda de uma porção de terras no distrito de Jacarepaguá em outubro daquele ano (Araújo, 1945-1951, v.7, p.62). De 1637 a 1643 governou a capitania do Rio de Janeiro. Fidalgo da Casa Real e general da frota do estado do Brasil, recebeu pelo alvará de 8 de junho de 1643 o encargo de administrar as minas que se viessem a descobrir na capitania de São Paulo e São Vicente. Como por essa época não podia assumir pessoalmente tal administração, seu tio, Duarte Correia Vasqueanes, ficou dela encarregado.[45]

A administração das minas traria recompensas avultadas caso elas rendessem anualmente para a Coroa 400.000 cruzados, "livres de todos os custos e despesas": Salvador Correia de Sá e Benevides, "e todos seus descendentes de juro e herdade", teriam 4.000 cruzados de renda anual e "o senhorio e jurisdição do primeiro lugar que povoar, tendo 50 vizinhos, para sua Casa".[46]

A 1º de abril de 1644 foi-lhe feita mercê da comenda de São Salvador de Alagoa, e da alcaidaria-mor do Rio de Janeiro pelos seus serviços na fortificação da ilha das Cobras, em Salvador, no Espírito Santo, nas minas de São Vicente, antes de ir para o Reino. Com a mesma data foram também agraciados dois filhos e um sobrinho (Martim Correia Vasqueanes) com pensões em comendas da Ordem de Cristo. A mercê da comenda de São Salvador da Alagoa não o impediu de receber, no mesmo ano, outra comenda que vagara por morte do possuidor.[47]

Em 1658 a rainha regente Dona Catarina prometeu recompensar os serviços de Salvador Correia de Sá e Benevides, membro dos Conselhos da Guerra e do Ultramar, não só os passados mas também os futuros a serem prestados no Brasil: "assistir com o necessário das minas, apurar a verdade delas e haver nelas o pagamento do que gastar, visto não estar a minha Fazenda para esses

---

45 RIHGB, 69 (1): 145-6, 1908.
46 Ibidem, p.149-50.
47 *Inventário dos livros das portarias do Reino*, t.1, p.92 e 123.

gastos no tempo presente". Ele já recebera mercês a 30 de junho de 1654 e a 4 de maio de 1658, mas agora, com a falta de fundos característica do período pós-Restauração, importava levar adiante a descoberta do ouro e como incentivo prometia a regente o título de visconde para o filho, "que poderá ser da vila que tem licença minha para fazer no paul de Asseca". O título só seria concedido depois de cumprida a condição de "mandar o necessário para assistir às minas" (Pinto, 1883, t.1, p.155-6).

O 1º visconde de Asseca, Martim Correia de Sá e Benevides, recebeu o título em 1666, no reinado de Dom Afonso VI, com "todas as honras, preeminências, isenções, liberdades e franquezas" que lhe tocavam. Como vimos no capítulo anterior, essa Casa titular de Portugal sempre esteve ligada à região de Campos dos Goitacazes, primeiro pela concessão da capitania e depois pela manutenção do morgado.

A situação de guerra

Como dizia o padre Antônio Vieira no sermão da Visitação de Nossa Senhora na Bahia, "necessário é logo que haja prêmios para que haja soldados; e que aos prêmios se entre pela porta do merecimento; deem-se ao sangue derramado, e não ao herdado somente; deem-se ao valor, e não à valia". A situação de guerra era indissociável da distribuição de mercês.

Uma carta do rei, datada de 8 de outubro de 1612 e dirigida ao governador-geral, Gaspar de Sousa, dizia claramente que, "para melhor se poder conseguir a conquista e descobrimento das terras e rio Maranhão" e "se animarem todos a ir servir nela com mais vontade", era conveniente que o governador fizesse saber que o rei estava disposto a reconhecer os serviços com "mercês e honras" adequadas (Studart, 1904-1921, v.1, p.53). O Norte do Brasil foi assim, antes de Pernambuco, o maior palco de feitos militares, primeiro com a expulsão dos franceses em 1614 e depois com a ocupação de um território muito cobiçado por outras nações. Alguns vassalos chegaram a lutar nas duas frentes, a amazônica e a pernambucana.

Logo após a Restauração em Portugal, a 30 de dezembro de 1640, Dom João IV deu a Pedro Maciel Parente o cargo de capitão mor da capitania do Pará por três anos e ao mesmo tempo prometeu-lhe uma comenda da Ordem de São Bento de Avis no valor de 80$000 réis. O que tinha ele feito? Fora "feitor na conquista do Maranhão" por oito anos seguidos, ajudando a desalojar os inimigos europeus. Além disso prestara serviços na guerra de Pernambuco entre 1631 e 1637, "sem fazer ausência dela, achando-se em todas as pelejas de maior importância que se ofereceram na campanha e arraial Bom Jesus, nos socorros de Itamaracá e Cabo de Santo Agostinho, rio Formoso e tomada de Porto Calvo e retirada de Alagoas do Sul" (Saragoça, 2000, doc.75, p.358-9).

Francisco Coelho de Carvalho não hesitou em requerer a Dom João IV uma comenda da Ordem de Cristo de 300$000 réis, o governo do estado do Maranhão, a doação de uma capitania na costa maranhense e a alcaidaria-mor das cidades de São Luís e Pará. O recém-criado Conselho Ultramarino emitiu seu parecer a 7 de fevereiro de 1646, depois de ter verificado, por uma certidão de mercês, que o requerente não recebera ainda nenhuma recompensa por seus serviços. Reconhecia o Conselho ser ele "neto do grande Feliciano Coelho de Carvalho, e parente muito chegado de Francisco Coelho e de Paio Coelho, que todos ganharam e ajudaram a ganhar grande parte da costa do Brasil e Maranhão, e filho do Doutor Antônio Coelho de Carvalho, tão benemérito da pátria". Comentavam ainda os conselheiros "ser conforme à natureza humana os filhos imitarem os pais e neles se acha a mesma virtude que os pais tiveram, de modo que as águias generosas não criam pombas tímidas, nem estas águias reais". Não se podia exprimir com maior clareza a crença na transmissão do valor guerreiro pela linhagem!

Assim mostrou-se o Conselho Ultramarino favorável a que se lhe concedesse a comenda da Ordem de Cristo, a alcaidaria-mor e a capitania "em utilidade de se povoarem as terras". Quanto ao cargo de governador, já estava destinado a outra pessoa. Dois conselheiros fizeram voto separado: Jorge de Albuquerque só aprovava a comenda e a alcaidaria-mor; Salvador Correia de Sá e Benevides também não concordava com a doação da capitania por lhe parecer que, "para a poder fabricar, é necessário pessoa mais desembaraçada e desocupada". Já em relação ao governo do estado do Maranhão (ao que parece destinado a André Vidal de Negreiros, que ainda o não ocupara por não poder deixar o estado do Brasil em guerra com os holandeses), este último conselheiro era totalmente favorável a que fosse concedido a Francisco Coelho de Carvalho. Embora seus serviços não fossem "tantos e tão qualificados", sua experiência da região o tornava necessário àquele governo que, com os danos causados pelos holandeses, ficara numa situação difícil. E argumentava Salvador Correia de Sá e Benevides: "há mister que o governe pessoa que lhe tenha amor como o suplicante, que o ajudou a ganhar com seu sangue e de seus maiores, e a quem os moradores o tenham em confiança", pois assim o acompanhariam em todos os sucessos. Não havia dúvida de que os colonos o respeitavam "quase como natural" e por isso o seguiriam "em qualquer fortuna adversa". E concluía: "Tudo hoje com a ocasião da guerra é mais necessário que nunca" (ibidem, doc.79, p.363-6).

Dom João IV seguiu esse parecer logo no mês seguinte, nomeando Francisco Coelho de Carvalho governador do estado do Maranhão. Moço fidalgo da Casa Real, era em 1646 sargento-mor daquele estado, tendo servido 34 anos contínuos quer no estado do Brasil quer no do Maranhão (ibidem, doc.78, p.362-3).

O madeirense Antônio Teixeira de Melo não só participou da conquista do Maranhão como foi em socorro do Pará, tomou uma lancha dos holandeses e um forte que os ingleses tinham na barra do Amazonas, sendo eleito em 1642 capitão da cidade de São Luís pelo povo desta. Fora soldado, alferes, capitão e sargento-mor, ajudando nas entradas do sertão e castigo de alguns índios rebelados. Isso lhe valeu em 1654 a capitania do Pará por seis anos e 40$000 réis em uma das comendas da Ordem de Cristo juntamente com o hábito.[48]

Quando da tomada da Bahia pelos holandeses em 1624, o padre Bartolomeu Guerreiro maravilhava-se que de Portugal "saíssem tantos senhores e fidalgos juntos, tantos morgados de Casas ilustres sem comerem rendas de milícia, nem terem o ofício de entretenidos, nem obrigação alguma que os forçasse a jornada tão perigosa". Mas apontava já para a futura recompensa por parte da Coroa dual: "Porque estimarem e agradecerem os reis o bem que os vassalos se reportam no servir como devem, é obrigá-los a que em outras ocasiões sirvam com mais do que podem" (Guerreiro, 1966, cap.X).

Stuart B. Schwartz também se debruçou sobre este tema da fina flor da nobreza ibérica participando na retomada da Bahia em 1625 e apontou a grande quantidade de petições apresentadas, quer em Madri, quer em Lisboa, por aqueles que tinham participado na reconquista de Salvador, ou então por suas viúvas e filhos (Schwartz, 1991, p.736 e nota 6).

Mas, do ponto de vista da história colonial, essa vitória rendeu menos recompensas aos naturais do Brasil do que à nobreza portuguesa arregimentada pela Coroa dos Habsburgos, quer para dar dinheiro, quer para armar navios à sua custa, quer ainda para nela tomar parte. A lista dos participantes titulares é longa: Dom Afonso de Noronha, conde de São João, embarcou com o filho primogênito, bem como os condes de Vimioso, Tarouca e São João de Pesqueira, e o neto e herdeiro do conde de Vila Franca. O único nome mais diretamente ligado ao Brasil é o de Duarte de Albuquerque Coelho, donatário

---

48 Saragoça (2000, doc.77, p.360-1), e *Inventário dos livros das portarias do Reino*, t.1, p.238.

de Pernambuco. Comendadores das ordens militares engrossaram as listas dos fidalgos, bem como os filhos segundos das Casas nobres, cuja eventual morte em combate não prejudicaria a sucessão.

Schwartz interroga-se sobre os motivos que teriam levado a nobreza portuguesa a aderir ao apelo do rei da monarquia dual, tanto mais que os titulares nunca se tinham mostrado muito interessados em ocupar cargos no ultramar. Os que até então tinham vindo ao Brasil tinham sido poucos e por curtos períodos. O interesse na expedição residia sem dúvida nas promessas de mercês aos que dela participassem, mercês que passariam a seus herdeiros caso morressem na luta (ibidem, p.744).

Depois chegou a vez de serem recompensados aqueles que atuaram nas guerras de Pernambuco. Ao mestre de campo André Vidal de Negreiros, cavaleiro da Ordem de Cristo, foi feita mercê em 1652 do foro de fidalgo e de uma comenda efetiva de 300$000 réis, com faculdade de poder deixá-la em testamento a filho varão legítimo. E para um seu parente, o sobrinho Antônio de Sousa Vidal, o hábito e a promessa de 12$000 réis de pensão em uma comenda da Ordem de Santiago.[49] Em maio de 1654 uma nova série de mercês: uma comenda de lote de 300$000 réis, que tinha vagado, e uma alcaidaria-mor. E para seu filho natural, Francisco Vidal de Negreiros, o hábito de Cristo com 40$000 réis de tença, pagos no almoxarifado da capitania da Paraíba.[50]

Como mostrou José Antônio Gonsalves de Mello no seu magnífico e exaustivo estudo de João Fernandes Vieira, a remuneração dos serviços deste madeirense foi bem mais atribulada dada a sua ambição social e aquilo que à Coroa convinha conceder (Mello, 2000).

Em 1647 chegou ao Conselho Ultramarino uma denúncia anônima contra Fernandes Vieira e que fora enviada ao governador-geral Antônio Teles de Meneses. Começava por apontar a sua baixa condição social: "Veio este senhor a esta terra e capitania de Pernambuco da ilha da Madeira, donde é natural e filho de uma mulata rameira, a quem chamam a Bemfeitinha, e de um homem que lhe dão por pai, que foi ali degradado em título de ladrão". De notar que, sendo a mãe classificada de rameira, não haveria a certeza de que aquele fosse efetivamente o pai. Essa denúncia teria contudo algum fundamento, pois Fernandes Vieira nem mesmo no seu testamento indicou os nomes dos pais, tendo, no entanto, citado os nomes dos sogros, pessoas gradas de Pernambuco.

---

49 *Inventário dos livros das portarias do Reino*, t.1, p.410.
50 Ibidem, t.2, p.15.

Por outro lado, o papel denunciador referia as atividades mecânicas do quase menino (teria entre dez e onze anos) recém-chegado a Pernambuco: "Chegando aqui se alquilou e pôs a servir a um João Peres Correia, homem de nação, e depois deste a um marchante por nome Afonso Roiz Serrão, para lhe matar e cortar carne ao povo". Como talhante e açougueiro deste Serrão permaneceu alguns anos, "e depois veio a ter ao arraial de Pernamerim o mesmo ofício, que fazia com pontualidade e diligência enquanto houve gado e o arraial esteve em ser, na companhia de alguns negros que se lhe deram para o ajudarem a dar e partir carne à Infantaria".[51]

Seguia-se a descrição das atrocidades cometidas por Fernandes Vieira nesse período de guerra, mas o que interessa aqui sublinhar é a reação dos conselheiros à denúncia. Salvador Correia de Sá e Benevides minimizou o conteúdo dos documentos por serem "cartas mínimas, sem firma, e vindas da campanha de Pernambuco onde governa João Fernandes Vieira e que por cuja causa tem muitos inimigos". Ele reconhecia contudo a baixa condição social do chefe militar: seus princípios tinham sido "humildes". Mas, por outro lado, a inveja característica da nação portuguesa sofria mal ser ele "avantajado aos de princípios semelhantes". E prosseguia: "a gente de Pernambuco não é da mais escolhida deste Reino e ainda dessa se retirou a melhor no tempo de guerra". Por outras palavras, fora a inveja social que ditara aqueles papéis escritos por alguém que nem sequer possuía grande nobreza, pois os mais nobres pernambucanos estavam refugiados na Bahia. Assim, era esse conselheiro de parecer que, em plena guerra, não adiantava mandar proceder a devassa sobre as denúncias.

Os dois outros conselheiros foram de parecer diferente. Jorge de Albuquerque dava peso às denúncias: "Porque além deste papel lhe foram à mão outros por diferentes vias, que continham o mesmo e mais circunstâncias, e foi advertido por pessoa de Pernambuco nesta cidade do mesmo que contém o dito papel". E, "porque João Fernandes Vieira é hoje pessoa tão poderosa em Pernambuco, e se diz que também na Bahia", devia ser chamado a Lisboa para que os moradores pudessem, "sem receio dele", falar a verdade numa devassa. Jorge de Castilho foi ainda mais incisivo: Fernandes Vieira era "homem de baixíssima sorte", queria tiranizar aquela gente e não servir ao rei, contraíra uma dívida de mais de 300.000 cruzados, e portanto devia-se tirar uma devassa sobre "as grandes maldades, crueldades, insultos e tiranias que fez João Fernandes Vieira naquela capitania de Pernambuco".

---

51 RIHGB, t.25, parte 2, p.37.

Agindo como bom político, o presidente do Conselho Ultramarino seguiu o parecer de Salvador Correia de Sá e Benevides, e o mesmo fez Dom João IV no despacho de 20 de março de 1647, acrescentando: "que estes papéis se recolham em parte onde não possam ser vistos".[52] Naquele momento convinha tudo menos diminuir o herói da guerra. Pelo contrário, era preciso incentivá-lo. E o rei mandou, a 16 de fevereiro de 1648, o governador-geral avisar Fernandes Vieira de que lhe fazia mercê do foro de fidalgo da sua Casa, do hábito da Ordem de Cristo, e de uma comenda da mesma ordem de 300$000 réis anuais, além de o conservar no posto de mestre de campo enquanto não lhe dava outro mais elevado (Mello, 2000, p.305-6).

Mas o herói tinha ambições megalômanas de ascensão social e, em 1649, juntamente com as certidões dos serviços prestados, requereu uma longa lista de benesses:

1 o marquesado da Serra da Copaova, que ele prometia conquistar aos índios e onde criaria uma vila;

2 título de conde;

3 título de conselheiro da Guerra;

4 o senhorio da capitania do Rio Grande ou de Cunhaú, com o compromisso de descobrir minas;

5 duas comendas das ordens militares, sendo uma de 2.000 cruzados e outra de 1.000 cruzados;

6 três hábitos de três ordens militares para pessoas de sua obrigação;

7 dois ofícios de Justiça ou Fazenda para homens da sua Casa;

8 dez léguas de terras a começar da última sesmaria da parte de Santo Antão para o interior, com o compromisso de as conquistar aos índios e de as povoar;

9 o posto de almirante do estado do Brasil;

10 um dos governos do ultramar: o de Pernambuco vitaliciamente; ou o do Maranhão por nove anos; ou o de Angola por seis (ibidem, p.309).

O Conselho Ultramarino reduziu drasticamente suas pretensões, e o rei concordou com esse parecer. Mas Fernandes Vieira voltou à carga no ano seguinte, em 1650, apresentando novos papéis de serviços, insistindo no posto de almirante, pedindo o título de conde do Ceará, a ser instituído no Rio Grande do Norte, pretendendo a substituição do governo do Maranhão, que lhe fora concedido, pelo de Angola, ficando entretanto com o posto de marechal de campo general.

---

52 Ibidem, p.47-8.

Depois de ouvir vários pareceres, o rei só em 1652 confirmou algumas das mercês anteriormente feitas, deu-lhe o título de conselheiro da Guerra e outras mercês foram-lhe sendo concedidas, sem jamais satisfazer todas as suas pretensões.[53] Enquanto não pudesse ir ocupar o governo de Angola, iria ser, em 1655, governador da Paraíba, mas com o cargo de capitão mor, que era o que cabia naquela capitania. Todas estas idas e vindas de papéis são exaustivamente descritas por Gonsalves de Mello (2000, p.310-8). Aqui, o que é relevante acentuar é a ambição pessoal e social de quem tivera princípios tão "mecânicos" e cuja origem familiar era certamente inferior, segundo os padrões da época. Fora a guerra contra os holandeses e a necessidade que a Coroa tinha de seus serviços que levaram, desde 1649, a promessas de recompensas, algumas das quais depois concretizadas.

Mas, na verba 64 do longo testamento redigido por Fernandes Vieira em 1674, constatamos que ele ainda se lamentava: "me deve o dito senhor a maior parte da satisfação destes serviços, porque as mercês que me tem feito são muito diminutas ao meu merecimento". E não hesitava em apresentar a conta. Com a guerra aos holandeses perdera grande quantidade de propriedades, fazendas, engenhos, currais de gado: "importam estas perdas muito mais de 600.000 cruzados, de que Sua Majestade é obrigado a dar-me satisfação". Além disso gastara muito dinheiro quando fora governar a Paraíba e durante esse período de dois anos sustentara a infantaria, do que lhe deviam 8.000 cruzados. E ainda de "salários vencidos na matrícula de Pernambuco", 11.000 cruzados.[54]

Outros menos conhecidos do que André Vidal de Negreiros e João Fernandes Vieira foram recompensados pela guerra de Pernambuco, mas, dado o seu elevado número, basta dar um exemplo. Gonçalo Pereira, fidalgo, natural daquela capitania, filho de Francisco Lopes, fidalgo, recebeu em 1653 a mercê

---

53 A 2 de maio de 1652, João Fernandes Vieira recebeu uma comenda efetiva, dez léguas de terras no Brasil para as bandas de Santo Antão, outra comenda de igual lote de 300$000 réis com faculdade de poder testá-la num filho, um hábito de São Bento de Avis e dois cargos de Justiça, Fazenda ou Guerra para pessoas de sua obrigação. Passou a ser conselheiro de Guerra e recebeu o governo do Maranhão por seis anos, com a obrigação de descobrir, no rio Amazonas, as minas de ouro que diziam nele existir. A justificação para estas mercês (algumas das quais não se concretizaram) foi que combatera os holandeses como soldado, capitão e mestre de campo, consumindo muito de sua fazenda no pagamento da infantaria e do culto divino (*Inventário dos livros das portarias do Reino*, t.1, p.396).

54 RIHGB, 23, 1864, p.396-8.

de 40$000 réis de pensão em comenda ou bens da Ordem de São Bento de Avis, com o respectivo hábito, pois servira nos postos de soldado, alferes, ajudante e capitão de infantaria, combatendo contra os holandeses em Guararapes e noutros locais.[55]

Embora menos notória, a guerra dos Palmares também deu origem a algumas mercês, inclusive a um índio, Domingos Pessoa Penasco Arco Verde, natural de Pernambuco. Antes de ingressar no terço dos índios comandado por Dom Sebastião Pinheiro Camarão, achou-se "em algumas ocasiões de guerra" contra os negros levantados, "e principalmente no ano de 1680, na entrada que se fez ao sertão em razão dos grandes danos de mortes e roubos que faziam aos moradores de Serinhaém, Porto Calvo e Alagoas". Entrara pelo rio de Jacuípe e Pinangi, "retirando-se depois de longa marcha para povoado com grande trabalho por ser tempo de inverno", servindo assim de exemplo aos soldados para estes suportarem "os rigores e discômodos daquela campanha". Fizera outra entrada pelo rio de Una no tempo do governador Aires de Sousa Castro (1678-1682). Esses trabalhos, mais dezenove anos de serviço no terço dos índios, deveriam garantir-lhe, na sua opinião, 100$000 réis e ainda uma ajuda de custo para poder voltar à sua terra, pois estava na Corte em 1703 em grande pobreza. Obteve do Conselho Ultramarino 40$000 réis de tença e 30$000 réis de ajuda de custo.[56] Seria interessante saber como este índio viajou para Portugal e quem o teria ajudado nos meandros burocráticos dos pedidos de mercê.

As entradas no sertão

Desde finais do Quinhentos a Coroa incentivou de forma mais agressiva as entradas no sertão. É preciso não esquecer que os capítulos finais da longa notícia do Brasil que Gabriel Soares de Sousa apresentou em Madri, em 1587, a Cristóvão de Moura, versavam sobre as "pedras verdes e azuis" e a "muita quantidade de ouro e prata" que existiam no sertão da Bahia. Graças à sua obra recebeu do rei, a 13 de dezembro de 1590, um alvará de mercê para todos aqueles que o acompanhassem "na conquista e descobrimento do rio de São Francisco e minas dele", sobretudo para seus cunhados e parentes. A quatro cunhados e a dois primos coirmãos prometia o monarca a mercê do hábito de Cristo com 50$000 réis de tença e ao cabo da jornada o foro de fidalgo da

---

55 *Inventário dos livros das portarias do Reino*, t.1, p.449.
56 AHU, Mercês gerais. Consultas, Cod.87, f.48.

Casa Real. Prometia ainda doze hábitos com 20$000 réis de tença a outros capitães nesta conquista, devendo ser todas as tenças pagas do rendimento que dela se originasse (Cortesão, 1956, p.408-9).

Com a mesma data, outro alvará de mercê fazia a promessa às cem pessoas que acompanhassem Gabriel Soares de Sousa naquela jornada, até estabelecer "a última povoação do rio de São Francisco", o foro de cavaleiros fidalgos, tendo elas "as qualidades para isso convenientes". Todas essas promessas deviam ser divulgadas antes do início da entrada, sendo transcritas no livro de matrícula para que todos ficassem certos de que seus serviços seriam remunerados como a qualidade deles o merecesse (ibidem, p.416).

As entradas pela Amazônia recém-conquistada também proporcionaram mercês remuneratórias de cargos ou de hábitos das ordens militares, ou conjugando os dois. Em 1646 Manuel Furtado recebeu um ofício, de Justiça ou Fazenda, juntamente com um hábito de Santiago ou de Avis, de 60$000 réis de tença, pela sua atividade no Maranhão. Sendo ali capitão de Caeté, subira pelo rio Amazonas até à cidade de Quito (itinerário seguido antes por Pedro Teixeira) procurando cravo, uma das drogas do sertão cujas amostras remeteu para o Reino.[57]

A Coroa incentivava sempre a entrada no sertão à busca de ouro e aqueles que se dispunham a procurá-lo, bem como às pedras preciosas, podiam esperar mercês em retribuição de seus trabalhos e despesas, se não morressem pelo caminho, como aconteceu com Gabriel Soares de Sousa nos finais do século XVI. A capitania do Espírito Santo era ainda de donatário (Francisco Gil de Araújo por compra que fizera a Antônio Luís Gonçalves Coutinho), quando em 1675 o capitão José Gonçalves de Oliveira se propôs partir à descoberta de esmeraldas, já anteriormente tentada sem sucesso. Se a Coroa viesse efetivamente a beneficiar-se com tal empresa, ele queria doze hábitos das três ordens militares de 20$000 a 50$000 réis de tença efetivos nos rendimentos das minas, e também foros de fidalgo, sendo seis de cavaleiro fidalgo e seis de moços de câmara. Tudo isto para distribuir por aqueles que o acompanhassem na expedição. Na resolução régia de 29 de setembro de 1675, foram prometidos apenas um hábito de Cristo, dois de Avis e dois de Santiago, de 20$000 a 40$000 réis, e, quanto aos foros de fidalgo, seriam distribuídos "conforme a qualidade das pessoas" e os serviços que prestassem (DH, v.92, p.211-6).

Data de 18 de março de 1694 a "Carta de Sua Majestade para se prometerem mercês a quem descobrir minas certas e ricas e se animar a outras pes-

---

57 *Inventário dos livros das portarias do Reino*, t.1, p.194.

soas que queiram fazer às Majestades algum gênero de serviço". Nessa carta o rei, reconhecendo que "as honras e as riquezas foram sempre as que animaram os homens às mais dificultosas empresas", acenava com o foro de fidalgo da Casa Real e um hábito de qualquer das três ordens militares a quem descobrisse "mina rica e certa" (DI, v.16, p.23-4).

Não há notícia de que os paulistas descobridores das minas em finais do século XVII estivessem interessados nas mercês régias, mas aqueles que descobriram ouro no sertão da Bahia, Domingos Dias Prado e Sebastião Leme do Prado, pediram datas de terras nas Minas Novas. O rei concedeu-lhes, a 19 de maio de 1719, apenas duas sesmarias na capitania da Bahia com três léguas de comprimento e uma de largura, e, se nelas se estabelecesse alguma vila, eles teriam de as trocar por outras. Esta decisão da Coroa provocou queixas por parte dos descobridores do ouro no sertão baiano. Sebastião insistiu na recompensa, pedindo várias mercês às quais o vice-rei deu parecer favorável, exceto ao pedido das passagens dos rios. Estas, sendo muitas, causariam prejuízos à Fazenda Real pela perda dos rendimentos. Dom João V só a 27 de abril de 1731 concedeu ao sertanista ser guarda-mor de toda a sua conquista (as Minas Novas do Araçuaí), dois ofícios (escrivão da Ouvidoria e tabelião) e o hábito de Cristo para um filho.[58]

Os paulistas gozavam de uma fama de independência, e mesmo de rebeldia, em relação à Coroa, que levou Pedro Taques de Almeida Paes Leme a insistir que todos os feitos por eles praticados, com grande gasto de bens e vidas, tinham sido ao serviço do rei, embora nem sempre tivessem pedido mercês por eles. Na verdade, ao percorrermos os livros das mercês, são os paulistas que surgem com menos frequência e contudo, segundo o genealogista, sua lista de serviços era longa. Tinham conquistado os gentios bravos no sertão da Bahia entre 1672 e 1674, bem como os do sertão do rio São Francisco até o Ceará; tinham ido pelo interior desde São Paulo até ao Maranhão; descobriram minas de ferro e de ouro em São Paulo em 1597; e outras minas de ouro em Paranaguá, na ribeira de Iguape, em Apiaí, nas Minas Gerais de Cataguases e Sabarabuçu entre 1695 e 1700, as de Cuiabá de 1719 a 1720, as de Mato Grosso em 1736 e as de Goiás entre 1722 e 1725; e ainda os diamantes do Serro do Frio (Leme, [1954], t.2, p.95).

O único interessado em cobrar mercês da Coroa foi Bartolomeu Pais de Abreu que em São Paulo, em maio de 1720, propôs a abertura de um caminho pelo interior para o sul, mostrando as vantagens que resultariam desse

---

58 *Anais do Arquivo do Estado da Bahia*, v.42, p.16 e 84.

empreendimento para o rei. Haveria povoamento e portanto aumento dos dízimos; cobrar-se-iam direitos dos gados vacum e cavalar e os das passagens dos rios do sertão; descobrir-se-iam minas "que todo este vão do sertão ainda em si oculta"; civilizar-se-ia a multidão de gentios bárbaros, adquirindo assim o rei "muitos milhares de novos vassalos".

Ele possuía capacidade e cabedais para, "com forças de um avultado corpo de armas", fazer a entrada ao rio Grande sem a menor despesa para a Fazenda Real. Em contrapartida pedia as seguintes mercês: em primeiro lugar ser donatário de quarenta léguas de terra "abeirando o Rio Grande, 20 para a parte do norte e 20 para a parte do sul, medidas por costa, com todo o sertão que se achar"; como todo donatário, possuiria essas terras "de jure e herdade para sempre", com um padrão de 200$000 réis, estabelecido na passagem do rio Grande; seria capitão mor daquelas campanhas; durante os primeiros nove anos ele e seus sócios não pagariam direitos dos animais; queria ser guarda-mor das minas que se descobrissem, "com os mesmos ordenados que se conferiu ao guarda-mor das Minas Gerais de São Paulo". Fez acompanhar essa representação dos "papéis de serviços" para serem examinados pelo Conselho Ultramarino, lembrando ter contribuído para o aumento da Fazenda Real "com muitos mil cruzados nos contratos dos dízimos" (ibidem, t.1, p.169-70).

Pouco importa que essa proposta não tivesse seguimento por desentendimentos com o governador de São Paulo, Rodrigo César de Meneses. O que importa aqui ressaltar é uma mudança nos pedidos de mercê: a ênfase no fato de ter dado a ganhar muito dinheiro à Coroa, o que por si só constituía um serviço a ser recompensado.

Serviços pecuniários

Tal como os serviços militares, ou as entradas no sertão à busca de ouro, os serviços pecuniários começam a ser alegados na viragem do século XVII para o XVIII. Um dos exemplos mais flagrantes foi o de Antônio Fernandes de Matos, um minhoto que enriqueceu no Recife e cuja vida e atividades foram estudadas por José Antônio Gonsalves de Mello (1981).

De "mestre pedreiro" chegou a cavaleiro da Ordem de Cristo, apesar de, como informava o governador de Pernambuco a 19 de agosto de 1684, seus "princípios" terem mais de humildes do que de nobres. Ao morrer em 1701 era um dos homens mais ricos da capitania, tendo evitado grandes despesas à Coroa, como ele próprio lembrava na sua enumeração de serviços (ibidem, apensos II e VII).

Reedificara duas fortalezas, "suprindo com o seu cabedal as faltas que havia na Fazenda Real". Retirara do porto do Recife várias embarcações que ali se tinham afundado, "no que despendeu considerável fazenda" e, se o não tivesse feito, o porto ficaria imprestável. Realizara obras em várias igrejas, "a que por sua devoção assistiu com cabedal próprio", e auxiliara nas da Câmara de Olinda, "cordoando as ruas, edificando muitos aposentos com que se acha a cidade enobrecida". Esperara pelo pagamento "dilatados tempos". Edificara à sua custa uma fortaleza de pedra e cal "fundada em água" e nela gastara mais de 60.000 cruzados. Por isso o governador Dom João de Sousa o fizera capitão da fortaleza, posto que ocupara por dez anos, de 1684 a 1694. Acudira várias vezes às frotas "com seus escravos e barcos". Tomara a seu cargo a obra dos quartéis de infantaria, despendendo nela muito dinheiro sem ter recebido mais do que 200$000 réis de açúcares. Mandara construir no rio e passagem da Boa Vista uma ponte "de grande serventia ao povo", obra esta que demorara apenas seis meses e que importara em 6.000 cruzados. Quando se pusera cerco aos negros de Palmares, oferecera "grossos cabedais e escravos" e, embora entretanto se tivesse alcançado a vitória sobre os quilombolas, fizera "uma grande preparação e despesa para esta jornada". Finalmente, beneficiara a Fazenda Real com os altos preços por que arrematara os contratos, argumento que iremos encontrar com grande frequência na segunda metade do século XVIII.

Perante esta longa lista de serviços pecuniários, Antônio Fernandes de Matos não teve hesitações em pedir a mercê do foro de fidalgo da Casa Real, o hábito de Cristo com 100$000 réis de tença pagos nos dízimos reais da capitania de Pernambuco, ou em uma comenda, e o soldo de capitão de infantaria da tropa de linha. O Conselho Ultramarino foi de parecer que podia receber o hábito, mas com uma tença menor, 70$000 réis, e o soldo pedido, sem nenhuma menção à desejada fidalguia, talvez por a considerar excessiva para um antigo mestre pedreiro. Dom Pedro II, em 1695, concordou com esse parecer dos conselheiros (ibidem, p.125).

As três ordens militares

Entre as mercês mais pedidas e concedidas estavam sem dúvida os hábitos das ordens militares. Estudiosos como Francis Dutra e Fernanda Olival têm vindo a ressaltar aspectos importantes na concessão destas honras tão apetecidas pelos vassalos do rei. Dutra tem insistido sobretudo no fato de que as muitas mercês de hábitos concedidas pelos monarcas passavam pelo gargalo estreito das inquirições da Mesa da Consciência e Ordens e muitas vezes não se concretizavam. Critica por isso a obra de Francisco de Assis Carvalho Franco, *Nobiliário colonial* (São Paulo, 1941), na qual 698 nomes aparecem de indivíduos naturais do Brasil, ou aqui residindo, que receberam, sobretudo no século XVII, devido às guerras de Pernambuco, tanto hábitos das ordens quanto foros de fidalgos da Casa Real.

Não há dúvida de que Carvalho Franco se entusiasmou com a publicação, em 1909-1912, dos dois volumes do *Inventário das portarias do Reino (1639-1664)*, que inventariam as mercês concedidas, e também com os dois volumes, publicados em 1911-1917, do *Inventário dos livros de matrícula dos moradores da Casa Real (1640-1681)*, que fornece a lista dos que receberam o foro de fidalgos.

A pesquisa levada a cabo por Dutra na Torre do Tombo durante décadas tem contribuído para moderar o entusiasmo nobiliárquico que o livro de Carvalho Franco poderia provocar. Só em relação às ordens militares, deixando de lado o foro de fidalgo, os números falam por si.

	Carvalho Franco	Francis Dutra
Ordem de Avis	114	73
Ordem de Santiago	112	62

Fonte: Francis Dutra (2001).

Não são fornecidos dados sobre a Ordem de Cristo, pois a grande quantidade de hábitos concedidos dificulta o confronto entre a concessão da mercê e a sua concretização mediante a chamada "carta de hábito", documento este que emanava da Chancelaria das Ordens.

Quanto a Fernanda Olival, preocupada com todo o mecanismo processual, sobretudo na Ordem de Cristo, deu particular ênfase ao processo de dispensa dos antecedentes plebeus dos habilitandos e à forma disfarçada de pagamento que a Mesa da Consciência e Ordens a certa altura passou a aceitar para a concessão da dispensa.

A leitura desses dois especialistas basta para se ter uma noção adequada do processo de nobilitação por meio das ordens militares. Olival fornece esporadicamente exemplos referentes ao Brasil; Dutra estuda simultaneamente a Metrópole e a Colônia brasileira, salientando os casos de índios e negros agraciados com tal honra e evidenciando também aqueles indivíduos que alcançavam o hábito pela via do casamento e não por méritos próprios.

A minha perspectiva é ditada por duas questões principais: o que significava para os coloniais receber a honra de um hábito (ou mesmo, mais raramente, a de uma comenda), e isto até a independência e portanto com possíveis variações através dos séculos; e também saber de que forma a Mesa da Consciência e Ordens classificava socialmente os habilitandos e seus ascendentes e de que modo essa classificação foi evoluindo. De qualquer modo é preciso, antes de poder responder a essas questões, conhecer as instituições e seus mecanismos e analisar alguns casos concretos de nobilitação via hábitos das ordens militares.

A Mesa da Consciência e Ordens

A administração das ordens militares foi incorporada em 1551 à Mesa da Consciência, que passou a denominar-se Mesa da Consciência e Ordens, regulada por um regimento em 1608. Esta instituição era composta por cinco deputados, alguns dos quais eram cavaleiros professos, exigindo-se para as nomeações limpeza de geração e de costumes, bem como pelo menos a licenciatura "por exame da Universidade de Coimbra", comprovando-se ainda terem cursado doze anos. Num dia certo, às segundas-feiras, despachavam-se os papéis das três ordens. Havia um despacho comum e cada ordem tinha seu escrivão e oficial papelista. Em meados do século XVIII o número de deputados foi aumentado para sete (Neves, 1997, cap.I).

A partir de 1643, quando algum colonial enviava petição ao monarca para obtenção de um hábito em alguma das ordens, inicialmente o pedido passava pelo crivo do Conselho Ultramarino e, conforme o seu parecer, o rei concedia ou não a mercê. Em caso afirmativo, a Mesa da Consciência e Ordens iniciava então o processo de habilitação do candidato, sendo ouvidas testemunhas em número suficiente nos lugares da naturalidade do candidato e seus ascendentes. O habilitando suportava as despesas decorrentes de tais inquirições.

Se as provanças revelassem defeitos de qualidade, ou qualquer outro impedimento, o rei podia dispensá-los e então a mercê era efetivamente recebida; ou então seguia o parecer da Mesa e a concessão do hábito não se concretizava. Daí a discrepância, observada por Francis Dutra, entre os hábitos inicialmente concedidos pela Coroa e o número de cavaleiros depois da triagem feita pela Mesa da Consciência e Ordens.

Esse tribunal era, no dizer de frei Nicolau de Oliveira em 1620, "juiz de todos os fidalgos e gente nobre a quem Sua Majestade faz mercê dos hábitos". Sem a sua sentença, a mercê ficava sem efeito. Além disso a Mesa constituía o juízo privativo de todos os cavaleiros (ou comendadores): seus membros "absolvem ou condenam, como lhes parece ser mais justo" (Oliveira, 1991, p.647).

Segundo esse autor, o número de comendas era limitado e cada uma tinha o seu rendimento próprio.

Comendas das três ordens militares – 1620

Ordem	Nº	Rendimento total
Cristo	454	94:528$322
Santiago	60	48:000$000
Avis	43	28:000$000

Fonte: Frei Nicolau de Oliveira (1991).

As comendas, por serem mais rentáveis, eram mais disputadas do que os hábitos, mas no caso dos coloniais será preciso esperar pela presença do príncipe regente Dom João no Rio de Janeiro, em 1808, para que a elas tivessem acesso. Nesse período, só os heróis de Pernambuco como João Fernandes Vieira as receberam. A comenda era uma propriedade territorial com um rendimento que podia ir de 49$000 réis a mais de 1:000$000 réis. Matias de Albuquerque, o locotenente do donatário de Pernambuco, por exemplo, era detentor em 1634 de três comendas, embora possuir mais de uma fosse contra as regras da Ordem de Cristo. As três estavam localizadas no arcebispado de Braga, valendo uma, concedida em 1626, 180$000; a segunda, de 1630, 280$000; e a terceira, datada de 1634, 100$000. Todos esses benefícios, no valor de 560$000 réis, foram deixados por Matias de Albuquerque a sua mulher, Dona Catarina Bárbara de Noronha, condessa de Alegrete (Dutra, 1970, p.22 e nota 102).

Os Estatutos

Remontam a 1627 os Estatutos da Ordem de Cristo e em 1746 o texto foi reimpresso acompanhado de uma história sobre as suas origens. Alguns pontos merecem especial atenção, por exemplo o título XVIII. Aqueles que recebessem a Ordem deviam ser "nobres, fidalgos, cavaleiros ou escudeiros, limpos, sem mácula alguma em seus nascimentos, nem outros impedimentos e defeitos". Os papas tinham proibido que nela entrasse pessoa que descendesse de mouro ou judeu, ou fosse filho ou neto de mecânico ou mecânica.

Como provavelmente já era prática os habilitandos pedirem dispensa ao rei de algum desses impedimentos, por carta régia de 28 de fevereiro de 1604, foi determinado que dali em diante não se dispensasse pessoa alguma da "limpeza de sangue" e que o Regimento da Ordem fosse observado rigorosamente "para que de todo se cerre a porta que em contrário disto se ia abrindo". A Mesa não mais aceitaria pedidos de "dispensação", nem consultaria o rei sobre eles.[59]

Para as inquirições acerca do habilitando seriam ouvidas testemunhas, num mínimo de seis, e nos interrogatórios uma série de perguntas foi elaborada acerca do pretendente, seus pais e avós, suas naturalidades. Se as testemunhas tivessem parentesco até o 3º grau com o habilitando, seriam descartadas, bem como aqueles indivíduos que servissem no momento como seus criados.

As perguntas constam do título XIX:

> Se sabe que é nobre e o foram seus quatro avós, nomeando a cada um deles per si, e declarem por que razão o sabem.
> Se é nascido de legítimo matrimônio.
> Se é infamado de algum caso grave, e de tal maneira que sua opinião e fama esteja abatida entre os homens bons.
> Se é filho, ou neto de herege, ou de quem cometeu crime de lesa-majestade.
> Se tem raça de mouro, ou judeu, ou se é disso infamado.
> Se foi gentio, ou seu pai e mãe, e avós de ambas as partes.
> Se tem dívidas, a que a Ordem fique obrigada, ou tem algum crime por que esteja obrigado à Justiça.
> Se é casado, e se sua mulher é contente de ele entrar nesta religião.
> Se é professo em alguma outra religião, e qual, e se fez voto de ir a Jerusalém, ou a Santiago.
> Se é doente de alguma doença, ou aleijão, que lhe seja impedimento de servir à Ordem.
> Se passa de 50 anos, ou é menor de 18. (§10)

Se pensarmos na antiguidade da Ordem de Cristo e no seu caráter religioso no passado, deixam de causar estranheza alguns itens deste interrogatório, cujo modelo se manteve até à extinção em 1773 da "limpeza de sangue", o que fez alterar algumas questões. Para os clérigos, que já se tinham submetido a inquirições semelhantes ao ingressarem na vida eclesiástica, as perguntas foram simplificadas (tít.XIX, §11).

---

59 *Definições e estatutos dos cavaleiros e freires da Ordem de Nosso Senhor Jesus Cristo, com a história da origem e princípio dela...*, 1746, p.27.

Há um aspecto a ser salientado: o habilitando depositava na Mesa das Ordens uma determinada quantia, "conforme a distância e lugares aonde houverem de ir fazer as inquirições". (tít.XIX, §5). Para os habilitandos naturais do Brasil e com ascendentes no Reino e na Colônia ficava muito dispendioso inquirir testemunhas dos dois lados do Atlântico e por isso se vulgarizou a prática de pedir ao rei a graça da "pátria comum", para que testemunhas que tivessem conhecido a família por exemplo no Rio de Janeiro ou na Bahia pudessem ser inquiridas em Lisboa a seu respeito.

Privilégios dos cavaleiros

Na Colônia os cavaleiros professos pretenderam em várias ocasiões gozar de benefícios fiscais alegando o seu estatuto. Como escreveu o provedor da Fazenda de Pernambuco a Dom João IV, logo após a restauração da capitania: "os cavaleiros das Ordens Militares que nela assistem se querem isentar de pagar os dízimos dos açúcares que lavram em seus engenhos e partidos de canas, com que as rendas reais se diminuem muito". Ora, numa época de aperto financeiro como era aquela pós-restauração, o rei ordenou a 7 de janeiro de 1655 ao governador que obrigasse todos os cavaleiros a pagar os dízimos devidos.[60]

Também em 1729 os cavaleiros da Ordem de Cristo da vila do Recife procuraram eximir-se da contribuição da finta lançada pelo Senado da Câmara e destinada à construção de uma nova cadeia. Alegavam seus privilégios de religiosos e como tal "isentos de semelhantes imposições". Era o caráter religioso da Ordem que eles invocavam, embora na época ele já pouco significasse: "Que os suplicantes sejam religiosos é bem sabido, porquanto como os mais se sujeitam aos três votos substanciais da religião, a saber, obediência, pobreza e castidade, e assim se acha aprovada a sua religião pela Sé Apostólica".[61]

Não hesitavam em lembrar todas as bulas papais que lhes concediam os mesmos privilégios que a outras ordens mais antigas, e entre eles sublinhavam um, concedido pelo papa Clemente IV:

---

60 "Informação geral da capitania de Pernambuco (1749)", p.339. Dutra (2001, p.167) refere-se também à controvérsia acerca do dízimo durante o reinado de Dom João IV, afirmando que a questão foi resolvida pela rainha regente Dona Luísa em 1658.
61 IEB, Coleção Lamego, Cod.50.35.1.

Que não fossem obrigados a pagar entalhas, nem coletas, nem somas de dinheiro, nem outras exações quaisquer, por qualquer via impostas sem especial mandado da Santa Sé Apostólica.

Argumentavam ainda com as Ordenações do Reino (liv.I, tít.66, n.42) e com o Repertório à mesma Ordenação:

> escusos de pagar finta são os fidalgos, cavaleiros, escudeiros, doutores, licenciados, bacharéis, juízes e vereadores, procuradores do Concelho, tesoureiro, e os pobres que vivem de esmola, não sendo a finta para reparação de muros, pontes, fontes e calçadas etc.

Claro que o uso deste trecho implicava que o "cavaleiro" ali referido fosse os das ordens militares, quando podia tratar-se apenas daqueles que pertenciam à Casa Real (cavaleiro fidalgo, fidalgo cavaleiro).

Este requerimento dos cavaleiros devia ser informado pelo ouvidor-geral, mas o governador de Pernambuco foi logo avançando outra informação sobre o assunto: não só os cavaleiros da Ordem de Cristo procuravam livrar-se daquela finta,

> mas também os oficiais da Fazenda, Justiça, Defuntos e Ausentes, Cativos, Bula da Cruzada, contratadores de contratos, procuradores deles, familiares do Santo Ofício, síndicos das religiões de que alguns já têm feito requerimento, e alguns privilegiados por servirem em confrarias, o que tudo compreende nos homens mais abastados desta praça.

Por outras palavras, todos os que podiam erguer seus privilégios contra o pagamento da finta o faziam.

Já antes do pedido de informação ao ouvidor-geral, datado de 3 de outubro de 1729, o procurador do concelho se mostrara contrário, a 25 de setembro, ao deferimento da petição dos cavaleiros da Ordem de Cristo, lembrando que as bulas papais só tinham validade

> quando os suplicantes, como freires professos, viveram conventualmente em clausura para lograrem então os privilégios monacais, e não vivendo cada um em sua casa, ocupados nos tratos comerciais do século, pelo que então como meros leigos devem pagar todos os direitos das cousas que vendem e compram, como pagam os mais.

É certo, prosseguia o procurador do concelho, que a Ordenação (liv.II, tít.11, n.7), os isentava quando tivessem comendas ou tenças.

> Contudo deve entender-se somente nas matérias de dízima, sisa e portagem das cousas que compram para suas necessidades somente, e não do encargo de acudirem à fábrica da Casa da Câmara, de que necessita esta vila, porque desta ninguém se pode isentar sem mostrar privilégio que expressamente sejam escusos de tal finta.

E concluía que nenhuma pessoa era privilegiada nas matérias de almotaçaria e posturas da Câmara "por não haverem de ser somente os pobres os que carreguem o jugo".[62]

Baltazar Gonçalves Ramos, procurador da Coroa, opinava a 30 de setembro não se tratar neste caso de uma finta do concelho, e sim de uma finta real, "por ordem expressa de Sua Majestade para a obra da cadeia e casa da Câmara", tão necessária "para guarda e defensão desta vila, para que se prendam e castiguem os malfeitores para que não perturbem o sossego público". Portanto os cavaleiros da Ordem de Cristo teriam de contribuir para a finta: "Se com o pretexto de privilégios se pudessem escusar todos, ficaria muito onerado o povo, porque são muitos os que se pretendem eximir com este e aquele privilégio, o que se não deve admitir".[63]

Esse episódio de 1729 no Recife ilustra a situação característica do Antigo Regime, em Portugal como no Brasil: ser privilegiado era ser isento do pagamento de impostos como também ser julgado em Juízo privativo. Eram os chamados privilégios da Justiça e Fazenda, proporcionados, entre outros casos, pela distinção das ordens militares.

As habilitações ou provanças

O Códice 1335 do Fundo Geral dos Manuscritos da Biblioteca Nacional de Lisboa (publicado por essa instituição em 1931) registra habilitações às três ordens militares, sem data, mas que certamente não ultrapassam o ano de 1649, o ano mais tardio aí anotado. Ainda não surgem, entre estes, habilitandos naturais do Brasil, apenas oito tinham ascendentes do lado materno nascidos na Colônia, inclusive "do gentio" do Rio de Janeiro, ou da Bahia. Três deles tinham avós maternos nascidos em Pernambuco, sendo os de Feliciano Coelho de Carvalho considerados "fidalgos honrados": eram eles Antônio Cavalcanti de Albuquerque e Dona Isabel de Góis. Quando ele recebeu

---

62 IEB, Coleção Lamego, Cod.50.35.9.
63 IEB, Coleção Lamego, Cod.50.35.3.

uma comenda da Ordem de Cristo em 1625, teve de ser dispensado da menoridade. Artur de Sá era filho natural de Gonçalo Correia de Sá, pertencente ao clã dos Sás, sendo seu avô paterno Salvador Correia de Sá. A gentilidade provinha do lado materno: sua mãe, mameluca, era filha de Isabel de Braga, do gentio do Rio de Janeiro.

No caso de Gaspar de Brito, cuja avó materna era natural de Salvador, teve de ser dispensado por ser "de nação", não pelo lado brasileiro mas pela avó paterna, alentejana. Já Luís de Moura não teve a mesma sorte. Embora o avô materno, natural do Brasil, fosse "limpo e honrado", a avó materna, reinol, tinha ascendentes da nação hebreia, e ele não recebeu o hábito de Avis que lhe tinha sido concedido. Também ao capitão Manuel Gonçalves foi recusado o hábito de Santiago. Ele dissera que a avó materna era natural do Porto, mas descobriu-se que era mameluca "com raça da nação", por ser neta de cristão novo e de "negra brasílica".[64] No início do século XVII o impedimento judaico aparece como mais grave do que o da gentilidade, uma vez que os gentios tinham sido cristianizados.

Ao contrário de Evaldo Cabral de Mello em *O nome e o sangue* e de Fernanda Olival em obra recente sobre as ordens militares, não me ocuparei aqui com o impedimento de judaísmo. Para o meu propósito de estudar a nobreza colonial, é mais relevante atentar naqueles que apresentavam defeitos de qualidade, ou seja, cujos ascendentes incluíssem "mecânicos" ou, como então se dizia em relação às mulheres, fossem "de segunda condição".

Deve-se ressaltar que a necessidade da Coroa de remunerar serviços, sobretudo na guerra mas também em tempo de paz, se chocava frequentemente com as exigências da Mesa da Consciência e Ordens, a defensora vigilante dos Estatutos. As dispensas de impedimentos só se vulgarizaram a partir da segunda metade do século XVIII e a flexibilização dos Estatutos chegou a ponto de, na virada para o século XIX, se tornarem frequentes as dispensas de provanças.

Essa tensão entre a necessidade de distribuição de mercês (e os hábitos eram afinal as menos onerosas) e o rigor nas habilitações diminuiu contudo quando Dom João V, em novembro de 1730, aprovou o pagamento de "contribuições" por parte dos dispensados (Olival, 2001, parte I, 2.3.1, "Dispensas como mecanismo financeiro"). Em determinadas situações a própria Mesa sugeria ao rei que a dispensa fosse concedida, como ocorreu em 1679 com o

---

64 *Ementas de habilitações de ordens militares nos princípios do século XVII*, Lisboa, Biblioteca Nacional, 1931.

baiano Sebastião da Rocha Pita, cujas provanças revelaram dois impedimentos: de idade (tinha apenas dezesseis anos) e de qualidade (o avô paterno fora sapateiro). O habilitando, tendo notícia dos impedimentos, insistiu argumentando que a mercê do hábito lhe fora feita pelos serviços do avô materno, do mesmo nome, durante as guerras do estado do Brasil, principalmente na restauração da Bahia. Quanto ao impedimento de idade, na época do recurso já estava com dezessete anos e, "como é morador na Bahia, quando lá chegarem as ordens para receber o hábito terá os 18 anos que se requerem". Quanto ao impedimento de mecânica, muitos em condições idênticas tinham sido dispensados. O que efetivamente ocorreu no seu caso.[65]

Este exemplo confirma o que constantemente encontramos nas habilitações dos coloniais: o defeito de qualidade em geral provinha dos ascendentes paternos reinóis, o que significa que as alianças matrimoniais que eles contraíam no Brasil contribuíam para uma mobilidade social ascendente. Por outro lado, revela uma prática comum na sociedade colonial: quando havia um nome ilustre, o filho, e mais comumente o neto, herdavam-no sem modificações. Isso ocorreu nas principais famílias baianas, nos Rocha Pita e nos Carvalho e Albuquerque.

Detectar o defeito de qualidade implicava uma análise minuciosa de todos os elementos que pudessem revelar a condição social e também uma certa hierarquização desses elementos. Assim, era considerado impedimento mais grave pela Mesa da Consciência e Ordens o próprio habilitando exercer uma atividade manual como a de barbeiro, por exemplo, do que se esta tivesse sido a profissão de um avô, sobretudo se este já tivesse morrido e não contaminasse mais o neto com a sua condição plebeia. Como raramente as mulheres exerciam profissões (parteira, padeira etc.), era principalmente pela linha masculina que apareciam as mecânicas. Mães e avós limitavam-se à condição dos pais e maridos e, se estes eram plebeus, elas eram ditas "de segunda condição".

Mas, como vimos no primeiro capítulo, a lista das profissões consideradas mecânicas foi variando ao longo do Antigo Regime e essas variações são perceptíveis quer na argumentação dos habilitandos quer nas decisões da Mesa. É interessante notar a linguagem usada: por exemplo, impedimento "sórdido", que surge na habilitação de Antônio Lopes da Costa em 1744. Reinol, trabalhara no Porto com um irmão mercador e depois ambos vieram para o Rio de Janeiro, onde vendiam "em uma sobreloja várias fazendas atacadas e em peças sem ser a vara e côvado", ou seja, sem ser a retalho, o que os dimi-

---

65 ANTT, HOC, Letra S, maço 6, doc.52.

nuiria socialmente. O pai fora inicialmente pedreiro, mas depois "viveu de algumas fazendas em que trabalhava com os seus bois e carro". Mas a parte masculina da ascendência vivia de salário e a parte feminina era de "segunda condição" e por esta razão foi Antônio julgado incapaz de receber a Ordem de Cristo. Ele recorreu dizendo que o monarca costumava dispensar de tais impedimentos "quando não eram sórdidos". Isto significa que, na graduação existente na própria condição mecânica, ele não se encontrava no fim da escala.[66]

O caso de Bernardo Vieira Ravasco, filho de Cristóvão Vieira Ravasco e irmão do padre Antônio Vieira, revela ser mais fácil no século XVII ostentar o título de fidalgo da Casa Real do que o de cavaleiro da Ordem de Cristo. Secretário do estado do Brasil, deve ter recebido a mercê por volta de 1663, mas, dez anos depois, a Mesa da Consciência e Ordens comunicava ao rei: "desde então até o presente se tem continuado no fazer de suas provanças, sem ser possível saber-se com certeza as pátrias de seu pai e avós paternos e do avô materno". Além disso constava que a avó materna fora padeira dos religiosos de São Francisco e o avô "oficial de fazer armas", portanto artesão. Quanto à avó paterna, havia informações de que era parda. Como o habilitando se recusava a esclarecer os pontos das naturalidades, "se sentenceava que por ora não está capaz de entrar na mercê do hábito".[67] Enquanto o ser fidalgo da Casa Real dependia apenas da vontade do rei, para receber os hábitos das ordens militares era preciso passar por toda uma engrenagem com suas regras próprias que no século XVII permaneciam ainda muito rígidas.

Desde que os índios não fossem "gentios", ou seja, não cristãos, não havia obstáculos a que recebessem as ordens militares. Logo depois da criação do Conselho Ultramarino, chegou aos conselheiros, em 1643, uma carta de um chefe indígena sugerindo que fossem os índios bem tratados, sobretudo numa época em que os holandeses constituíam um verdadeiro perigo também no Norte. O Conselho foi de parecer que se desse a esse chefe duzentos cruzados e um hábito na Ordem de Santiago.[68] Em 1644, o capitão mor João Vasquo listava o nome de seis chefes indígenas no Maranhão e três no Ceará que tinham ajudado na luta contra os holandeses e por isso mereciam uma recompensa cada um. O Conselho em princípio concordou, mas não especificou que honra lhes devia ser concedida.[69]

---

66 ANTT, HOC, Letra A, maço 50, doc.45.
67 ANTT, HOC, Letra B, maço 12, doc.149.
68 AHU, Cod.278, Consultas, f.1, citado por Mathias Kiemen (1954, p.57-8).
69 Ibidem, Pará, 9 de novembro de 1645.

No Nordeste, onde o auxílio indígena era vital durante as lutas de resistência à ocupação holandesa, Matias de Albuquerque dirigiu-se ao rei logo em 1632 para que este honrasse "com brevidade" o principal, Antônio Filipe Camarão, da nação Petiguar, respeitado e seguido por todos os índios da capitania de Pernambuco e mesmo do Ceará, e que o servia "desde o princípio da guerra". O rei decidiu fazer-lhe mercê de hábito da Ordem de Cristo com 40$000 réis de pensão e a patente de capitão mor dos Petiguares com outros 40$000 réis de soldo, acrescentando ainda que se lhe desse um brasão de armas.

O biógrafo de Camarão, José Antônio Gonsalves de Mello, mostra que ele recebeu efetivamente, em 1638, uma comenda que tinha vagado. E ainda "uma cadeia de ouro de 2.000 reales" com uma medalha do rei (Mello, 1954, p.19-20). Também Diogo Pinheiro Camarão recebeu 1.250 reales, ao mesmo tempo que se passava à ordem: "que se lhe lance logo o hábito de Santiago ou Avis" (ibidem, p.29-30). O que revela o interesse da monarquia dual em recompensar sem maiores delongas esses índios tão necessários à defesa do território.

Em relação aos negros o monarca em Madri também levou a Mesa da Consciência e Ordens a ser mais flexível. Em 1638 foi concedido a Henrique Dias o foro de fidalgo e o hábito de uma das ordens militares à sua escolha com promessa de comenda, além de quarenta escudos de soldo por mês, e com ordem para que, "sem embargo do que dispõem os definitórios das Ordens", lhe dessem logo o hábito "não constando de defeitos cuja dispensação toque a Sua Santidade".

O rei espanhol era pródigo em hábitos para índios e negros e pouco lhe importava o que essas mercês pudessem significar de revolução social. A guerra tudo justificava. Os deputados da Mesa da Consciência e Ordens bem se esforçaram, no caso de Henrique Dias, por lembrar ao rei que, para não lhe serem feitas provanças, é que se tornava "precisamente necessário breve apostólico de dispensação". O rei então decidiu dispensá-lo naquilo que podia e dar ordens ao embaixador em Roma para alcançar "o breve de dispensação" não apenas para este caso, mas "com generalidade para os índios e negros que, enquanto a guerra durar, se assinalem nela" (ibidem, p.17-9).

Depois da Restauração, Antônio Gonçalves Caldeira, mestre de campo do terço dos henriques, passou pelas habilitações à Ordem de Santiago e delas resultou que era filho "de negro e de negra moradores em Pernambuco" e que, de seus quatro avós, não havia notícia alguma senão que eram do gentio do Reino de Angola, "nem lhe sabe os nomes". Com a informação de que Caldeira era tido por cristão batizado, bem como seus pais, Dom Afonso VI dispensou-o, por despacho de 27 de abril de 1667, nos defeitos de qualidade "por seus serviços e razões que para isso concorrem" (ibidem, p.8-9).

Manuel Gonçalves Dória não era negro e sim mulato claro. Apontado por Bartolomeu Guerreiro e por frei Vicente do Salvador como um dos que impediram a saída dos holandeses para fora dos limites da cidade da Bahia, foi agraciado em 1628 com o hábito de Santiago, com a tença anual de 20$000 réis. Mas só em 1647 esta mercê se concretizou, graças à perseverança do habilitando, que não desistiu de impugnar a atividade mecânica do pai e o mulatismo de um avô (Dutra, 1999). Este caso parece evidenciar que, nessa época de lutas, seria mais fácil obter honras sendo negro do que passando por branco mas com antecedentes mulatos. João Fernandes Vieira, mulato madeirense mas herói de Pernambuco, constituiria a exceção.

Os hábitos de Cristo

Foram tantos os que receberam essa honra que seria enfadonho citar todos os agraciados, sobretudo em decorrência das lutas contra os holandeses. Já existe um pequeno e rigoroso trabalho sobre o assunto, e assim permito-me dar apenas alguns exemplos.

Quando Pernambuco estava ainda sob domínio holandês, o capitão Nataniel Lins de Albuquerque, bem como Miguel do Rego Barros e Diogo Coelho, todos naturais daquela capitania, pediram para suas provanças se fazerem em Lisboa. Eles encontravam-se nessa cidade, prontos para embarcar de novo para o Brasil: "não será justo que o façam sem levarem seus despachos correntes para que se lhes lancem seus hábitos com fiança". O rei concordou com a petição dos três pernambucanos, ordenando à Mesa da Consciência e Ordens que fizesse as habilitações na capital do Reino.[70]

No calor da guerra as dispensas por defeito de qualidade eram mais facilmente concedidas do que passadas algumas décadas dos eventos. As habilitações de João Ribeiro de Oliveira em 1655 e as de Antônio Pereira de Azevedo em 1685 são prova disso. Em ambas as provanças se tinha detectado "falta de nobreza": um avô de João fora sirieiro, e um de Antônio, torneiro. Mas, enquanto em relação ao primeiro a Mesa sugeriu a dispensa "respeito dos serviços", com o que o rei concordou, em relação ao segundo foi taxativa: "se

---

70 ANTT, HOC, Letra N, maço 4, doc.46.

julgou que por este impedimento de falta de qualidade não estava capaz de entrar na Ordem".[71]

Já foi referido que os familiares próximos podiam receber as mercês por serviços de seus parentes já falecidos. Foi Amaro Velho Cerqueira, natural da vila de Alagoa, capitania de Pernambuco, quem, em 1682, muitos anos depois de a guerra ter terminado e quando ele próprio já tinha sessenta anos (o que implicou uma dispensa por excesso de idade), colheu finalmente a recompensa dos feitos de seu pai e irmãos.

O pai, Gonçalo Velho Cerqueira, lutara de 1639 a 1652 "sem interpolação", servindo desde soldado até o posto de capitão. Fora "mal ferido" no recontro de Taparica em 1647, ocupando-se depois das fortificações, "pessoalmente, à vista do inimigo por vezes". Três irmãos, Gonçalo Velho de Távora, Estêvão Velho Cerqueira e Gil Velho de Araújo, tinham combatido na mesma guerra. Gonçalo lutou de 1630 a 1632, quando foi morto pelos holandeses "defendendo com a espada o posto da Várzea, depois de lhes ter feito grande dano, na ocasião em que governava sua Companhia". Estêvão combateu de 1630 a 1635, tendo sido morto no conflito de Serinhaém, como capitão de infantaria e "pelejando sempre na vanguarda". Gil participara de 1630 a 1640, quando, "ferido e maltratado", se recolheu ao Reino.

Por uma primeira portaria, datada de 27 de agosto de 1653, foi feita mercê a Amaro Velho Cerqueira, por todos os familiares mortos na guerra, 30$000 réis de pensão em uma das comendas da Ordem de Cristo e o hábito dela, com a condição de tornar a servir em Pernambuco. Para sua irmã, Ana de Távora Cerqueira, 30$000 réis de tença efetiva no Reino ou no Brasil. E para o sobrinho, filho desta, promessa de 16$000 réis de pensão em uma das comendas da Ordem de São Bento de Avis e o hábito desta, ou de Santiago, conforme fosse sua escolha, "com a obrigação de servir 4 anos na guerra de Pernambuco". Essa portaria de 1653 não teve consequências imediatas, sendo feita outra a 23 de setembro de 1676, e finalmente em 1682 tiveram lugar as provanças, pelas quais se abonou "a qualidade e limpeza", sendo contudo necessária a dispensa de idade.[72]

Além de receber o hábito por serviços de familiares, um indivíduo também o podia alcançar via casamento, quando ele tinha sido dado em dote a uma moça. O reinol Antônio Gomes Pereira era alferes de ordenanças em Pernambuco desde 1689 e fora tabelião em Olinda, de 1690 a 1698, quando

---

71 ANTT, HOC, Letra J, maço 93, doc.9 e Letra A, maço 52, doc.16.
72 ANTT, HOC, Letra A, maço 46, doc.44.

viu recusado o hábito de Cristo a 11 de fevereiro de 1705 por defeito de qualidade. O avô materno fora carpinteiro e a avó materna "vivia de seu trabalho". Ele próprio começara na atividade mercantil como mercador de loja aberta, mas na altura das habilitações já havia quem o considerasse homem de negócio.

Perante a primeira recusa, insistiu alegando os serviços prestados primeiro como alferes e depois como capitão de ordenanças entre 1703 e 1707. Ofereceu então um cavalo para a guerra. A 11 de fevereiro de 1711 a sua entrada na ordem foi novamente indeferida. No segundo recurso menciona os seus serviços durante a sublevação de Pernambuco, declara estar vivendo à lei da nobreza com criados, escravos e cavalo, e oferece três marinheiros para a Índia, ou três cavalos para a guerra, aumentando assim a oferta anterior. Finalmente, a 21 de junho de 1713, com o parecer favorável da Mesa da Consciência e Ordens, o rei concordou com o hábito, optando pelo donativo dos três marinheiros para a Índia.

Tanta tenacidade, por um lado, e as ofertas à Coroa, por outro, mostram como era importante para um homem de negócio de Pernambuco, nessa época da "fronda dos mazombos", obter o hábito de Cristo que recebera em dote e que certamente contribuiu para lhe abrir as portas da Câmara do Recife, onde foi procurador em 1721. Como ele próprio escrevia:

> perigará muito o seu crédito nas pessoas que o conhecem e sabem deste requerimento, pois vendo que o suplicante não chega a receber o hábito, entenderão que não tem no sangue a limpeza necessária, no que fica muito prejudicada a opinião que se tem da sua pessoa e procedimento.

Nesse último requerimento insistia que só a concessão da dispensa lhe evitaria "o labéu a que está exposto e o prejuízo que lhe resulta ao seu crédito de não receber o hábito".[73] Não se pode ser mais claro acerca da importância social desta mercê, que era sem dúvida mais honorífica do que financeira, a ponto de pela primeira vez aparecer nessas habilitações um donativo para facilitar a dispensa da falta de qualidade.

Não há dúvida de que, no período ora estudado, pernambucanos, baianos e alguns maranhenses foram os mais agraciados. Raramente os paulistas surgem na documentação das ordens militares até meados do século XVIII. Uma exceção foi Antônio Pereira de Azevedo, natural da cidade da Bahia mas morador em São Paulo. Em resposta ao pedido do governador-geral Antônio Teles da Silva à Câmara de São Paulo em novembro de 1646, ofereceu-se a "ir por

---

73 ANTT, HOC, Letra A, maço 49, doc.81.

capitão de uma Companhia de 100 homens, levando-os até à Bahia à sua custa, de todo o necessário abastecimento, dando-lhe somente no porto de Santos embarcação". É certo que o governador, para atrair a ajuda paulista, não se esquecera de fazer promessas: "lhes procurarei de Sua Majestade toda a mercê e honra que da sua grandeza devem esperar, e ao capitão que vier o confirmarei e lhe mandarei passar patente de capitão".

Depois solicitou Teles da Silva um reforço maior, de duzentos paulistas soldados e 2.000 índios flecheiros, pois Segismundo Wandescop se encontrava sitiado na ilha de Itaparica. Esse contingente saiu em julho de 1647 de São Paulo sob o comando de Antônio Pereira de Azevedo que, em consequência desse serviço prestado à Coroa, foi feito cavaleiro da Ordem de Cristo (Leme, [1954], t.1, p.232-7).

Em 1703, Manuel Bueno da Fonseca, natural da vila de São Paulo e que ali servira o rei durante mais de 25 anos, de 1676 a 1702, ocupando os postos de alferes, capitão de infantaria e sargento-mor de ordenança, e ainda "capitão e governador da nobreza", e ocupara os cargos da república (fora juiz ordinário, almotacé e juiz dos Órfãos por um ano), pretendeu o hábito de Cristo com 80$000 réis, "para com esta honra, animado o seu zelo, poder continuar em o Real Serviço". Os conselheiros do Ultramarino concordaram que seria bom conceder esta mercê, a fim de "se animarem os mais paulistas", vendo que o rei se lembrava de os honrar. Só que reduziram o valor da tença para 12$000 réis. O padrão de cavaleiro de Manuel Bueno da Fonseca foi registrado na Câmara de São Paulo a 22 de maio de 1703.[74]

Para incentivar os paulistas à busca do ouro, foram-lhes prometidas mercês várias e, uma vez descobertas as minas, não só na região das Gerais como em Cuiabá, o governador de São Paulo, Rodrigo César de Meneses, aconselhou em 1721 o rei: "lhes deve conceder algumas mercês, principalmente do hábito de Cristo, que esta gente é tão vaidosa que só se lembra de honra e despreza toda a conveniência" (DI, v.32, p.11-3). O governador exprime aqui claramente o princípio subjacente a toda a estratégia dos reis do Antigo Regime: a vaidade, o desejo de honras, prevalecia entre os vassalos, o que facilitava a concessão de mercês honoríficas em vez de mercês pecuniárias que sobrecarregariam a Fazenda Real. Em 1715 uma provisão concedia o privilégio de cavaleiros às pessoas que servissem na Câmara da agora cidade de São Paulo e tal honra aumentou grandemente o interesse dos cidadãos paulistas em ocuparem os cargos da república (Blaj, 2002, p.324).

---

74 AHU, Mercês gerais, Consultas, Cod.87, f.23.

Não ocorrendo guerras, nem sublevações, nem feitos extraordinários a relatar, os requerentes de hábitos procuravam apresentar sob a melhor luz possível os seus serviços à Coroa, mesmo que estes nada tivessem de notável e tivessem sido prestados por poucos anos. Em 1703, o moço fidalgo João Gomes da Silva, natural do Rio de Janeiro, servira "em praça de soldado infante de cavalo" pouco mais de nove anos e por essa razão ressaltou os cinco anos anteriores em que servira como capitão de uma companhia de ordenança. E durante esse período passara 22 dias na guarnição da fortaleza de Santa Cruz da Barra, "na ocasião em que foram àquele porto 5 naus francesas". Como havia o perigo de eles desembarcarem de noite, mandara levantar "um reduto de faxina e terra para fortificação dela, fazendo trabalhar os soldados da sua Companhia com os seus escravos que conduziu à sua custa e com dispêndio de sua fazenda". Considerava este feito suficiente para lhe alcançar um hábito de Cristo com 80$000 réis de tença, mas o Conselho Ultramarino baixou este valor para 12$000 réis.[75]

Mesmo uma figura tão controversa quanto Manuel Nunes Viana, o poderoso do sertão, recebeu a mercê do hábito de Cristo, mas nas provanças de 1726 se constata que a Mesa da Consciência e Ordens foi contrária à sua entrada, apesar de ter "a qualidade e a limpeza necessária", por estar então com mais de cinquenta anos, impedimento que costumava ser dispensado com facilidade. Mas o rei concordou com o parecer da Mesa a 27 de abril de 1727, talvez levando em conta seu atribulado passado.[76]

As famílias de maior prestígio na Colônia, como os Correias de Sá, não encontravam contudo a menor dificuldade em superar o impedimento de idade. Martim Correia de Sá e Benevides tinha mais de cinquenta anos quando, em 1743, se habilitou à Ordem de Cristo. Apontou que seus ascendentes eram de grande "qualidade". Tinham governado a capitania do Rio de Janeiro desde o século XVI e ele era neto de Salvador Correia de Sá e Benevides, governador do Rio de Janeiro e também de Angola. O pai do habilitando, João Correia de Sá, fora cavaleiro da Ordem de Cristo, bem como seu primo, o visconde de Asseca. Embora não tivesse indicado com "total clareza" as naturalidades dos avós maternos, nascidos no Reino de Castela, a dispensa de idade foi concedida.[77]

---

75 AHU, Mercês gerais, Consultas, Cod.87, f.23v.
76 ANTT, HOC, Letra M, maço 44, doc.13.
77 ANTT, HOC, Letra M, maço 47, doc.29.

A cerimônia da entrada na Ordem de Cristo era um ritual que se desenrolava na sé catedral das cidades brasileiras, ou nas igrejas matrizes das vilas. Segundo os estudos de Fernanda Olival, no século XVII (1641-1699) os hábitos lançados no Brasil representavam 4,6% do total dos cavaleiros e no século XVIII (1700-1777) esse percentual quase duplicou, passando a 8,8%. É interessante comparar a Índia com o Brasil e ver como a colônia americana se vai sobrepondo à asiática no Setecentos.

Locais de lançamento da Ordem de Cristo: % por decênios

Anos	Índia	Brasil
1641-1649	8,6	4,3
1650-1659	13,7	2,6
1660-1669	4,0	3,3
1670-1679	7,2	5,2
1680-1689	9,9	5,6
1690-1699	12,3	6,2
1700-1709	11,1	8,6
1710-1719	10,1	5,1
1720-1729	6,5	6,6
1730-1739	4,4	8,6
1740-1749	4,6	9,0

Fonte: Olival (2001).

Constatamos assim que, a partir da década de 1720, os lançamentos de hábitos no Brasil começaram a superar os da Índia, mas só no reinado de Dom José é que essas porcentagens alcançaram dois dígitos. Deve-se contudo ter presente que muitos moradores do Brasil acabavam recebendo as insígnias em Lisboa, onde tinham ido por vezes pessoalmente tratar das habilitações.

Todos os cavaleiros professos tinham como principal obrigação participar na mais importante procissão religiosa: a do Corpus Christi. Esta presença levantava por vezes conflitos de precedência no cortejo, quando a posição de cada grupo social não era claramente demarcada por regras. Uma definição do lugar dos cavaleiros no desfile foi pedida no Pará, por volta de 1732; no Rio de Janeiro em 1742-1743; e depois mais tarde, já no reinado de Dom José, foi a vez de Vila Rica, em 1753.[78]

---

78 ANTT, Mesa da Consciência e Ordens, Ordens Militares, Papéis diversos, maço 24, docs.130, 139 e 142.

As ordens de Santiago e de São Bento de Avis

Os estudos de Francis Dutra mostraram que o número de coloniais que receberam a Ordem de Santiago antes do final do reinado de Dom João IV, em 1656, foi pequeno: apenas oito. E em relação à Ordem de Avis, só sete (Dutra, 2001, p.168). O primeiro natural do Brasil a receber a mercê do hábito de Santiago foi o capitão Manuel Gonçalves Dória em 1627, depois de se ter distinguido durante a tomada de Salvador (donde era natural) pelos holandeses. Mas a carta do hábito só foi passada, como vimos atrás, em 1647, certamente por ter um avô madeirense pardo. Em 1640, o capitão Antônio de Albuquerque foi agraciado com a Ordem de Santiago e, como era natural de Pernambuco, bem como seus pais e avós, e aquela capitania estava ocupada pelos holandeses, pediu para que as suas provanças se realizassem em Lisboa, onde se encontrava "a maior parte dos moradores que são naturais dela e que o conhecem", ao que o rei acedeu.[79]

A Ordem de Santiago chegou acompanhada de outras benesses a Antônio de Abreu, não por méritos próprios, mas pelos de seu avô materno, João de Abreu, que acompanhara o mestre de campo João Fernandes Vieira. A mãe recebeu a propriedade dos ofícios de contador, inquiridor e escrivão da almotaçaria da capitania de Pernambuco para casamento de sua filha mais velha, com declaração de que, enquanto esta não tomasse estado, os servisse o filho mais novo, Antônio de Abreu. Para a outra filha foi passado um alvará de ofício de Justiça ou Fazenda na mesma capitania, também para seu casamento. A pensão do hábito era 20$000 réis.[80]

Embora os pernambucanos e baianos predominem entre os agraciados, surge-nos em 1653 João Garcia Magalhães, natural da capitania do Espírito Santo, a quem foi prometido hábito com 20$000 réis e também a capitania de Cabo Frio por ali e também nas capitanias do Sul ter combatido os holandeses.[81]

Para finais do século XVII, o Sul, com a Colônia do Sacramento, passou a receber as atenções do monarca. Por portaria de 24 de março de 1688 o cirurgião Manuel de Oliveira e Sousa foi agraciado com o hábito de Santiago com a condição de permanecer durante seis anos na Nova Colônia. Ele fora cirurgião das armadas e dos navios particulares da frota do Brasil e, porque a Coroa precisava dele naquela região de conflito, o rei mandou dar-lhe 15$000

---

79 ANTT, HOS, Letra A, maço 6, doc.24.
80 *Inventário dos livros das portarias do Reino*, t.1, p.361.
81 Ibidem, p.440.

réis por mês nos sobejos da consignação do tabaco e 12$000 réis de pensão com o hábito.

Manuel de Oliveira e Sousa não só serviu na Colônia do Sacramento os seis impostos pela mercê, como ficou ainda mais treze meses "curando assim aos soldados como aos moradores gratuitamente", chegando mesmo a preparar-lhes os medicamentos "por não haver ali boticário algum". Quando voltou para o Rio de Janeiro "com sua casa e família", deu assistência aos doentes da nau. Ao chegar a essa cidade, o governador Sebastião de Castro Caldas, não achando cirurgião para a nau que ia em socorro da Nova Colônia, logo lhe deu aquele cargo, devendo fazer a viagem de ida e volta. Precisando depois o governador Artur de Sá de Meneses de ir às minas, levando consigo mais de oitenta pessoas, também requisitara o cirurgião e nessa viagem gastara mais de cinco meses, "sendo um contínuo trabalho, assim na aspereza dos caminhos como no sertão até se recolher à mesma cidade".

Todas as dificuldades por que passara o levaram a reclamar, em 1703, contra a concessão do hábito de Santiago, despacho "muito inferior ao seu merecimento e ao que esperava". Queria o hábito de Cristo e que, em vez dos 12$000 réis de pensão, lhe dessem essa quantia em tença efetiva "para lograr os privilégios da Ordem", o que evidencia com clareza a hierarquia entre as ordens militares, sendo a de Cristo a preferida porque de maior prestígio e riqueza.[82]

Quanto à Ordem de Avis, o primeiro a tornar-se cavaleiro foi o pernambucano Matias de Albuquerque Maranhão, em 1640 (Dutra, 2001, p.168). Outros se seguiram. O baiano Luís da Mota da Silveira recebeu, a 31 de janeiro de 1652, a promessa de 12$000 réis de pensão com o hábito, e um alvará de ofício de Justiça, Fazenda ou Guerra para um seu filho, por ter ajudado na recuperação de Salvador, na defesa do forte de Santo Antônio em Pernambuco e em Nazaré e Itaparica. Nas provanças de 1653 verificou-se que tinha mais de cinquenta anos, mas a Mesa foi de parecer que o rei o dispensasse, o que efetivamente ocorreu.[83]

Também tinha mais que a idade estatutária o pernambucano Brás Barbalho Feio quando passou pelas habilitações em 1658. Ele lutara em Olinda, Recife, Moribeca, Nazaré, forte de Isabel Gonçalves e Guararapes e, embora em 1653 lhe fossem prometidos 50$000 réis de pensão, dessa quantia só 30$000 foram efetivados em 1673.[84]

---

82 AHU, Mercês gerais, Consultas, Cod.87, f.12.
83 ANTT, HOA, Letra L, maço 1, doc.40.
84 ANTT, HOA, Letra B, maço 1, doc.27.

Uma portaria de 11 de agosto de 1677 enumerou os serviços prestados pelo capitão Manuel da Veiga, a quem tinha sido feita a mercê de um hábito de Avis para dote de sua filha Catarina da Veiga. Esta estava casada com Salvador Moreira e nas provanças deste dez testemunhas foram inquiridas. Do interrogatório resultou que o pai fora músico, "ofício com que ganhava dinheiro", e o avô paterno marinheiro na carreira do Brasil; quanto ao avô materno era pescador de alto-mar e a avó materna vendia peixe na ribeira. O próprio Salvador exercera o ofício de barbeiro, mas em 1677 já era conhecido como cirurgião. Além destes defeitos de qualidade, duas testemunhas afirmaram ainda que ele fora degredado para o Maranhão por furto.

Em consequência desses últimos depoimentos, mais testemunhas foram chamadas a depor e o escrivão da Ouvidoria da Alfândega, que também o era dos degredados, declarou que em 1672 Salvador fora com uma leva de degredados para o Maranhão. Estava preso "por alguns crimes por que se lhe pedia dinheiro e por as partes convirem nisso por lhe pedirem o dito dinheiro em Juízo Cível e não ter com que pagar".

A Mesa da Consciência e Ordens, a 16 de fevereiro de 1678, julgou-o incapaz, mas Salvador Moreira insistiu, a 15 de setembro do mesmo ano, alegando que "somente estava preso por crime leve, em que não havia culpa formada". Permanecera cerca de dois anos no degredo maranhense, "servindo a V. A. assim em praça de soldado como na Arte da Cirurgia (em que é aprovado), curando os soldados e gente pobre com muita caridade". O rei dera-lhe o cargo de cirurgião-mor do estado do Maranhão e ele estava de partida para o Norte do Brasil "e não parecerá justo que haja de partir sem receber o hábito que é de seu dote, porquanto padecerá grande nota em seu crédito".

Mas a Mesa manteve as objeções anteriores, dizendo que não devia ser concedida dispensa a Salvador Moreira. Em seguida, a mulher do habilitando, Catarina da Veiga, apelou à Coroa em favor do marido, afirmando que algumas asserções contra ele eram "contra a verdade". Ele fora preso por dívidas cíveis e não por furto. Quanto à falta de qualidade, lembrava que na cidade de Lisboa alguns cirurgiões e boticários tinham recebido hábitos; que, se o pai músico ganhava a vida por seu ofício, o mesmo acontecia em relação a muitos nobres em Portugal. O avô paterno não fora um simples marinheiro, mas fazia parte da carreira do Brasil, "para onde negociava com cabedais", e a tais mestres e capitães de navios os reis tinham concedido "grandes privilégios e hoje há muitos que andam com os hábitos". À afirmação de que os avós maternos tinham "sujado as mãos", Catarina respondeu que o avô era "pescador do alto em barco seu" e que sua mulher punha criados a vender o peixe na ribeira, "aonde ela ia pouco".

Segundo Catarina, não havia razão alguma para que o hábito não fosse concretizado, tanto mais que este era "o único dote" com que se casara. Se fosse negado, sua reputação ficaria arruinada, pois se suspeitaria que seria "por ter alguma raça infecta". O rei costumava dispensar dos ofícios mecânicos e Salvador fora provido no cargo de cirurgião do estado do Maranhão, devendo ela acompanhá-lo "para partes tão remotas". Mas a Mesa manteve o parecer a 25 de janeiro de 1679 e Salvador Moreira não recebeu o hábito que lhe cabia em dote (Dutra, 1998).

Enquanto no auge das guerras de Pernambuco se nota uma certa flexibilização das regras estatutárias em relação aos negros, em finais do século XVII, menos pressionada pela exigência de premiar os valorosos militares de cor, a Mesa voltou à antiga rigidez nas habilitações.

A 8 de abril de 1688, Dom Pedro II concedeu o hábito de Avis a Domingos Rodrigues Carneiro com 12$000 réis de tença. Ora, o sargento-mor Domingos pertencia ao terço de gente negra de que fora mestre de campo Henrique Dias. O habilitando pediu, por ser "muito pobre", que as inquirições se fizessem na Corte, porque não tinha possibilidade de fazer um depósito para elas se realizarem em Pernambuco, de onde era natural. Dizia ser homem preto, filho legítimo de José Carneiro da Costa e de Jacinta Carneiro, ambos pretos de Angola. À margem da petição lê-se: "O suplicante declara que seus pais vieram de Angola pequenos, tomados em guerra". Não sabia os nomes dos avós "por serem gentios", só conhecendo os dos pais.

Nas provanças se ficou sabendo que, além de negro, fora escravo e que no tempo do cativeiro exercera o ofício de alfaiate. Depois seu senhor o libertara. Nenhuma testemunha pudera informar a respeito dos pais ou dos avós de Domingos e a Mesa foi rápida em concluir: "suposto contra sua limpeza não resultara coisa alguma, fora julgado por inábil de entrar na Ordem".

Esta atitude dos deputados era previsível, mas Domingos pediu "suprimento das ditas inabilidades" alegando seus serviços. Insistia ter sido soldado, capitão de infantaria e sargento-mor do terço da gente preta por patente régia, achando-se naquele momento provido no posto de mestre de campo do terço, tendo-o já ocupado durante os impedimentos de seu antecessor,

> procedendo com particular cuidado e satisfação no cumprimento de todas as ordens que lhe foram encarregadas pelo governador do Brasil, principalmente em mandar os socorros necessários para a guerra e praça do Ceará, exercitando seus oficiais e soldados na boa disciplina, sendo muito amado e benquisto de todos pelo seu bom procedimento.

Se, em ocasião de guerra, a Coroa soubera servir-se do terço dos homens negros, na lógica da recompensa de serviços estes tinham tanto direito quanto os demais a serem agraciados com a mercê do hábito com a dispensa régia para os impedimentos surgidos nas provanças. Mas a Mesa manteve-se firme no seu parecer de 30 de abril de 1688: "por crédito das Ordens e nobreza deste Reino", não devia o rei deferir ao requerimento. Lembrava o fim para que tinham sido instituídos os hábitos das ordens militares e aqueles que até então os tinham recebido, não parecendo justo "que em pessoa tão indigna na estimação das gentes como a de um negro se veja o hábito de São Bento de Avis". Já não havia guerra "em nenhuma parte do Reino e Conquistas" que justificasse tal mercê e, argumentavam ainda os deputados, mesmo Dom João IV não concedera a Henrique Dias, "a quem se deveu tanto na restauração de Pernambuco", nenhum hábito, apenas "uma medalha de ouro".

Perante a insistência do habilitando, novo parecer, desta vez a 17 de abril de 1703: "padecerão as Ordens uma grande quebra na sua estimação vendo-se o hábito em pessoa de tão humilde nascimento". Desde a criação das ordens jamais entrara nelas alguém com tais impedimentos (negro e, no passado, cativo e alfaiate). Argumentava-se agora não só com o caso de Henrique Dias, mas também com o de Dom Antônio Pinheiro Camarão, "tão singulares pelas valerosas ações que obraram na restauração de Pernambuco, merecedores de uma larga remuneração", mas por outros meios, "por não abater a estimação dos hábitos, com que se remuneram serviços de grande suposição feitos por homens ilustres e de maior esfera e conhecidos por pais e avós".[85] Passado o calor da guerra pernambucana a Mesa da Consciência e Ordens voltara à sua intransigência e jamais permitiria que um ex-escravo negro alcançasse tal honra.

Um caso semelhante ao de Domingos Rodrigues Carneiro foi o de Amaro Cardigo, que requereu o hábito de Santiago com pensão efetiva de 20$000 réis "por estar legitimamente casado com Dona Benta Henriques", a quem fora feita a mercê para o seu casamento, por ser filha do mestre de campo Henrique Dias. Para receber o hábito precisava de dispensa régia no impedimento de cor. A este primeiro requerimento se respondeu que "não havia que deferir", certamente por razões técnico-burocráticas, pois primeiro ele teria de passar pelas provanças e também mostrar serviços próprios, o que ele fez em seguida.

---

85 ANTT, HOA, Letra D, maço 1, doc.1.

Declarou ter servido mais de trinta anos nos postos de alferes e capitão de infantaria. E usou o argumento de que o rei costumava dispensar no impedimento da cor preta aos que serviam na capitania de Pernambuco, como fizera "com o mestre de campo Domingos Rodrigues Carneiro", o que parece indicar que o rei afinal se sobrepusera à resistência da Mesa e dispensara aquele militar negro.

Amaro Cardigo pedia agora também dispensa de idade, pois estava com mais de cinquenta anos, tendo passado mais de cinco em Lisboa, de onde se preparava para embarcar para o Brasil. A Mesa considerou o novo requerimento "intempestivo", pois não tinham ainda ocorrido "as provanças e habilitações da sua pessoa na forma dos Estatutos e Definições". Este parecer tem a data de 17 de setembro de 1711, mas a 27 de junho de 1712 a Mesa recorreu a outro tipo de argumentação para que o rei não deferisse o requerimento do negro Amaro Cardigo.

O novo argumento relaciona-se com a possibilidade ou não de se fazerem as provanças e, consequentemente, a dispensa delas:

> Se V. Majde foi servido concedê-la a algumas pessoas, foi por não haver nas suas pátrias cavaleiros a que se encarregassem as suas diligências, o que não milita no suplicante, porquanto em Angola não faltam cavaleiros a que se cometa, e se lá não houver notícia de seus avós (como o suplicante alega), menos a poderá haver nesta Corte, aonde é mais provável que não haja quem possa depor na forma dos Definitórios.[86]

Tudo se conjugava, desde a formalidade das habilitações, ao impedimento de cor, à má vontade da Mesa da Consciência e Ordens, para que em inícios do século XVIII, longe portanto da premência da guerra, um negro não tivesse acesso às ordens militares. Do mesmo modo houve nessa época menos tolerância para com os defeitos de qualidade, e assim os números dos que efetivamente receberam os hábitos de Santiago e de Avis são reduzidos.

Data	Ordem de Santiago	Ordem de São Bento de Avis
Até 1656	8	7
1657-1667	7	6
1668-1706	7	4
Totais	22	17

Fonte: Dutra (2001).

---

[86] ANTT, HOS, Letra A, maço 6, doc.10.

Estes números são na verdade insignificantes se comparados aos referentes a Portugal na mesma época, desde a Restauração de 1640 até ao fim do reinado de Dom Pedro II em 1706: 565 na Ordem de Santiago e 370 na de Avis. E contudo, se consultarmos os Livros das Portarias do Reino, com as mercês concedidas pelos monarcas, poderíamos supor que os números fossem bem mais altos.

As fraudes

Por volta de 1726, doze cavaleiros da Ordem de Cristo da capitania de Pernambuco dirigiram-se ao governador Dom Manuel Rolim de Moura pedindo-lhe que notificasse uns indivíduos que andavam com insígnias e que não pertenciam a nenhuma ordem militar portuguesa. Assinando todos os seus nomes com o título de "frei", acentuavam no início da petição o caráter religioso da ordem a que pertenciam: "pelos Estatutos da dita Ordem e bulas pontifícias são verdadeiramente religiosos e professos". Assim, podiam trazer no peito a insígnia da cruz de Cristo descoberta, "privilégio que só têm os ditos cavaleiros neste Reino, e os de Santiago e São Bento de Avis". Ninguém mais o podia fazer, "porque ainda aos familiares do Santo Ofício se lhes não concede trazerem veneras descobertas, salvo nas ocasiões das diligências dele".

Ora, ocorrera que, na última frota, tinham chegado a Pernambuco uns indivíduos que usavam umas insígnias parecidas com as da Ordem de Cristo, "e se não sabe a origem de tais insígnias de que não podem usar por não haver nestes Reinos semelhantes". Como locotenente do rei, que era o grão-mestre das Ordens, o governador deveria proibir tal uso indevido, castigando aqueles sujeitos, mas chamando-os primeiro à sua presença para que mostrassem os documentos que lhes permitiam usar aquelas insígnias descobertas. Sendo estas de fora do Reino, deveriam tê-las sempre ocultas sob pena de prisão, "até se dar parte a quem tocar".

Ao encaminhar a petição dos cavaleiros pernambucanos a Dom João V, a 19 de agosto de 1726, por não lhe competir deferir-lhes, o governador identificou os indivíduos denunciados. Um deles era o padre Manuel Fernandes da Silva, "clérigo pardo", natural de Pernambuco; o outro era João José Maynarte, casado e morador na capitania. Ambos tinham chegado da Corte e trazido "veneras de ouro com a cruz de Cristo pendentes do peito". Quando o governador investigara a questão, e sobretudo a origem daqueles hábitos, Maynarte apresentara-lhe "um padrão do duque de Florença", concedendo-lhe aquela graça, alcançada "por via de um banqueiro".

Percebe-se assim que o desejo de ostentar uma insígnia honorífica era tão forte no Brasil colonial, nomeadamente no Nordeste, que alguns colonos mais abonados chegaram a obter no exterior, por meio de uma determinada quantia, a honra desejada. Nesse caso, como se pode ler num informe de 26 de setembro de 1726, tratava-se de "uma ordem, ou irmandade, que havia em Roma e em Florença, que chamavam do Esporão".

Dom João V respondeu ao governador de Pernambuco com uma provisão baseada na resolução de 13 de outubro de 1710, que provavelmente não fora ainda divulgada no Brasil:

> fui servido proibir o uso de quaisquer hábitos ou veneras que não sejam das três Ordens Militares destes meus Reinos, ou de São João de Jerusalém, sob pena de 2 anos de degredo para África, 50$000 réis para as despesas do dito tribunal (a Mesa da Consciência e Ordens), perder o hábito de que usar e ficar inabilitado para poder ser provido em hábito das ditas Ordens Militares.

Esse edital fora afixado na Corte e agora o governador de Pernambuco devia divulgá-lo na cidade e naqueles lugares que julgasse conveniente.

A 20 de fevereiro de 1728 comunicava-se para Lisboa que esse episódio estava encerrado: João José Maynarte obedecera, "deixando de trazer público e à vista o hábito" que antes usava. Quanto ao clérigo pardo, fora para o Reino na frota da Bahia em 1727 e portanto escapara à admoestação.[87]

A reação dos cavaleiros pernambucanos explica-se pela parecença entre aquela insígnia estrangeira e a da Ordem de Cristo, fato que os diminuía, sobretudo sendo usada por um pardo, ainda que eclesiástico. Mas, por outro lado, havia no Brasil quem usasse a insígnia daquela ordem sem ter direito a ela, como denunciava em 1728 o ouvidor do Piauí.[88] Segundo Fernanda Olival, na primeira metade do século XVIII foi sobretudo no Brasil que os casos de falsificações e de uso indevido de insígnias tiveram maior incidência (Olival, 2001, p.435).

Foi também nesse período que as dispensas de impedimento se tornaram mais frequentes com a possibilidade, aberta por Dom João V, da oferta de donativos para sua obtenção. Isso levou Cavaleiro de Oliveira, em 1751, na *Recreação periódica*, a acentuar a mudança por que tinham passado as ordens militares, e sobretudo a de Cristo: "O papa desligou-os do voto de celibato e

---

[87] ANTT, Mesa da Consciência e Ordens, Ordens Militares, Papéis diversos, maço 22, macete 2.
[88] Ibidem, maço 20, doc.151.

desde logo o espírito da Ordem se modificou. Entregues ao governo de suas casas, fazer fortuna, cuidar dos filhos, de cavaleiros só conservaram o nome". Apontou ainda a mutação ocorrida na concessão de dispensas por parte da Coroa:

> Os reis de Portugal, ultimamente, abriram balcão de comendas. Quem não estiver habilitado segundo as devidas formas, pode concorrer, dinheiro na palma. Para tal fim se criaram dispensas de cifra variável, podendo atingir de 2.000 a 20.000 cruzados. Os cobiçosos de dignidades têm assim maneira de afidalgar com a faixa vermelha as suas vestes plebeias. Sai-lhes caro, mas em suma satisfazem sua vaidade.[89]

Morgados segundo as Ordenações do Reino

No liv.I, tít.62, §53, as Ordenações Filipinas procuram distinguir entre morgados e capelas, termos que, na documentação da época, eram usados indiscriminadamente e muitas vezes como sinônimos, embora na verdade significassem coisas diferentes. No morgado, a preocupação era com a Casa e sua manutenção indivisa, embora houvesse sempre um encargo pio, enquanto na capela predominava o fim religioso.

Conhecedor do modo frouxo como estes termos eram usados no início do século XVII, o legislador prevenia: "às semelhantes palavras não haverão respeito, somente à forma dos encarregos". Estes eram definidos nas Ordenações do seguinte modo: nos morgados, os bens vinculados davam um rendimento e, pagos os encargos pios, em geral missas, o grosso do rendimento ficava para o administrador; já nas capelas, este recebia uma quantia fixa tirada das rendas e estas eram todas gastas em missas ou em outras obras pias. O que distinguia portanto os dois tipos de bens vinculados era a relação entre a remuneração do administrador e as despesas com os encargos pios.

Vimos, ao estudar os fidalgos donatários, que as terras que lhes pertenciam pessoalmente se chamavam reguengos ou morgados. Mas outros também os constituíram no século XVI, embora a abundância de terras e a facilidade de as adquirir por sesmaria, ao contrário do que ocorria no Reino, tenha

---

[89] Oliveira (1922, t.2, p.7-9). Como ele próprio recebera o hábito em 1729, em recompensa dos 35 anos de serviços de seu pai, teve o cuidado de distinguir o "autêntico cavaleiro" do "cavaleiro de dispensa".

levado os indivíduos a preocuparem-se mais com os cuidados pios do que com a indivisibilidade de seus patrimônios. Inicialmente, na Colônia, as capelas predominaram sobre os morgados.

Como estes é que são relevantes num estudo sobre a nobreza colonial, e não as capelas, darei aqui apenas um exemplo desta segunda forma de vinculação de bens. Na capitania de Pernambuco, em 1625, Belchior Álvares Camilo instituiu uma capela em "uma sorte de terras, que havia comprado a Marcos André, cuja se achava já demarcada, e nela edifícios levantados de casas de sobrado e terreiras, e árvores frutíferas plantadas pelo mesmo instituidor". O encargo pio dos futuros administradores, "para subsistir sempre até o fim do mundo", era a manutenção de uma capela de Nossa Senhora da Conceição no convento de Santo Antônio do Recife, na qual seriam sepultados o instituidor e seus descendentes.[90]

A documentação referente aos morgados antes da legislação josefina é fragmentária. Os genealogistas só muito rapidamente se lhes referem. E as demais fontes são lacônicas, se excetuarmos o testamento de Mem de Sá, governador-geral do Brasil, redigido em 1569. Nele instituía um morgado, vinculando para tal fim bens retirados da sua terça e cujo núcleo principal era o engenho de Sergipe, "com todas suas terras e águas", escravos da terra e da Guiné, e seus bens móveis. Essa propriedade ocupava três léguas e meia de costa, incluindo duas ilhas, e quatro léguas de sertão.

A sucessão do morgado seguia as regras habituais, mas uma cláusula reflete o desejo de marginalizar uma possível descendência mameluca do herdeiro de Mem de Sá: "Se Francisco de Sá tiver algum filho de mulher solteira branca, que não fosse escrava nem preta da Índia ou do Brasil, este em tal caso herdará o morgado". Por outras palavras, a ilegitimidade não constituía problema na sucessão morgadia, mas a mestiçagem e o cativeiro sim.

Caso se extinguisse a sucessão direta, Mem de Sá preferia, em vez de manter o morgado com colaterais, que os bens vinculados revertessem a bem de sua alma, dividindo-os em partes iguais pela Misericórdia de Salvador, pelo colégio da Companhia de Jesus e "pelos mais necessitados pobres que houver então na terra e em casarem algumas órfãs desamparadas".

Há que ressaltar ainda que só pertenceriam ao morgado os bens da terça que estivessem no Brasil, pois os de Portugal eram deixados à Misericórdia de Lisboa para serem distribuídos pelos pobres. A fim de que o morgado fosse sempre em aumento, determinava Mem de Sá no seu testamento que seus

---

90 ANRJ, Caixa 133, pacote 3.

sucessores anexassem dois terços de suas terras aos bens já vinculados. Além disso, o herdeiro, ou herdeira, do morgado seria obrigado a "trazer o engenho de Sergipe bem concertado e com 250 peças de serviço e trabalho e 12 juntas de bois".

Mem de Sá admitiu a possibilidade de seu sucessor julgar mais proveitoso vender o engenho de Sergipe e não se opôs a tal venda, apesar de uma das características dos morgados ser a sua inalienabilidade. Mas o dinheiro da venda seria utilizado no Reino na compra de bens de raiz "livres do dízimo de Deus, os quais serão de morgado". Ou seja, para o governador, a hipótese de um morgado em Portugal era mais sedutora do que um no Brasil.

Vejamos em que consistia o patrimônio desse morgado. Só os escravos foram avaliados; os instrumentos e ferramentas, conquanto inventariados, não trazem avaliação no documento. Também não foi atribuído valor às armas que se encontravam no engenho (bestas e setas, "corpos de armas de algodão", espingardas, espadas, arcos e flechas), nem às benfeitorias ali construídas. Sabemos contudo que havia uma "casa fortaleza nova, de pedra e cal, telhada de novo e meio assoalhada, toda cercada de madeira", própria para a defesa do engenho, sobretudo contra os índios bravos. Em duas casas de palha grandes se agasalhavam "os negros", entendendo-se aqui os "negros da terra", pois os negros da Guiné dormiam em outra casa comprida de palha. Separação portanto da escravaria segundo a etnia. Outras construções destinavam-se aos assalariados brancos: a casa do feitor, do padre, do escumeiro etc. Além disso erguiam-se as casas destinadas ao fabrico do açúcar, como a "casa dos meles" ou a "casa de purgar".

Nesse morgado os escravos índios superavam em número os africanos e desempenhavam uma grande variedade de funções. Para apenas vinte escravos da Guiné contaram-se 118 índios e 114 índias. O valor destes contudo era inferior: não ultrapassava os 36$000 réis, enquanto os da Guiné, embora em menor número, atingiam 46$000 réis.[91]

Stuart B. Schwartz defendeu a ilegalidade não só da posse das terras onde se situavam os engenhos, como também da própria instituição do morgado, pois esta não era permitida nem aos governadores nem a seus filhos. Mas a curta duração desse morgado nada teve que ver com uma possível ilegalidade na sua instituição, mas sim com o desaparecimento da descendência. Francisco de Sá, o herdeiro, morreu alguns meses depois do pai, deixando as suas propriedades à irmã, Dona Filipa de Sá. Esta, em 1573, casou-se com Dom

---

91 *Documentos para a história do açúcar*, v.3, 1963.

Fernando de Noronha, herdeiro do título de conde de Linhares, tendo sido assinado previamente um contrato de "dote e arras e metade dos adquiridos", declarando-se aí que o engenho Sergipe incluía 282 escravos, e um outro menor, 130. Em 1576 a Coroa confirmou a posse daquelas terras, e entre essa data e 1618 o morgado pertenceu ao conde e à condessa de Linhares, os quais, morando em Portugal, para ali enviaram seus administradores. Entre 1586 e 1607 fizeram-se representar na Bahia por Francisco de Negreiros, que vendeu algumas terras apesar de estas estarem vinculadas. O conde morreu em 1617 e Dona Filipa em 1618, sem descendência, originando-se aí um litígio pelos engenhos, pois as cláusulas do testamento de Mem de Sá diferiam das de sua filha, Filipa de Sá (Schwartz, 1985, Apêndice A).

O testamento de Jerônimo de Albuquerque, datado de 1584, encontra-se na *Nobiliarquia pernambucana* de Borges da Fonseca e por ele ficamos sabendo que instituíra um morgado com a obrigação de uma missa diária por sua alma. Mas como, depois da instituição, tivera muitos filhos e o morgado tinha "muitas obrigações", resolveu nas disposições testamentárias diminuir esse encargo pio para três missas semanais (Fonseca, 1935, v.2, p.361-5).

O elevado número de filhos (a maior parte ilegítimos) também o levou a retirar dos bens vinculados "os chãos da praça" e também "a terra de Serinhaém" que recebera de seu sobrinho donatário, Jorge de Albuquerque. O morgado só seria entregue ao filho mais velho, João de Albuquerque, quando este atingisse os 22 anos, sendo entretanto administrado por Jorge de Albuquerque, "estando nesta capitania", ou então por seu genro Filipe Cavalcanti. Por precaução indica mais uma série de nomes para a administração e, no caso de todos esses indivíduos falharem, os oficiais da câmara deveriam escolher "uma pessoa nobre", desde que não fosse, "por nenhuma via", Dom Cristóvão de Melo ou parentes dele.

Até fazer 22 anos, o sucessor do morgado só poderia casar com licença da maior parte dos testamenteiros: "em caso em que, sem seu parecer, se case no Brasil, sendo notoriamente em diminuição da sua pessoa", perderia o morgado que passaria para o irmão a seguir, o que confirma ser a igualdade de condição social, mesmo na Colônia, fundamental para os nobres contraírem matrimônio.

Recomendava Jerônimo de Albuquerque em seu testamento que o herdeiro do morgado ajudasse seus irmãos legítimos, favorecendo "em especial a suas irmãs" e lembrando-se de que, "pelo avantajar a ele", o pai defraudara os outros de suas legítimas. Isto por necessidade de sua condição de nobre: "pretendo deixar a ele por esteio e memória de sua geração", ou seja, de sua linhagem. O privilegiar o filho mais velho com a instituição de um morgado destinava-se a perpetuar o nome, mas a proteção aos irmãos e irmãs constituía a prática habitual para "homens de sua qualidade". Em segundo lugar nas preocupações do futuro administrador do morgado viriam os irmãos naturais, a pedido do pai que tantos filhos ilegítimos tivera: "lhes rogo e mando se amem e façam pelas cousas uns dos outros, tendo memória de mim e o tronco de onde procedem".

A indivisibilidade constituía uma das características fundamentais dos morgados, não entrando o filho mais velho em partilhas com os irmãos em relação aos bens vinculados. Mas Jerônimo de Albuquerque podia dispor dos bens livres ou alodiais e com eles protegeu seus filhos naturais: tratava-se de uma légua de terra em Capibaribe, ficando eles com a metade "da banda do mar", mas "pelos ver quietos" lhes dava ainda mais 150 braças de terra de largo, tiradas da outra metade.

Também na capitania de Pernambuco, João Pais Barreto, oriundo da pequena nobreza de Viana, no Minho, recebeu uma sesmaria no Cabo de Santo Agostinho como recompensa de ter lutado contra os índios. Nessas e em outras terras conseguiu erguer entre oito e dez engenhos, que legou aos filhos depois de ter instituído em favor do primogênito o morgado de Nossa Senhora da Madre de Deus do Cabo em 1580, ao qual vinculou os engenhos Velho e Guerra.

A sucessão desse morgado não seguiu a ordem habitual, pois vários administradores morreram sem descendência. Vejamos a linha sucessória.

Morgado do Cabo	
João Pais Barreto	
1º morgado	4º morgado
João Pais Barreto, o moço	Estêvão Pais Barreto II
2º morgado	5º morgado
Estêvão Pais Barreto	João Pais Barreto
3º morgado	
João Pais de Castro	

Fonte: Mello (1989).

O senhor do morgado do Cabo entrou mais tarde, em meados do século XVIII, na polêmica sucessão de outro morgado, o de Jurissaca. Em 1614, João Pais Barreto, o velho, deu em dote à sua filha Dona Catarina o engenho de São João de Jurissaca, situado também no Cabo de Santo Agostinho, com uma légua de terras, com a condição de nele se instituir "um morgado de mil cruzados para sempre com a obrigação de 5 missas rezadas". Determinou ainda João Pais Barreto que sucedesse nesse morgado o primeiro filho de seu genro, Dom Luís de Sousa; caso o casal não tivesse filhos, sucederia a filha mais velha.

Dom Luís de Sousa, contudo, não formalizou a instituição do morgado, o que só veio a ocorrer em 1673 com seu filho Dom João de Sousa, que lhe anexou outros bens. Este e sua mulher, Dona Inês Barreto de Albuquerque, como não tinham herdeiros forçados, nem descendentes nem ascendentes (seu filho Dom Luís Antônio de Sousa morrera em 1684 ainda criança), resolveram fundar um hospital no Recife, da banda de Santo Antônio, "a bem dos pobres enfermos e desamparados em suas enfermidades", mas esclarecendo que nessa construção e dotação não entravam "os bens que têm vinculados ao morgado, que têm instituído". Ou seja, o morgado de Jurissaca permanecia, como se devia, intocado, sendo utilizados naquela obra pia "os mais bens deste casal, pagas as dívidas e encargos dele". O patrimônio de Dom João de Sousa, fidalgo cavaleiro da Casa Real, era assim constituído, por um lado, pelo morgado de Jurissaca, e, por outro, por bens alodiais em casas, terras e dívidas a cobrar num total de 7:610$000 réis.[92]

Quem sucedeu no morgado foi um filho natural de Dom João de Sousa, Dom Francisco de Sousa, iniciando-se assim a linha bastarda da sucessão. Estando casado com Dona Úrsula Cavalcanti, sucedeu depois no morgado seu filho, o coronel Dom João de Sousa. Morto este sem descendência em 1749, iniciou-se então a querela da sucessão, apresentando-se como candidatos o morgado do Cabo, Filipe Pais Barreto, Dom Francisco Xavier Pedro de Sousa, João de Sousa Passos e o licenciado Francisco de Sousa.

A querela jurídica girava em torno da questão de saber quem tinha efetivamente instituído o morgado. Seria João Pais Barreto, o velho, ou Dom João de Sousa? Enquanto o morgado do Cabo defendia que tinha sido o primeiro, os demais pretendentes arguiam que tinha sido o segundo. O parecer final, dado em 1753, foi que o morgado de Jurissaca "fora verdadeiramente instituído por João Pais, o velho, e sua mulher Dona Inês Gardez em a escritura de

---

92 RIHGB, 282, p.78-82.

dote que fizeram a seu genro Dom Luís de Sousa para casar com sua filha Dona Catarina Pais Barreto". Para isso dera-lhe 40.000 cruzados no valor do engenho de São João Batista, chamado Jurissaca, com escravos, bois e mais pertences, "com a condição de vincularem 20.000 cruzados e fazerem no dito engenho um morgado de 1.000 cruzados de renda todos os anos". Se o casal vendesse aquele engenho teria de comprar tanta fazenda de raiz que rendesse aqueles 1.000 cruzados. Como na escritura de dote se indicara já a forma de sucessão do morgado, ficara este instituído "regular segundo as regras de Direito". Assim, o que Dom João de Sousa e sua mulher tinham feito não fora "instituir novo morgado, nem alterar a instituição de seus avós, mas aumentar e anexar ao mesmo vínculo já certos outros 20.000 cruzados".[93]

Outros morgados podem ainda ser listados no Nordeste. Basta ler com atenção os genealogistas. Mas sobre nenhum deles possuímos informação semelhante à dos três acabados de analisar. Na Paraíba, Duarte Gomes da Silveira, natural de Olinda, instituiu o morgado do Salvador com permissão régia a 6 de dezembro de 1633, e, quando Borges da Fonseca redigiu a sua *Nobiliarquia pernambucana*, Manuel Gomes da Silveira era já o 8º morgado do Salvador (Fonseca, 1935, t.1, p.12 e 19). O que parece significar que mesmo a ocupação holandesa não perturbou demasiado a sucessão desses bens vinculados.

Um caso contudo pode ser citado. Antes do ataque dos holandeses à Bahia, Isabel Jaques determinara em seu testamento que, de sua terça, se tirariam 5.000 cruzados impostos num "pasto e sítio do seu engenho" destinados a instituir um morgado com a obrigação de uma missa semanal. Depois da sua morte os holandeses atacaram e incendiaram o engenho e o testamento se perdeu. Seu filho, o capitão mor Cristóvão da Cunha d'Eça Souto Maior, cavaleiro professo da Ordem de São Bento de Avis, por ocasião do inventário por morte de sua mulher em 1674, como não tinha o testamento da mãe, justificou com testemunhas que ela naquele documento "reservou 5.000 cruzados de sua terra, os quais tomou nas terras e sítio do engenho de Paramerim, em o qual constituiu em vínculo de morgado com uma missa cada semana *ad perpetuum*", ficando o capitão mor como seu administrador.

As testemunhas inquiridas trabalhavam nas terras do engenho há muitos anos e estavam ao corrente da disposição testamentária de Isabel Jaques. Uma delas era o arrais de uma barca do engenho, de 45 anos, que ouvira falar no testamento ao capelão e ao feitor-mor. Um lavrador, morador em Peramerim, vizinho do capitão mor, sabia do fato "por ser público e notório". Já um ofi-

---

93 Ibidem, p.74.

cial de alfaiate, morador na freguesia de Nossa Senhora do Socorro, ouvira à própria Isabel Jaques que ela reservava 5.000 cruzados da sua terça "para uma capela de missas com vínculo de morgado enquanto o mundo durasse". Um compadre do capitão mor, que morava sem pagar renda nas terras deste, sabia também da obrigação de missas. Inquirido ainda um caixeiro do engenho, este ouvira falar disso ao capelão. E um padre, que fora por nove anos ali morador, conversara com este sobre o ataque holandês e soubera que a mãe do capitão mor "avinculara" aquelas terras para "uma capela de missas às chagas de Cristo Nosso Senhor". Mais três testemunhas, entre elas o feitor-mor do engenho, testemunharam no mesmo sentido.[94]

Na verdade, essa vinculação de bens, provada por testemunhas, pois o documento original desaparecera, revela claramente tratar-se de uma capela e não de um morgado. Os bens vinculados destinavam-se apenas à obrigação religiosa das missas e não à manutenção de um nome ou ao esplendor de uma Casa nobre. A confusão entre morgado e capela surge também no testamento de Domingos Afonso Sertão, datado da Bahia a 12 de maio de 1711. Ele instituía nas suas terras e casas "uma capela ou morgado com expressa proibição de alheação por qualquer título que seja". Esse reinol, cavaleiro professo da Ordem de Cristo, era senhor de vastas terras no Piauí. Solteiro, sua alma seria a herdeira de todos os seus bens, à parte alguns legados, e o reitor do colégio jesuítico da Bahia ficou como administrador daquela "capela ou morgado", sucedendo-lhe na administração aqueles que ocupassem a reitoria "até o fim do mundo".[95]

Tenho dúvidas quanto à localização do morgado instituído, no século XVII, na Bahia, no testamento de Antônio Brito Correia e Dona Maria Guedes, pois nesse documento a determinação era que fosse em Portugal, embora a historiografia o situe no Brasil. Lemos aí:

> Ordenamos ambos, e cada um de nós, que pagos nossos legados, do remanescente de nossas terças, vendidos os bens de que se compuserem, se ponha o produzido deles em Portugal onde se pagará tudo em bens livres, dos quais fazemos morgado para que ande em nossa geração.

O primeiro possuidor do morgado seria o filho único, capitão Antônio Guedes de Brito, "com condição que seja obrigado, assim ele como os possuidores que depois dele sucederem no dito morgado, a vincular a ele metade da terça

---

94 ANRJ, Caixa 133, pacote 2.
95 "Testamento de Domingos Afonso Sertão", RIHGB, 20: 140-50, 1857.

que por sua morte lhe ficar de seus bens, para que assim vá aumentando o dito morgado" (Neves, 1998, p.77-8).

Seus sucessores deveriam manter os sobrenomes Britos e Guedes e, tão logo os bens das terças estivessem vinculados em Portugal, seriam ditas pelas almas dos instituidores "duas capelas de missas cada um ano aonde lhes parecer". Um ponto a salientar era o prazo de cinco anos para que a Justiça pedisse contas ao testamenteiro, "porquanto os bens que possuímos nesta terra se não poderão vender com facilidade e pôr no Reino o procedido deles".

Prevendo que o filho, capitão Antônio Guedes de Brito, não tivesse prole legítima, declararam que, "tendo bastardo, o poderá nomear na sucessão do dito morgado, se lhe parecer". Efetivamente foi uma filha nascida fora do matrimônio, Dona Isabel Maria Guedes de Brito, tornada herdeira, com a obrigação da vinculação do remanescente da terça "à capela e morgado" que se mandara instituir em Portugal (ibidem, p.60). Mas a minha hipótese é que não foi cumprida a determinação do testamento e que o que se vinculou foram as terras no Brasil, pelo que ocorreu posteriormente na sucessão desse morgado.

Dona Isabel Maria teve uma única filha, Dona Joana da Silva Guedes de Brito, que, depois de enviuvar, contraiu segundas núpcias com um nobre reinol, Manuel de Saldanha, não por carta de metade, como era próprio de plebeus, mas por "contrato de dote" e, mais tarde, em seu testamento, Dona Joana nomeou o marido na sucessão morgadia "por ser de livre nomeação este morgado". Voltaremos a falar deste assunto no último capítulo, quando analisarmos os bens do conde da Ponte na Bahia.

Vimos, ao tratar do clã dos Correias de Sá e da capitania de Campos dos Goitacazes, que Martim Correia de Sá e Benevides, visconde de Asseca, tinha um morgado na capitania do Rio de Janeiro, cujos bens estiveram, até 1726, sendo administrados pelo ouvidor do Rio de Janeiro, tendo cessado naquele ano a administração.[96] Mas os problemas com esse morgado prosseguiram. Em 1739 dois indivíduos brigavam na Justiça para cobrarem suas dívidas. Um deles, Duarte Teixeira Chaves, afirmava numa petição: "há 12 anos está contendendo no Rio de Janeiro para entrar na posse de tudo o que pertence ao visconde (de Asseca) na dita capitania por sentenças que alcançou de conservação delas". Mas outro, Domingos Cristóvão Otolino, resolvera seguir um atalho para cobrar as dívidas, recorrendo ao Juízo dos Defuntos e Ausentes, prejudicando assim a ação judicial do outro. Este reclamava que aquele Juízo

---

96 AHU, Rio de Janeiro, CA 6693-6694 e Caixa 36, doc.102.

era incompetente para tal fim pois só lhe cabia arrecadar os bens daqueles que morriam sem testamento (idem nota 96).

Já mostrei em outros estudos que os morgados foram mais numerosos no Brasil colonial do que habitualmente os historiadores supõem. E isto porque a prática da vinculação de bens para um sistema de primogenitura na herança constituía uma das características do viver à lei da nobreza, conservando intacta a riqueza de uma Casa para a conservação do bom nome da família. José de Azeredo Coutinho de Macedo, "capitão da Companhia da nobreza do Rio de Janeiro" e senhor do engenho Rio Grande, instituiu morgado de seus bens "de mão comum", ou seja, juntamente com seu filho único José de Azeredo Coutinho de Melo, por escritura de 8 de novembro de 1753, "com obrigação dos apelidos de Azeredos Coutinhos".[97]

O avô de José de Azeredo Coutinho de Macedo pertencia à nobreza da ilha da Madeira, tendo sua filha, Dona Brites Rangel de Macedo, casado com o senhor do engenho de Guaxindiba, Sebastião Martins Coutinho. O filho deste casal e instituidor do morgado casara-se com uma prima, Dona Ignácia de Azeredo Coutinho, filha do senhor do engenho Rio Grande e neta, pelo lado materno, de Luís Barcelos Machado, senhor do engenho Mereti e instituidor do morgado de Capivari, nos Campos de Goitacazes. Temos aqui as relações matrimoniais, endogâmicas, dos senhores de engenho da capitania do Rio de Janeiro, preocupados também com a instituição de morgados.

A "nobreza da terra"

O tratadista Álvaro Ferreira de Vera lembrava, em 1631, que muitos homens doutos defendiam a riqueza como origem da nobreza: "ser rico é ser nobre". Assim, para que a riqueza não se extinguisse e com ela a nobreza, os ricos "ordenaram os morgados, conhecendo que esses são os nervos com que as nobrezas se ilustram e engrandecem". Para o autor, as riquezas eram necessárias para sustentar a nobreza (Vera, 1631, cap.XII).

Um dos temas preferidos da historiografia do Brasil colonial é a relação entre riqueza e poder, convencionando-se chamar "nobreza da terra" aqueles que, por oposição ao grupo mercantil, assentavam nas sesmarias recebidas, destinadas a engenhos ou fazendas de criatório, e no número de escravos possuídos os esteios de seu prestígio social.

---

97 BNRJ, Ms. I – 32, 17, 8.

A minha perspectiva será diferente, na medida em que nobreza e fortuna nem sempre se conjugaram no Brasil colonial, muito embora a riqueza de alguns indivíduos lhes tenha permitido o "tratamento" nobre, ou seja, viverem à lei da nobreza. Mas, se eles efetivamente foram nobres, de acordo com o código honorífico da época, é porque conseguiram formalizar as honras por meios vários: foros de fidalgo da Casa Real, hábitos das ordens militares, instituição de morgados (mas não de capelas, insuficientes para tal fim), ocupação dos cargos camarários ou dos postos da oficialidade das ordenanças. O tratamento nobre só por si não chegava para fazer um nobre; era preciso algo mais, um enquadramento nas graças honoríficas existentes.

No século XVI podemos afirmar que a sociedade colonial era extremamente simples do ponto de vista social: os artesãos constituíam a plebe, os funcionários régios eram ainda em número muito reduzido e depois havia aqueles a quem os donatários ou a Coroa davam de sesmaria vastas extensões de terras, desde que tivessem capitais suficientes para erguer engenhos e comprar escravos africanos que se iam juntar aos escravos índios. Estes eram os "poderosos" segundo Duarte Coelho, os homens ricos segundo Gabriel Soares de Sousa, e que por isso mesmo se tratavam à lei da nobreza. Aqueles cuja renda se elevava de 20.000 a 60.000 cruzados, escrevia este último, "trazem suas pessoas mui honradamente com muitos cavalos, criados e escravos" (Sousa, 1989, parte 2, cap.13). O estilo de vida nobre dos senhores de engenho foi também descrito nos *Diálogos das grandezas do Brasil*, quando Brandônio menciona o gasto "grandíssimo" que eles faziam "com os muitos cavalos ajaezados, librés e vestidos custosíssimos" e também com as "festas de touros, canas e argolinhas" por eles pagas e oferecidas à população de quatro em quatro meses.

O fato de a riqueza permitir aos senhores de engenho um estilo de vida nobre não significa que eles fossem considerados nobres no início da colonização. Nem os genealogistas setecentistas assim os apelidavam. Borges da Fonseca, ao referir-se a Antônio Fernandes Pessoa, que chegara a Pernambuco no início do século XVII, escreveu apenas que foi rico "e viveu em Olinda com respeito", sendo senhor do engenho do Giquiá. Também acerca de Francisco Mendes de Castro Bravo, que se fixou na capitania antes da tomada desta pelos holandeses, se limita a dizer que era "senhor de terras do Tigipió", onde fundara seu engenho (Fonseca, 1935, t.1, p.243 e 264).

No início do século XVIII, Antonil escreveu a frase tantas vezes citada pelos historiadores atraídos pela nobreza da terra: "bem se pode estimar no Brasil o ser senhor de engenho quanto proporcionadamente se estimam os títulos entre os fidalgos do Reino" (Antonil, 2001, liv.I, cap.1). Mas, por outro lado, apontava os perigos que corria o senhor de engenho precisamente por uma ostentação demasiado dispendiosa: "Cavalos de respeito mais do que bastam, charameleiros, trombeteiros, tangedores e lacaios mimosos não servem para ajuntar fazenda". Pelo contrário, contribuíam para diminuí-la "com obrigações e empenhos", sobretudo se houvesse também "as recreações amiudadas, os convites supérfluos, as galas, as serpentinas e o jogo" (ibidem, liv.I, cap.10).

Antonil não via vantagem naquele símbolo de prestígio social que a nobreza da terra defendia com tanto afinco, mais em Pernambuco, mas também na Bahia: a ocupação dos chamados cargos da república, ou seja, os cargos camarários. Escrevia: "Quem se resolve a lidar com engenho, ou se há de retirar da cidade, fugindo das ocupações da república que obrigam a divertir-se, ou há de ter atualmente duas casas abertas com notável prejuízo". Ou seja, a dupla moradia, no engenho e na cidade (ou vila), apresenta-se mais como uma despesa e uma distração da gestão rural do que como um valor a acrescentar à vida do senhor de engenho.

Ao estudar as vereações do Recife de 1714 a 1738, J. A. Gonsalves de Mello analisou a sua periodicidade e viu que havia uma média anual de 30,9 sessões camarárias, podendo essa média atingir as 49,9 sessões, o que efetivamente constituía uma ausência grande nos trabalhos dos engenhos (Mello, 1981, p.139). Por muito bom que fosse o feitor, Antonil via a presença assídua na câmara como um prejuízo para a administração do engenho.

Não seria mais conveniente procurar outros símbolos de nobreza, como o oficialato das ordenanças, o título de fidalgo da Casa Real ou um hábito? Com a intensificação da criação de vilas, e portanto com a descentralização do poder das câmaras das cidades, observou-se efetivamente uma mudança de atitude, procurando os senhores de engenho as câmaras mais próximas de suas terras.

Mas alguns não abriram mão desses símbolos. Senhor de engenho, Sebastião da Rocha Pita (1662-1738) foi cavaleiro da Ordem de Cristo (1679), coronel da infantaria da ordenança da cidade da Bahia (1694), recebeu o foro de fidalgo em 1701, além de ocupar o cargo de vereador por sete vezes. Do mesmo modo, José Pires de Carvalho começou por ser familiar do Santo Ofício (1695), recebeu o hábito de Cristo e o foro de fidalgo, sendo vereador por duas vezes, em 1727 e em 1743.

Na capitania de São Vicente, depois de São Paulo, as principais funções de governança eram desempenhadas por aqueles que dispunham de maior número de índios e que por isso mesmo maior produção agrícola podiam arrancar de suas terras dadas em sesmaria. Amador Bueno da Ribeira teve, segundo o genealogista Pedro Taques, "grande tratamento e opulência por dominar debaixo de sua administração muitos centos de índios". Com esta mão de obra conseguia todos os anos "abundantes colheitas de trigo, milho, feijão e algodão". Além disso possuía grande criação de porcos, números grandes de gados vacuns e cavalares e rebanhos de ovelhas (Leme, [1954], t.1, p.75-6). Certamente devido à sua "opulência de cabedais" ocupou os cargos da república, foi ouvidor em 1627 (nessa época não se exigia para o cargo um letrado), provedor da Fazenda em 1633 e finalmente capitão mor governador da capitania em 1634 por encargo do donatário (Monteiro, 1994, p.197). Depois da Restauração, e do episódio de os castelhanos da capitania o quererem transformar no seu rei, era ainda considerado um "homem rico e poderoso". Pertencia sem dúvida alguma à nobreza da terra.

Um dos seus filhos, Domingos da Silva Bueno, foi feito mestre de campo do terço de infantaria de auxiliares, em 1698, pelo então governador da capitania do Rio de Janeiro que se deslocara por ordem régia a São Paulo. Descobertas as minas, o mestre de campo passou a elas e foi o primeiro guarda-mor, repartindo as terras minerais em 1701. Regressando a São Paulo, só ali voltou em 1711 com "numerosa escravatura", tirando de suas lavras muitas arrobas de ouro. A sua opulência não resultou, portanto, como a do pai, de índios e da agricultura e criatório, mas da posse de escravos e da produção mineral (Leme, [1954], t.1, p.84-5). Um neto de Amador Bueno da Ribeira, Manuel Bueno da Fonseca, além de ser cidadão de São Paulo, foi cavaleiro professo da Ordem de Cristo por mercê de Dom João V em 1704 porque era descendente daquele leal vassalo, não precisando de nenhuma dispensa por ser "pessoa nobre por seus quatro avós" (ibidem, p.95).

Em regiões onde o açúcar não constituía a principal fonte de riqueza, a nobreza da terra, aquela que ocupava os cargos da república e formava o grupo dos chamados "cidadãos", exercia outras atividades. Por exemplo, Manuel Dias da Silva, o Bixira de alcunha, foi de São Paulo até à província do Paraguai "e se recolheu rico e abundante de prata", segundo o genealogista Pedro Taques. Além disso possuía "grossa fazenda de culturas com excessivas colheitas de trigo e grande criação de ovelhas e gados vacuns".[98]

---

98 Leme ([1954], t.2, p.94). Também Antonio Castanho da Silva, "de nobreza qualificada", com fazenda de cultura na vila de Parnaíba, passou ao Peru, "como então o faziam os antigos paulistas", penetrando o sertão do Paraguai. Não regressou contudo a Parnaíba, morrendo com testamento nas minas do Tataci, na província dos Chichas, no reino do Peru, em 1622 (ibidem, t.1, p.227-8).

Foi contudo um eclesiástico o mais rico paulista mencionado pelo genealogista: o padre Guilherme Pompeu de Almeida. No seu sítio de Araçariguama ergueu uma capela adornada de talha dourada "com muita magnificência" e sua casa era uma "populosa vila ou corte" onde recebia seus hóspedes, a maior parte da nobreza de São Paulo. Para se avaliar a grandeza do tratamento nessa casa, seu proprietário "fazia paramentar cem camas, cada uma com cortinado próprio, lençóis finos de bretanha guarnecidos de rendas e com uma bacia de prata debaixo de cada uma das ditas cem camas, sem pedir nada emprestado".

Além do luxo no dormir, ressaltava Pedro Taques a abundância no comer. Nessa fazenda a mesa estava sempre profusamente preparada para atender os hóspedes que chegassem:

> A abundância de trigo nesta casa foi tanta que todos os dias se cozia o pão, de sorte que para o dia seguinte já não servia o que tinha sobrado do antecedente. O vinho era primoroso, de uma grande vinha que com acerto cultivava e, suposto o consumo era sem miséria, sempre o vinho sobrava de ano a ano.

Os móveis eram todos "ricos e de primor" e excelente a sua livraria (ibidem, t.1, p.116-9).

Para quem conhece o estilo de vida dos paulistas pelos inventários *post-mortem*, não há dúvida de que esta é uma descrição do chamado tratamento nobre. Mas donde provinha a riqueza do padre Pompeu de Almeida? Grande parte fora herdada de seu pai, com o mesmo nome, capitão mor da vila de Parnaíba, o qual, segundo o genealogista, "viveu abundante de cabedais com grande tratamento e opulência em sua casa", possuindo mais de 40 arrobas de prata. É interessante a explicação apresentada para a posse desse metal, inexistente em São Paulo:

> Os antigos paulistas costumavam penetrar os vastíssimos sertões do rio Paraguai e, atravessando suas serras, conquistando bárbaros índios seus habitadores, chegavam ao reino do Peru e minas de Potosi, e se aproveitavam da riqueza de suas minas de prata, que enobreceram suas casas, com copa de muitas arrobas. (Ibidem, p.115)

Se o sertanismo do século XVII trouxera riqueza ao pai, o comércio com Minas Gerais parece ter aumentado a riqueza do filho no início do século XVIII. O padre Pompeu de Almeida "engrossou o seu copioso cabedal com a fertilidade das Minas Gerais, para as quais mandando numerosa escravatura debaixo da administração de zelosos feitores, recebia todos os anos avultadas remessas de ouro".[99] Embora eclesiástico (e por isso mesmo nunca tendo ocupado cargo militar ou na vereança), não há dúvida de que esse padre foi mais fazendeiro e comerciante, pertencendo à nobreza da terra pelo seu tratamento nobre e opulento.

Esta questão do tratamento é sempre salientada pelo genealogista, pois era o tratar-se à lei da nobreza que constituía o sinal exterior de uma "qualidade" superior à do plebeu. Referindo-se a Bento do Amaral da Silva, sargento-mor no Rio de Janeiro e depois ouvidor na capitania de São Paulo, comentou:

> Teve grande tratamento igual ao fundo do seu cabedal. A sua casa foi servida com numerosa escravaria, criados mulatos, todos calçados, bons cavalos de estrebaria, ricos jaezes, excelentes móveis de prata e ouro, sendo bastantemente avultadas as baixelas de prata, cuja copa foi de muitas arrobas.

Tinha Amaral da Silva angariado sua fortuna em Minas Gerais, para onde fora no início do seu descobrimento, "e se recolheu a São Paulo com grosso cabedal, que o soube empregar em fazendas de cultura para o tratamento que teve de pessoa tão distinta". Sua fazenda localizava-se no sítio de Embuaçaba, entre os rios Tietê e Pinheiros (ibidem, p.121-2).

Como o próprio da nobreza em Portugal era ter criados e não escravos, Pedro Taques sempre procura mostrar que os escravos dos paulistas constituíam o seu equivalente no Brasil, tanto mais que andavam convenientemente vestidos e sobretudo calçados. Acerca de João Pires das Neves, cidadão de São Paulo que morreu em 1720, escreveu que foi "muito abastado e com grande tratamento". A sua fazenda era "um como arraial pelas casas que tinha com numerosa escravaria, pretos e mulatos, e estes oficiais de artes fabris e mecânicas, os quais trajavam calçados" (ibidem, t.2, p.92).

José de Góis e Morais, cidadão de São Paulo, adquiriu também sua fortuna com o ouro tal como o padre Guilherme Pompeu de Almeida. As "grandezas do ouro" o tinham levado para a região mineira com seus escravos e nela "se fez tão opulento de cabedais que, recolhido à pátria, não teve no seu tempo quem o igualasse no tratamento", com belos cavalos, ricos móveis, "copa de prata", ou seja, objetos do cotidiano em prata como salvas, gomis etc. "Teve muitos mulatos escravos, e tão claros na cor que competiam com os brancos neste acidente, e todos bem vestidos da libré da casa o serviam e acompanhavam de pé e de cavalo." Mais uma vez o genealogista procura mostrar que a escravaria dos paulistas era verdadeiramente o equivalente da criadagem dos

---

99 Ibidem, p.118. Ver também Metcalf (1992, p.59).

nobres em Portugal e neste caso até vai buscar a cor clara dos mulatos e a libré que vestiam para acompanharem seu amo.[100]

O ouro de Minas fizera ver a José de Góis e Morais a utilidade, "para firme estabelecimento da sua Casa", da aquisição das cinquenta léguas de costa que pertenciam ao marquês de Cascais como sucessor do primeiro donatário e ajustou a compra com Dom Luís Álvares de Taíde Castro e Noronha, enviando o dinheiro da compra pela frota do Rio de Janeiro, de 1710. Mas a venda não se efetuou, pois Dom João V viu o perigo da aquisição da capitania por um particular e resolveu adquiri-la para a Coroa por 45.000 cruzados. O grande cabedal remetido à Corte para aquela aquisição foi então aplicado por Góis e Morais na compra de mercadorias, mas estas se perderam quando a embarcação em que vinham foi atacada por um pirata francês.

Depois desse desastre, o rico paulista resolveu assentar seu patrimônio em fazendas de gado vacum e cavalar nos "campos gerais chamados de Curitiba", a fim de com as boiadas tirar grandes rendimentos. A este propósito não deixou Pedro Taques de emitir a opinião de que a experiência mostrara que, no Brasil, "são os currais de gados e cavalgaduras o verdadeiro estabelecimento para a conservação das Casas". Ou seja, o patrimônio dos nobres aumentaria mais com o criatório do que com a agricultura (ibidem, p.153).

Tal como Antonil, Pedro Taques, se por um lado vê a necessidade de alguma ostentação por parte da nobreza da terra exatamente para, por alguns sinais exteriores, como criados e cavalos, mostrar a sua condição nobre, por outro lado condena o esbanjamento que levava à destruição das Casas. E dava como exemplo Antônio Pompeu Taques que, tendo casado com uma rica viúva quinquagenária, senhora de quatro fazendas de gado vacum e cavalar na Bahia, as herdou por ela ter morrido sem testamento nem filhos. Mas essa herança estava muito diminuída "pela profusão com que ele se tratava e lustre que ostentava dentro do mesmo sertão dos currais da Bahia chamado do Rio São Francisco". A demasiada ostentação dissipara o grande cabedal por ele possuído (ibidem, p.144-5).

---

100 Leme ([1954], t.1, p.152). Tal como criados e cavalos, certo tipo de armas como o espadim, por exemplo, indicava o estatuto nobre de quem o usava. O conde de Atouguia, vice-rei do Brasil, logo que tomou posse do governo na Bahia mandou publicar a pragmática de 24 de maio de 1749, que proibia às pessoas "de baixa condição" (aprendizes de ofícios mecânicos, lacaios, mochilas, barqueiros e fragateiros, negros) o uso do espadim ou espada. Perante esta pragmática, dois mulatos, "homens de negócio com cabedal e bom tratamento", ofereceram 3.000 cruzados à Fazenda Real para que lhes fosse permitido o uso do espadim, o que foi negado pelo vice-rei (AHU, Bahia, CA 69).

Os "homens bons" e os cargos da república

As cartas de doação das capitanias, embora sejam muito claras quanto à necessidade de criar vilas, pouco dizem acerca das câmaras e seu funcionamento. Referem-se muito vagamente aos juízes que dariam apelação para o ouvidor, nomeado pelo donatário, nas quantias estipuladas pelas Ordenações Manuelinas e pressupõe-se que esses juízes fossem os juízes ordinários das câmaras. Também era dito que o donatário, por si ou por seu ouvidor, poderia "estar à eleição dos juízes e oficiais e alimpar e apurar as pautas".

Pelo que se observa nas ilhas atlânticas, nomeadamente em São Miguel, nos Açores, que também eram capitanias de donatários, a composição das câmaras era muito variável com a vila em questão e é natural que no Brasil tenha acontecido o mesmo.[101]

Livros de atas das câmaras quinhentistas brasileiras se perderam. Frei Gaspar da Madre de Deus, sempre muito rigoroso na identificação da documentação utilizada, dizia que o livro mais antigo da capitania de São Vicente era "um fragmento do caderno onde se lavraram os termos das vereações da vila de São Vicente", o qual principiava em 1541. Aliás, o memorialista, que tinha uma profunda admiração pelo genealogista Pedro Taques, escreveu que este fora o único livro da câmara que ele não consultara na sua minuciosa pesquisa genealógica (Deus, 1953, p.71).

Por esse fragmento de caderno pôde frei Gaspar constatar que Antão Leme, um fidalgo da Madeira, ocupara o cargo de juiz ordinário em 1544, e que Antônio Rodrigues exercera os cargos de juiz, vereador e almotacé. E transcreve um termo assinado pelos camaristas a 9 de setembro de 1542, no qual se percebe o papel dos "homens bons" na tomada de decisões importantes da câmara.

Naquela data se mandaram chamar "alguns homens bons do povo, que foram achados na dita vila, e com eles se praticou algumas cousas". Assentaram os vereadores, em conjunto com esses homens bons, "que nenhuma força das que por ora aqui estão na vila se leve fora dela, e todas as outras, que são fora da dita vila, as tragam para ela", pois essa povoação era "melhor povoada e enobrecida" (ibidem, p.121).

Pelos livros da Câmara de São Paulo, constatou Pedro Taques que João do Prado, reinol natural de Olivença, onde a nobreza de sua família era bem conhecida, ocupou os cargos da república, inclusive o de juiz ordinário em 1588

---

101 Ver Lalanda (1998).

e 1592, o que não o impediu contudo de ir ao sertão buscar índios (Leme, [1954], t.2, p.1-2). Na capitania de São Vicente, portanto, sertanismo e cargos camarários se conjugavam sem maiores problemas em finais do século XVI.

No Nordeste, em 1550, escrevia o ouvidor-geral Pero Borges a Dom João III dizendo que por aquelas capitanias (Ilhéus e Porto Seguro) os capitães, locotenentes dos donatários, se preocupavam mais com os tabeliães e juízes dos Órfãos e seus escrivães, descurando os oficiais das câmaras: "não há aí homens para serem juízes ordinários nem vereadores e nestes ofícios metiam degredados por culpas de muita infâmia e desorelhados". Só na vila de Porto Seguro, que nem chegava a ter cem vizinhos, havia quatro tabeliães, dois inquiridores, escrivão dos Órfãos e outros oficiais, mas não se encontravam homens para os cargos do concelho. Aquela câmara só tinha um juiz ordinário, dois vereadores e um procurador e tesoureiro (*Alguns documentos...*, p.31-2).

Mas, segundo Afonso Rui, a situação não era melhor na Bahia, sede do governo-geral, pois só em 1551 os cargos do concelho ficaram completos. E sabemos, por carta escrita de Salvador por Filipe Guilhem, a 20 de julho de 1550, que este pedia ao rei um alvará que o escusasse de todos os ofícios da câmara, pois se achava muito pobre: "não tive lugar para fazer uma roça de mantimentos que me sustentasse". Para remediar sua pobreza pedia a Dom João III para mandar pagar a tença do seu hábito nos anos em que não fora paga (ibidem, p.347 e 168). Cumpre salientar que, em meados do século XVI, os cargos camarários não eram ainda desejados, pois dificultavam na nova terra a sobrevivência de quem os ocupava.

A principal questão é determinar quais os critérios subjacentes à classificação de certos indivíduos como "os mais nobres e da governança da terra". O processo eleitoral para as câmaras é indicado no liv.I, tít.67 das Ordenações Filipinas, com pequenas alterações determinadas no alvará de 12 de novembro de 1611 e na provisão de 8 de janeiro de 1670. Nesses últimos documentos é que se exigia que fossem eleitas pessoas naturais da terra, exigência que vai dar azo mais tarde a muitos conflitos com os homens de negócio, na sua maior parte reinóis.

Os eleitores eram apenas seis, escolhidos numa sessão conjunta da câmara e dos "homens bons e povo", mas sem que as Ordenações definissem quem eram estes homens bons. Também para o século XVII não existem, ou não foram ainda localizados, os róis daqueles que eram suscetíveis de serem escolhidos para eleitores e também para serem eleitos para os cargos municipais.

No Brasil o processo eleitoral esteve, a partir do alvará de 1611, a cargo dos ouvidores que certamente elaboravam as listas dos elegíveis, sendo estes os mais nobres por já terem sido, ou seus antepassados, da governança da terra. O alvará de 29 de julho de 1643 esclarecia que não deviam ser indicadas pessoas mecânicas nem "de nação". Apesar desse alvará, o ouvidor do Rio de Janeiro, Manuel de Sousa Lobo, foi acusado de ter provocado a eleição de indivíduos "de infecta nação" e outros "de baixa limpeza", tendo entrado pela primeira vez para aquela câmara "pessoas hebreias". Esta acusação levou à anulação da eleição (Bicalho, 1998, p.527).

Na capitania de São Vicente, as conhecidas lutas entre os Pires e os Camargos, travadas muitas vezes em torno dos cargos da Câmara de São Paulo, levaram o governador-geral conde de Atouguia a passar uma provisão a 24 de novembro de 1655, ordenando que nas eleições dos juízes, vereadores e mais oficiais se observasse a participação de membros das duas famílias. O governador fora informado dos "tumultos e sedições" que haviam resultado da eleição da câmara que naquela vila havia feito o ouvidor-geral do Rio de Janeiro. Passara o caso para a Relação da Bahia e decidira depois que dali em diante servissem na Câmara da vila de São Paulo "tanto oficiais de um bando como de outro", para que "com esta igualdade cessassem as inquietações".

A eleição transcorreria da seguinte forma:

> Chamar o ouvidor da capitania com o escrivão daquela vila, na forma da Ordenação, os homens bons e povo dela ao concelho e lhe requererá que nomeie cada um 6 homens para eleitores, 3 dos Camargos e 3 dos Pires (não sendo os cabeças dos bandos, antes os mais zelosos e timoratos) e tanto que todos os votos forem tomados, escolherá para eleitores de cada bando os três que mais votos tiverem. Estes 6 farão apartar em três partes, um Pires com um Camargo, e lhe ordenará que façam seus três róis como é estilo, a saber, 6 para juízes, 3 de um bando e 3 do outro, e um neutral; e 3 para procurador do concelho, um Pires e um Camargo e um neutral. Assim se usará para os mais ofícios, se os houverem na Câmara. (Pinto, 1980, p.87-8)

Esta prática parece ter sido seguida em São Paulo até 1737 quando, segundo Pedro Taques, o ouvidor "havia procedido na eleição de barrete com total atrevimento de não observar o régio alvará", saindo para vereadores outros indivíduos que não pertenciam nem à família dos Pires nem à dos Camargos: Bartolomeu de Freitas Esmeraldo, moço fidalgo e cavaleiro professo na Ordem de Cristo; André Alves de Castro, cavaleiro fidalgo e com o hábito de Cristo; e Francisco Pinheiro e Cepeda. Nenhum destes pertencia àquelas famílias, "nem ainda por aliança de casamentos", e por essa razão foi interposto um agravo para a Relação da Bahia, tendo em vista o alvará de Dom Pedro II, confirmado por Dom João V (Leme, [1954], t.1, p.201).

Nem todas as câmaras do Brasil colonial desfrutaram do mesmo prestígio para poderem usar o título de Senado (só o tiveram Salvador, São Luís do Maranhão, Rio de Janeiro e São Paulo), e nem todos os camaristas gozaram dos mesmos privilégios. A 10 de fevereiro de 1642, Dom João IV, em resposta a um pedido dos oficiais da Câmara do Rio de Janeiro, e perante o parecer favorável do procurador da Coroa, o doutor Tomé Pinheiro, concedeu-lhes as mesmas honras, privilégios e liberdades de que gozavam os cidadãos do Porto (Lima, 1948).

Que privilégios eram esses? Em primeiro lugar não serem "metidos a tormentos por nenhuns malefícios que tenham feito", gozando assim do mesmo privilégio dos fidalgos. Eram também equiparados à fidalguia no que se referia à prisão, não podendo ser presos por nenhum crime, "somente por suas menagens". Além disso podiam usar as armas que quisessem, "de noite e de dia, assim ofensivas como defensivas". Aqueles que vivessem continuadamente com os camaristas não seriam constrangidos a servir em guerras, "nem em outras idas por mar, nem por terra". Escapavam ao direito de pousada: "nem lhes tomem suas casas de morada, adegas nem cavalheriças, nem suas bestas de sela, nem de albarda, nem outra cousa de seu contra suas vontades". Estes privilégios foram confirmados por Dom João V a 7 de janeiro de 1709 e a confirmação registrada no Senado da Câmara do Rio de Janeiro a 13 de agosto de 1727.

Outras câmaras do Brasil aspiraram a semelhante nobilitação. A 6 de março de 1702 os oficiais da Câmara da vila de Santo Antônio de Sá pediram os mesmos privilégios de que gozavam os do Rio de Janeiro, alegando que aquela povoação se compunha de "muitos moradores de conhecida nobreza" e que estes, por não serem privilegiados, se iam ausentando da vila. Perante este pedido, no Conselho Ultramarino o procurador da Coroa opinou "que sempre era justo que as pessoas que servem na república lograssem de alguns privilégios e isenções", porque desta forma se animariam a empregar-se com zelo no serviço de Sua Majestade. Mas tais privilégios deviam ser concedidos moderadamente e assim propunha o de gozarem de nobreza e de não serem sujeitos a penas vis, senão nos casos em que também o eram os fidalgos, nem a servirem por mar ou por terra enquanto exercitassem as funções da câmara. E acrescentava: "outrossim lhes não sejam tomadas as suas casas contra sua vontade, salvo pedindo assim a necessidade pública, não sejam obrigados a dar pousada". Mais tarde, então, poderiam ser equiparados aos do Rio de Janeiro em matéria de outros privilégios (DH, v.93, p.134-5).

O vice-rei informou favoravelmente Dom João V, a 23 de junho de 1731, acerca dos privilégios pedidos pelos paulistas em decorrência dos serviços prestados nas guerras contra os índios e na conquista de terras. Um desses privilégios era o de não serem soldados pagos os filhos dos cidadãos daquela capitania, o que revela a má fama de que gozava a tropa profissional naquela época.[102]

Afonso Rui, na sua *História da Câmara de Salvador*, lista todos aqueles que, desde meados do século XVI, ocuparam os cargos municipais e aí encontramos nomes representativos da nobreza da terra. Para citar apenas alguns, Garcia d'Ávila em 1591, Sebastião da Rocha Pita em 1651, Francisco Dias d'Ávila em 1682. Enquanto não foram nomeados juízes de fora letrados para a cidade em 1696, nomes bem soantes foram juízes ordinários, por exemplo em 1668 Cristóvão da Cunha d'Eça Souto Maior e Cristóvão Cavalcanti de Albuquerque.

Em finais do século XVII, contudo, Gregório de Matos, ao escrever uma sátira sobre a cidade da Bahia, dá a entender que o grupo mercantil já conseguira infiltrar-se na câmara. Ele criticava o comissário mercantil recém-chegado do Reino que em breve amealhava "tantos mil cruzados" e passava por isso a fazer parte dos "homens bons":

> Entra logo nos pelouros,
> e sai do primeiro lance
> vereador da Bahia
> que é notável dinidade.

Nas palavras do cronista Sebastião da Rocha Pita, o fato de só haver juízes ordinários na Câmara de Salvador até quase ao fim do século XVII era considerado "antigualha indecorosa a uma cidade, cabeça de todo o Estado, que devia ter o predicamento das maiores do Reino, em que há juízes de fora e corregedores das comarcas" (Pita, 1976, liv.VIII, n.50).

Depois do alvará de 22 de novembro de 1696 que criou o cargo de juiz de fora, segundo Rocha Pita, "deixaram de fazer-se por pelouros as eleições dos oficiais do Senado da Câmara da Bahia, remetendo-se as pautas dos eleitores ao Desembargo do Paço que se faz na Relação dela, e em cada um ano as alimpa e escolhe os vereadores e procurador que hão de servir nele, que vão nomeando em provisão passada em nome d'el-rei" (ibidem, n.51).

Mas não foi esta alteração que provocou maiores mudanças na Câmara de Salvador, e sim a criação de novas vilas, como Cachoeira, São Francisco do Conde e Santo Amaro. Estas retiraram à capital os senhores de engenho

---

[102] *Anais do Arquivo do Estado da Bahia*, v.42, p.68.

que antes ocupavam cargos municipais, a ponto de, a 11 de agosto de 1700, a Câmara se ter dirigido ao rei dizendo que a cidade "não dispunha mais de pessoas de qualidade bastante para o corpo do Senado" (Rui, 1953, p.190).

Tem-se escrito que as elites locais procuravam os cargos municipais mais pelo prestígio social que deles retiravam do que por vantagens financeiras. É certo que não recebiam ordenados (só o juiz de fora era remunerado pela Coroa), mas as propinas ou emolumentos não seriam de desprezar, como podemos constatar no Regimento para os oficiais da Câmara de Salvador, datado de 20 de julho de 1704 (ibidem, p.48-53).

Emolumentos dos camaristas de Salvador – 1704

Vereador mais velho	2º vereador	3º vereador
4$000 réis por procissão	=	=
17 livras de cera nas festas	=	=
1$000 réis por vistoria	=	=
160 réis de selo nas provisões e certidões		3$200 réis por visita às embarcações da Costa da Mina com o provedor da Saúde

O procurador recebia os mesmos emolumentos que o segundo vereador, mas o escrivão da câmara e o tesoureiro das rendas do concelho cobravam outras propinas.

As novas câmaras criadas na Bahia, principalmente a de Cachoeira, pretenderam também obter privilégios da Coroa. A 7 de maio de 1729, Dom João V pedia informação ao vice-rei sobre uma representação dos oficiais da câmara daquela vila em que se apresentavam como vassalos cumpridores dos seus deveres, e a 28 de agosto o vice-rei enviou seu parecer, achando justo que lhes fossem concedidos os privilégios solicitados.[103]

Em Pernambuco, mais ou menos na mesma época em que na Bahia se criavam as novas vilas, diminuindo assim a presença dos senhores de engenho na câmara da cidade, a nobreza da terra reclamou contra a criação da vila do Recife, depois de ter protestado contra a inclusão de mercadores nas eleições para a Câmara de Olinda. A carta régia de 7 de fevereiro de 1691 a essa câmara menciona a representação contra os funcionários da Coroa por estes impedi-

---

103 *Anais do Arquivo do Estado da Bahia*, v.42, p.13 e 35.

rem as eleições "na forma da Ordenação e leis", obrigando-os a elegerem para os cargos honrosos da república "homens mercadores que não eram naturais da terra, nem tinham a qualidade que se requeria para ocuparem os ditos cargos, devendo ser providos em pessoas nobres e que serviram na guerra".[104]

Embora a carta régia se refira de modo ambíguo aos "ministros" do rei e termine ordenando aos governadores para não se intrometerem nas eleições, o problema residia na feitura da lista dos elegíveis e quem a fazia era o ouvidor e não o governador. O fato de mercadores constarem da lista dos elegíveis não significava contudo que eles fossem efetivamente eleitos para a Câmara de Olinda, mas a nobreza da terra temia a sua eventual eleição para os cargos camarários. Em *A fronda dos mazombos*, Evaldo Cabral de Mello mostrou que, nos anos finais do Seiscentos e nos primeiros do Setecentos, os mercadores raramente acederam à Câmara de Olinda e, quando tal aconteceu, ocuparam apenas o cargo de procurador ou de almotacel (Mello, 1995, p.164).

O rei permitiu aos moradores do Recife, em 1703, participar das eleições e então o ouvidor João Guedes de Sá qualificou para tal fim duzentos recifenses, o que provocou queixa da nobreza olindense por "serem quase todos os eleitores todos os mesmos moradores". E foi nessa eleição que os mercadores ocuparam pela primeira vez cargos que não os de procurador ou almotacel. Em 1703 já foi eleito o mercador Joaquim de Almeida. Essas eleições municipais de 1703 provocaram aquilo a que Evaldo Cabral de Mello chamou o "cahier de doléances" da nobreza pernambucana em 1704 (ibidem, p.166-7 e 169-71).

Por seu lado os homens de negócio do Recife pediram, em 1705, por intermédio de um procurador em Lisboa, esclarecimentos sobre a provisão proibindo os mercadores de servir na Câmara de Olinda. Queriam saber "quais eram os mercadores que a tal palavra compreendia". A regente atribuiu-lhe o sentido desejado pela classe mercantil: "que na palavra mercadores se compreenda somente as pessoas que assistem em loja aberta, vendendo, medindo, e pesando ao povo qualquer gênero de mercancia atualmente" (Mello, 1981, p.121). Ora, esta definição ia claramente contra a tentativa da nobreza da terra de englobar na palavra mercador todos os que negociavam, sem aceitar a superioridade social, reconhecida pela Coroa, dos mercadores de sobrado sobre os mercadores de loja aberta, quando só estes eram efetivamente "mecânicos".

---

[104] Mello (1981, p.253, nota 57); e também "Informação geral da capitania de Pernambuco (1749)", p.259.

Enquanto Dom Pedro II em 1700 assumiu uma posição contrária à criação da vila do Recife, Dom João V, em 1709, foi favorável à nova vila, sendo o ouvidor-geral encarregado de lhe atribuir o termo. A nova câmara foi instalada em 1710. Segundo o autor da *Narração histórica das calamidades de Pernambuco*, saíram a votos o doutor Domingos Pereira da Gama, o capitão Manuel de Sousa Teixeira, o sargento-mor Francisco Correia da Fonseca e o coronel Miguel Correia Gomes, escrivão da Fazenda Real e cavaleiro professo da Ordem de Cristo. Assim, foram apenas quatro e não seis os eleitores dos oficiais da Câmara do Recife.

Os vereadores escolhidos foram dois reinóis moradores no Recife e dois pernambucanos de fora da vila. Os primeiros eram o tenente-coronel Joaquim de Almeida, cavaleiro de Cristo "e um dos principais do Recife", e o comissário geral de cavalaria, Simão Ribeiro Riba, também cavaleiro de Cristo. Os segundos possuíam apenas títulos militares: o capitão Manuel de Araújo Bezerra e o capitão Luís de Sousa Valadares.[105]

A nobreza da terra não ficou quieta e, acompanhando uma "Relação do levante que houve em Pernambuco e do que sucedeu nele depois de um tiro que deram ao governador Sebastião de Castro Caldas", surgem uns "Capítulos" que teriam feito os "levantados" de Pernambuco. Estes "capítulos" são extremamente importantes, pois neles ficam bem visíveis as tentativas de bloquear os avanços dos homens de negócio naquelas instituições que mais prestígio social lhes poderiam trazer.[106]

Lemos no capítulo 3º: "Que no Recife não haja vila, e em nenhum tempo a possa haver, por ser termo da cidade desde o seu princípio, e pela pouca distância se reputar arrebalde seu". A proximidade em relação a Olinda servia assim de desculpa para combater a criação de uma vila que iria concorrer com a cidade e na qual os homens de negócio, mais numerosos do que os senhores de engenho, teriam lugar. Por esta razão se escrevia no capítulo 4º: "Que nenhum morador do Recife possa botar votos nas eleições de pelouros ... e que também não possam servir na república mercadores, ainda que sejam de sobrado, e que se não possam para isso dispensar". Nesse texto a nobreza da terra já estabelecia a distinção entre mercadores de loja e de sobrado, mas tentava a todo o custo impedir a entrada destes nos cargos da república.

Por outro lado se procurava impedir seu avanço nos postos da oficialidade das ordenanças, a outra fonte de prestígio social e que até então tinham

---

105 RIHGB, v.53, parte II, 1890, p.24-5.
106 "Relação do levante de Pernambuco em 1710", *Brasília* (Coimbra), 6, 1951.

estado nas mãos da nobreza da terra. E o mais interessante é que pretendiam, no 12º capítulo, recuperar para si o cargo de juiz ordinário, evitando na Câmara de Olinda a presença de um magistrado régio, o juiz de fora.

Mesmo depois da criação da vila do Recife e da decadência da cidade de Olinda pela transferência da administração para onde havia "maior concurso de povo e do comércio", os olindenses, segundo o conselheiro ultramarino Antônio Rodrigues da Costa em 1714, se conservavam "com a antiga estimação", pois não admitiam nos cargos municipais "senão os descendentes dos oficiais de melhor nota que serviram na guerra dos holandeses, aos quais denominam netos dos restauradores" (Mello, 1981, p.116).

Na nova vila do Recife, conforme as atas da câmara de 1714 a 1738 estudadas por Gonsalves de Mello, os homens de negócio se sentaram lado a lado com os senhores de engenho das freguesias rurais pertencentes ao termo da vila: Muribeca, Santo Antônio do Cabo e São Miguel de Ipojuca.

Dos 88 vereadores e procuradores da Câmara do Recife naquele período, 39 (44,3%) eram reinóis e 17 (19,3%) naturais do Brasil, não havendo indicação da naturalidade para 32 oficiais camarários. Não há dúvida de que os homens de negócio reinóis foram majoritários nessas vereações (28) em relação aos senhores de engenho, que foram apenas sete (ibidem, p.133-5).

No Rio de Janeiro deparamos com a mesma resistência à intrusão dos mercadores. Em 1739 queixava-se o Senado da Câmara da ambição de acederem aos cargos honrosos da república "pessoas indignas de semelhante emprego", vendo-se os sujeitos da "principal nobreza" serem substituídos pelos "homens de vara e côvado e outros semelhantes comerciadores" (Bicalho, 1998, p.526).

Denunciavam os vereadores: "no Brasil não há pessoa que se persuada não tem nobreza", sobretudo os reinóis de condição mecânica que, ao passarem à América, se esqueciam de sua "vileza" e pretendiam ombrear com "pessoas de maior distinção". Os próprios naturais do Brasil ocultavam avós que tivessem exercido ofícios mecânicos e, assim, naturais e forasteiros "de inferior condição" atropelavam "a nobreza principal da terra", pretendendo servir os cargos honrosos da república.

O que a nobreza da terra não via com bons olhos eram as formas de enobrecimento que a legislação permitia, ou através de postos nas tropas auxiliares, ou através de graus acadêmicos obtidos na Universidade de Coimbra: "uns com as tais patentes e outros com as cartas de formatura ficam entendendo que cada um deles é benemérito para o cargo, emprego ou lugar da maior suposição que haja naquela capitania".

A nobreza da terra apresentava-se como descendente dos conquistadores da capitania do Rio de Janeiro, "de conhecida e antiga nobreza". De modo algum se posicionava contra os reinóis que tivessem foro de fidalgos da Casa Real, ou fossem "pessoas de notória nobreza, conhecidas por tais e por principais nas suas terras". Mas pretendia barrar aqueles que tivessem ascendentes mecânicos embora, "por possuírem cabedais", estivessem "vivendo à lei da nobreza" e sobretudo, numa oposição condenada ao fracasso, os oficiais auxiliares e os letrados. E desconfiava, em 1726, daqueles que "simulam ter hábito de Cristo" (ibidem, p.528).

Pelo documento citado por Fernanda Bicalho, do qual fiz uma leitura da perspectiva do conceito de nobreza, se percebe que, no Rio de Janeiro, a nobreza da terra não se opunha apenas ao corpo mercantil, como ocorrera em Pernambuco por ocasião das "alterações". Ela rejeitava também aqueles que tinham adquirido a nobreza civil, ou política, por postos no oficialato auxiliar ou por graus acadêmicos. Não se trata aqui de uma oposição entre nobreza da terra e reinóis, pois estes, se tivessem o foro de fidalgos, eram bem vistos.

Com a ocupação holandesa o corpo mercantil do Recife desenvolvera-se mais rapidamente do que o do Rio de Janeiro e por isso os conflitos em torno dos cargos camarários rebentaram mais cedo em Pernambuco. Mas a lenta ascensão social dos mercadores, antes mesmo do apoio explícito que tiveram no período pombalino, se fez notar no Rio de Janeiro em uma representação ao Conselho Ultramarino de 1746.

Diziam nesse documento os homens de negócio que os eleitos para o Senado da Câmara moravam longe da cidade, em outro distrito, e eram tão pobres que não tinham dinheiro para comprar "vestido de Corte" e, por essa razão, raras vezes apareciam nas funções públicas. Os representantes da nobreza da terra viviam "entranhados pelas roças", quando o que se exigia daqueles que ocupavam os cargos da república era riqueza e civilidade: "que tenham bens e que sejam civilizados no trato das gentes". A riqueza permitia um serviço feito "desinteressadamente" e a civilidade era condição necessária para se perceber mais facilmente "as matérias que dizem respeito à utilidade econômica dos povos".

Não havia dúvida de que os homens de negócio do Rio de Janeiro possuíam meios pecuniários e mostravam-se "mais cientes na economia que se deve administrar aos povos", reunindo portanto as condições necessárias à ocupação dos cargos camarários. Lembravam ser seu negócio "de mais de 6 milhões" e terem suprido com seus cabedais os presídios da Colônia do Sacramento e do Rio Grande, tendo além disso contribuído "com a maior quantia dos 600.000 cruzados" no resgate da cidade aos franceses em 1711. Assim, em duas ocasiões de perigo e de exigências pecuniárias, o corpo mercantil do Rio de Janeiro tinha ajudado a Coroa, sobretudo na mais recente campanha do Sul.

Era natural que o parecer do procurador da Coroa no Conselho Ultramarino fosse no sentido do assento dos homens de negócio no Senado da Câmara do Rio de Janeiro, não vendo "nenhuma razão jurídica nem política" que os afastasse daqueles cargos. Todos eram portugueses, ou oriundos de Portugal, e deste modo os reinóis que se achassem estabelecidos na América "com opulência, capacidade e bom procedimento" podiam igualmente "ser pautados com os naturais da terra" (ibidem, p.542-3, nota 31). A pretensão dos homens de negócio do Rio de Janeiro de serem eleitores em igual número aos naturais da terra e poderem também ser vereadores encontrava finalmente acolhimento pelo Conselho Ultramarino.

Os estudos de vários historiadores sobre as câmaras do Brasil colonial revelam que o prestígio dos cargos camarários não era igual em toda a Colônia, até porque os privilégios concedidos aos cidadãos não eram os mesmos. Enquanto Salvador, Olinda e Rio de Janeiro atraíam a nobreza da terra, as vilas mineiras criadas em 1711 (vila do Ribeirão do Carmo de Albuquerque, Vila Rica de Nossa Senhora do Pilar de Albuquerque e vila real de Nossa Senhora da Conceição de Sabará) tiveram seus cargos ocupados por pessoas de pouca qualidade, dado o teor da migração para a região mineradora (Russell-Wood, 1992). Como escrevia o governador Gomes Freire de Andrade, "as pessoas que servem nas Câmaras de Minas são de hierarquia a que os sobe ou abaixa o cabedal" (Bicalho, 1998, p.526). Não havia portanto grande estabilidade nos nomes indicados para os cargos camarários, uma vez que naquela capitania as fortunas se faziam rapidamente, mas também se perdiam com a mesma rapidez. A riqueza, mais que a nobreza, marcava as eleições camarárias.

A contenção de despesas por parte da Coroa no que se refere à estrutura judiciária da Colônia permitiu que a nobreza da terra, até meados do século XVIII, conservasse seu poder na aplicação da justiça através da manutenção dos juízes ordinários leigos. Não havia verba para nomear juízes de fora em todas as câmaras importantes e os ouvidores tinham a vantagem de acumular funções judiciárias com outras de interesse da Coroa. Os juízes letrados tardaram em ocupar seus lugares nas câmaras e só os ouvidores podiam de certo modo controlar a ação de juízes ordinários incompetentes mas poderosos.[107]

---

107 *Anais do Arquivo do Estado da Bahia*, v.42, p.76.

Os postos de prestígio nas ordenanças

Jaime Cortesão publicou na íntegra o Regimento das Companhias de Ordenanças, datado de dezembro de 1569. Elaborado sobretudo para Portugal, onde a organização do território era mais complexa, determinava que os capitães-mores, bem como os das companhias "e mais oficiais delas", fossem eleitos nas câmaras "pelos oficiais delas e pessoas que costumam andar na governança", sempre que não houvesse senhores dos lugares, nem alcaides-mores, nem pessoas providas pelo monarca como capitães-mores. "E na eleição dos ditos capitães, especialmente dos mores, terão sempre respeito que se elejam pessoas principais das terras, e que tenham partes e qualidades para os ditos cargos." O sargento-mor, nas cidades e vilas em que houvesse capitão mor, também seria eleito pela câmara (Cortesão, 1956, p.375). Estava assim estabelecido o princípio de que as pessoas principais das terras deviam ser escolhidas como capitães-mores e capitães de companhia. É evidente que esse princípio implicava um critério de classificação social, mas esse critério nunca é explicitado nem na documentação quinhentista nem na subsequente.

O papel do capitão mor da cidade ou vila era mandar assentar pelo escrivão da câmara os nomes de todos os que eram obrigados a ter armas, "contanto que não sejam pessoas eclesiásticas, nem fidalgos, nem outras pessoas que continuadamente tenham cavalo, nem outras de idade de 18 anos para baixo, nem de 60 para cima" (ibidem, p.378). De notar portanto que nessas listas das ordenanças não entravam os fidalgos nem os que se tratavam à lei da nobreza com cavalo, mas não se reconheciam outros privilégios que pudessem evitar o arrolamento nas companhias de ordenança.

Do ponto de vista da Colônia, a provisão sobre as ordenanças datada de 15 de maio de 1574 não veio trazer mudanças significativas ao que estava estabelecido no regimento (ibidem, p.393-405). No Regimento do governador-geral Gaspar de Sousa, de 6 de outubro de 1612, surge explícita menção à necessidade de se aplicar no Brasil o Regimento das Ordenanças:

> Muito vos encomendo ordeneis que os moradores da cidade da Bahia e das mais capitanias daquele Estado estejam em Ordenança, repartidos por suas Companhias, com os capitães e mais oficiais necessários, e que tenham espingardas e as mais armas, segundo a possibilidade de cada um, e se exercitem aos domingos e dias santos nos exercícios militares, conforme o Regimento Geral das Ordenanças, o qual fareis cumprir assim na gente de pé como de cavalo, naquelas cousas em que se puder aplicar.[108]

---

[108] Sobre este assunto ver Leonzo (1977).

No início do século XVII, segundo o testemunho do autor do *Livro que dá razão do estado do Brasil*, a cidade de Salvador tinha os seus moradores repartidos em duas companhias de ordenanças, "que de ordinário metem no alardo bem concertados mais de 300 homens arcabuzeiros, não entrando os da obrigação da Corte, estudantes nobres e privilegiados, nem os oficiais da Relação, Fazenda e Justiça, mas os que o alardo pode obrigar somente". O Recôncavo dispunha de oito companhias de ordenança, num total de oitocentos homens.[109]

Como mostraram Rae Flory e David G. Smith, na década de 80 do século XVII os homens de negócio já ocupavam quatro dos oito postos de capitão das companhias urbanas. Eram eles Sebastião Duarte, Baltazar Carvalho da Cunha, Antônio Amorim Correia e Domingos Pires de Carvalho (Flory & Smith, 1978, p.587). O primeiro era sobretudo contratador, tendo arrematado os dízimos em 1670, e também outros contratos. Foi, como tantos outros homens de negócio, familiar do Santo Ofício (DH, v.86, p.178 e v.65, p.16). De Domingos Pires de Carvalho sabemos que insistiu em receber o hábito de Cristo, apesar de ter iniciado sua vida como cirurgião e ter um avô oleiro. Ao alegar que fizera tudo o que estava a seu alcance "para adquirir nobreza", lembrava que era sargento-mor de um dos terços da ordenança da cidade da Bahia.[110]

Já Gregório de Matos, ao aconselhar quem quisesse passar por fidalgo na Bahia, escrevia: "Bote sua casaca de veludo,/ e seja capitão sequer dois dias". A importância destes postos decorria não só de passarem atestados de nobreza a quem os ocupava, mas também dos privilégios que foram concedidos a estes oficiais a 24 de novembro de 1645. Desejava o rei que as pessoas alistadas nas companhias auxiliares o fizessem "com melhor vontade" e o servissem "com melhor gosto". Assim, deixaram de ser obrigados a contribuir com "peitas, fintas, talhas, pedidos, serviços, empréstimos, nem outros encargos dos Concelhos". Nem se lhes podiam tomar "casas, adegas, estribeiras, pão, vinho, roupa, palha, cevada, lenha, galinhas e outras aves e gados, assim bestas de sela e albarda, não as tendo a ganho". Seriam além disso "filhados aos foros da Casa Real" aqueles que o merecessem, "conforme as qualidades de suas pessoas". Teriam preferência nas propriedades e serventias de ofícios que vagassem nas terras onde moravam. Os capitães e oficiais gozavam, enquanto o fossem, dos mesmos privilégios da tropa paga.[111] O Regimento dos

---

109 *Livro que dá razão do estado do Brasil*, p.39.
110 ANTT, HOC, Letra D, maço 13, doc.84.
111 Ver o alvará em "Informação geral da capitania de Pernambuco (1749)", p.71-2; e também em *Privilégios e honras concedidos aos corpos de auxiliares ou milicianos, até o ano de 1809*, 1810, p.1-6.

governadores de Armas, de 1º de junho de 1678, estipulou o privilégio de foro militar para os oficiais até sargento, o que lhes permitia serem julgados em conselhos de guerra caso praticassem algum crime (DI, v.60, p.181-3).

Cônscios de seus privilégios e de seu estatuto social, os oficiais maiores das ordenanças reclamaram, em finais do século XVII, ao governador do Rio de Janeiro, do "pouco respeito com que eram tratados pelos oficiais de Justiça". Pretendiam conhecer exatamente seus privilégios, pois "não estimavam continuar nos postos, principalmente de capitães, alferes e sargentos com os quais havia grande trabalho", se esses privilégios não fossem esclarecidos. O Conselho Ultramarino concordou, a 2 de setembro de 1697, em que os privilégios eram necessários para que se oferecessem muitas pessoas para aqueles postos (DH, v.93, p.70-1).) Também na capitania de São Paulo o ouvidor parecia não respeitar os privilégios dos oficiais dos dois terços ali criados e, a 22 de novembro de 1701, o Conselho Ultramarino opinou que aquele magistrado devia "guardar às pessoas a quem prover nestes postos os seus privilégios, fazendo muito antes pelos atrair que desgostar" (ibidem, p.122-3).

No Regimento dos governadores da capitania de Pernambuco, de 19 de agosto de 1670, se mandava observar o Regimento das Ordenanças de 1569, lembrando aquele documento que "os oficiais da gente miliciana não hão de vencer soldo, nem ordenado algum", à custa da Fazenda Real ou das câmaras, exceto os sargentos-mores. Tratava-se portanto de postos de puro prestígio social, pois eram providos nas pessoas "mais idôneas e capazes".[112] Nada havia nesse Regimento dos governadores de Pernambuco que obrigasse a escolher naturais da terra para os postos de ordenanças, mas, apoiando-se numa provisão de 29 de abril de 1654 que dava preferência aos "restauradores de Pernambuco" para os ofícios da Guerra, Fazenda e Justiça, os descendentes dos heróis locais os reivindicavam só para si.

Até 1709 as câmaras, constituídas pela nobreza da terra, detiveram um grande poder com as nomeações dos postos das ordenanças que sempre se mantiveram nas mãos dos principais ou seus apaniguados. O alvará de 18 de outubro de 1709 retirou o provimento pelas câmaras. Estas, juntamente com

---

112 "Informação geral da capitania de Pernambuco (1749)", p.5-11, §11 e 20. A patente de tenente-coronel das vilas de Jacareí e Mogi, passada em 1729 a Sebastião de Siqueira Caldeira, informa que ele pertencia a uma das principais famílias da capitania, tendo servido na vila de Mogi os cargos da república. E esclarecia-se: "não vencerá soldo, mas gozará de todas as honras, privilégios, liberdades, isenções e franquezas que direitamente lhe pertencerem" (DI, v.27, p.48).

o ouvidor da comarca, apenas indicariam três nomes, e o rei, ouvido o Conselho de Guerra, escolheria o que parecesse mais conveniente. A mesma alteração ocorreu em relação ao sargento-mor, participando neste caso na escolha dos nomes o alcaide-mor, e não o ouvidor.

Esse alvará pôs termo a uma série de reclamações, sobretudo da parte da nobreza pernambucana, que defendia os postos das ordenanças apenas para os "homens principais e de maior nobreza", sem que pudessem ser ocupados por "pessoas indignas" como eram os mercadores do Recife. Era pelo menos isto que se lia num memorial de 1704, assinado por umas três dezenas de nomes da governança de Olinda (Mello, 1995, p.173-5).

Nessa reclamação da nobreza olindense não se tratava contudo dos postos de capitão mor ou de sargento-mor, mas de outros mais ligados à defesa da costa. Por exemplo, a fortaleza da Madre de Deus e São Pedro fora entregue ao mercador Domingos da Costa de Araújo, "sem ter para a ocupação merecimento, por nunca haver servido a V. Majde, nem qualidade, havendo sido os seus princípios vilíssimos ..., de que resulta manifesta queixa e justificado escândalo a toda a nobreza desta capitania".

Nos capítulos dos "levantados" de Pernambuco de 1710, lemos no 6º: "Que ... nenhum mercador e morador do Recife que não seja filho desta terra possa ocupar postos de capitão de Ordenança inclusive e desde logo se reformem os que estão feitos".[113] Na verdade, alguns mercadores ocupavam já postos da oficialidade de ordenança nessa época. João Barbosa Pereira desde finais do século XVII fora sucessivamente alferes, capitão e sargento-mor e isso, mais do que a sua condição de homem de negócio no Recife desde 1693, o incentivou a pedir o hábito de Cristo, recusado em 1700 por defeito de qualidade, mas concedido após recurso em 1701. Ele chegou a tenente-coronel da cavalaria da Ribeira do Açu em 1706 por ter servido durante onze anos naqueles postos na capitania do Rio Grande.[114] Do mesmo modo o homem de negócio João da Costa Monteiro não descurou percorrer todos os postos da ordenança desde 1697, primeiro como soldado e depois como alferes, tenente, capitão, sargento-mor da capitania do Ceará e coronel. Foi esta carreira que lhe facilitou o acesso à Ordem de Cristo.[115]

Alferes e capitão de infantaria das ordenanças de Pernambuco desde 1686, depois capitão de cavalaria, tenente-coronel e finalmente coronel no

---

113 "Relação do levante de Pernambuco em 1710", p.306.
114 ANTT, HOC, Letra J, maço 68, doc.63. Mello (1981, p.174).
115 ANTT, HOC, Letra J, maço 90, doc.11.

Recife, o homem de negócio João Fernandes Silva viu sua promessa de hábito de Cristo ser recusada em 1705 por ter pai e avô almocreves de profissão e duas avós padeiras. No recurso alegou viver à lei da nobreza, mas a negativa foi mantida em 1706. Voltou à carga logo em seguida, afirmando ser dos principais moradores daquela capitania, com parentes no estado eclesiástico. Por isso sua reputação e crédito padeceriam "gravíssima nota" se a mercê concedida sete anos antes não se concretizasse. Para facilitar a dispensa ofereceu um cavalo para a guerra, mas a Mesa das Ordens exigiu cinco cavalos e o rei concordou com este número ainda em 1706.[116]

João de Oliveira Gouvim, embora tivesse ocupado vários ofícios compatíveis com a sua atividade mercantil (tesoureiro da administração da Junta do Comércio Geral de Pernambuco e da dízima da Alfândega da capitania), ganhou socialmente com o fato de ser tenente da fortaleza de São João Batista do Brum, levando os deputados da Mesa a aceitar o seu recurso em 1734 e a apoiarem a concessão da dispensa dos defeitos de qualidade de seus ascendentes reinóis.[117]

Ainda em dezembro de 1723 os oficiais da Câmara de Olinda representaram a Dom João V que, embora em tempos tivesse sido ordenado que nos provimentos dos postos militares, bem como nos de Justiça e Fazenda, se preferissem os naturais da terra, esta determinação não estava sendo observada. Ao que o rei respondeu ordenando ao governador que, só "não havendo inconveniente", deveria tal preferência ser cumprida.[118]

Percebemos, na década de 1720, uma mudança na organização dos regimentos de ordenanças. A 27 de junho de 1727, Dom João V, além de pedir ao vice-rei a lista das pessoas que compunham cada companhia, insistiu na supressão do posto de tenente-coronel e na dos capitães-mores em freguesias da cidade de Salvador.[119] E a ordem régia de 21 de abril de 1739, ao mesmo tempo que entregava o provimento dos capitães-mores e dos sargentos-mores ao governo-geral, determinou que só poderia haver um capitão mor por vila e que, nas povoações com menos de cem habitantes, não existiria tal posto, bastando o de capitão de companhia. Pretendia esta determinação fazer "cessar a desordem que nasce da multiplicidade de postos militares que há nesse Estado do Brasil e Maranhão".[120]

---

116 ANTT, HOC, Letra J, maço 90, doc.11.
117 ANTT, HOC, Letra J, maço 3, doc.11.
118 "Informação geral da capitania de Pernambuco (1749)", p.374-5.
119 *Anais do Arquivo do Estado da Bahia*, v.39, p.50-1 e 63.
120 Salgado (1990, p.312-3); e "Informação geral da capitania de Pernambuco (1749)", p.74-5.

É interessante que Borges da Fonseca, na *Nobiliarquia pernambucana*, alude a essa ordem régia ao falar de Cristóvão de Holanda Cavalcanti: "vive ao presente nos seus engenhos de Apoá e Goitá, da freguesia de Santo Antônio de Tracunhaém, da qual foi capitão mor até o ano de 1739, em que, por ordem real, foi reformado, por se extinguirem estes postos nas freguesias dos termos das cidades e vilas" (Fonseca, 1935, t.2, p.216).

Aquela mesma ordem criava, nos portos de mar, os terços de auxiliares, os quais são por vezes confundidos com os de ordenanças, embora sua criação seja mais recente. Por outra ordem régia, de 31 de agosto de 1740, dirigida aos governadores de Pernambuco e do Rio de Janeiro, o rei chamava a si a escolha daqueles que iriam ocupar os postos de maior prestígio nos terços de auxiliares, como o de mestre de campo:

> deveis propor e informar pelo meu Conselho Ultramarino três pessoas principais das que assistirem nos distritos dos mesmos Terços, em que concorram as circunstâncias de benquistos e de cabedais, e para sargentos-mores deveis propor e informar capitães de Infantaria paga.[121]

Esta última determinação significa sem dúvida uma maior profissionalização dessas tropas auxiliares.

Açorianos na tropa paga

A necessidade de soldados profissionais no Brasil surgiu logo no início da colonização, quando a 10 de junho de 1554 o governador-geral Dom Duarte da Costa escreveu a Dom João III relatando a situação de guerra com os índios e dizendo que com os moradores não se podia contar: "eles são muito pobres e o dia que vão à guerra, não têm que comer". Por essa razão pedia para Lisboa "alguma gente de soldo até 80 homens" (*Alguns documentos...*, p.225).

Tal carência de tropa paga, que no século XVI resultava dos ataques indígenas às fazendas dos colonos, agudizou-se no século seguinte com a invasão holandesa, primeiro na Bahia e depois em Pernambuco. É pouco provável que gente das ilhas atlânticas tenha atuado em 1630, quando teve início a resistência à ocupação holandesa. Pelo menos Duarte de Albuquerque Coelho, o donatário, não se lhes refere nas *Memórias diárias da guerra do Brasil*, publicadas em castelhano, em Madri, em 1654.

Entre 1635 e 1640 Pernambuco sofreu uma sangria demográfica, com a fuga para a Bahia de cerca de 7.000 pessoas, sobretudo senhores de engenho,

---

[121] "Informação geral da capitania de Pernambuco (1749)", p.69-70.

mas também outros brancos e mestiços (Mello, 1975, p.167). Depois, na guerra de restauração, os efetivos militares enviados pelo Reino foram em número mais reduzido do que aqueles que tinham sido mandados durante a guerra de resistência, quando aos portugueses se juntaram castelhanos e italianos. É lógico, portanto, que tenha sido nessa última fase que Dom João IV recorreu aos militares das ilhas, nomeadamente dos Açores. Não escreveu o padre Cordeiro, ao falar da ilha de Santa Maria e do seu 6º capitão, que um filho deste, Brás Soares de Sousa, "militou até morrer nas guerras do Brasil" (Cordeiro, 1717, liv.IV, cap.XI)?

Sabemos que, em 1646, as capitanias do Nordeste sob ocupação holandesa solicitaram à Coroa o envio de 2.000 soldados do Reino, e logo Francisco de Figueiroa, um madeirense que já tinha lutado no Brasil e que se encontrava então na ilha da Madeira, recebeu uma carta régia dando-lhe a patente de mestre de campo do terço que o rei mandava levantar nas ilhas "para haverdes de passar com ele ao Brasil" (Mello, 1954, p.25-8). A recomendação feita nessa carta, de 27 de abril de 1646, é que se recrutasse "o maior número de gente que for possível" na ilha da Madeira e também nas do Pico, São Miguel, Faial e Graciosa. Apontava-se para o número de quinhentos homens, mas o recrutamento não foi fácil, chegando Dom João IV a mandar que se prendesse "a gente vadia, ociosa e pouco útil à república". Só em agosto de 1648 é que chegaria, via Bahia, o terço levantado por Francisco de Figueiroa. Segundo Diogo Lopes de Santiago em *História da guerra de Pernambuco*, esse contingente tinha cerca de quatrocentos infantes, embora segundo os holandeses eles não passassem de 350 (Mello, 1975, p.177 e 338, nota 43).

Mas, ao que parece, as recrutas enviadas das ilhas para o Brasil eram constituídas por "moços de pouca substância", tendo grande parte desses ilhéus chegado adoentada, sendo por isso recolhida em casa dos moradores. Resta saber se, depois da restauração de Pernambuco em 1654, aqueles do terço de Figueiroa que não morreram na luta contra os holandeses permaneceram no Brasil como colonos, tendo recebido da Coroa, agora a proprietária da capitania, terras de sesmaria.

O foro de fidalgo foi concedido a vários açorianos no século XVII por serviços militares, próprios ou alheios, no Nordeste brasileiro, como foi o caso de Domingos de Paiva, natural da cidade da Praia na ilha Terceira, feito moço da câmara em 1641. Foram também localizados seis micaelenses com serviços no Brasil que igualmente receberam o foro de fidalgo da Casa Real (na sua maioria de escudeiro fidalgo e de cavaleiro fidalgo) entre 1643 e 1658.

Militares de profissão, alguns não serviram apenas no Brasil, mas andaram por Angola, pela Flandres, por Tânger ou pelas Índias de Castela, além de terem lutado no Reino. Terminada a guerra de Pernambuco, a presença dos ilhéus na tropa paga do Brasil continuou a ser tanto mais necessária quanto a nobreza local evitava a todo o custo que seus filhos seguissem a carreira militar, preferindo para eles uma carreira na magistratura, ou então eclesiástica, no clero regular sobretudo. A 2 de maio de 1757 o vice-rei, conde dos Arcos, ainda escrevia a Sebastião José de Carvalho e Melo dizendo que as tropas da Bahia eram as que menos trabalho tinham nos domínios da Coroa e que, mesmo assim, não atraíam ninguém: "têm concebido tal horror os nacionais que, das pessoas de distinção, não há uma só que, tendo muito prodigiosa quantidade de filhos, inclinam um só para semelhante vida". Na cidade havia dois regimentos de infantaria e seis companhias de artilharia em meados do século XVIII, mas nele não se encontrava ninguém a quem se pudesse dar o nome de "particular ou cadete de Regimento", o que significa que a nobreza da terra nada queria com a vida militar. Nessas tropas só havia "mulatos nacionais do país", ou então foragidos de outras partes.[122]

Sede do governo-geral e depois do vice-reinado até 1763, a cidade da Bahia congregou o maior número de soldados profissionais e entre estes incluíam-se açorianos que ali serviram longos anos sem terem regressado à ilha natal. Esses serviços granjearam-lhes o direito de requerer o hábito de Cristo e, se não eram nobres ao ingressarem num regimento, quando mais tarde atingiam os postos da oficialidade eram nobilitados pela Coroa.

Matias Correia de Melo, natural da ilha da Graciosa, serviu na praça da Bahia um período excepcionalmente longo, mais de 62 anos, desde outubro de 1699 até agosto de 1762. Durante esses anos foi subindo na hierarquia militar, desde soldado até chegar a capitão de infantaria, passando pelos postos de cabo de esquadra, sargento supranumerário e do número, e alferes. Não permaneceu contudo sempre na praça da Bahia e, durante o tempo de soldado, escoltou em 1701 um desembargador nomeado para a vila de São Francisco, ali permanecendo a seu serviço. Depois, em 1703, partiu em socorro da Nova Colônia do Sacramento que estava sendo atacada pelos espanhóis e permaneceu no Sul até 1705. Em 1713 embarcou numa sumaca que ia em perseguição de uma balandra de piratas e teve ocasião de pelejar, como ele próprio declarou na petição para o hábito de Cristo, "desde as 9 horas da manhã até às 4 da tarde". Em 1718 fazia parte da guarnição do Morro de São Paulo, na Bahia, e

---

122 AHU, Bahia, CA 2441-2442.

em 1732, já como alferes, foi "com soldo dobrado" em serviço da Coroa, mas sem especificar qual ele fosse.

Ao encaminhar a petição para remuneração de serviços de acordo com as normas do Registro das Mercês, pretendia o hábito de Cristo com tença de 80$000 réis "e faculdade de renunciar". O fato de ele não pretender renunciar em favor de um parente, mas sim de Luís Pereira de Lacerda, fidalgo da Casa Real e tenente de infantaria de uma das companhias do mesmo regimento, pode significar ou que ele, dada a sua avançada idade, queria vender o hábito para ainda gozar desse dinheiro, ou que ele pretendia com essa renúncia agradecer os benefícios recebidos desse indivíduo. O Conselho Ultramarino mostrou-se favorável a esta mercê, mas o despacho final, em março de 1766, reduziu para metade a tença pretendida.[123]

Antônio José Leite de Vasconcelos, natural da ilha Terceira, pela fé de ofícios e papéis que apresentou, provou ter servido na cidade da Bahia e na Nova Colônia do Sacramento por mais de 23 anos, desde julho de 1726 até janeiro de 1750. Percorrera todos os postos, desde soldado até capitão de infantaria e depois de granadeiros. Foi enviado pelo vice-rei em socorro da Nova Colônia, que se achava sob bloqueio dos espanhóis, tendo primeiro parado no Rio de Janeiro, de onde voltou a embarcar para o Sul com o posto de capitão tenente *ad honorem*. Logo que ali chegou, foi mandado correr a costa e transportar lenha e mantimentos tirados das "terras inimigas" para aquela praça. Foi também em socorro de um bergantim que combatia um patacho castelhano e conseguiu aprisionar seu capitão e "a gente da mareação" por a embarcação ter pegado fogo. Também acompanhara a armada ao "salto" a Montevidéu. Não deixou de ressaltar o seu ânimo nos combates militares "e nas grandes tormentas que ali se padeceram". Retornado à Bahia, de novo partira a mando do vice-rei com soldados para renderem os que estavam em Nova Colônia. Por tudo isto pedia o hábito de Cristo com 200$000 réis de tença, mas o Conselho Ultramarino baixou este valor para 60$000 réis.[124]

Vimos acima que Matias Correia de Melo renunciara ao hábito em favor de Luís Pereira de Lacerda. Este era já fidalgo da Casa Real e servira apenas doze anos quando passou pelas habilitações. Era natural da cidade de Angra, na ilha Terceira, e chegara a tenente de uma das companhias do Regimento Velho, ocupando-se em repetidas rondas por causa de umas naus inglesas e francesas que se encontravam naquele porto, e também se oferecera a "todos

---

123 AHU, Mercês gerais, Consultas, Cod.89, f.49v-50.
124 AHU, ibidem, Cod.88, f.249v-250.

os perigos do mar e rigor do tempo", conduzindo com grande risco de vida a guarnição dos soldados e oficiais para o forte do Mar. Constatamos assim que, embora estivesse pleiteando o hábito por renúncia de outrem, também tinha de declarar pelo menos alguns serviços para que a mercê lhe fosse concedida. Nas provanças em Lisboa foram ouvidos nove militares de um dos regimentos da Bahia que aí se encontravam num abarracamento, pois todos conheciam o habilitando. Ele chegara à Bahia haveria uns dezoito anos e fora para casa de um tio, Antão José Leite, que era capitão de granadeiros. Logo sentara praça e nunca se lhe conhecera outra atividade. Era casado e teria uns 36 anos.[125] Este exemplo revela dois aspectos importantes. Primeiro, a tradição militar dos açorianos, que há muito engrossavam os contingentes da tropa paga, pois temos aqui um tio que chama um sobrinho à Bahia para aí iniciar sua carreira militar. Segundo, a integração deste terceirense na sociedade baiana mediante o casamento.

Foi em Sergipe d'el-rei que Antônio Cardoso de Aguiar, também natural da ilha Terceira, prestou seus 28 anos de continuados serviços militares, desde janeiro de 1704 até outubro de 1731. Por várias vezes governou aquela capitania subalterna durante a ausência do capitão mor e isto "por ser ciente na raiz quadra e formatura dos esquadrões". Para valorizar seus serviços, dado que não fora para a Nova Colônia como outros açorianos, nem enfrentara nenhuma guerra, ressaltou os perigos por que passara numa missão. Em 1704 foi comandando um pequeno grupo de soldados até à praia de Vazabarris, onde tinha dado à costa a nau almiranta *Nossa Senhora da Vitória*. Devia prender o capitão de mar e guerra, o piloto e o contramestre por haverem desamparado a nau, mas não conseguiu efetuar a prisão por eles se terem homiziado no convento do Carmo. Depois de comunicar este insucesso ao capitão mor, voltou àquela praia, onde permaneceu quinze dias à sua custa, indo a bordo salvar alguma fazenda que pertencia à Coroa. Não deixou de salientar o risco que correra: "experimentou um evidente perigo de vida, virando-se-lhe a jangada em que ia por serem os mares muito grossos, estando quase afogado". Mesmo assim conseguira resgatar algumas armas de fogo, rodelas e bandeiras.

Descreveu ainda outras missões ao longo dos anos, acentuando sempre os riscos que correra, como quando fizera embarcar para a Bahia um grupo de presos, alguns dos quais acusados de mortes. Nessa altura se temia "que os seus parentes os tirassem das mãos da Justiça por serem destemidos e haverem já na noite antecedente invadido a cadeia e morto um dos soldados que

---

125 ANTT, HOC, Letra L, maço 8, doc.18.

se achavam de guarda". Missão difícil também fora a cobrança do donativo real. Embora tivesse pedido por esses serviços 80$000 réis de tença, o Conselho Ultramarino, a 25 de junho de 1735, arbitrou-lhe 30$000 réis.[126]

É portanto através das folhas de serviços e dos pedidos de remuneração que chegamos à atuação de um corpo militar constituído por gente do Reino mas sobretudo das ilhas atlânticas. Dado que os moradores do Brasil apenas queriam fazer parte da tropa auxiliar, o que lhes permitia manter suas atividades, a tropa paga, profissional, que se movia no território brasileiro a fim de acudir às necessidades, como foi o caso na primeira metade do século XVIII com a Colônia do Sacramento, poucos oficiais teve nascidos no Brasil. Os longos anos de serviço e a subida na hierarquia militar permitiram àqueles que tinham começado a carreira como simples soldados serem nobilitados pela concessão de hábitos de Cristo quando atingiam os postos da oficialidade.

A familiatura do Santo Ofício

Ser familiar do Santo Ofício surge por vezes na historiografia do Brasil colonial como um símbolo de prestígio social equivalente mesmo à posse de um hábito das ordens militares. É preciso, contudo, deixar bem claro que, ao contrário destas, a Inquisição pouco se preocupava com os antecedentes "mecânicos" daqueles que requeriam a familiatura, mas esquadrinhava cuidadosamente os seus meios de fortuna. Enquanto vigorou a distinção cristão velho/cristão novo é evidente que se examinava também a "limpeza" de sangue em relação à "nação hebreia", mas não se pode encarar a familiatura como uma forma de nobilitação.

Luiz Mott divulgou o Regimento dos Familiares do Santo Ofício, anterior ao último Regimento da Inquisição (1774). A seleção dos familiares era feita entre pessoas que tivessem fazenda e vivessem abastadamente, pois eram-lhes exigidas, no decorrer das suas diligências, viagens e deslocações. Embora recebessem quinhentos réis por dia durante o período em que faziam inquirições para o Santo Ofício, afigurava-se conveniente que suas fortunas permitissem uma maior disponibilidade de tempo até uma eventual prisão dos suspeitos.[127]

Se, por um lado, os familiares gozavam de privilégios em consequência das funções que exercem, por outro sua conduta deveria ser irrepreensível,

---

126 AHU, Mercês gerais, Consultas, Cod.89, f.96-96v.
127 *Cadernos de Estudos Baianos*, n.140, 1990.

não fazendo "agravo ou vexação" a pessoa alguma, não tomando mercadorias ou mantimentos "por menos preço do ordinário". Procurariam não contrair dívidas de que resultassem "queixas ou escândalo". E pretendendo contrair matrimônio, a Mesa inquisitorial tinha de ser informada, caso contrário ficariam suspensos da familiatura.

Eram os familiares que informavam o comissário local sobre os casos que pertencessem à jurisdição inquisitorial, ao mesmo tempo que se encarregavam de todas as diligências determinadas por aquele representante eclesiástico do Santo Ofício. Quando a prisão dos suspeitos era acompanhada do sequestro de bens, deviam os familiares mandar chamar imediatamente o juiz de fora, ou o juiz ordinário, para que fosse inventariar os bens do preso "e pôr sua fazenda em segurança".

Familiares no Nordeste

Capitania	Século XVII	Século XVIII	Século XIX	Totais
Bahia	103	634	54	791
Pernambuco	45	514	22	581
Total geral				1.372

Fonte: Siqueira (1978).

A listagem dos privilégios concedidos aos familiares data de 1685, tendo sido reeditada em 1787 e 1815. Mas já anteriormente uma lei de 14 de dezembro de 1562 escusava-os de pagarem "fintas, talhas, pedidos, empréstimos" solicitados pelos concelhos de sua residência. Também não serviriam os cargos municipais "contra suas vontades", nem estariam sujeitos a aposentadorias de suas casas, adegas ou cavalariças. "Nem lhes tomem seu pão, vinho, roupas, palha, cevada, lenha, galinha, ovos, bestas de sela nem de albarda, salvo se trouxerem as ditas bestas de ganho". Podiam usar armas defensivas e ofensivas. Estavam dispensados de servir por terra e por mar a outras partes. Em 1580 foi-lhes concedido foro privativo; em 1584 tiveram autorização para receber alvarás de fiança (Siqueira, 1978, p.176-7). A justificação para tais privilégios era, para usarmos os termos da carta régia de 14 de dezembro de 1562, o muito serviço e ocupação dos familiares e "para que com melhor vontade folguem de os servir".[128]

---

[128] O texto dessa carta vem transcrito em "Informação geral da capitania de Pernambuco (1749)", p.48-9.

De notar que o foro privativo dos familiares previa várias exceções, enumeradas no alvará de 20 de janeiro de 1580. Quer nas causas crimes, quer nas cíveis, em que fossem autores ou réus seriam seus juízes os inquisidores, mas seriam entregues às justiças seculares nos seguintes casos: crime de lesa-majestade, crime nefando contranatura, crime de levantamento ou motim, crime de quebramento das cartas régias, de rebelião ou desobediência às ordens do soberano, em caso de aleive, força de mulher ou roubo dela, ou arrombamento de casa, igreja ou mosteiro, queima de campo ou casa com dolo, resistência ou desacato qualificado contra a justiça do rei, e também no caso de delinquirem em ofícios ou cargos da república. Quanto aos alvarás de fiança, passaram, por alvará de 4 de fevereiro de 1645, a ser emitidos pelo Conselho Geral do Santo Ofício, guardado o Regimento do Desembargo do Paço sobre esta matéria. A 1º de janeiro de 1686 foi-lhes concedido o direito de aposentadoria "na forma de seu privilégio".[129]

Os critérios do Santo Ofício para a aceitação dos candidatos a familiares eram diferentes dos da Mesa da Consciência e Ordens em relação aos aspirantes a cavaleiros. No primeiro caso interessava sobretudo a limpeza de sangue, saber ler e escrever, ser capaz de se encarregar de averiguações secretas, possuir bens de fortuna. Pouco importava que alguém como, por exemplo, Agostinho de Crasto Ribeiro, de 25 anos, morador na Praia, cidade da Bahia, em 1709, fosse "mercador de lógea" e não de sobrado. A qualidade mecânica não afetava a decisão do Santo Ofício, ao contrário do que ocorria com a Mesa das Ordens. Também não o prejudicava o fato de ser filho de padre, desde que tivesse bom procedimento.[130]

O estatuto de familiar do Santo Ofício foi muito procurado na Colônia, sobretudo até meados do século XVIII, como forma de afastar qualquer suspeita de judaísmo. Quando os homens de negócio aspiraram aos cargos municipais e a outros símbolos da nobreza como os hábitos das ordens militares, a familiatura constituía um passo importante nessa caminhada social ascendente. Graças ao estudo prosopográfico de José Antônio Gonsalves de Mello acerca dos oficiais da Câmara do Recife entre 1713 e 1738, podemos constatar um certo padrão no processo de nobilitação: postos de ordenança, familiatura, cargo municipal e, ocasionalmente, Ordem de Cristo.

---

129 Ibidem, p.49-52.
130 ANTT, HSO, maço 3, doc.42.

Homens de negócio – Recife, 1713-1738

Nome	Posto	Familiar	Vereação	Ordem de Cristo
Antônio Rodrigues Campelo	capitão/sarg.-mor	1695	1713 e 1724	–
Basílio Rodrigues Seixas	capitão	1735	1734	–
Cristóvão de Freitas Guimarães	capitão	1736	1729 e 1736	–
Domingos Fernandes de Sousa	coronel	1732	1727	–
Francisco Antunes de Araújo	capitão	1717	1725	–
João Barbosa Pereira	capitão	1693	1716	1701
João de Oliveira Gouvim	tenente-cabo	1714	1735	1737
José de Freitas Sacoto	capitão	1731	1731	–
José Peres Campelo	tenente-coronel	1707	1722	–
José Rodrigues de Carvalho	capitão	1705	1727 e 1731	1728
José Rodrigues Colaço	capitão	1722	1730	–
José Vaz Salgado	capitão/coronel/m.campo	1739	1733	–
Julião da Costa Aguiar	capitão	1716	1726	–
Luís da Costa Monteiro	capitão	1749	1732	–
Manuel Lopes Santiago	capitão/cabo/tenente	1708	1721	1721
Manuel Mateus de Oliveira	capitão	1700	1718 e 1734	–

Fonte: Mello (1981).

Como a fortuna era considerada relevante na familiatura, é natural que os homens de negócio, nessa fase de luta por afirmação social na capitania de Pernambuco, se tenham interessado mais por este título do que a nobreza da terra. Por vezes se contentavam com ele, sem chegarem a pedir a Ordem de Cristo, pois ele era mais do que suficiente para o seu prestígio social na praça. Além disso, não corriam o risco de fazer vir à tona ascendentes plebeus no Reino numa época em que a dispensa do defeito de qualidade não era ainda muito comum, nem o pagamento de um donativo para a alcançar.

Para facilitar a obtenção da desejada familiatura, sobretudo para afastar a suspeita de falta de limpeza de sangue, os habilitandos não deixavam de mencionar em suas petições os parentes, principalmente os irmãos, que já a tinham alcançado. Foi o que fez nas provanças de 1694 o capitão Antônio Rodrigues Campelo, "irmão inteiro" do familiar João Rodrigues Campelo. A expressão "irmão inteiro" é fundamental, pois o "meio irmão" já não dava as mesmas garantias de pureza de sangue. Também o capitão Luís da Costa Monteiro, que recebeu a carta de familiar em 1749, declarou ser irmão inteiro de José Mendes da Costa, familiar do Santo Ofício, acrescentando ter uma filha prometida para casar com um familiar.[131]

Na habilitação do capitão José Vaz Salgado, uma das testemunhas inquiridas no Recife declarou ser ele pessoa de bom procedimento, capaz de se encarregar de negócios de segredo, vivendo limpa e abastadamente: "vive de seu negócio, homem de grosso cabedal porque tem embarcações próprias que navegam para Angola, Costa da Mina e outras partes". Esse depoimento revela o novo estatuto dos homens de negócio do Recife, os quais nem sequer por despeito mereciam ser apelidados de mascates, termo derisório só usado pela nobreza da terra na década de 1710. Não só possuíam grosso cabedal como eram proprietários de navios destinados ao comércio transatlântico de escravos.

Quanto ao comissário encarregado da inquirição, o jesuíta Luís Reis, reitor do colégio da vila do Recife, acrescentou na sua informação para Lisboa que o governador encomendava muitas vezes ao habilitando "negócios de peso e várias disposições pertencentes ao serviço de Sua Majestade". Uma das testemunhas inquiridas no Reino, que conhecia o capitão Vaz Salgado havia mais de vinte anos por ter morado no Recife, onde tinha negócios, lembrou que, além de possuir "bastante cabedal", era tenente-coronel e sabia ler e escrever. As demais testemunhas usaram as expressões "bom cabedal" ou "grosso cabedal".[132]

---

131 ANTT, HSO, maço 29, doc.780 e maço 24, doc.465.
132 ANTT, HSO, maço 45, doc.718.

Tal como no Recife, os homens de negócio do Rio de Janeiro aspiravam à familiatura do Santo Ofício. Podemos citar o caso de Simão de Alvarenga Braga, solteiro em 1736, mas que posteriormente se casou com uma senhora carioca e teve um filho bem conhecido dos historiadores: Ignácio José de Alvarenga Peixoto, um dos inconfidentes de Minas Gerais.

Rodrigues Lapa publicou a habilitação desse reinol que comerciava no Rio, acerca do qual o comissário do Santo Ofício nessa cidade escreveu a 12 de junho de 1736: "Declarou-me que sabe ler e escrever e que tem suficiente princípio de bens, porque o julgam já possuir 15.000 cruzados, e com bom negócio em que anda". Teria então entre 30 e 32 anos. Entre os informantes do comissário estavam cinco "tratantes de negócio" que certamente estavam a par da reputação mercantil de Alvarenga Braga, embora pudessem divergir quanto ao montante de sua fortuna, que foi avaliada por eles entre 10.000 e 30.000 cruzados. Todos concordavam que ele vivia "limpo e abastado", no "estilo de pessoa de negócio" (Lapa, 1960, p.85).

O único obstáculo surgido durante a diligência foi o rumor de ter tido prole ilegítima com uma parda que fora escrava de um serralheiro. Em vista desse impedimento quanto aos costumes, os inquisidores em Lisboa quiseram saber se a parda "tinha fama de se desonestar com mais homens" além do habilitando, "principalmente no tempo da concepção", ou se este se ausentara do Rio de Janeiro, ou se padecera de moléstia grave. Enfim, todas essas perguntas se destinavam a averiguar se haveria alguma possibilidade de Alvarenga Braga não ser o pai desses ilegítimos. Devem ter ficado satisfeitos com as respostas pois não negaram a familiatura a esse homem de negócio (ibidem, p.159-61).

O mesmo não ocorreu com o reinol José Rebelo de Oliveira, morador na cidade da Bahia e que vivia do seu negócio de ir às minas de ouro com escravos. Em 1721 sua fortuna era calculada em 20.000 cruzados, mas este cabedal de nada lhe serviu perante o testemunho de que nas minas tinha dois filhos naturais mulatos, nascidos de uma relação com uma sua escrava.[133] É que, para o Santo Ofício, os costumes adquiriam grande importância, pois não convinha a aceitação de familiares com filhos fora do matrimônio, sobretudo se fossem de cor.

Num estudo recente, em que trabalhou com 20.057 habilitações de familiares, José Veiga Torres fornece números em relação ao Brasil todo, complementando assim os apresentados por Sônia Siqueira para o Nordeste. Vejamos a simplificação de uma de suas tabelas.

---

133 ANTT, Novas Habilitações do Santo Ofício, maço 21.

Familiares do Brasil

Anos	Nº	Total geral	%
1570-1620	4	702	0,5
1621-1670	25	2.285	1
1671-1720	526	5.488	9,5
1721-1770	1.687	8.680	19
1771-1820	872	2.746	23
Total	3.114	19.901	

Fonte: Torres (1994).

Chamo a atenção para o fato de mais da metade desses familiares no Brasil serem homens de negócio: 1.813, sendo 1.114 no período de 1721 a 1770, ou seja, a época em que a classe mercantil mais lutava pelo prestígio social, na Colônia e no Reino.

Os ofícios de Justiça

É preciso deixar bem claro que no início da colonização o cargo de ouvidor, embora se relacionasse com a aplicação da Justiça no Brasil, não era de modo algum idêntico aos chamados "lugares de letras", que implicavam um grau acadêmico na Universidade de Coimbra e depois uma verdadeira carreira na magistratura. Por essa razão examinarei primeiro os ouvidores e em seguida os magistrados.

Por razões óbvias de economia, nota-se nas capitanias de donatários a acumulação de funções. Por exemplo, numa procuração de 1557, a mãe e tutora do donatário de São Vicente dava a Antônio Rodrigues de Almeida "poder de capitão e ouvidor", se ele aceitasse os dois cargos, ou então a faculdade de escolher alguém para o de ouvidor. E essa acumulação já ocorrera antes na mesma capitania, quando em 1540 Antônio de Oliveira era simultaneamente capitão locotenente de Martim Afonso de Sousa e também seu ouvidor.

É difícil saber quanto ganhava um ouvidor donatarial em inícios do século XVII. O *Livro primeiro do governo do Brasil, 1607-1633* fornece escassas informações a tal respeito. O ouvidor de Pernambuco recebia anualmente 230$000 réis, sendo 80 de ordenado e 150 de emolumentos; o de São Vicente só recolhia emolumentos, 10$000 réis; em Ilhéus o ouvidor não tinha ordenado ("o donatário lhe paga se lhe parece") (Saldanha, 2001, p.220-1).

A ausência de ordenados, e mesmo de emolumentos (no século XVII também chamados de precalços), se devia ao fato de a maioria desses ouvidores não ser letrada e também à acumulação dessa função com a de capitão, que era remunerada. Já em carta a Dom João III, de 1550, escrevia Pero Borges, ouvidor-geral do Brasil, que na capitania de Ilhéus estava um capitão por Jorge de Figueiredo, o donatário, que também servia de ouvidor. Era um tal Francisco Romeiro, "bom homem, mas não para ter mando de justiça, porque é ignorante e muito pobre, o que muitas vezes faz fazer aos homens o que não devem". Se para a Justiça não estava adequado, para a guerra era "acordado e experiente e de bom conselho". Pero Borges aconselhava o rei a que mandasse Jorge de Figueiredo e os outros donatários "que ao menos pusessem ouvidores homens entendidos". E insistia: "Aqui um homem que não sabe ler nem escrever dá muitas sentenças sem ordem nem justiça" (*Alguns documentos...*, p.30-5).

Numa "Relação de todos os ofícios da Fazenda e Justiça que há neste estado do Brasil", não datada mas posterior à conquista do Maranhão e antes do estabelecimento desse estado, portanto dos anos 20 do século XVII, podemos coligir os seguintes dados.

Capitanias de donatários – Ouvidores

Capitania	Ouvidor	Ordenado
Pernambuco	letrado	80$000 réis
Itamaracá	não letrado	–
Ilhéus	não letrado, capitão	–
Porto Seguro	não letrado, capitão	–
Espírito Santo	não letrado, capitão	–
São Vicente	não letrado, capitão	–

Nesse documento esclarece-se que a nomeação do ouvidor de Pernambuco era trienal, "na forma da Ordenação como são todos os de donatário". Os seus precalços eram, em toda a ação que passava de 5$000 réis e também em toda causa crime, cem réis e, nas ações de menor valor, cinquenta réis. Vemos que, nas seis capitanias donatariais, quatro ouvidores exerciam o cargo cumulativamente com o de capitão e que só um tinha ordenado além dos precalços, ou emolumentos.[134]

---

134 *Documentação ultramarina portuguesa*, t.2, p.24.

Mesmo às vésperas da incorporação das últimas capitanias à Coroa, em 1750, o visconde de Asseca, donatário da capitania da Paraíba do Sul, era acusado pelos moradores de nomear como ouvidor um "alfaiate de profissão, homem ébrio e de má consciência, com mais inteligência para a tesoura que para a judicatura" (Saldanha, 2001, p.224).

Não se julgue contudo que a situação da Justiça nas capitanias da Coroa fosse muito diferente. Na da Paraíba o ouvidor não era letrado e o mesmo ocorria nas de Sergipe d'el-rei e Rio de Janeiro no início do século XVII. Só a capitania da Bahia se encontrava em melhor situação por ser a sede do governo-geral. Tinha já uma Relação, à data apenas com o chanceler e quatro desembargadores "em que entra o ouvidor geral". Este desempenhava a função de ouvidor da capitania, "o qual havia antes da Relação", cargo que depois da criação desta se extinguiu.[135]

Depois da restauração de Pernambuco, a capitania foi logo assumida pela Coroa, apesar do longo litígio com o donatário, conde de Vimioso, e os ouvidores passaram a ser nomeados pelo rei. O que se observa pela "Relação de ouvidores" inserta na "Informação geral da capitania de Pernambuco", de 1749, é que muito raramente estes magistrados permaneciam no cargo apenas por um triênio. Dos 23 ouvidores desse período, entre 1653 e 1747, apenas cinco serviram por três anos. Em geral estavam no cargo quatro ou cinco anos.[136]

O Regimento dos Ouvidores de Pernambuco data de 22 de setembro de 1668 e nele se determinava que residissem na vila de Olinda "por ser a mais frequentada". Dos nomeados 21 eram doutores; só havia um licenciado e um bacharel. Até 1715 o ordenado era 200$000 réis e a partir desse ano 300$000 réis. A sua alçada variava com a condição social e étnica dos réus: escravos e índios, penas de degredo, açoutes e morte; peões, ou seja, plebeus, brancos e livres, degredo até cinco anos, pena vil (açoutes, baraço ou pregão), morte natural ou "cortamento de membro"; às pessoas nobres, moços da câmara e cavaleiros fidalgos (e daí para cima) só podiam aplicar no máximo seis anos de degredo. A partir de 1704 passaram também os ouvidores a sentenciar os vadios a degredo para Angola.[137]

Desde 1708 os ouvidores atuaram também como juízes da Coroa "para as contendas que muitas vezes sucedem haver com o Juízo eclesiástico e secular, principalmente em tempo de cabido". Precisando de ajuda nessa função,

---

135 *Documentação ultramarina portuguesa*, t.2, p.31.
136 "Informação geral da capitania de Pernambuco (1749)", p.333-5.
137 Ibidem, p.335-40.

podiam recorrer ao juiz de fora e ao advogado mais antigo do seu auditório, "sendo formado pela Universidade de Coimbra". Havendo na terra letrados desimpedidos, igualmente podiam nomeá-los como adjuntos.[138]

No início do século XVIII a comarca tinha por sede Olinda e por termo as vilas de Igaraçu, Serinhaém e Recife e, no sertão, dezenove freguesias. A 8 de agosto de 1710 foi criado o lugar de ouvidor da comarca da vila do rio de São Francisco, que abrangia as vilas das Alagoas e de Porto Calvo, "por se evitarem as mortes e mais delitos que nos ditos lugares se cometem".[139]

Vemos assim que, no que se refere ao cargo de ouvidor, a presença de letrados tardou a fazer-se sentir no Brasil dos séculos XVI e XVII. Mesmo na primeira metade do século XVIII poucas regiões os possuíam. Quando o coronel José da Silva Pais pretendeu reivindicar um engenho situado na freguesia de Goiana, capitania de Itamaracá, engenho esse que estava na posse do alcaide-mor daquela capitania, pediu ao rei que a ação fosse julgada ou na Bahia ou em Pernambuco. E justificava o seu pedido: "por ser causa gravíssima e naquela capitania não haver ministros letrados, nem letrados que a defendam, principalmente sendo a parte poderosa". Em 1723 o rei escolheu o ouvidor da comarca de Pernambuco para a demanda.[140]

A escassez de letrados no Brasil levou Dom João V a repreender o governador de Pernambuco, Duarte Sodré Pereira, em 1723, por não ter dado posse ao bacharel formado Antônio Ferreira Castro no lugar de procurador da Coroa na capitania:

> o defeito que dizeis haver no dito provido por ser pardo lhe não obsta para este ministério e se repara muito que vós por este acidente excluísses um bacharel formado provido por mim para introduzirdes e conservares um homem que não é formado, o qual nunca o podia ser por lei, havendo bacharel formado.[141]

De ressaltar dois aspectos nessa repreensão régia: primeiro que um indivíduo que era considerado pardo no Brasil tivesse sem problemas conseguido formar-se na Universidade de Coimbra; e segundo que o monarca valorizasse o grau acadêmico mais do que a cor da pele do seu procurador da Coroa em Pernambuco.

---

138 Ibidem, p.338.
139 Ibidem, p.345.
140 *Provisões e mercês concedidas ao brigadeiro José da Silva Pais*, Rio Grande, Centro Rio-Grandense de Estudos Históricos, 1987, p.30.
141 "Informação geral da capitania de Pernambuco (1749)", p.236.

Mesmo na Bahia tardou a presença de letrados, apesar da existência de uma Relação desde o século XVII. Ainda em 1726 o lugar de juiz dos Órfãos "andava em pessoas leigas", até que o Conselho Ultramarino opinou que esse cargo fosse provido em "ministros de letras, atendendo que assim seriam melhor administrados os bens dos órfãos" (DH, v.90, p.115-6).

Nas câmaras, dada a inexistência de juízes de fora, só havia juízes ordinários leigos, uns mais preocupados do que outros em adquirir o saber jurídico necessário à função que exercem. Havia os autodidatas como Francisco Nunes de Siqueira, natural e "cidadão" de São Paulo, que se entregou ao estudo da gramática latina e se dedicou "à lição dos livros forenses e Ordenações do Reino", o que lhe serviu não só para ocupar o lugar de juiz ordinário como também para atuar como procurador da família Pires na Relação da Bahia por ocasião das lutas com os Camargos.[142]

Passemos agora àquilo que na época se designava os "lugares de letras" a que concorriam os bacharéis formados pela Universidade, ou na Faculdade de Leis ou na de Cânones. É preciso não esquecer que a carreira da magistratura tinha início na leitura dos bacharéis no Desembargo do Paço e, após a Restauração, Dom João IV pretendeu instaurar ordem nessa prática, determinando a observância do assento tomado naquela instituição "para não serem nele admitidos a ler aqueles sujeitos que não fossem primeiro bacharéis formados pela Universidade de Coimbra, depois de cursarem 8 anos nas Leis ou Cânones, e mostrarem como, de mais dos 8 anos, residiram nela 2, ou estiveram de exercício e assistência nas audiências públicas".[143] Por esse decreto de 19 de junho de 1649 não só se exigia o grau acadêmico para a leitura, mas também um período de prática jurídica, uma espécie de estágio dos recém-formados. Mas antes, ainda no período filipino, pela carta régia de 20 de agosto de 1625, os bacharéis "de baixo nascimento" não eram admitidos a ler no Desembargo do Paço, "salvo se o merecerem por letras e virtudes" (Carneiro, 1828, liv.1, tít.IV).

A obra clássica de Stuart B. Schwartz, *Sovereignty and society in colonial Brazil*, abriu o caminho para o estudo da magistratura na Colônia. Embora se concentre apenas na prosopografia dos desembargadores da Relação da Bahia

---

142 Leme ([1954], t.2, p.90-1). As devassas instauradas em 1653 pelo ouvidor-geral da Repartição do Sul foram enviadas para aquele tribunal, havendo um perdão geral para os culpados.

143 Decreto de 19 de junho de 1649, em Silva (1855-1859), volume referente aos anos 1648-1656.

entre 1609 e 1751, descreveu o mecanismo da seleção dos magistrados entre os oriundos da Universidade de Coimbra e acentuou a minuciosa inquirição por que passavam nas terras de suas naturalidades e nas de seus ascendentes (Schwartz, 1973, p.75-7).

Na época em que foi publicado esse livro (1973) a análise prosopográfica ainda não era comum entre os historiadores do Brasil colonial. Selecionando, entre os 168 desembargadores analisados, os naturais do Brasil, percorri a mesma trilha de Stuart B. Schwartz, agora com um objetivo diferente, o estudo da nobreza colonial, que inclui necessariamente aqueles que passavam pelo crivo do Desembargo do Paço no que se refere à qualidade da sua ascendência.

Foram nove os processos referentes à leitura dos bacharéis naturais do Brasil que, mais tarde, chegaram ao topo da carreira da magistratura como desembargadores da Relação da Bahia. Em 1644 foram inquiridas oito testemunhas acerca de Cristóvão de Burgos. Das inquirições resultou que esse baiano era filho do licenciado Jerônimo de Burgos, juiz dos Órfãos da cidade da Bahia, cargo que também ocupara o avô materno. Pelo que se refere à ascendência materna, toda baiana, o habilitando era "cristão velho, e limpo sem raça alguma" e também não havia mecânicos: "se trataram sempre nobremente, tendo os ofícios da governança da cidade". Nessa inquirição Cristóvão de Burgos foi retratado como estudante sisudo e de bom procedimento, capaz de servir o rei nos lugares de letras. Quanto ao lado paterno, foi preciso inquirir no Reino, na cidade de Évora, mas nada se encontrou de desabonador.[144]

No caso do bacharel pernambucano Simão Álvares de la Penha, em 1645, o lado materno tinha origem no Reino de Castela. O avô, Pedro Álvares de la Penha, a quem chamavam o Castelhano, ocupava o posto de contador e vedor da gente de guerra castelhana quando foi para Portugal. O pai era Manuel Álvares, o Deus Dará, apelido que lhe tinham dado os soldados do Brasil porque, quando faltava dinheiro para lhes pagar, dizia "Deus dará". Esse bacharel era já casado com uma irmã do padre Antônio Vieira e servira de ouvidor-geral do Rio de Janeiro e de provedor dos Defuntos e Ausentes em Pernambuco: "de tudo deu boa conta e é muito capaz de servir a V. Majde. em lugares de letras".

Esta habilitação é extremamente reveladora, na medida em que permite distinguir claramente o cargo de ouvidor e a carreira da magistratura propriamente dita. Enquanto esta só se iniciava depois da leitura no Desembargo do Paço e das necessárias inquirições, uma ouvidoria podia ser ocupada sem estas

---

144 ANTT, LB, Letra C, maço 2, doc.55.

exigências, o mesmo ocorrendo com outros cargos como a provedoria dos Defuntos e Ausentes, que nessa época ainda não surgia ligada ao juiz de fora, pois este letrado praticamente não existia no Brasil.

Todos os ascendentes paternos de Simão Álvares de la Penha eram reinóis e, portanto, às treze testemunhas ouvidas em relação à ascendência materna, pernambucana, tiveram de ser acrescentadas mais nove no termo da cidade de Braga. Mas, de ambos os lados, todos eram cristãos-velhos sem mecânica. E pelo lado materno sempre se tinham tratado à lei da nobreza com criados, escravos e cavalos.[145]

É interessante que as informações sobre o baiano João de Góis e Araújo foram enviadas da Bahia, em 1663, por Cristóvão de Burgos, que vinte anos antes passara pelo mesmo processo: "Delas consta ser o dito licenciado nobre por seus pais e avós, cristão velho sem raça alguma, e da mesma maneira a mulher com que é casado". A esta fórmula estereotipada acrescentou contudo um comentário pessoal: "Eu o conheço a vogar [sic] nesta Relação há mais de 9 anos". Ou seja, o licenciado estivera praticando como advogado até concorrer aos lugares de letras pela leitura no Desembargo do Paço. Também foram feitas inquirições em Viana, no norte de Portugal, por ter avós, do lado paterno mas também do materno, daquela região.[146]

O baiano João da Rocha Pita, bacharel formado na Faculdade de Leis, surge nessas inquirições como um estudante brilhante: "Procedeu sempre com muito bom exemplo e, estudando Filosofia no colégio da Companhia de Jesus desta cidade [Bahia], foi um dos melhores estudantes do seu curso". Deve ter sido muito bom aluno também na Universidade, pois em 1667 foi professor substituto por quatro meses de "uma das cadeiras de Código", por provimento do Conselho universitário, e no ano letivo de 1668/69 deu durante dois meses outra cadeira. Seu pai, Sebastião da Rocha Pita, era irmão da Santa Casa, "do número dos nobres e cidadão desta cidade e da governança dela".[147]

Em 1716 o bacharel Luís de Sousa Pereira era já familiar do Santo Ofício e cavaleiro professo da Ordem de Cristo quando solicitou dispensa para que suas inquirições e as de seus avós maternos, que deveriam ser feitas na Bahia, pudessem realizar-se em Lisboa, de onde eram naturais os ascendentes paternos. Chamava-se então a "pátria comum". Era filho do desembargador João de Sousa, conselheiro ultramarino, e as testemunhas declararam que seus pais

---

145 ANTT, LB, Letra S, maço 5, doc.4.
146 ANTT, LB, Letra J, maço 16, doc.44.
147 ANTT, LB, Letra J, maço 17, doc.25.

e avós eram pessoas nobres, e como tal se trataram, "vivendo à lei da nobreza sem ofício algum mecânico". Quanto ao bacharel, era pessoa "de boa vida e costumes" e solteiro.[148]

João Eliseu de Sousa Sarrão, também baiano, formou-se na Faculdade dos Sagrados Cânones e encontrava-se morando na vila de Pombal, em Portugal, quando concorreu aos lugares de letras, alegando ter "exercício da prática judicial". Só a mãe e a avó materna eram naturais da Bahia. O avô materno, natural de Massarelos, no Porto, "se embarcou para a cidade da Bahia, tinha nela lógea de mercancia em que por seus caixeiros vendia panos, baetas e sedas, e era mercador de cabedais, e por ficar viúvo se deixou da dita lógea e se fez sacerdote". João Eliseu foi reprovado pela mecânica de seu pai, mas dispensado por resolução de 6 de agosto de 1721.[149]

As inquirições de João Rodrigues Campelo, também formado em Cânones, foram feitas no Recife em 1721. Foi o ouvidor-geral de Pernambuco que enviou para Lisboa as informações: ele era solteiro, de bons costumes, o pai, o sargento-mor Antônio Rodrigues Campelo, era familiar do Santo Ofício e tinham os ascendentes participado da governança da vila. Quanto aos avós paternos e maternos, de Viana, a informação enviada dessa vila foi que nenhum tivera ofício mecânico. Um advogado da Corte e Casa da Suplicação certificou que ele assistia cotidianamente no seu escritório "praticando".[150]

Era baiano Antônio Rodrigues Banha, igualmente formado em Cânones, filho e neto pelo lado materno de desembargadores reinóis. O pai fora vereador na vila de Odemira no Alentejo e servira "outros cargos honrosos, sem em tempo algum exercitar ofício mecânico". As inquirições de 1737 mostraram serem os ascendentes "legítimos cristãos-velhos, limpos e sem raça alguma de cristãos-novos, mouros, mouriscos, mulatos, nem de outra nação infecta".[151]

O pai e os avós paternos de Cristóvão Álvares de Azevedo Osório eram naturais de Madri, o que complicava as inquirições, e por isso esse bacharel pediu que algum magistrado da fronteira, "em uma das praças do Alentejo donde frequentemente há correios de Castela," se encarregasse de mandar os papéis. Ele era natural da cidade da Bahia, mas como o ouvidor dela andava sempre em correição, "mais de 15 dias de jornada distante desta cidade", ele pediu e obteve que outro magistrado se encarregasse das inquirições para não

---

148 ANTT, LB, Letra L, maço 7, doc.6.
149 ANTT, LB, Letra J, maço 17, doc.47.
150 ANTT, LB, Letra J, maço 18, doc.6.
151 ANTT, LB, Letra A, maço 26, doc.14.

as atrasar. O ouvidor do Cível da Relação da Bahia as assumiu em 1738. O bacharel estava morando em Lisboa, casado com a filha de um moço da câmara de Sua Majestade, e era cavaleiro professo da Ordem de Cristo. O pai era sargento-mor.[152]

Podemos concluir que, de todos esses que se habilitaram aos lugares de letras, só um teve defeito de qualidade, e mesmo esse obteve dispensa régia. A formação dos bacharéis que chegaram a desembargadores da Relação da Bahia era indiferentemente em Leis ou em Cânones, pois eles iriam atuar não só nos tribunais civis como também nos eclesiásticos. Predominam os baianos, sete, sendo apenas dois os pernambucanos. Os pais ou ocupavam postos da oficialidade das tropas auxiliares ou possuíam formação jurídica.

Os lugares na Relação da Bahia eram vivamente desejados pelos naturais do Brasil. Quando chegou uma ordem do Reino para que os filhos da terra não fossem providos desembargadores daquele tribunal, logo os oficiais das câmaras do Rio de Janeiro, Pernambuco e Paraíba argumentaram, em 1677, contra este impedimento. Diziam eles que os naturais do Brasil se aplicavam com grande desvelo aos estudos com a esperança de servirem o rei nos lugares de letras, ou seja, nos cargos da magistratura, "indo à Universidade de Coimbra com risco das vidas e dispêndio das fazendas". Era portanto natural que criassem a expectativa de ocupar cargos de magistrados superiores e, "sendo incapacitados para eles, ficariam desanimados por não poderem seguir aquele caminho" (DH, v.92, p.230).

Lembravam que os naturais da Bahia, onde estava sediada a Relação, poderiam na verdade ter menos liberdade em suas decisões "por respeito às amizades e parentescos" na terra, mas os do Rio de Janeiro encontravam-se a trezentas léguas da Bahia e os de Pernambuco e Paraíba também não residiam nas proximidades daquele tribunal. Sua localização geográfica era idêntica à dos insulares perante as Relações de Lisboa e Porto. O rei permitira aos naturais do Brasil o estudo das leis na Universidade de Coimbra e portanto, uma vez formados, estavam destinados a "usarem das letras e servirem nos lugares delas". Aquela proibição, incidindo sobre todos os coloniais, inclusive os do estado do Maranhão e os do Sul, obstruía o caminho para "a principal honra a que podiam aspirar" (ibidem, p.231).

O Conselho Ultramarino mostrou-se sensível a esta argumentação, parecendo-lhe justo "terem os pais e parentes daqueles moradores o gosto de os verem autorizados com insígnias e com lugares para que houvessem por bem

---

[152] ANTT, LB, Letra C, maço 3, doc.4.

gastado o cabedal que despenderam e se animassem os sujeitos a seguir as letras, sem as quais se não podiam governar as monarquias" (ibidem, p.232).

Os camaristas do Rio de Janeiro insistiram também, em 1678, com o Conselho Ultramarino para que fosse efetivamente aplicado o decreto de 3 de agosto de 1668, segundo o qual os naturais do estado do Brasil, sendo idôneos, "preferissem para os postos de guerra, ofícios, conezias e dignidades que vagassem" (ibidem, p.235).

Há um grupo de formados pela Universidade de Coimbra até agora muito mal estudado na medida em que não ocuparam cargos na magistratura, limitando-se a advogar. Os lugares de letras não eram tão numerosos na Colônia até meados do século XVIII que chegassem para todos os bacharéis naturais do Brasil, e estes tinham necessariamente de procurar outra atividade: a advocacia. Não se tratava contudo de uma profissão que pudesse ser exercida simplesmente por quem possuía o grau acadêmico na Universidade, pois era exigida uma licença para advogar, licença esta que, por uma ordem régia de Dom João V, de 4 de outubro de 1745, cabia exclusivamente ao Conselho Ultramarino conceder.[153]

É preciso lembrar, porém, que nem todos os advogados desse período eram formados. Muitos exerciam a profissão por provisão régia, em geral válida apenas por seis meses, sendo preciso renová-la constantemente. Na vila de Santos, capitania de São Paulo, Manuel Ferreira da Silva defendera várias causas, "tanto no Juízo geral como também no da Procuradoria da Fazenda Real", mas, como não era "letrado formado", não podia assinar os papéis, "pois somente aos formados se lhes permite semelhantes faculdades". Obteve uma provisão por seis meses, em maio de 1729, e em resultado dela podia cobrar os emolumentos e salários compatíveis com esta atividade. Já Manuel da Silva Oliveira, que advogava nos auditórios da vila real do Senhor Bom Jesus das minas de Cuiabá, recebeu por essa altura provisão por um ano "atendendo à grande distância" em que ficava aquele sertão. Nada é dito quanto à sua formação, se era letrado ou não, mas tudo indica que sim, pois devia pagar à Fazenda Real os "novos direitos" pelo tempo que tinha servido (DI, v.27, p.1 e 62).

O prestígio social dos ofícios de Justiça na Colônia dependia fundamentalmente da passagem ou não pela Universidade. Não era o mesmo ser ouvidor letrado ou ouvidor destituído de letras, juiz ordinário ou juiz de fora e desembargador. E na base da hierarquia encontravam-se os advogados, os quais se não eram formados recebiam muitas vezes o epíteto derisório de rábulas.

---
153 "Informação geral da capitania de Pernambuco (1749)", p.239.

3
Das mudanças pombalinas à chegada da Corte

A nova nobreza

O tratadista da nobreza, Pereira Oliveira, reconhecia em 1806 que o comércio fora em tempos passados tido "em pouca conta", mas que "os governos iluminados, convencidos da importância desta arte, em nada cuidam tanto como em promovê-la e honrá-la". Foi o que fez Sebastião José de Carvalho e Melo durante o reinado de Dom José. Enquanto as Ordenações do Reino poucos privilégios concediam aos mercadores, a legislação josefina "degradou do comércio toda a ideia de abatimento e o fez compatível com a mais alta nobreza". Mas o autor não se referia aqui aos que vendiam ao retalho e pelo miúdo em lojas, tendas ou botequins: "Estes homens, entrando no comércio por uma porta tão baixa e estreita, longe de ganharem nobreza, perdem e derrogam a que tiverem" (Oliveira, 1806, cap.X).

Também Manuel Luís da Veiga, em 1803, na sua *Escola mercantil sobre o comércio*, escrevia que só mereciam o título de negociantes "os que tratam nobremente sem retalhar, nem varejar suas fazendas, como costumam os mercadores de panos e outros lojistas, que vendem por miúdo as suas mercadorias" (Veiga, 1803, p.450).

Eram aqueles que participavam como acionistas nas Companhias Gerais de Comércio, aqueles que serviam de deputados da Junta do Comércio, aqueles que frequentavam a Aula de Comércio para adquirir o saber necessário à sua arte, que tornavam a profissão "nobre". A nova atitude da Coroa em relação à atividade mercantil revelava-se também em leis que aparentemente não lhe diziam respeito, por exemplo a de 3 de agosto de 1770, que permitiu aos negociantes instituir morgados, tal como os fidalgos, os nobres, os que se empregavam no serviço das armas ou das letras; ou a lei de 29 de novembro de 1775, que concedeu aos negociantes a possibilidade de recorrer ao Desembargo do Paço, do mesmo modo que os nobres, quando pretendiam alcançar licença régia para contrair matrimônio contra a vontade de pais ou tutores.

Na segunda metade do século XVIII, uma evolução semântica acompanhou o fortalecimento do corpo mercantil e o seu progressivo enobrecimento: a palavra mercador, tão comum nos séculos anteriores, deixou praticamente de ser usada para aqueles homens de negócio que dispunham de grossos cabedais. Em 1798, José da Silva Lisboa, em seus *Princípios de Direito Mercantil* (obra que teve sucessivas edições graças ao êxito obtido), no capítulo sobre os homens de negócio e seus privilégios, definiu-os como aqueles que empregavam "grandes fundos em tráficos e manufaturas". Como estas foram proibidas na Colônia em 1785, só sendo novamente permitidas em 1808, era nos "tráficos" que se concentravam os homens de negócio: "São os que fazem o comércio de especulações, bancos e seguros, precisam de penetração, sagacidade e inteligência teórica e prática para bem calcularem as circunstâncias vantajosas aos negócios que projetam" (Lisboa, 1798, cap.28).

Em finais do século XVIII estava portanto definitivamente valorizada uma ocupação que começara, com o conde de Oeiras, a adquirir novos contornos e a se revestir de uma nobreza antes inexistente. Não há dúvida de que uma nova categoria social surgiu com a instituição da Companhia Geral do Grão--Pará e Maranhão em 1755. Lemos no §39 da sua criação:

> Todas as pessoas que entrarem nesta Companhia com 10.000 cruzados e daí para cima usarão, enquanto ela durar, do privilégio de homenagem de sua própria casa naqueles casos em que ela se costuma conceder. E os oficiais atuais dela serão isentos dos alardos e Companhias de pé e de cavalo, levas e mostras gerais, pela ocupação que hão de ter.

Temos aqui em primeiro lugar os privilégios concedidos aos acionistas naquilo que se relacionava com a forma de prisão e a participação nas obrigações das ordenanças.

Mas o ponto mais importante desse parágrafo dizia respeito à nobilitação do grande acionista: "E o comércio que nela se fizer na sobredita forma não só não prejudicará a nobreza das pessoas que o fizerem, no caso em que a tenham herdada, mas antes pelo contrário será meio próprio para se alcançar a nobreza adquirida". E mais, todos os vogais, que servissem no período da sua fundação, ficariam habilitados a receber os hábitos das ordens militares e seus filhos poderiam "ler" no Desembargo do Paço sem precisar de dispensa de mecânica, contanto que, depois de haver exercido aquela ocupação, não vendessem "por si em lojas, ou em tendas, por miúdo", nem tivessem "exercício indecente ao dito cargo, depois de o haverem servido".

O alvará de 10 de fevereiro de 1757 ampliava os privilégios concedidos anteriormente ao provedor e aos deputados da Junta da Companhia Geral do Grão-Pará e Maranhão. Todos os acionistas com mais de dez ações originárias gozariam do privilégio de Juízo privativo e do privilégio de aposentadoria ativa e passiva; não seriam constrangidos a servir os ofícios de Justiça ou Fazenda, nem os cargos concelhios; gozariam o privilégio de nobres.

O que se entendia nesse alvará por "privilégio de nobres"? O não pagarem rações, oitavos e outros encargos que só recaíam sobre os peões ou plebeus; e o receberem os hábitos das ordens militares sem precisar de dispensa de mecânica. Este privilégio, contudo, só beneficiava os "originários acionistas" da Companhia, e não aqueles a quem cedessem, ou vendessem, suas ações.

A Mesa da Consciência e Ordens levantou uma série de dúvidas acerca das facilidades concedidas aos grandes acionistas pelo alvará de 10 de fevereiro de 1757. Queria saber se a dispensa se referia às mecânicas dos pais e avós, ou só às dos habilitandos; se ela era extensível aos filhos, caso tivessem mecânicas por via materna; se esse privilégio abarcava também aqueles que tinham sido declarados inábeis pela Mesa e depois disso tinham adquirido ações; se estes dispensados deviam também pagar as "contribuições", ou seja, os valores cobrados desde 1730 a todos os que na habilitação apresentavam defeitos (Olival, 2001, p.77).

Todas as dúvidas foram esclarecidas por despacho régio, que incluiu no privilégio os filhos e netos dos primeiros acionistas e que permitiu que a compra de ações tivesse efeito retroativo sobre sentenças anteriores da Mesa. Tal liberalidade régia assentava no desejo de aumentar a venda de ações, a qual diminuíra consideravelmente depois do terremoto de novembro de 1755.

A nobilitação dos grandes acionistas teve como contrapartida, na política pombalina, a supressão dos comissários volantes que habitualmente faziam o comércio transatlântico, "pessoas ignorantes do mesmo comércio, e destituídas dos meios necessários para o cultivarem". Pelo alvará de 6 de dezembro de 1755 se estabeleceu que em nenhuma das frotas do Brasil podiam viajar comissários volantes, "quais são os que, comprando fazendas, as vão vender pessoalmente para voltarem com o seu procedido". Incorreriam em penas os mestres, oficiais e marinheiros dos navios mercantes que se dedicassem a esse tipo de comércio, por si próprios ou por interposta pessoa. Um ano mais tarde, o alvará de 11 de dezembro de 1756 suavizou a proibição referente à tripulação dos navios, fornecendo uma lista dos "gêneros miúdos" em que podia comerciar.

Do Reino para o Brasil	Do Brasil para o Reino
Presuntos	Farinha de mandioca
Paios	Melaço
Chouriços	Cocos
Queijos do Alentejo e não outros	Boiões e barris de doce
Ceiras de passas, de figos e de amêndoas	Louça fabricada no Brasil
Louça de barro fabricada no Reino	Papagaios e mais aves e penas
Sardinhas	Bugios
Castanhas piladas	Saguins e outros animais
Ameixas passadas	Abanos de penas e de folhas
Azeitonas	Cuias e tabuleiros
Cebolas	
Alhos	
Alecrim	
Louro	
Vassouras de palma do Algarve	

É que o pequeno comércio da marinhagem, ao contrário daquele praticado pelos comissários volantes, em nada prejudicava os interesses dos acionistas da Companhia de Comércio, nem os dos negociantes de grosso trato matriculados na Junta do Comércio, criada a 30 de setembro de 1755, e cujos estatutos datam de 16 de dezembro de 1756.

Tal como os acionistas da Companhia Geral do Grão-Pará e Maranhão, também aqueles que na Junta de Comércio ocupassem os cargos de provedor, deputados, secretário e procurador não perderiam a nobreza herdada por os ocuparem, "mas antes pelo contrário será meio muito próprio para se alcançar a nobreza adquirida". Usufruiriam de seu juiz conservador, do privilégio de aposentadoria, da habilitação às ordens militares sem necessidade de dispensa de mecânica e os filhos podiam apresentar-se à leitura de bacharéis no Desembargo do Paço sem necessitar de tal dispensa. Mas esses privilégios só tinham vigência enquanto ocupassem seus cargos na Junta inicial e, nas eleições seguintes, apenas o provedor e o vice-provedor deles gozavam.

Os estatutos da Companhia de Pernambuco e Paraíba consignavam o princípio do alvará de 1757, dispensando automaticamente de mecânica os que comprassem inicialmente dez ações. Mas, antes de examinarmos a possibilidade de nobilitação aberta pela segunda companhia pombalina, há que referir a tentativa fracassada dos negociantes baianos de criarem a sua companhia de comércio.

Inspirando-se na Companhia do Grão-Pará e Maranhão, os negociantes da Bahia que faziam o comércio de escravos da Costa da Mina quiseram, em 1757, criar uma companhia por se sentirem prejudicados com a provisão de 30 de março de 1756 que franqueava aquele comércio a qualquer embarcação. Ao informar sobre esse requerimento assinado por Joaquim Ignácio da Cruz e Luís Coelho Ferreira, além de mais dez homens de negócio daquela praça, o conde dos Arcos, a 4 de maio de 1757, lembrava que o rei (Dom João V) em 1743 pensara criar uma companhia desse tipo, o que não fora concretizado "pela variedade de discursos que naquele tempo fizeram os homens de negócio". Agora que eles se sentiam prejudicados por aquela provisão e também pelo alvará com força de lei de 17 de janeiro de 1757, que limitava o juro do dinheiro, inclusive o "dinheiro a risco", a 5%, quando o investimento dos negociantes no comércio da Mina rendia entre 16 e 18% (e já rendera inicialmente de 30 a 40%), é que os negociantes da Bahia tomavam a iniciativa da criação de uma companhia de comércio.

Os próprios homens de negócio, na sua petição, justificavam a mudança de atitude: "até agora, Senhor, se nos faria difícil o estabelecimento de uma companhia, ou pela variedade dos ânimos, ou pela rusticidade dos engenhos", mas no tempo presente, "desterradas as trevas" da sua ignorância, vendo-se já companhias públicas "cheias de crédito, de poder e de grande utilidade", estavam verdadeiramente empenhados em tal criação.

Nos estatutos da futura companhia, que eles anexavam à petição, estavam incluídos artigos idênticos aos da Companhia do Grão-Pará e Maranhão no que se referia à nobreza dos acionistas. Aqueles que entrassem com 10.000 cruzados teriam o privilégio de "homenagem em sua própria casa", dispensa dos alardos e companhias de pé e de cavalo, levas, mostras gerais, e também dos cargos de "recebedores, depositários, tesoureiros, almoxarifes, tutores e outros quaisquer onerosos". Os cargos da companhia não só não prejudicariam a nobreza herdada como facilitariam alcançar a adquirida. Ficariam habilitados para receber os hábitos das ordens militares sem dispensa de mecânica e seus filhos, sem ela, podiam ler no Desembargo do Paço. Era preciso contudo que, depois de haverem exercido cargos na companhia, não vendessem "por si em lógeas ou tendas por miúdo", nem tivessem "exercício indecente ao dito cargo".[1]

Mais ou menos por essa altura o ministério pombalino substituiu a Mesa do Bem Comum, que desde 1726 regulava informalmente, com autorização apenas do vice-rei, conde de Sabugosa, e não da Coroa, o comércio baiano sobretudo com a costa de África. Como escrevia o conde dos Arcos em 1757, essa Mesa do Bem Comum "consistia em um mero conventículo reprovado por Direito", que agora, de acordo com as ordens régias, devia ser substituído pela Mesa de Inspeção, com dois deputados, sendo um homem de negócio e o outro lavrador de tabaco, e a ela pertencia privativamente a administração do comércio da Bahia com a costa de África.[2]

Quanto à Companhia de Pernambuco e Paraíba, cujos estatutos eram idênticos aos da sua congênere no Norte amazônico, ela propiciou nobilitações pelo hábito de Cristo a naturais do Brasil, ou a reinóis aqui residentes.

Acionistas da Companhia de Pernambuco e Paraíba

Nome	Número de ações	Naturalidade	Morada	Data do hábito
Antônio da Silva Pereira	10	Barcelos	Brasil	1770
Antônio Francisco Monteiro	10	Tº Barcelos	Brasil	1768
Antônio José Soto	10	Lisboa	Brasil	1768
Francisco Aurélio Teixeira	10	Santos	Lisboa	1760
Francisco Carneiro de Sampaio	10	Porto	Brasil	1768
Henrique Martins	10	Tº Oeiras	Brasil	1762
João da Cunha Neves	10	Tº Guimarães	Brasil	1764
Luís Pereira Viana	10	Viana	Brasil	1764
Manuel Gomes dos Santos	20	Tº Lisboa	Brasil	1761
Tomé Correia de Araújo	10	Recife	Brasil	1772

Fonte: Olival (2001).

---

[1] AHU, Bahia, CA 2804-7.
[2] AHU, Bahia, CA 2573-9 e 2584-5.

Como vemos por esta lista, apenas dois acionistas eram naturais do Brasil, um residente na Colônia e o outro no Reino. Francisco Aurélio Teixeira, natural de Santos, obteve a portaria do hábito em 1742, muito antes portanto da criação da companhia pombalina. Obtivera-o por renúncia de um lente de Medicina, prática muito comum quando indivíduos com serviços, mas necessitados de dinheiro, não hesitavam em vender seus hábitos. Quando tiveram início as provanças, em 1746, o santista tinha 25 anos e era estudante da Universidade de Coimbra.

As inquirições revelaram vários problemas: o pai, portuense, fora como comissário para o Brasil, o que não era considerado atividade nobre; o avô paterno fora no Porto criado e em Lisboa cabouqueiro e sapateiro, embarcando depois como comissário para o Brasil; a avó paterna fora criada (tomava conta do gado e colhia milho), vendedora de carvão e mantivera em Lisboa uma venda de castanhas; o avô materno fora marinheiro e depois taberneiro.

Com todos esses impedimentos de qualidade, Francisco Aurélio Teixeira não foi considerado hábil pela Mesa da Consciência e Ordens, mas, como tantos outros, foi argumentando com os deputados ao longo dos anos. Em 1750 já era bacharel formado e apto a servir os lugares de letras, dispondo-se a pagar quatro marinheiros para a Índia; em 1751 aumentava esse contingente para seis e lembrava que o avô paterno morrera em luta com os franceses; em 1752 propunha oito marinheiros; e em 1759 oferecia-se para pagar 480$000 réis para as despesas da Mesa. Só conseguiu o que pretendia quando, a 10 de dezembro de 1759, comprou dez ações da Companhia de Pernambuco e Paraíba. Em 1760 já estava com seu hábito. Quanto a Tomé Correia de Araújo, recebeu o seu em 1770, com 12$000 réis de tença.[3]

Kenneth Maxwell salientou que o ministério pombalino atraiu homens de negócio para instituições como a Fazenda Real e a Junta do Comércio em Lisboa, e também na Colônia para as Intendências do Ouro ou para a fiscalização da administração dos diamantes (Maxwell, 1977, p.87). Isto sem falar nas Mesas de Inspeção da Bahia e do Rio de Janeiro. Catherine Lugar estudou a Mesa da Bahia, desde a sua criação em 1751 até seu desaparecimento depois da Independência, em 1827, e chegou à conclusão de que, embora inicialmente os representantes da agricultura tivessem tanto peso quanto os negociantes, a Mesa foi evoluindo no sentido de uma maior preponderância mercantil (Lugar, 1980, p.260).

---

3 ANTT, HOC, Letra F, maço 7, doc.17 e Registro Geral de Mercês, Dom José I, liv.24, f.298.

Em 1775 a Câmara de Salvador deixou de eleger os deputados pela agricultura e em 1798 foi criado na Mesa de Inspeção o cargo de secretário permanente, entregue a José da Silva Lisboa, que publicou nesse mesmo ano os *Princípios do Direito Mercantil* e era um letrado com conhecimentos de economia política.[4]

Uma prova irrefutável do prestígio social do corpo mercantil na Colônia a partir do ministério pombalino foi a sua maior presença entre os elegíveis para as câmaras dos principais portos do Brasil, Rio de Janeiro e Bahia. Na "arruação dos cidadãos, que têm servido de vereador, durante o presente ano de 1803" deparamos com o nome do coronel Brás Carneiro Leão, cavaleiro do hábito de Cristo e um dos principais negociantes do Rio de Janeiro; o capitão José da Mota Pereira, o sargento-mor José Pereira Guimarães, o capitão José Caetano Alves, o coronel Antônio Gomes Barroso, o coronel Manuel Velho da Silva, o tenente Domingos Antunes Guimarães, o capitão Manuel Gomes Cardoso, o capitão Francisco de Sousa Meireles, o tenente Matias da Cruz, todos negociantes, alguns cavaleiros de Cristo e todos ocupando postos da oficialidade da tropa auxiliar.[5]

Para a Bahia não foram ainda localizadas essas pautas eleitorais, mas quero acentuar a importância de os negociantes constituírem um grupo forte no círculo de elegíveis. Mesmo que lhes não interessasse serem eleitos, pois na segunda metade do século XVIII os negócios mercantis absorviam muito tempo, pelo menos podiam eleger para os cargos municipais quem estava mais afinado com seus interesses.

O peso da classe mercantil baiana transparece num plano enviado, a 10 de maio de 1799, por Dom Rodrigo de Sousa Coutinho ao governador Dom Fernando José de Portugal. Ele propunha aos negociantes e aos outros capitalistas uma sociedade de seiscentas ações a 200$000 réis cada uma que emitisse bilhetes de crédito até 900.000 cruzados. Estes poderiam ser emprestados a particulares ao juro de 4% ao ano, mediante a garantia de bens de raiz seguros ou fianças idôneas (Aguiar, 1960, p.41-5).

O governador da Bahia mostrou o plano a alguns negociantes daquela praça, mas sem êxito: "há uma dificuldade, por falta de numerário e de capita-

---

[4] Lugar (1980, p.260). Até 1811 os deputados negociantes eram eleitos por um ano. Na Mesa de Inspeção do Rio de Janeiro houve, a partir de 1800, dois deputados vitalícios; na Bahia, a partir de 1802, houve um só, cargo ocupado inicialmente por Silvestre José da Silva.

[5] ANRJ, Diversos, Senado da Câmara do Rio de Janeiro, Caixa 500, pacote 2.

listas, em achar número suficiente de negociantes e acionistas, cujas ações sejam capazes de fazer um fundo público que possa ser útil ao comércio e à agricultura". Na prática os homens de negócio da Bahia já assumiam informalmente essa função: "cada um dos comerciantes desta praça em particular é uma caixa ou fundo de cada um dos lavradores, por consistir o comércio da Bahia em suprir aos do tabaco e açúcar geralmente de todos os gêneros, dinheiros, fazendas e escravos, recebendo em seu pagamento as colheitas e trabalhos dos mesmos lavradores, havendo comerciantes que assistem a 300 e 400 lavradores de tabaco e a 12, 15, 20 e mais senhores de engenho" (ibidem, p.46-7).

O grupo mercantil baiano era constituído por indivíduos cuja história de vida revela não só uma grande mobilidade geográfica como também mobilidade social. Aqueles que pretenderam a nobilitação mediante a concessão de hábitos apresentaram itinerários variados. As provanças do reinol Domingos Alves Branco ocuparam a Mesa da Consciência e Ordens de 1748 a 1771. Vejamos por quê.

Inicialmente foi dito que seu pai tinha "loge de drogas para boticas, onde assistia com seus caixeiros", atividade que também tinha sido exercida pelo avô. A mãe e as duas avós foram classificadas como "de segunda condição", ou seja, plebeias. Além disso, o próprio habilitando chegara à Bahia como criado do arcebispo Dom José Botelho de Matos, na qualidade de seu "comprador". Instalara-se com loja de fazendas da Índia "e nela vendia pessoalmente", o que o qualificava como mecânico. Só mais tarde começara a se servir de caixeiro. A 30 de abril de 1767 a Mesa considerou-o impedido de entrar para a Ordem de Cristo.

Domingos Alves Branco recorreu, lembrando que o rei costumava dispensar daqueles impedimentos e que, além disso, "na América não serviam pessoas brancas e só escravos". Esclareceu que a sua função junto ao arcebispo era de "criado grave" e que o fato de ter sido seu comprador significava apenas que ele comprava "ornatos para o palácio". Quanto à loja de fazendas da Índia, "não podia induzir mecânica por ser administrada por caixeiros". Mas a Mesa não se convenceu e manteve o seu parecer a 4 de junho daquele mesmo ano de 1767.

No segundo recurso apresentou o posto honorífico de capitão de auxiliares e a certidão, passada pelo contador da gente de guerra, certificando ter assentado praça de soldado auxiliar em uma das companhias de que era mestre de campo José Pires de Carvalho e Albuquerque em 1754 e ter passado depois a capitão, tendo servido nesse posto treze anos. Por outro lado, procurou deixar muito claro o que significava pertencer à "família" do arcebispo, mostrando para isso o depoimento de um cônego da Bahia: "se ocupava de dar execução a algumas diligências, que se lhe incumbiam da casa e palácio, em que não intervinha exercício algum vil, antes de todos era tratado com toda a atenção". Sobretudo, explicava ainda, nunca fizera "semanas de sala em que se empregavam os pajens minoristas". Assim, o ser familiar do arcebispo não acarretara "desdouro de nobreza" sendo, "pela abundância de bens e opulência em que vive, de todos estimado ainda entre os da primeira nobreza desta cidade e seu Recôncavo". Finalmente convenceu os deputados.[6]

Em 1760 fez Agostinho Gomes sua habilitação à Ordem de Cristo. À data tinha cerca de trinta anos, era solteiro, natural de uma povoação próxima da vila de Chaves, em Trás-os-Montes, Norte de Portugal. Ainda rapaz saíra do seu lugarejo transmontano para Lisboa, para casa de um mercador da rua Nova, onde estivera como caixeiro algum tempo, passando depois à Bahia, para casa do mercador Domingos Rebelo. Aqui fora caixeiro muitos anos, "vendendo-lhe as fazendas na sua lógea". Depois abrira lojas por conta própria, "as quais conserva com seus caixeiros e ele cuida nos sortimentos delas, donde também assiste muitas vezes".

À data da habilitação era já familiar do Santo Ofício e tinha "bom tratamento", mas o parecer dos deputados foi negativo: "o pai fora lavrador e depois, caindo na pobreza, trabalhava por jornal em lavouras, a mãe mulher de segunda, e por estes impedimentos o julgam por impedido para entrar na Ordem".[7]

Como era de praxe, o habilitando não se conformou com essa declaração de "falta de qualidade" e escreveu numa petição: "os impedimentos não são sórdidos e têm acabado", isto em relação ao pai; quanto ao impedimento na sua pessoa (o ter sido caixeiro de loja), esclarecia que não recebia salário, "que é o motivo em que cai a mecânica". Na Bahia era já "homem de negócio" e se, no passado, exercera a atividade caixeiral, fora devido ao empobrecimento de seu pai, antes "lavrador abastado", o que se provava por não ter surgido nenhum impedimento em relação aos avós paternos.

Além disso, quando da aclamação de Dom José, era almotacel em Salvador e contribuíra para as festas, e também dera dinheiro por ocasião do terremoto e do incêndio de Lisboa. Estava portanto nos termos de lhe ser concedida dispensa, "para a concessão da qual e remir a vexação em que se acha, oferece o donativo de 100$000 réis para a despesa do tribunal". Transparece aqui mais uma vez a prática da "compra" da mercê tão desejada pelo homem

---

6 ANTT, HOC, Letra D, maço 8, doc.1.
7 ANTT, HOC, Letra A, maço 15, doc.8.

de negócio. Dois deputados deram voto contrário, mas mesmo assim Agostinho Gomes obteve parecer favorável. A Mesa exigiu contudo de "donativo" 2.000 cruzados, ou seja, oito vezes mais do que o negociante oferecera!

O filho desse homem de negócio da Bahia foi um personagem bem conhecido da historiografia brasileira: o padre Francisco Agostinho Gomes, que não deixou sua nobreza por mãos alheias. Em 1798, ano da conspiração baiana, o padre requereu seu brasão de armas, apresentando-se como negociante de grosso trato e valorizando sua ascendência. Seu pai, Agostinho Gomes, fora também negociante de grosso trato, cavaleiro professo na Ordem de Cristo e familiar do Santo Ofício, três títulos mais que suficientes para lhe dar nobreza. Além disso dizia descender, por via paterna, das "ilustres famílias dos Fontouras e Carneiros da vila de Chaves, Província de Trás-os-Montes", e pelo lado materno era neto de Bento Maciel Teixeira. Todos se tinham tratado sempre à lei da nobreza, ocupando os mais honrosos cargos da república, "assim civis como militares". O padre esclareceu ainda que obtivera dispensa para poder ser negociante, apesar do estado eclesiástico.[8] Nessa justificação de nobreza nenhuma menção foi feita, naturalmente, ao avô lavrador empobrecido que se transformara em jornaleiro.

O negociante da Bahia, Teodósio Gonçalves da Silva, habilitou-se em 1760 à Ordem de Cristo. Natural do Norte de Portugal, da freguesia de Santa Marinha de Vila Nova de Gaia, seus ascendentes eram lavradores, mas senhores de terras. Viviam "honradamente" e com fartura dos rendimentos de suas fazendas. Portanto jamais haviam cultivado a terra como jornaleiros ou assalariados. O pai de Teodósio dedicara-se a negócios com o Brasil, "tratando-se limpamente", e sua mulher vivia "com todo o recolhimento" que era próprio de uma dona.

Enquanto as testemunhas inquiridas na terra natal falaram sobretudo sobre sua família e sua infância, as interrogadas em Lisboa eram homens de negócio que o tinham conhecido nas suas viagens à Bahia e estavam a par de suas transações. Um deles declarou que Teodósio Gonçalves da Silva era o administrador de um trapiche grande dos açúcares, pertencente a Simão Pinto de Queirós, e que casara com a filha deste. Outro testemunhou que ele mantinha "casa de negócio grande" na cidade da Bahia. Não surgiu nenhum impedimento nas provanças desse negociante, um dos mais ricos da Bahia.[9]

---

[8] ANTT, JN, maço 10, doc.14.
[9] ANTT, HOC, Letra T, maço 2, doc.4. Ver também meu livro *História da família no Brasil colonial*, p.108-10.

Antônio Cardoso dos Santos era natural precisamente da mesma freguesia de Santa Marinha de Vila Nova de Gaia onde nascera Teodósio. Em 1766 igualmente se habilitou à Ordem de Cristo. Uma das testemunhas inquiridas, que tivera sociedade com ele na Bahia, declarou conhecê-lo desde 1739 e saber que saíra do Norte de Portugal "de pouca idade" para a companhia de um tio e depois passara para a casa comercial de José Francisco da Cruz Alagoa, onde fora durante algum tempo caixeiro, mas, como salientava o antigo sócio, "de negócio e não de lógea". Esta distinção era fundamental, pois o caixeiro de loja era tido por mecânico, enquanto aquele que cuidava dos negócios em grande não sujava as mãos com mercadorias e portanto sua atividade não derrogava a nobreza que tivesse. Administrara em seguida o trapiche grande do tabaco e mais tarde ficara senhor de "uma das melhores casas de negócio daquela cidade", tratando-se "com muita opulência e luzimento". Para o único impedimento que surgiu, o de idade superior a cinquenta anos, foi dada dispensa.[10]

Também natural do Norte de Portugal, da freguesia de São Torquato, termo de Guimarães, João Francisco da Costa habilitou-se em 1784 à Ordem de Cristo, com 42 anos. Chegara à Bahia com cerca de catorze e fora para a casa de um parente. Este primeiro pusera-o nos estudos de Gramática Latina e Filosofia e depois "o interessou no negócio, sendo este todo por grosso trato, e nada por miúdo". Depois dessa sociedade, passara a negociar por conta própria, ficara sócio de quatro navios e tornara-se senhor de engenho. Não surgiu nenhum impedimento nas habilitações, pois seus pais e avós eram "lavradores de seus próprios bens" e não assalariados em terras alheias.[11]

Em 1797, Dom Rodrigo de Sousa Coutinho remeteu ao governador da Bahia, Dom Fernando José Portugal, a petição de Francisco Dias Coelho, negociante matriculado na Real Junta do Comércio, para que informasse o pedido de um hábito de Cristo e do cargo de inspetor vitalício da Mesa de Inspeção da Bahia.[12]

A argumentação do requerente baseava-se no fato de servir, desde 1786, no ofício de tesoureiro daquela instituição, "não só não percebendo ordenado algum, senão também tendo grande abatimento nesse exercício pelos frequentes suprimentos" que fazia com o seu dinheiro, adiantando os ordenados e as despesas pelo constante déficit da Fazenda Real e sofrendo com isso "longos

---

10 ANTT, HOC, Letra A, maço 21, doc.6.
11 ANTT, HOC, Letra J, maço 64, doc.21.
12 APEB, Ordens régias, v.83, doc.77A.

empates". Ou seja, a Coroa usava os cabedais do negociante para suprir as faltas de dinheiro em caixa na Mesa da Inspeção.

Estamos perante um negociante de grosso trato, com "extenso comércio", sendo um dos maiores carregadores para Lisboa e Porto. Além disso apoiava financeiramente os lavradores de açúcar e de tabaco do Recôncavo e mantinha uma "muito ampla e dispendiosa fábrica de curtir couros", dos quais remetia grandes quantidades para o Reino. Na década de 1790, marcada pela ilustração e pelas teorias acerca da riqueza das nações, era de bom-tom acentuar, como fez Francisco Dias Coelho, a sua contribuição para "a circulação do comércio e aumento da lavoura e criação de gado". Em tempo de guerra na Europa, era digno de louvor o fato de o negociante da Bahia, "com tanto risco de seus cabedais", promover a agricultura e o comércio nacionais.

A vitaliciedade do cargo de inspetor já existia na Mesa de Inspeção do Rio de Janeiro, o que abria um precedente para a sua concessão na Bahia. Quanto ao hábito de Cristo, lembrava o requerente o exemplo de tantos outros negociantes agraciados pelo soberano. Tratava-se de uma honra normalmente concedida a uma profissão "já nobilitada pelas leis do Reino".

Os negociantes, ao longo do complexo percurso para a obtenção de uma mercê, deparavam por vezes com exigências burocráticas difíceis de satisfazer. O requerimento de uma mercê tinha de ser acompanhado de vários documentos: fé de ofícios, folha corrida, certidão do Registro Geral de Mercês. Passava pelo Conselho Ultramarino, que consultava o fiscal das Mercês para saber se os papéis apresentados estavam corretos, e só então se procedia à consulta para despacho régio.

Vejamos o que se passou com o capitão Joaquim Leite Ribeiro, negociante de grosso trato e capitão de ordenanças do distrito da Madre de Deus, termo da vila de São João d'el-rei. Pretendia o hábito de Cristo e, para apresentar seus serviços, justificou perante a Ouvidoria de Vila Rica, a 14 de janeiro de 1806, que se empregara na cobrança do donativo voluntário, "não se forrando às despesas de sua pessoa, cavalgaduras e pajens, que todas fez à sua custa". Administrara vários ramos de dízimos na comarca de São João d'el-rei, arrematados na Junta da Fazenda da capitania de Minas Gerais. Dessa arrematação resultara utilidade para as populações porque ele não as oprimia "por ser pessoa dada a humanidade, bem educado e da melhor reputação", qualidades estas que herdara de seu pai, o sargento-mor José Leite Ribeiro. Na sua qualidade de negociante de grosso trato, tinha sem dúvida "engrossado os reais interesses".

Esta justificação foi remetida para Lisboa pelo governador de Minas Gerais a 27 de janeiro de 1806, uma vez que fora feita "legalmente", na conformidade das ordens régias. Mas o fiscal das Mercês, ao examinar os papéis, alegou serem estes apenas "atestações graciosas", faltando a fé de ofícios exigida pelo §4 do Regimento das Mercês, sem a qual não poderia haver remuneração de serviços. Acrescentava ainda o fiscal que o requerente era capitão de ordenanças e que, "posto que pela carta régia de 22 de março de 1766 fiquem remuneráveis os serviços destas no Estado do Brasil, contra o que estava estabelecido no decreto de 13 de agosto de 1706", aquele §4 não fora derrogado. Alude-se aqui a duas decisões importantes da Coroa em relação aos oficiais de ordenanças: em 1706 eles deixaram de ter seus serviços remunerados; em 1766, essa decisão deixou de valer para o Brasil, certamente porque as guerras no Sul tornavam necessária tal medida.

O fiscal das Mercês, além de exigir a fé de ofícios com a formalidade habitual, não encarava como serviços a arrematação de dízimos, porque, se a Fazenda Real colhia benefícios daquele contrato, também "lhe resultou interesse em utilidade própria", e portanto pouco havia a remunerar.[13] Este ponto merece uma análise mais detalhada. O Regimento das Mercês fora elaborado numa época em que se recompensavam sobretudo serviços militares e não fora modificado para acompanhar as mudanças ocorridas na sociedade colonial pela capacidade financeira dos grandes negociantes, que passaram a arrematar os contratos de cobrança para a Fazenda Real. Um contrato podia ser arrematado por um valor maior ou menor e, ao apresentarem seus serviços à Coroa, os negociantes procuravam salientar que tinham oferecido pelo contrato um valor muito alto, para que assim a arrematação pudesse passar por um serviço à Coroa.

Numas "Memórias públicas e econômicas da cidade de São Sebastião do Rio de Janeiro para uso do vice-rei Luís de Vasconcelos por observação curiosa dos anos de 1779 até o de 1789", o autor, ao falar dos "diferentes ramos de mercancia", usa critérios classificatórios que o levam a separar as 34 "casas de negociantes de negros novos" das 98 "casas de negociantes comissários". Afigura-se-lhe portanto necessário distinguir o comércio de escravos do outro tipo de comércio transatlântico. Menciona ainda 140 mercadores de fazendas (panos, sedas etc.), os quais, pela própria palavra mercador utilizada, eram os que vendiam a retalho.[14]

---

13 AHU, Minas Gerais, Caixa 186, doc.66.
14 RIHGB, 47, p.44-5. Não há dúvida de que a classe mercantil colonial ganhou maior força quando se apoderou do tráfico de escravos, como escreveu, a 5 de janeiro de 1785, Martinho de Melo e Castro: "nossos colonos brasileiros tomaram conta do comércio e da navegação da costa africana em total prejuízo de Portugal" (apud Maxwell, 1977, p.98).

Na segunda metade do século XVIII, a elite mercantil do Rio de Janeiro não só foi aumentando em número como também na qualidade dos negócios. Em 1792 eram 122 os negociantes por atacado, com suas casas comerciais instaladas sobretudo na rua Direita e na rua dos Pescadores. Em 1794 eram 126. No Almanaque de 1799 o número baixou para 97 por motivos que ignoramos, mas que talvez tenham a ver com a forma como foi feito o Almanaque. Aliás, nesse mesmo ano, o vice-rei, conde de Resende, informava Dom Rodrigo de Sousa Coutinho que os negociantes "de maior conceito" eram 36.[15]

Entre eles estava Brás Carneiro Leão, natural da freguesia de São Salvador de Meixomil, termo do Porto, que se habilitou à Ordem de Cristo em 1771. Durante sua infância em Portugal, "sempre se tratou com limpeza andando nos estudos", pois seus pais viviam de rendas. Os avós paternos tinham sido lavradores de "terras próprias" com criados, o que lhes dava prestígio social.

Chegara ao Rio com pouco mais de catorze anos, começando como caixeiro da casa comercial de Domingos Rabelo Leite, onde aprendera o negócio. Quando se habilitou estava ainda solteiro, apesar de ter já cerca de 45 anos. Era familiar do Santo Ofício e dedicava-se ao comércio com Lisboa e Porto.[16]

Era comum a elite mercantil começar por se habilitar a familiar do Santo Ofício, uma vez que suas fortunas eram muito bem acolhidas pelos inquisidores, para em seguida pleitear a Ordem de Cristo. Nicolau da Costa Guimarães tornou-se familiar em 1760 e em 1761 habilitou-se ao hábito. Natural da freguesia de São Miguel de Creixomil, extramuros da cidade de Guimarães, onde nasceu em 1720, viu surgir alguns impedimentos de qualidade nas suas provanças. O pai e o avô materno tinham sido ferreiros de loja aberta, "vendendo ferragens pelas feiras", e a mãe e a avó materna eram mulheres de segunda condição. Pediu dispensa desses impedimentos, o que lhe foi concedido "por seus pais e avós serem falecidos".[17] Isto significa que, na segunda metade do século XVIII, pelo menos em relação aos grandes negociantes, a Mesa da Consciência e Ordens perdera grande parte de sua rigidez estatutária.

Sobrinho do anterior, José Pereira Guimarães, nas suas provanças em 1781, não se deparou com nenhuma dificuldade. Nascera na mesma freguesia

---

15 Ver meu livro *História da família no Brasil colonial*, p.124 ss.
16 ANTT, HOC, Letra B, maço 7, doc.4.
17 ANTT, HOC, Letra N, maço 1, doc.17.

do tio, andara na escola e viera para o Brasil por volta dos dezesseis anos. Disse uma das testemunhas: "fora da sua pátria em direitura para a cidade do Rio de Janeiro para a companhia e casa de seu tio Nicolau da Costa Guimarães, homem de negócio, onde estivera muitos anos aprendendo". Depois se associara ao negociante Custódio Rodrigues Bandeira e, aos quarenta anos, mantinha seu próprio negócio, "fazendo várias carregações para as Minas em que tem caixeiros, tratando-se com toda a estimação e luzimento".[18]

De notar, nesta como em outras habilitações, que se procurava dar à atividade de caixeiro o sentido de um aprendizado, uma espécie de estágio, e não de um emprego, pois este implicava salário, o que derrogava a nobreza. Esta atitude se nota também nas provanças de Matias Alves de Brito, natural da freguesia de São Sebastião de Darque, termo de Barcelos, arcebispado de Braga, que viera para o Rio de Janeiro para a casa comercial de José Antônio Barbosa, homem de negócio "por partidas de fazendas atacadas", e ali exercera a função de guarda-livros, "aprendendo o mesmo negócio". Quando em 1776 se habilitou à Ordem de Cristo, tinha cerca de quarenta anos, possuía grossos cabedais e era senhor de engenho de açúcar, remetendo por isso avultadas quantias aos pais que permaneciam no Reino.[19]

Não fugindo à regra, Manuel Ribeiro Guimarães era natural do Norte de Portugal, da vila de Guimarães. As testemunhas inquiridas na sua habilitação à Ordem de Cristo em 1778 disseram que morava no Rio havia mais de 25 anos e que tinha cerca de quarenta anos. Tinha aprendido o negócio em casa de um tio e, por falecimento deste, herdara sua casa comercial, "uma das principais", onde vendia tudo por atacado. Uma das testemunhas, que fora seu caixeiro e o acompanhara ao Brasil, disse que ele viajara para o Rio de Janeiro "com uma grande carregação". Tal como a maior parte dos grandes negociantes, ocupava um posto nas milícias: era tenente de um dos terços auxiliares daquela cidade.[20]

Enquanto a maior parte dos negociantes, tanto na Bahia quanto no Rio de Janeiro, era oriunda do Norte de Portugal e possuía ascendentes lavradores, Pedro de Carvalho Morais surge como uma exceção no Rio de Janeiro. Nascera em Lisboa e o pai era mestre de Anatomia do Hospital Real dessa cidade e cavaleiro da Ordem de Cristo. Só a família do lado materno tinha origem rural. E apresentava defeito de qualidade: o avô materno fora criado de servir numa

---

18 ANTT, HOC, Letra J, maço 70, doc.1.
19 ANTT, HOC, Letra M, maço 25, doc.3.
20 ANTT, HOC, Letra M, maço 26, doc.9

quinta, e a avó materna, além de criada, tinha sido ama de leite. Mas nessa época estes antecedentes já não constituíam grande problema. O negociante foi dispensado mediante o pagamento de "20 moedas". De resto, seu itinerário foi semelhante ao dos demais: saíra de Portugal por volta dos catorze anos, fora caixeiro e, aos 28 anos, estava casado e estabelecido com negócio próprio, depois de ter sido sócio do patrão.[21]

Muito raramente esses negociantes de grosso trato eram coloniais como Vicente José Queirós Coimbra, carioca como seus pais e avós. Quando, em 1780, se habilitou à Ordem de Cristo, foram ouvidos na Corte alguns bacharéis nascidos no Brasil e que o conheciam do Rio de Janeiro. Um deles disse que Vicente teria uns quarenta anos e era viúvo. Administrava a sua casa comercial, que era "muito bem estabelecida", sendo além disso senhor de engenho "com escravatura". Outro bacharel lembrou que era bem aparentado e que um parente era vigário da Vara de Sabará. O bacharel Paulo Fernandes Viana, que mais tarde viria a ser intendente-geral da Polícia do Rio de Janeiro e que na época tinha apenas 26 anos, declarou que a sua era "uma das casas de negócio mais ricas daquele continente", tendo-a recebido por herança. Sempre ouvira dizer que "todos se trataram com a mesma ostentação de negócio grosso de fazendas atacadas e remessas para distintas partes, sem que ali houvesse suspeita de mecânica". Outra testemunha informou que o avô paterno fora advogado "dos de maior fama" e o avô materno capitão de infantaria auxiliar, senhor de engenho e "com um grosso negócio", tendo um estilo de vida nobre, com criados e escravos.[22]

Mesmo em capitanias que não possuíam uma elite mercantil muito forte, como era a de São Paulo, os mais ricos negociantes gozavam de um prestígio social que transparece na atestação passada em 1794 pelo governador Bernardo José de Lorena a Luís Antônio de Sousa. Mencionava o "asseio pessoal com que se trata de pajem e cavalo de estrebaria e conservando sempre caixeiros para o avultado negócio em que labuta". Além disso cumpria seus deveres de "cidadão" ocupando cargos da república, como o de juiz almotacé e juiz ordinário, contribuindo voluntariamente com quantias avultadas para obras como as do novo aquartelamento para a Legião dos Voluntários Reais, ou a do chafariz no centro da cidade de São Paulo.[23]

---

21 ANTT, HOC, Letra P, maço 7, doc.5.
22 ANTT, Letra V, maço 4, doc.6.
23 DA, v.6, p.13.

Exigências para a vinculação de bens

No reinado de Dom José, por influência de Sebastião José de Carvalho e Melo, foi adotada a política de "moderar as instituições de vínculos", não só em relação às capelas (lei de 9 de setembro de 1769) como em relação aos morgados (lei de 3 de agosto de 1770). Até então, a "imoderada faculdade de instituir vínculos de bens" ampliara demasiadamente o direito de primogenitura, e com isso diminuíra a população de Portugal, "sendo o aumento desta tão necessário a este Reino para poder estabelecer suas Colônias na América".[24] A argumentação da Coroa seguia o seguinte raciocínio: a concentração da herança, em vez de sua divisão igualitária entre os filhos, impedia a constituição de novas famílias, levando portanto a uma diminuição da população. E esta prejudicava grandemente o povoamento do extenso território brasileiro, numa época em que se cuidava dos limites com a América espanhola.

Além do argumento demográfico, outro era usado para justificar a nova política dos morgados: o desprestígio social resultante do seu excessivo número. A imoderada faculdade de vincular bens vulgarizara o morgadio, quando este devia ser distintivo da nobreza, e tal vulgarização era contrária à constituição da monarquia. Os morgados eram necessários nos governos monárquicos "para o estabelecimento e conservação da nobreza e para que haja nobres que possam com decência servir ao rei e ao Reino, tanto na paz quanto na guerra".[25]

Foram imediatamente abolidos aqueles que não fossem possuídos por alguém com foro de fidalgo para cima, mas os administradores dos vínculos cassados permaneceriam como proprietários desses bens agora livres, ou alodiais.[26] A lei de 3 de agosto de 1770, nos seus §15 e 16, deixou bem claro que só podiam encaminhar petição ao rei, via Desembargo do Paço, para instituição de novos morgados, "fidalgos ou pessoas de distinta nobreza" e também quem tivesse prestado serviços à Coroa nas armas, nas letras, "ou pela útil e louvável aplicação ao comércio, à agricultura, ou às artes liberais".

Esta última cláusula é que revela a profunda mudança social ocorrida. À nobreza tradicional da fidalguia, dos oficiais ou dos magistrados acrescentava-se agora a dos negociantes, daqueles que desenvolvessem métodos agríco-

---

24 BMP, Cod.296, f.164-5.
25 *Coleção das leis, decretos, e alvarás, que compreende o feliz reinado d'el-rei fidelíssimo Dom José I...*, t.1, Lisboa, 1792.
26 BMP, Cod.296, f.164-5.

las ou descobrissem algo importante nas ciências e nas artes. Era a ilustração a dominar uma prática social antes confinada à nobreza, que podia até descurar o aproveitamento racional de seus bens vinculados. Daí a exigência de rentabilidade alta para as propriedades que se pretendia transformar em morgados.

A licença régia para a instituição de vínculos depois da lei de 1770 só era concedida se a renda anual dos bens vinculados fosse de 1:000$000 réis para cima nas províncias do Reino, excetuadas a Corte, a Estremadura e o Alentejo. Para o Brasil também era exigido aquele rendimento, a menos que os instituidores tivessem tornado produtivos matos ou outros terrenos incultos, pois nesse caso a renda exigida baixava para 600$000 réis, segundo o §22 da lei de 1770.

O morgado de Marapicu, na capitania do Rio de Janeiro, constitui o primeiro exemplo de vinculação de bens depois da nova lei.[27] Dona Helena de Andrade Souto Maior Coutinho, viúva do capitão mor Manuel Pereira Ramos de Lemos e Faria, declarou na escritura assinada a 6 de janeiro de 1772 ter já feito várias doações a seu filho primogênito, Dr. João Pereira Ramos de Azeredo Coutinho, por escrituras lavradas em diversos lugares e datas: no tabelião Joaquim José Vieira Henriques, da cidade de Lisboa, a 2 de maio de 1751; no tabelião Francisco Xavier Lins, da cidade de Oeiras na capitania do Piauí, a 8 de maio de 1765; no tabelião Ignácio Teixeira de Carvalho, na cidade do Rio de Janeiro, a 10 de outubro de 1766; e no tabelião Antônio Velasco Xavier, da mesma cidade, a 11 de fevereiro de 1768.

O objetivo dessas doações tinha sido constituir um vínculo quando mais tarde se anexassem a esses bens sua terça e legítimas, vínculo esse "capaz de sustentar e promover a perpetuidade e o esplendor da sua antiga família por meio do Real Serviço". Mas, em virtude da lei de 3 de agosto de 1770, "as referidas doações, pela sua forma e pela incerteza dos bens, se não podiam autorizar com a real aprovação e confirmação". Por esta razão, a mãe e os irmãos do beneficiado tinham concordado em dar "nova forma ao vínculo que se haviam proposto por aquelas doações".

Assim, foi feita uma nova escritura, a 6 de janeiro de 1772, na freguesia de Nossa Senhora da Conceição de Marapicu, no engenho onde Dona Helena vivia. Ao ato notarial estiveram presentes, além da instituidora, seu filho, o capitão Ignácio de Andrade Souto Maior Rondon, na qualidade de procurador de seus irmãos, o capitão Clemente Pereira de Azeredo Coutinho de Melo (dos Dragões da capitania do Piauí), o Dr. Francisco de Lemos de Faria Pereira Cou-

---

27 ANRJ, Cod.601.

tinho de Melo (do Conselho do rei, reitor da Universidade de Coimbra, vigário capitulado e governador do bispado de Coimbra, censor ordinário da Real Mesa Censória e deputado do Santo Ofício na Inquisição de Lisboa), Dona Ana de São Francisco e Dona Maria da Encarnação, recolhidas em Santa Teresa do Desterro. Como procurador do filho primogênito, o desembargador João Pereira Ramos de Azeredo Coutinho (cavaleiro da Ordem de Cristo, deputado da Real Mesa Censória, desembargador dos Agravos da Casa da Suplicação e nela procurador da Coroa), estava presente Gregório de Morais Castro Pimentel, tenente-coronel do Regimento Novo do Rio de Janeiro.

Dado que se exigia a condição nobre para a autorização do morgado, Dona Helena pôs em evidência os serviços prestados por seu falecido marido à Coroa, "por 11 anos no posto de capitão da Infantaria paga, com que veio de Minas em socorro do Rio de Janeiro quando foi invadido pelos franceses, sustentando a mesma Companhia à sua custa". Além disso fora capitão mor das freguesias de São Sebastião, São Caetano e Furquim, no distrito do Ribeirão do Carmo, depois cidade de Mariana; e também capitão mor de ordenanças da freguesia de Marapicu e Juari, "onde disciplinou o seu Terço e armou com homens à sua custa na ocasião da guerra da Colônia do ano de 1736".

Pela nova lei era necessário calcular o rendimento anual das propriedades vinculadas, procedendo-se para isso ao inventário desses bens, tema este já analisado por mim em *História da família no Brasil colonial*. Aqui pretendo apenas referir que, mais tarde, morto já o primeiro morgado de Marapicu, seu filho, Manuel Pereira Ramos de Azeredo Coutinho Ramalho, entrou em conflito com o tio, o bispo reformador da Universidade de Coimbra, por recusar um casamento que este ajustara para ele e recorrendo por isso ao Desembargo do Paço.[28]

Na documentação referente a esta briga familiar, Dom Francisco de Lemos expõe, num longo arrazoado, os serviços da Casa nobre a que pertencia o sobrinho, "particularmente dos que foram obrados neste Reino e na América, onde os ascendentes paternos de Manuel Pereira fizeram seu assento". Como tantas outras casas nobres, esta encontrava-se dividida entre Portugal e Brasil.

O jovem, cujo casamento estava em discussão, era já natural de Lisboa, filho primogênito do desembargador João Pereira Ramos de Azeredo Coutinho, o primeiro morgado de Marapicu. Moço fidalgo, senhor da vila de Pereira, alcaide-mor, comendador de Ferrazes, era o herdeiro e sucessor de

---

28 BNRJ, Ms. 5,3,13-15, f.90.

duas Casas formadas de grandes e pingues morgados, um por seu pai na cidade do Rio de Janeiro, constando das terras de Marapicu, Cabuçu, Itaúna e pauis ou pantanais do rio Guandu, os quais se estendem por mais de 6 léguas quadradas, com 3 engenhos, escravatura, muitos currais de gado vacum e cavalar, matas de preciosas madeiras e muitos moradores que as povoam, cultivam e pagam direitos e foros, à qual acedeu o vínculo instituído neste Reino pelo mesmo seu pai na vila de Ega e em Loures; outra por sua mãe neste Reino, que foi herdeira e sucessora dos morgados e bens das três Casas de Condeixa, Pereira e Fermoselhe.

Assim, o morgado no Brasil fazia parte de um vasto conjunto de propriedades vinculadas que se tinha formado por via matrimonial. Enquanto o capitão mor e Dona Helena estavam enraizados na Colônia, a geração seguinte se dividiu, uma parte dos filhos fez carreira no Reino, enquanto outros permaneceram no Brasil. E o jovem herdeiro do morgado de Marapicu já estava definitivamente fixado em Portugal, recebendo apenas os rendimentos de suas propriedades vinculadas no Brasil.

Vimos, no capítulo anterior, que no século XVII Antônio de Brito Correia e Dona Maria Guedes, por testamento, quiseram instituir em Portugal um morgado para seu filho Antônio Guedes de Brito e que talvez a dificuldade em vender as terras do Brasil para aplicar o dinheiro em Portugal tenha levado à localização desse morgado na Colônia. Antônio Guedes de Brito deixou como herdeira sua filha natural, Dona Isabel Maria Guedes de Brito, que por seu turno só teve uma filha, Dona Joana da Silva Guedes de Brito. Esta, depois de enviuvar, casou com um nobre reinol, Manuel de Saldanha da Gama, em quem nomeou a sucessão do morgado, uma vez que não deixou descendência.

Como Manuel de Saldanha se casou novamente depois da morte de Dona Joana, ocorrida a 24 de outubro de 1762, e teve filhos do segundo matrimônio, o morgado acabou na sucessão do conde da Ponte. O 6º conde, governador da Bahia, e que morreu em Salvador, refere-se no seu testamento aos bens "assim vinculados como livres existentes nesta América", os quais desde 1798 tinham sido administrados pelo capitão Pedro Francisco de Castro. Em poder do administrador estavam "todos os papéis pertencentes a este arquivo". Apenas se conhece a lista dos bens livres ou alodiais, mas continuamos na ignorância daqueles que constituíam o morgado.[29]

---

29 "Tombo da Casa da Ponte, 1819", 1957. O 6º conde da Ponte, João de Saldanha da Gama Melo Torres Guedes de Brito, morreu no governo da Bahia a 24 de maio de 1809.

Foi para combater as pesadas imposições de missas e sufrágios *ad perpetuum*, ou "até o fim do mundo", que a lei de 9 de setembro de 1769 foi promulgada. No seu §12 menciona o prejuízo de se instituírem capelas "gravando-se os prédios urbanos e rústicos com missas e outros encargos pios, sem conta, sem peso e sem medida". Só no Reino, segundo essa lei, se achavam instituídas 12.000 capelas. Quanto ao Brasil, não sabemos o seu número, mas elas proliferaram sobretudo no século XVII.

Segundo o texto da lei, essa prática era muito gravosa para as famílias. E as propriedades que sustentavam tais encargos pios, ao fim de algumas gerações, tornavam-se inúteis para seus proprietários pelos "encargos insuportáveis" sobre aqueles bens. "Se chegará ao caso de serem as almas do outro mundo senhoras de todos os prédios destes Reinos."

A lei de 1769 teve como consequência no Brasil o pedido de desvinculação de capelas. Morador na vila de São Francisco, na capitania da Bahia, Sebastião Cavalo de Carvalho referia-se à "lei novíssima" pela qual as capelas "insignificantes", ou seja, aquelas que não excediam os 100$000 réis anuais de rendimento, podiam imediatamente ser abolidas (§21 ss.). Seu avô destinara 4.000 cruzados para o encargo de vinte missas anuais e, para obedecer a essa disposição testamentária, fora comprada uma fazenda de canas, cujo rendimento não chegava nem para cumprir o encargo pio. Assim, pedia a abolição da capela.[30] Na mesma capitania e também citando a "lei novíssima", o capitão mor João de Sousa e Eça e seu irmão José de Sousa e Eça, moradores no termo da vila de Jaguaripe, quiseram abolir a capela que seu pai, o coronel Manuel Pinto de Eça, instituíra "a benefício da sua alma" por não render o determinado pela lei de 1769.[31]

No reinado de Dona Maria I, o decreto de 17 de junho de 1778, mandou suspender os §18, 19 e 21 da carta de lei de 9 de setembro de 1769. Estes só voltaram a vigorar pelo alvará de 20 de maio de 1796, que apagou os "princípios escuros e errôneos" subjacentes àquela medida da "viradeira". Assim, as capelas devolutas ou devolvidas ficariam livres de todos os encargos "e dissolutos os vínculos" (§18); os encargos pios reduzir-se-iam à décima parte do rendimento líquido dos bens encapelados (§19).

Mas é a reposição do §21 que merece maior atenção pelos termos irônicos em que foi formulado e pela comparação estabelecida entre capelas e morgados. "As propriedades de casas, os fundos de terras, e as fazendas, que foram

---

30 AHU, Bahia, Caixa 177, doc.34.
31 AHU, Bahia, Caixa 177, doc.63 e 64.

criadas para a subsistência dos vivos, de nenhuma sorte podem pertencer aos defuntos." O que era permitido em relação aos morgados não o podia ser em relação às capelas:

> Que as causas públicas do aumento e conservação das Casas nobres, sendo as únicas causas com que se têm permitido os vínculos, aliás prejudiciais ao Erário Régio e ao comércio dos vassalos, de nenhuma sorte podem aplicar-se às capelas insignificantes, que nem podem principiar família no terceiro estado, nem conservar o decoro das que já se acham elevadas aos graus de nobreza.

Ou seja, a proliferação de pequenas capelas prejudicava o estabelecimento dos plebeus e nada acrescentava àqueles que já eram nobres.

Houve portanto, durante o período de 1778 a 1796, uma suspensão parcial da legislação josefina, inspirada por Pombal, acerca da instituição de capelas. Mas o fato é que a mentalidade tinha mudado e mesmo o pedido de vinculação de bens para capelas se fazia agora em termos diferentes, como mostra uma petição de Pedro de Albuquerque da Câmara, morador em Salvador, mas senhor de engenhos e fazenda. Ele se dirigiu em 1778 à rainha Dona Maria I pedindo para vincular 20.000 cruzados "em dinheiro corrente", os quais, ao juro de 5% ao ano, proporcionariam um juro de 400$000 réis. A petição decorria do §15 da lei de 9 de setembro de 1769, que exigia licença régia para o estabelecimento de capelas.

Uma primeira inovação nessa petição era a vinculação não de terras ou casas, mas de uma quantia em dinheiro. Uma segunda inovação dizia respeito ao tipo de capela a ser criada: já não se tratava de uma capela de missas de sufrágio "até ao fim do mundo", mas sim uma capela no sentido próprio do termo, uma construção nas suas propriedades rurais que permitisse a seus familiares e escravos ouvir missa "sem o descômodo de ir à matriz, que em algumas partes lhes fica muito distante". Aquele rendimento seria dividido em três partes: duas destinavam-se ao administrador da capela e uma seria utilizada "para se dizer uma missa cotidiana na dita capela". Se houvesse sobras do dinheiro destinado às missas, seriam utilizadas em "guisamentos" ou em mais missas.[32]

A legislação pombalina em relação à vinculação de bens atuou assim em duas frentes: por um lado exigiu dos morgados um rendimento sólido, o que imediatamente afastava nobres destituídos de bens ou arruinados; por outro

---

32 AHU, Bahia, Caixa 177, doc.33.

proibiu a proliferação de capelas insignificantes, ou seja, com rendimento inferior a 100$000 réis anuais, e também que a alma de um indivíduo herdasse os bens que deveriam caber à família, aspecto este que analisei em outros trabalhos.[33]

A Ordem de Cristo e o ouro da Coroa

O alvará de 3 de dezembro de 1750 aboliu o sistema de capitação de escravos e determinou a cobrança dos quintos pelo sistema de Casas de Fundição, acrescentando uma arrecadação mínima fixada em cem arrobas anuais e instituindo a derrama. Para incentivar aqueles que se dedicavam à mineração a efetuar o pagamento do quinto, determinou ainda a recompensa de quem recolhesse às Casas de Fundição, no espaço de um ano, oito arrobas de ouro ou mais, fosse este próprio ou alheio. Passariam esses bons pagadores a gozar dos "benefícios, mercês e honras" com que a Coroa costumava distinguir "aos que procedem com zelo e distinção no seu Real Serviço".

As câmaras da capitania de Minas Gerais procuraram negociar a nova lei das Casas de Fundição em 1751, mas o sistema foi implantado. Em 1753/1754 recolheram-se 118 arrobas; em 1754/1755, 117; em 1759/1750, 117. Mas daí em diante a arrecadação foi diminuindo e em 1766 o total arrecadado foi de apenas 76 arrobas (Resende, 1999, p.273).

Dada a progressiva diminuição da recolha de ouro nas Casas de Fundição, o incentivo de mercês àqueles que recolhessem anualmente mais de oito arrobas foi efetivamente posto em prática com o atendimento dos pedidos do hábito de Cristo que chegavam ao Conselho Ultramarino. Durante o reinado de Dom José foram encaminhados, pelo menos na capitania de Minas Gerais (mas há também que levar em conta as capitanias de Mato Grosso e Goiás), 51 petições de hábitos daquela ordem militar. Só em abril de 1766 foram examinados quatro pedidos baseados na lei de 3 de dezembro de 1750, cap.9º, na qual o rei houve por bem "esperançar de prêmio aos moradores de Minas".[34] O Conselho Ultramarino dava em geral parecer favorável, embora por vezes indicasse a concessão da Ordem de Santiago em vez da de Cristo.

---

33 Ver meu artigo "Herança no Brasil colonial: os bens vinculados", 1990.
34 ANTT, Conselho Ultramarino, Consultas, maço 318.

Pedidos do hábito de Cristo na capitania de Minas Gerais – 1758-1777

Ano	Nº	Casa de Fundição
1758	1	Sabará
1765	1	Vila Rica
1766	10	7 em Vila Rica, 2 em Sabará e 1 em São João d'el-rei
1767	7	Vila Rica
1768	4	3 em Vila Rica e 1 em São João d'el-rei
1769	3	Vila Rica
1770	5	4 em Vila Rica e 1 em Sabará
1771	3	2 em Vila Rica e 1 em São João d'el-rei
1772	5	Vila Rica
1773	7	4 em Vila Rica e 3 em Sabará
1775	2	Vila Rica
1776	1	Sabará
1777	2	1 em Sabará e 1 no arraial de São Félix
Total	51	

Fontes: AHU, Minas Gerais, Avulsos; e ANTT, Conselho Ultramarino, Consultas, maço 318.

Neste conjunto de 51 pedidos de hábito de Cristo encontramos o nome de Cláudio Manuel da Costa. Representou ao rei ter recolhido, em seu próprio nome, à Casa de Fundição de Vila Rica, mais de oito arrobas de ouro, de que se tinha tirado o quinto para a Real Fazenda, e portanto recorria à "lei do mesmo estabelecimento" que lhe assegurava essa mercê.

Por resolução régia de 18 de junho de 1768, em consulta do Conselho Ultramarino de 10 de dezembro de 1767, foi-lhe concedido o hábito de Cristo com 12$000 réis de tença. Pediu o habilitando, em 1769, que as testemunhas das provanças fossem inquiridas na Corte, pois muitas pessoas ali o conheciam, bem como a sua mãe e avós maternos, naturais da cidade de Mariana e da cidade de São Paulo. Era o que então se chamava "pátria comum", dispensa que permitia ao habilitando gastar menos dinheiro com a inquirição de testemunhas.

Constou ter Cláudio Manuel da Costa "as partes pessoais e limpeza de sangue", mas o avô materno "vendia azeite por miúdo, trazendo-o às costas em um odre pelas portas", e a avó materna era de segunda condição. A 4 de maio de 1770 a Mesa da Consciência e Ordens julgou-o impedido de entrar na Ordem. O habilitando apresentou então um recurso em que ressaltava estar a serviço do rei no cargo de secretário do governo de Minas Gerais e que a mercê lhe fora conferida "por serviços próprios", pedindo por isso dispensa do impedimento de qualidade. No parecer de 13 de dezembro de 1771 foi dispensado gratuitamente por ter feito entrar mais de oito arrobas de ouro na Casa de Fundição de Vila Rica, sendo esta uma graça concedida a todos os que se achavam nas mesmas circunstâncias. O impedimento era "em avô" e portanto distante, e o hábito fora alcançado por serviços próprios.[35]

Já em 1758 Cláudio Manuel da Costa, então funcionário das Casas de Fundição e Moeda, requeria alguns prêmios por serviços prestados nessas instituições e, enquanto estava sendo decidido o seu hábito de Cristo, pediu a propriedade vitalícia do ofício de provedor da Coroa e Fazenda Real da capitania de Minas Gerais, com o ordenado de 2.000 cruzados.[36]

Na altura das provanças em Lisboa, era solteiro, tinha a idade competente para o hábito, fora provido pelo conde de Bobadela no cargo de secretário do governo "e o conservaram os mais governadores". Nunca exercera outra atividade além de "seguir as letras em que é formado"; e os ascendentes se ocupavam em "lavrar com os seus escravos as suas roças de ouro", ocupando os lugares honrosos na Câmara "e tratando-se com toda a decência". Seu irmão, José Antônio de Alvarenga, já tinha sido habilitado na Ordem de Cristo e dois outros irmãos eram religiosos em Lisboa, um na Trindade e outro em Santa Cruz.

No total sua habilitação demorou quatro anos. Kenneth Maxwell, que não teve acesso ao processo e usou a bibliografia existente, julgou que ele tinha pago oito arrobas de ouro para obter a Ordem de Cristo, quando afinal Cláudio Manuel da Costa se inseriu num vasto grupo que foi deste modo recompensado por ter contribuído para a devida cobrança dos quintos nas Casas de Fundição (Maxwell, 1977, p.117).

No reinado de Dona Maria I e depois durante a regência de Dom João os pedidos de hábitos em decorrência da recolha de ouro às Casas de Fundição mantiveram-se por uns tempos.

Pedidos de hábitos de Cristo na capitania de Minas Gerais, 1778-1805

Ano	Nº	Casa de Fundição
1778	4	2 em Vila Rica, 1 em São João d'el-rei e 1 no arraial de São Félix
1779	4	Vila Rica
1780	3	Vila Rica
1801	4	Vila Rica
1802	1	não especificado
1805	1	Vila Rica

Fontes: AHU, Minas Gerais, Avulsos.

---

35 ANTT, HOC, Letra C, maço 7, doc.3.
36 AHU, Minas Gerais, Caixa 73, doc.11 e Caixa 96, doc.47.

Vejamos os indivíduos que recolheram ouro entre 1778 e 1780 não apenas nas Minas, mas também em Goiás e Mato Grosso.

Nome	Arrobas	Casa de Fundição
Manuel Joaquim de Paiva	+ de 8	Vila Boa
João Alves da Cunha	9	São João d'el-rei
João de Melo Lobo	10	Vila Bela
Pe. João Soares de Araújo	8	Vila Rica
Manuel Pedro de Abreu Robalo	16	não especificado
Manuel Pereira Alvim	9	Vila Rica
João Pinto Dias	9	Vila Rica
João Pedroso Lisboa	+ de 8	Vila Boa
João de Miranda	8	Vila Rica
José Rodrigues Freire	8	Vila Boa

Fonte: ANTT, Conselho Ultramarino, Consultas, Maço 320, entre 1778 e 1780.

A quantidade de ouro recolhida é muito rigorosamente quantificada: além das arrobas são indicados os marcos, onças, oitavas e grãos. Àquela lista de dez indivíduos é preciso acrescentar mais dois que usaram apenas marcos, em vez de arrobas: Manuel Ferreira Bexiga, 679 marcos; e Antônio Luís Peixoto, 564 marcos. O primeiro recolheu-os no arraial de São Félix, comarca do Rio das Mortes, e o segundo em Vila Boa de Goiás. Assim, nesse período, doze pedidos de hábitos foram encaminhados e examinados pelo Conselho Ultramarino.

Alguns não se limitavam a indicar o ouro recolhido e procuravam mostrar-se dignos da mercê. Manuel Pedro de Abreu Robalo disse não desmerecer, pois ocupara os cargos de almotacé, vereador, tesoureiro do cofre dos Órfãos, fiscal da Real Casa de Fundição e escrivão do almoxarifado da Fazenda Real. Fora ainda mandado "regular os armazéns do Forte de Bragança, denominado Fortaleza de Nossa Senhora da Conceição", na capitania de Mato Grosso.

Também Manuel Pereira Alvim, morador na Borda do Campo, substituíra o guarda-mor das terras e águas minerais dos distritos dos Carijós e apresentou um documento assinado pelos viandantes do Caminho Novo de Minas, datado de Vila Rica a 25 de maio de 1767, atestando que ele fora o melhor administrador do Caminho Novo "chamado Matias Barbosa". Este era o maior de todos os contratos das entradas "pela grande frequência do comércio que por ele passa para todo o continente das minas".

O Conselho Ultramarino deu parecer favorável a todos esses pedidos, mas achou que João de Miranda, capitão da ordenança de pé do distrito de Antônio Dias, deveria receber o hábito de Santiago, e não o de Cristo. De notar que o padre João Soares de Araújo pediu a mercê para um irmão com as suas arrobas de ouro.

Como notamos uma interrupção de mais de vinte anos (entre 1780 e 1801) nos pedidos de hábitos por este motivo, há que salientar que, em abril de 1792, o Conselho Ultramarino alegou uma "lei novíssima" para recusar o hábito requerido por Antônio Francisco de Aguiar, tenente da companhia de dragões da capitania de Mato Grosso, que mostrara ter recolhido mais de treze arrobas de ouro à Casa de Fundição daquela capitania.[37] Um último requerimento, de 1805, encaminhado pelo capitão José da Silva Amorim, recebeu o seguinte despacho do príncipe regente Dom João a 12 de maio de 1807: "Não há que deferir", o que parece indicar que as petições feitas, como neste caso, "na conformidade do alvará da Intendência do Ouro", tinham perdido seu fundamento para a obtenção da Ordem de Cristo.[38]

A difusão dos hábitos das ordens militares

No reinado de Dom José as ordens militares não serviram apenas para a Coroa tentar evitar a fuga ao pagamento do quinto do ouro nas áreas de mineração. Continuaram a recompensar serviços como no período anterior, embora de um tipo diferente. A porcentagem de lançamento de hábitos de Cristo no Brasil aumentou claramente. Na década de 1750 a 1759, representaram ainda só 8,1% do total de cavaleiros, mas na década seguinte essa porcentagem subiu para 11,9%, e de 1770 a 1777, fim do reinado de Dom José, atingiu os 14,4%.[39]

As três ordens militares sofreram uma restruturação no reinado de Dona Maria I, pela carta de lei de 19 de junho de 1789. Uma das alterações dizia respeito à faculdade de renunciar o hábito em outra pessoa, uma vez que tais pedidos de renúncia passaram a ser considerados destrutivos da "decência e

---

37 ANTT, Conselho Ultramarino, Consultas, maço 321.
38 ANTT, Conselho Ultramarino, Registro de correspondência, liv.179, f.112v.
39 Fernanda Olival (2001, p.459). Ver também o capítulo "A reforma de 1789".

dignidade das Ordens", certamente pelos negócios que ocasionavam, pela venda disfarçada dos hábitos.

Além disso, aos militares ficava reservado o hábito de Avis e a lei esclarecia que os oficiais da tropa auxiliar só seriam agraciados quando tivessem servido em tempo de guerra, cláusula esta da maior relevância para o Brasil, onde as guerras eram agora raras. Quanto à Ordem de Santiago, passou a ser destinada apenas aos que serviam na magistratura até aos cargos de desembargadores da Casa da Suplicação. A Ordem de Cristo ficava reservada para os "maiores postos e cargos políticos, militares e civis".

Essas determinações tinham como objetivo valorizar as ordens de Santiago e de Avis, as menos procuradas. Um dos atrativos concedidos era a dispensa da habilitação:

> Em atenção ao corpo militar e aos serviços militares, hei por bem dispensar a todos os do corpo militar a quem for servida premiar com o hábito de Avis, de todas e quaisquer inquirições e habilitações, que até agora se requeriam pelos Estatutos, que nesta parte hei por revogados.

E não há dúvida de que os hábitos nesta ordem aumentaram consideravelmente depois da carta de lei de 1789: de quatro passaram para treze em 1790 e para 25 em 1791.

Quando o príncipe Dom João assumiu a regência em fevereiro de 1792, o número de cavaleiros elevou-se, talvez porque a situação política europeia exigisse recompensa pronta dos vassalos com o mínimo de despesa possível. As dispensas de habilitações dispararam no período até à partida da Corte para o Brasil.

Vejamos agora um pouco mais detidamente o que ocorreu em relação à Colônia. A política pombalina para a Amazônia e o desejo de transformar os índios em vassalos, como mostrou Ângela Domingues, levou Francisco Xavier de Mendonça Furtado a permitir que os descendentes mestiços da povoação de Borba a Nova se habilitassem ao hábito de Cristo sem que necessitassem de dispensa. Por outro lado, na Corte, Dom José pretendia agraciar os principais que o visitavam em Lisboa com alguma ordem militar, embora houvesse quem considerasse estes novos vassalos muito bárbaros e destituídos de meios para sustentar tal dignidade (Domingues, 2000, p.310 e nota 37).

Uma revoada de cavaleiros da Ordem de Cristo chegou ao Norte amazônico por ocasião da transferência de famílias da praça de Mazagão, no Norte de África. Na "Relação dos mazaganistas estabelecidos na vila nova de Mazagão e suas vizinhanças, com uma particular e individual informação relativa a cada família", datada de 1778, vemos que, das 371 famílias registradas, quinze eram chefiadas por cavaleiros da Ordem de Cristo, havendo ainda quatro chefes de família com foro de fidalgos.[40] O que não significa que a situação econômica desses nobilitados fosse melhor do que a dos seus companheiros de migração.

Já vimos no capítulo sobre a nova nobreza como os negociantes de grosso trato passaram a ser frequentemente agraciados com a Ordem de Cristo, chegando mesmo a ser dispensados das provanças, sobretudo durante a regência de Dom João. Agora, mais do que nunca, assistimos àquilo que se podia denominar um direito adquirido ao hábito, pelo fato de os ascendentes já terem sido agraciados com ele.

Para dar apenas alguns exemplos, entre tantos outros que se poderiam citar, Bartolomeu de Sequeira Cordovil, natural e morador na cidade do Rio de Janeiro, era filho de Francisco Cordovil de Sequeira e Melo, professo na Ordem de Cristo e provedor da Fazenda Real naquela cidade. O avô paterno também recebera o hábito e igualmente fora provedor. Vemos assim uma graça honorífica e um ofício passarem de pai para filho durante três gerações, pois o jovem Bartolomeu, como vimos em outro capítulo, também ocupou aquele cargo. Foi declarado habilitado para a Ordem a 22 de setembro de 1768, pois nada fora revelado nas inquirições que o prejudicasse. O avô materno, reinol, embora tivesse servido nas embarcações da vila de Abrantes quando era de menor idade, assumira depois "empregos militares", tanto em Mazagão no Norte de África, quanto na América portuguesa, e também ele era cavaleiro da Ordem de Cristo, tendo portanto "bastante nobreza". Bartolomeu era solteiro, vivia ainda sob o pátrio poder, e ele e seus pais "sempre se trataram nessa terra com muita nobreza pelos cargos que serviam e não outra".[41]

Baiano de família ilustre, José Pires de Carvalho e Albuquerque era já fidalgo da Casa Real quando, em 1767, cuidou de sua habilitação. Seu pai, cujo nome herdara, reunira várias honras: era familiar do Santo Ofício, fidalgo da Casa Real, cavaleiro professo da Ordem de Cristo e alcaide-mor da vila de Maragogipe. O avô paterno, o capitão mor José Pires de Carvalho, igualmente fora familiar, fidalgo e cavaleiro de Cristo, enquanto o avô materno, Domingos da Costa Almeida, além de fidalgo e cavaleiro, fora provedor proprietário da Alfândega da cidade da Bahia. Com essa ancestralidade, acerca de cuja qualidade não havia dúvidas, obteve a dispensa de pátria comum, podendo suas habilitações transcorrer na Corte e não na Bahia.[42]

---

40 AHU, Cod.1257.
41 ANTT, HOC, Letra B, maço 6, doc.10.
42 ANTT, HOC, Letra J, maço 39, doc.17.

Os almanaques que começaram nessa época a correr manuscritos no Rio de Janeiro não deixam de indicar os moradores agraciados com as ordens militares, sobretudo a de Cristo. Vejamos a lista.

Ordem de Cristo

Almanaque de 1792	Almanaque de 1794
Brigadeiro Pedro Álvares de Andrade	–
Capitão Elias Alexandre da Silva	–
Capitão Manuel Martins Balão	Mestre de campo Fernando Dias Pais Leme
Tenente Veríssimo Antônio da Silva	–
Chanceler Sebastião Xavier de Vasconcelos Coutinho	–
Desembargador José Martins da Costa	–
Intendente Manuel Pinto da Cunha	–
Desembargador José Soares Barbosa	–
Juiz dos Órfãos Francisco Teles Barreto de Meneses	–
Desembargador Antônio Gomes Ribeiro	–

Esses nomes representam a elite da cidade, no que se refere à tropa de linha e aos magistrados. Significa isto que as determinações de Dona Maria I em 1789 continuavam a ser observadas? Os de posto ou hierarquia inferior pertenciam às ordens de Avis e de Santiago? Algumas incongruências surgem a esse respeito. Em 1792 são listados na Ordem de Avis apenas o coronel ajudante de ordens Gaspar José de Matos e o desembargador Antônio Diniz da Cruz e Silva, uma vez que o capitão Domingos Alves Branco (Moniz Barreto) se encontrava ausente na Bahia. Por que razão um desembargador, não menos importante que os demais, recebeu esta Ordem, enquanto os outros eram agraciados com a de Cristo? Em 1794 mais um nome aparece: o sargento-mor José Botelho de Lacerda. Quanto à Ordem de Santiago, os nomes são os mesmos nas duas datas: o desembargador Tristão José Monteiro da Fonseca e o capitão Manuel Luís Ferreira. Assim, não só o número dos agraciados com essas ordens continua muito reduzido, como a separação pretendida pela rainha (militares para a Ordem de Avis, magistrados para a de Santiago) ainda não se observa.

Aliás, a lista dos oficiais da tropa auxiliar era bem longa na Ordem de Cristo em 1792: 35 nomes, de coronel a tenente, e nesse grupo incluíam-se alguns dos mais conhecidos negociantes, como Antônio Gomes Barroso e Brás

Carneiro Leão. Em 1794 o número de oficiais milicianos agraciados com esta Ordem diminuiu para 32.

O "Almanaque histórico" elaborado por Antônio Duarte Nunes em 1799 revela um sensível aumento dos cavaleiros de Avis e de Santiago, o que parece indicar que teria já havido tempo, em dez anos, para cumprir as determinações de Dona Maria I.[43] Vejamos a comparação entre os três almanaques da década de 1790.

Ordem de Avis

Almanaque de 1792	Almanaque de 1794	Almanaque de 1799
Cel. Gaspar José de Matos	–	Brigadeiro
Antônio Diniz da Cruz e Silva	–	–
		Intendente da Marinha José Caetano de Lima
		Cel. Paulo Martins
		Cel. Camilo Maia Tonnelet
		Tenente-coronel José Tomás Brum
		Tenente-coronel Joaquim Xavier Curado
	Sargento-mor José Botelho de Lacerda	–
		Sargento-mor Vicente Ferreira Portugal
		Sargento-mor Caetano Pimentel do Vabo
		Capitão Antônio José Castrioto

Ordem de Santiago

1792	1794	1799
Capitão Manuel Luís Ferreira	–	–
		Capitão Antônio Correia da Costa
Dr. Tristão José Monteiro da Fonseca	–	Dr. Bernardo Carneiro Pinto
		Pedro Henriques da Cunha
		Jacinto Gomes Leão
		José Pinto da Silva
		Leandro (sic)

---

43 RIHGB, 21, 1858, p.166-7.

O ser cavaleiro de alguma ordem militar implicava deveres e privilégios. Entre os primeiros incluía-se a participação em cerimônias públicas, como a procissão do Corpus Christi. Ora, o procurador da Câmara de Vila Rica queixou-se, em abril de 1751, do fato de vários cavaleiros ali residentes não participarem daquela procissão, "desprezando ir nela com os seus mantos, como é geral costume em semelhante função". Pedia o procurador ao rei que os obrigasse, mediante certas penas, àquela presença, "assinalando-lhes lugar onde devem ir por obviar dúvidas". Este último ponto era importante, pois o cerimonial das procissões era rígido no que se refere à hierarquia social e muitas vezes ocorriam disputas de precedências. À margem da petição foi escrito que a Mesa das Ordens é que tinha jurisdição sobre os cavaleiros e que na Corte era ela que obrigava os cavaleiros a seguir na procissão.[44]

Quando Salvador ainda era a sede do vice-reinado, os cavaleiros das três ordens militares, moradores na cidade e seu termo, costumavam acompanhar a procissão do Corpo de Deus "com seus mantos", à imitação do que ocorria na Corte, mas depois deixaram de o fazer: "compondo-se a mesma cidade no tempo presente de mais de perto de 60 cavaleiros, apenas 8 ou 10 acompanham a mesma procissão". E explicavam os cavaleiros para Lisboa que os desembargadores, "em corpo de Relação", queriam precedê-los, "sabendo muito bem, e pela experiência ocular desta Corte, que na procissão que nela se faz todos os desembargadores da Relação, com os mais Tribunais Supremos, vão nela antes de sair a comunidade da Santa Igreja Patriarcal". Depois dos tribunais é que desfilavam os cavaleiros "em comunidade junto ao pálio". Ou seja, em Lisboa o lugar dos cavaleiros ficava próximo do pálio, numa posição mais honrosa do que aquela que lhes queriam atribuir na Bahia.

Além dessa questão de precedência, na qual os desembargadores da Relação usurpavam um lugar que não era o seu segundo o modelo da Corte, surgiu ainda o problema da cera: enquanto o Senado da Câmara dava aos magistrados tochas de três libras de cera, os cavaleiros só recebiam uma vela de libra. Na sua petição os cavaleiros da Bahia reclamavam portanto das descortesias que lhes eram feitas e explicavam que elas os tinham levado ao abandono de uma procissão tão solene. Em resumo, pretendiam retomar seu lugar "junto ao cabido" e receber tochas iguais às dos desembargadores.[45]

---

44 AHU, Minas Gerais, Caixa 58, doc.20.
45 ANTT, Mesa da Consciência e Ordens, Ordens militares, Papéis diversos, maço 24, macete 5, doc.132.

No Rio de Janeiro surgiu o mesmo tipo de problemas em relação à procissão do Corpo de Deus. Os cavaleiros não se conformavam com o seu lugar no cortejo e nesse caso a implicância era com o bispo e o clero que os precedia. Tal como em Salvador, deixaram de participar na procissão, indo só aqueles que eram nomeados pelo Senado da Câmara. Ou seja, participavam como cidadãos, e não como cavaleiros.

Por volta de 1782, dirigiram petição à rainha relatando sua situação: "no ano de 1771 ordenou o marquês do Lavradio que todos os cavaleiros fizessem uma como matrícula no Senado, apresentando suas provisões ou assentos para se saber das suas antiguidades, e os obrigou a que acompanhassem todos a procissão". Isto apesar de eles estarem insatisfeitos com a posição que lhes cabia no desfile.

E explicavam a razão do descontentamento: "da impropriedade deste lugar resulta um incômodo muito grande à corporação, e uma indecência, porque aos nomeados para a 2ª e 3ª muda das varas do pálio é-lhes necessário tirarem-se da procissão, ficarem esperando a um canto da rua até chegar o pálio". Para os que largavam as varas, o incômodo era ainda maior, "pois lhes fica preciso partirem dali às carreiras a irem tomar lugar na corporação, e ou o hão de fazer por dentro das alas, ou por fora". Se preferissem a primeira solução, causavam "uma espécie de escândalo e irrisão"; se optassem pela segunda, eram "atropelados pela gente circunstante que os embaraça e enxovalha". De nada adiantava evitar as mudas para segurar as varas do pálio, pois havia quem ficasse impossibilitado dos braços com o peso, e a procissão parava.

O que os cavaleiros do Rio de Janeiro pretendiam era também ocupar a mesma posição no cortejo que os seus congêneres da Corte, o que sempre tinham feito até que, em 1743, o bispo Dom Frei João da Cruz determinara que eles seguissem adiante do clero secular e regular, determinação esta que provocara a imediata reação dos cavaleiros.[46]

Não deixa de ser significativo que em Minas Gerais, Bahia e Rio de Janeiro tenham surgido problemas com os cavaleiros na procissão do Corpo de Deus. Tratava-se afinal de uma questão de prestígio social e de precedências de um grupo social em relação a outros. Eles tinham o dever de participar do desfile, mas queriam fazê-lo de acordo com o seu lugar na hierarquia, fosse em relação aos desembargadores, fosse em relação ao clero.

Quanto aos privilégios de que gozavam, talvez o mais importante não fosse a isenção de tributos concelhios, mas o só poderem ser julgados no Juízo

---

46 Ibidem, doc.129.

dos Cavaleiros e em nenhum outro. Se os juízes seculares tivessem provas da culpabilidade de algum cavaleiro, ou comendador, deveriam entregar o resultado de suas devassas ao juiz dos cavaleiros. Estes tinham direito de apelação em três instâncias: do juiz geral das Ordens podiam apelar para a Mesa da Consciência e Ordens, e desta finalmente para o rei como chefe supremo delas. Quando condenados, jamais sofreriam castigos públicos pelas ruas e, em casos de crimes graves, perdiam sua qualidade de cavaleiros antes de receber o castigo.

O conservador das ordens militares protegia os bens dos membros das ordens, mas não se encontra nas *Definições e Estatutos* nenhum privilégio como aquele a que se referiu o coronel José Veloso do Carmo, professo na Ordem de Cristo e, segundo suas próprias palavras, "um dos mineiros mais abastados da capitania de Minas Gerais e comarca de Vila Rica", onde residia.

Segundo uma petição sua, de 1801, na sua qualidade de cavaleiro competiam-lhe várias isenções, e entre estas a de passarem "livres de direitos" os gêneros de que precisava. Reclamava que não se lhe tinha respeitado este privilégio pois, quando comprara uma grande quantidade de ferro, aço, pólvora e outras coisas para seu uso doméstico, fora "obrigado a pagar os direitos de alfândega e de entradas, como qualquer outro que não goze de isenção alguma". Trabalhando nos serviços minerais com mais de duzentos escravos "e grossas despesas", seria do interesse régio, e sobretudo do real quinto, por ele pago havia mais de quarenta anos, que ele não suspendesse aqueles trabalhos devido à carestia dos materiais de que necessitava.

Ao ser examinada sua petição na Corte, ninguém mostrou ter conhecimento daquele privilégio dos cavaleiros de não pagarem direitos na alfândega nem nos registros de entradas. Remeteu-se o caso para o procurador da Fazenda e pediu-se uma informação ao governador de Minas Gerais.[47] Mas o desfecho dessa reclamação pouco importa. O que interessa aqui ressaltar é que os cavaleiros das ordens militares no Brasil sempre procuravam eximir-se de tributação, como ocorreu também no período anterior em Pernambuco em relação à finta para a construção da nova cadeia e agora em relação a outro tipo de impostos.

Embora a iniciativa de pedir um hábito sempre partisse dos indivíduos nele interessados, deparamos na viragem do século XVIII para o XIX com propostas régias deste tipo de recompensa. Já durante a regência de Dom João, ficamos sabendo por uma carta ao governador de São Paulo, Bernardo José

---

47 AHU, Minas Gerais, Caixa 159, doc.15.

de Lorena, que a rainha pretendera recompensar os sentimentos de fidelidade e de vassalagem expressos pelas câmaras da capitania por ocasião da criação de alguns impostos destinados a compensar a Fazenda Real pela "liberdade do comércio do sal, sujeito somente a módicos direitos". O governador foi autorizado a nomear seis cavaleiros, dois em cada uma das ordens militares. Um dos beneficiados foi Salvador Nardi de Vasconcelos Noronha, que contudo, ainda no tempo do governador Antônio Manuel de Melo Castro e Mendonça, não tinha visto concretizada aquela distinção.[48]

Isto porque surgiram dúvidas: do ofício de 27 de setembro de 1796 não se inferia que os seis hábitos se destinassem apenas aos que tinham servido na câmara da cidade, "mas sim para se repartirem por 6 pessoas das que mais concorreram" para aquele serviço da Coroa. Ao lidar com a questão, Melo Castro e Mendonça relatou que seu antecessor não agraciara só os camaristas da época, mas também um certo Antônio José Vaz (que já não servia na câmara) e o juiz de fora da vila de Santos. A única maneira de, em 1799, resolver a situação seria a Coroa, além dos escolhidos por Lorena, honrar da mesma maneira os vereadores que tinham servido a câmara da cidade, a qual tinha sem dúvida assumido um papel preponderante na questão.[49]

Em 1801, o governador de Minas Gerais, Bernardo José de Lorena, enviou a Dom Rodrigo de Sousa Coutinho uma "Relação dos nomes dos empregados nas câmaras da capitania de Minas Gerais em o ano de 1799, que podem merecer os hábitos das três ordens militares, com que o príncipe regente nosso senhor tem a intenção de condecorá-los".[50] Ignoramos contudo a razão pela qual a Coroa pretendia recompensar os camaristas daquele ano.

Todas as comarcas foram beneficiadas: a de Ouro Preto com quatro hábitos, três para Vila Rica e um para a cidade de Mariana; a do Rio das Mortes com cinco, um para cada uma das vilas de São João d'el-rei, São José, Queluz, Tamanduá e Barbacena; a do Rio das Velhas com cinco, distribuindo-se dois para Sabará, dois para Vila Nova da Rainha e um para Pitangui; a do Serro Frio com dois, um para a vila do Príncipe e outro para a vila do Bom Sucesso de Minas Novas.

---

48 AHU, São Paulo, Caixa 28, doc.1266.
49 DI, v.29, p.94-5. Por essa época foi também enviado um ofício a Dom Rodrigo de Sousa Coutinho comunicando que Antônio José Vaz falsificara atestações para conseguir o hábito de Cristo (AHU, São Paulo, Caixa 13, doc.7).
50 AHU, Minas Gerais, Caixa 156, doc.20.

Quanto aos cargos camarários mais agraciados, neste total de dezesseis hábitos, a maioria (onze) foi destinada a juízes ordinários; os restantes dividiram-se entre quatro vereadores e um só procurador. É preciso lembrar que, nesses finais do século XVIII, ainda não havia juízes de fora na capitania de Minas Gerais, mas dois desses juízes ordinários eram bacharéis.

Sabemos que o príncipe regente Dom João distribuiu com liberalidade os hábitos de Cristo e, nessa virada do século XVIII para o XIX, a relação entre esta honra e os cargos camarários é bem visível no Senado da Câmara do Rio de Janeiro em 1803. Numa lista de 43 cidadãos que poderiam servir de vereador abundavam os cavaleiros. Eram treze que aliavam esta honra ao oficialato das milícias e à atividade de negociante ou de senhor de engenho.

Cavaleiros da Ordem de Cristo cidadãos do Rio de Janeiro em 1803

1 Brigadeiro Joaquim José Ribeiro da Costa, comandante dos milicianos de Cavalaria
2 Coronel Cláudio José Pereira da Silva, senhor de engenho
3 Coronel Brás Carneiro Leão, negociante
4 Coronel Ignácio Manuel de Lemos Mascarenhas, sócio de engenho
5 Capitão mor Anacleto Elias da Fonseca
6 Tenente-coronel Antônio Nascentes Pinto
7 Capitão mor José da Mota Pereira, negociante
8 Sargento-mor José Pereira Guimarães, negociante
9 Capitão José Caetano Alves, negociante
10 Coronel Antônio Gomes Barroso, negociante
11 Coronel Manuel Velho da Silva, negociante
12 Coronel Luís José Viana Gurgel do Amaral, senhor de engenho
13 Guarda-mor Vicente José de Queirós Coimbra

Fonte: ANRJ, Senado da Câmara do Rio de Janeiro, Caixa 500, pacote 2.

Mesmo no ano de 1807, em que a família real embarcou para o Brasil devido à pressão dos franceses, e apesar da difícil situação política, manteve-se o ritmo da concessão de hábitos. Por resolução de 4 de abril de 1807, tomada em consulta do Conselho Ultramarino de 26 de fevereiro do mesmo ano, Dom João fez mercê do hábito da Ordem de Cristo com 40$000 réis de tença a Francisco Correia de Araújo, capitão da infantaria das ordenanças da vila de Serinhaém, na capitania de Pernambuco. Daquele valor, 12$000 réis eram para ele e o restante para sua filha primogênita, Dona Maria de Barros Vanderley, certamente como dote para casamento.[51]

Procurando a habilitação desse capitão na Torre do Tombo, constatei aquilo que já se tornara uma prática comum e que contribuiu para a diminuição do poder e prestígio da Mesa da Consciência e Ordens em finais do século XVIII e no início do século XIX: a dispensa das provanças. Assim como anteriormente se vulgarizara a concessão da "pátria comum", que simplificava a inquirição das testemunhas, ouvindo-as apenas na Corte, agora qualquer pretexto servia para evitar a despesa e o transtorno das diligências. Neste caso a justificativa era a de que o habilitando morava em Pernambuco "e se lhe faz muito sensível vir professar a este Reino". Ora, ninguém precisava receber o hábito em Portugal. A cerimônia realizava-se na catedral ou na matriz de qualquer lugar da Colônia.[52]

Também em 1807 o Conselho Ultramarino apoiou enfaticamente o pedido de Francisco Joaquim de Araújo Magalhães, coronel do 1º Regimento de Milícias de Cavalaria do Rio das Mortes, de remuneração dos seus serviços, e também dos de seu pai, pretendendo o soldo correspondente àquele posto e a graduação de brigadeiro. O Conselho propôs o hábito de Cristo com 220$000 réis de tença (o que era um valor muito alto em relação ao que habitualmente se concedia), justificando que esta mercê era "de rigorosa justiça". O requerente fora em duas marchas de socorro de Minas para o Rio de Janeiro em tempo de guerra, "com despesa pessoal com a sua Companhia", por ele sustentada na marcha sem ajudas de custo. Fornecera o serviço de seus escravos "voluntário e gratuito" e servira nas Milícias mais de trinta anos. Tudo isto era atestado por "vice-reis, governadores e mais pessoas do maior crédito e representação".

Reconhecia o Conselho Ultramarino que a graça pedida podia parecer "exorbitante", mas era justo que o príncipe regente indenizasse o requerente "de qualquer modo" pelas despesas "e jactura em que ficou sua Casa". O despacho de Dom João, dado a 23 de março de 1807, concedeu o hábito e a tença, mas indeferiu o posto.[53]

---

51 *Gazeta de Lisboa*, n.4, de 30 de janeiro de 1808.
52 ANTT, HOC, Letra F, maço 25, doc.81. O prestígio social da família Rocha Pita fez que o capitão mor Cristóvão da Rocha Pita pedisse dispensa das habilitações, alegando ser "uma das principais pessoas da cidade da Bahia e por seus pais e avós de notória e conhecida nobreza". A dispensa foi concedida a 25 de fevereiro de 1793 (ANTT, HOC, Letra C, maço 10, doc.25).
53 Conselho Ultramarino, Registro de Correspondência, liv.179, f.108-108v.

Nobreza e brasão de armas

É muito comum, sobretudo na documentação municipal, encontrar a expressão "a nobreza e o povo" e, se para nós é hoje difícil reconstituir a quem se aplicavam efetivamente aqueles termos, para os contemporâneos também nem sempre era fácil fazê-lo. Por um ofício à Câmara de Salvador, datado de 9 de julho de 1761, se inquiria: "se no arquivo desse Senado há lei, ou outra alguma ordem, assento ou tarifa, por donde conste quais são os graus e classes das pessoas, nobreza e ministros, que se avisam por carta desse Senado para assistirem aos atos e funções em que assiste a nobreza".[54] Ou seja, na prática era difícil conhecer as gradações sociais existentes na população colonial.

Assim, talvez porque as distinções de qualidade não eram muito claras, aqueles que se consideravam nobres desejavam um símbolo bem visível de sua nobreza, e esse era sem dúvida o brasão de armas. Duas séries documentais nos dão acesso na Torre do Tombo aos brasonados: a série das justificações de nobreza (arquivo dos feitos findos) e a série do cartório da nobreza onde eram autuadas as sentenças e as cartas de brasão. É preciso conjugar os nomes constantes dessas duas séries para obtermos a totalidade de informações acerca desses nobres que recorriam à ancestralidade (e não ao foro de fidalgo, ou aos hábitos, ou aos postos e cargos) para provar sua nobreza. Assim, por exemplo, o padre Francisco Agostinho Gomes, da Bahia, surge justificando, ou seja, provando sua nobreza no maço 10, doc.14, e recebendo sua carta de brasão no maço 35, doc.9 da série do cartório da nobreza.

Na segunda metade do século XVIII a nobreza já não se concentrava no Nordeste e distribuía-se por Rio de Janeiro, Espírito Santo e São Paulo. É interessante que uma única justificação de nobreza foi feita por mulher, Dona Ana Quitéria do Nascimento e Castro, viúva de um mestre de campo, mas que reivindicava sua ascendência paterna, declarando pertencerem-lhe "as armas dos apelidos de Sousas e Meneses". Tratava-se à lei da nobreza, possuía "uma continuada riqueza" constituída por bens móveis e de raiz, escravatura, "dilatada baixela de ouro e de prata". Declarava ainda manejar "um avultadíssimo comércio" com Portugal.[55]

O genealogista Pedro Taques de Almeida Pais Leme, contudo, dá a entender que na sua época as cartas de brasão eram concedidas com menos rigor do que em épocas passadas. Alude ele aos numerosos brasões permitidos pelo

---

54 BNRJ, Ms.II – 34,5,89.
55 ANTT, JN, maço 1, doc.31.

rei de armas "sem muita despesa nem exame", nos quais "um vilão ruim, conhecido por tal, vendo-se favorecido dos bens de fortuna, se constitui nobre e fidalgo antigo de cota de armas" (Leme, [1954], t.3, p.253-4). Tal como em relação às inquirições da Mesa da Consciência e Ordens é bem possível que também aqui surja um certo relaxamento nas averiguações e que, na nova sociedade, a riqueza se tenha sobreposto à linhagem.

Quando Dom Gabriel Garcez Gralha requereu seu brasão em 1757, alegou ser cavaleiro fidalgo da Casa Real e guarda-roupa do infante Dom Manuel, intitulando-se ainda "cidadão" da cidade do Rio de Janeiro, onde morava. Ao nomear seus ascendentes, não ocultou que seu avô materno fora um exposto que se mudara para o Rio, onde se tornara senhor de engenho, talvez porque este fosse um daqueles casos de "falsos expostos" a que já me referi em outros estudos, ao mostrar que muitas vezes a mãe, e mesmo o pai, sabiam onde a criança estava sendo criada e educada, sendo o batismo como exposto apenas uma forma de proteger a honra materna. Nessas situações, conhecia-se perfeitamente quem eram os pais.[56] Assim, Dom Gabriel afirmou que ele e seus progenitores eram pessoas "muito nobres e como tais se trataram sempre à lei da nobreza, servindo os lugares mais honoríficos da república nas terras onde viveram".[57]

Em 1773 Domingos Rodrigues de Queirós, professo na Ordem de Cristo e bacharel formado pela Universidade de Coimbra, era opositor aos lugares de letras, procurando seu emprego como magistrado. Natural da cidade de Mariana, justificou na Correição do Cível da Corte sua nobreza, "pela qual lhe pertence usar das armas que foram concedidas aos seus antepassados".[58]

Era comum uma petição ser feita em nome de dois ou mais irmãos, pois os antepassados eram os mesmos e não havia, na concessão do brasão, nenhuma influência de méritos pessoais, ou de serviços, como ocorria por exemplo no foro de fidalgo. Em 1790 foi o caso dos irmãos Antônio Correia Furtado de Mendonça e Teodoro Correia de Azevedo Coutinho, ambos cidadãos de São Luís do Maranhão. O primeiro era mestre de campo de auxiliares e o segundo capitão da cavalaria auxiliar. Alegavam pertencerem-lhes "os timbres e armas de Correias e Azevedos". E apresentavam, como era requerido, sua genealogia, chegando assim à nobreza antiga do Norte de Portugal: João Cor-

---

56 Ver meu livro *História da família no Brasil colonial*, p.207 ss. sobre os expostos.
57 ANTT, JN, maço 12, doc.3.
58 ANTT, JN, maço 9, doc.15.

reia, senhor da torre de Ladrão Gaijão, e Diogo de Azevedo, 4º senhor da vila de São João e das terras de Boiro no Minho.

Entre os ascendentes mais próximos, um avô ocupara o cargo de secretário do estado do Maranhão; um bisavô servira na tropa paga e fora presidente do Senado da Câmara em 1680 e ainda procurador da capitania de Cumá em 1705. Fora o trisavô que saíra do Minho para o Maranhão, sendo o restaurador do estado do poder dos holandeses e "senhor das Torres do Tamanacu e Canavieiras daquela capitania de Cumá", a qual, como vimos em capítulo anterior, era de donatário. Descendiam ainda os dois irmãos do "valeroso Diogo de Campos Moreno, sargento-mor de todo o Estado do Brasil, primeiro conquistador do Maranhão do poder dos franceses", em 1614. Entre seus antepassados incluíam-se um governador da fortaleza de Santa Cruz da Barra do Rio de Janeiro e um governador do Pará em 1645.[59]

Ao contrário das habilitações para as ordens militares, onde só eram referidos os pais e os avós, nas justificações de nobreza elaboravam-se genealogias completas, remontando o mais longe possível no passado. Por essa razão referi em outro capítulo, ao falar dos genealogistas, que muitos coloniais nobres, para poder ostentar seu brasão, precisavam elaborar suas próprias genealogias.

Não cabe aqui examinar essas árvores genealógicas. Basta dar um exemplo referente aos irmãos Bento Bandeira de Melo e Antônio Borges da Fonseca em 1797. O primeiro, em 1792, já pedira remuneração dos serviços de seu avô, de igual nome, prestados na capitania da Paraíba.[60] No resumo da genealogia foi suprimida a parte feminina para simplificar o quadro, deixando apenas os nomes necessários à compreensão da linhagem.

Nesta linhagem é de ressaltar os postos e cargos ocupados no Brasil. O avô materno, Antônio Borges da Fonseca, coronel do Regimento de Infantaria de Olinda, foi governador da capitania da Paraíba. O trisavô paterno, capitão Bento Bandeira de Melo, recebeu pelos serviços prestados durante a guerra de Pernambuco a propriedade do ofício de escrivão da Fazenda Real da Alfândega de Pernambuco. Machins de Freitas de Azevedo foi alcaide-mor da cidade de Olinda e Pedro Bandeira de Melo, juntamente com o irmão Filipe Bandeira de Melo, chegou a Pernambuco acompanhando o donatário Duarte Coelho Pereira.

---

59 ANTT, JN, maço 2, doc.29.
60 ANTT, Conselho Ultramarino, Consultas, maço 321.

                             Dom Rodrigo de Melo
                             Comendador de Pombeiro
                             Fernando de Melo
João Malheiros de Ponte de Lima + Guiomar de Melo   Gonçalo Pires Bandeira
João Rodrigues Malheiros   +   Filipa Bandeira
Fidalgo da Casa Real
Sebastião Pires de Loredo
Fidalgo da Casa Real
Pedro Bandeira de Melo   Machins de
                                                            Freitas de Azevedo
                                                            Fidalgo da Casa Real
Antônio Malheiros de Melo   +   Dona Clara de Azevedo
Fidalgo da Casa Real
Bento Bandeira de Melo
Fidalgo da Casa Real
Hipólito Bandeira de Melo   Francisco Coelho
                                                                da Fonseca
Capitão mor
Bento Bandeira de Melo   Antônio Borges da
                                                                  Fonseca
Fidalgo da Casa Real   Dona Antônia da Con-
Hipólito Bandeira de Melo   +   ceição Veloso

Escudeiro cavaleiro da Casa Real
Bento Bandeira de Melo   Antônio Borges
                                                                 da Fonseca
Escudeiro cavaleiro da Casa Real   Escudeiro cavaleiro
                                                                da Casa Real

Fonte: ANTT, Feitos findos, Justificações de nobreza, maço 7, doc.9.

Tanto os requerentes quanto seus antepassados se trataram sempre à lei da nobreza, "com armas, cavalos e criados, servindo no político e militar os lugares e postos honrosos". Nesse ano de 1797, Bento Bandeira de Melo era capitão mor e escrivão proprietário da Fazenda Real da Alfândega da capitania da Paraíba, e seu irmão Antônio Borges da Fonseca era sargento-mor.

Quando os irmãos não requeriam conjuntamente seu brasão, era em geral o de maior prestígio que tomava a iniciativa. O doutor João Borges de Góis obteve sua carta de brasão em 1784, e seu irmão, o padre João Pedro Borges de Góis só recebeu a sua em 1793. Ambos eram naturais da cidade de Santa Maria de Belém do Grão-Pará. O pai fora familiar do Santo Ofício, bem como o avô materno. Pais e avós tinham sido "pessoas muito nobres, legítimos descendentes das esclarecidas famílias dos apelidos Borges, Góis, Pachecos e Gusmães deste Reino". O brasão agregaria os dessas quatro famílias "para a memória de seus progenitores se não perder e clareza da sua antiga nobreza". Do escudo e armas decorriam "todas as honras, privilégios, liberdades, graças, mercês, isenções e franquezas que hão e devem haver os fidalgos e nobres de antiga linhagem".[61]

O pernambucano Manuel Carlos de Abreu e Lima, entre os seus ascendentes mais distantes, tinha o conde de Regalados e Lindoso, sendo assim "aparentado com as mais casas de solar e fidalgos" de Portugal. Natural do Recife, era filho de outro recifense, o sargento-mor Matias Lopes de Medina. O avô paterno fora desembargador e o materno capitão. O bisavô fora governador da fortaleza de Santa Cruz da Barra de Itamaracá. Na petição apresentada no Juízo da Nobreza, depois de feita a justificação na Correição do Cível da Corte, Abreu e Lima lembrou que sua mãe era irmã do coronel de infantaria Lourenço Gomes de Abreu e Lima, "a quem se passou brasão de armas no ano de 1740". A sua foi-lhe entregue em 1784, no reinado de Dona Maria I.[62]

A determinação dos "apelidos" era fulcral para a composição do brasão, como se vê na sentença de 1799 referente ao capitão Caetano José de Almeida, natural da freguesia de São João d'el-rei do Rio das Mortes, o qual se declarava "legítimo descendente das nobres famílias de Gamas e Vilas Boas".[63] Do mesmo modo, José Mariano de Albuquerque Cavalcanti, cidadão e da governança do arraial e julgado de Aldeias Altas, capitania do Maranhão, mostrou em 1806 pertencer à descendência dos fidalgos de apelidos Albuquerques e Cavalcantis.[64]

Já mencionei acima que o padre Francisco Agostinho Gomes pleiteou em 1798 o seu brasão de armas, dizendo-se descendente das "ilustres famílias dos Fontouras e Carneiros da vila de Chaves, Província de Trás-os-Montes".[65]

---

61 ANTT, JN, maço 15, doc.37.
62 ANTT, JN, maço 25, doc.32, e Cartório da nobreza, maço 20, doc.26.
63 ANTT, Cartório da nobreza, maço 35, doc.7.
64 ANTT, Cartório da nobreza, maço 42, doc.12.
65 ANTT, JN, maço 10, doc.14.

Tal como esse conspirador de 98, também Hipólito da Costa, maçom e futuro editor do *Correio Brasiliense*, não desdenhou esse símbolo de nobreza, requerendo-o em 1796 com certa urgência por ser natural da Nova Colônia do Sacramento "e se achar nesta cidade (Lisboa) com grandes despesas e incômodos". Três testemunhas prestaram depoimento na sua justificação de nobreza. Uma delas foi João Severiano Maciel, então com 27 anos, opositor às cadeiras de letras e morador em Lisboa ao Arco da Graça. Declarou conhecer muito bem o justificante por ser natural de Minas Gerais e ir "repetidas vezes" à Nova Colônia, onde soubera que o pai de Hipólito era tenente-coronel e o avô paterno sargento-mor. Além disso, ouvira dizer que o avô materno "vivia de suas fazendas muito abastado de bens e luzido tratamento".

A segunda testemunha foi Joaquim Ignácio de Sá, tenente de cavalaria do Rio Grande do Sul, natural da Nova Colônia, de 38 anos, então residente na Corte "a requerimentos", o que certamente era uma situação muito comum entre os coloniais. Por ter a mesma naturalidade de Hipólito, sabia que o pai deste fora governador daquela praça e que os avós maternos eram naturais do Rio de Janeiro, mas que o avô já tinha morrido. A terceira testemunha, o bacharel Francisco José Varela de Almeida Coutinho, de 25 anos, opositor aos lugares de letras, vivera alguns anos na Colônia do Sacramento e podia confirmar a nobreza dos ascendentes do justificante.[66]

Já se escreveu muito sobre o potentado do Piauí Simplício Dias da Silva. O que talvez ainda se ignore sejam suas pretensões à nobreza. Filho natural de um rico negociante reinol, esperou ter recebido de Dona Maria I sua carta de legitimação a 8 de julho de 1784 para pedir a "abonação da sua pessoa e nobreza" no Juízo da Correição do Cível da Corte em 1795.[67] Nessa época era capitão da cavalaria auxiliar da cidade do Maranhão e declarou ser natural da vila de São João da Parnaíba, comarca da cidade de Oeiras. Era filho legitimado do capitão Domingos Dias da Silva, natural do lugar de Pedornelos, concelho da vila de Monte Alegre, arcebispado de Braga, e de Claudina Josefa (sem nenhuma referência à "qualidade" da mãe), natural da vila da Parnaíba. Seu avô paterno fora vereador e juiz ordinário naquela localidade do Reino e

---

66 ANTT, Cartório da nobreza, maço 32, doc.8.
67 Miridan Britto Falci, em seu artigo "O ilustre senhor da Parnaíba, Simplício Dias da Silva" (1994, p.165), escreveu que ele era filho de uma escrava. O fato de nesta justificação de nobreza o nome da mãe, Claudina Josefa, não vir acompanhado de nenhuma indicação nesse sentido é perfeitamente natural, uma vez que se pretendia obter um brasão de armas.

os demais ascendentes tinham sido "pessoas de distinta nobreza e descendentes das famílias de Silva e Pereira".

Como Simplício nascera na América e não havia em Lisboa pessoas que pudessem jurar a seu respeito, pedia que os documentos anexos fossem considerados suficientes para o julgamento de sua nobreza. Na Corte, o rei de armas, estudando os "nobiliários" que possuía acerca das famílias do Reino, pôde remontar dezenove gerações até os primeiros ascendentes de Simplício Dias da Silva.[68]

Cartas de brasão de armas, 1772-1806

Nome	Naturalidade	Data
Antônio Coutinho de Macedo e Vasconcelos	Rio de Janeiro	1784
Antônio Duarte Gonçalves Paradis	Bahia	1805
Antônio Gomes da Silva Belfort	Maranhão	1804
Bento Garcia Galvão de Haro Farinha e irmão	Pará	1798
Bernardino Falcão de Gouveia Vieira Machado	Espírito Santo	1801
Caetano José de Almeida	Minas Gerais	1799
Francisco Agostinho Gomes	Bahia	1799
Francisco Gomes de Sousa	Bahia	1788
Gabriel da Fonseca e Sousa	São Paulo	1796
Hipólito José da Costa Pereira	Nova Colônia	1796
José Ferreira de Oliveira Bueno e irmão	São Paulo	1789
Joaquim Gomes da Silva Belfort	Maranhão	1801
José Antônio Gomes de Sousa	Maranhão	1798
José Constantino Gomes de Castro	Maranhão	1804
José Mariano de Albuquerque Cavalcanti	Maranhão	1806
Manuel Carlos de Abreu e Lima	Pernambuco	1784
Manuel Gomes de Albuquerque Maranhão	Pernambuco	1800
Pedro Nolasco Ferreira de Andrade	Bahia	1772
Sebastião Gomes da Silva Belfort	Maranhão	1804
Simão Estelita Gomes da Fonseca Correia Gonçalves	Nova Colônia	1798
Teobaldo Fonseca e Sousa	São Paulo	1796

Fonte: ANTT, Cartório da nobreza.

---

68 ANTT, JN, maço 31, doc.48.

A discrepância entre o número daqueles que quiseram provar sua nobreza e o das cartas de brasão passadas significa ou que nem todas as petições foram atendidas ou que as cartas de brasão mais antigas se perderam. De qualquer modo, no conjunto de 21 indivíduos da lista aqui reproduzida havia eclesiásticos (José Constantino Gomes de Castro, beneficiado da catedral do Maranhão, José Ferreira de Oliveira Bueno, cônego da sé de São Paulo, além do padre Francisco Agostinho Gomes); abundavam os oficiais de milícias; só um era bacharel, Joaquim Gomes da Silva, e só um tinha seu cargo indicado, Francisco Gomes de Sousa, contador geral da Fazenda Real na Bahia.

Este baiano, Francisco Gomes de Sousa, era, pela linha paterna, filho e neto de cavaleiros fidalgos da Casa Real dotados com "750 réis de moradia cada mês e um alqueire de cevada por dia". Casara com uma prima, e o tio e sogro, capitão de granadeiros do 2º Regimento da praça da Bahia, era igualmente cavaleiro fidalgo. Mostrou que, além do emprego honorífico que ocupava, sempre se tratara à lei da nobreza, "com cadeira, criados e escravos". As quatro testemunhas ouvidas em Lisboa eram todas homens de negócio que tinham morado longos anos na Bahia e que portanto conheciam seu estilo de vida. Em consequência, a sentença foi redigida em 1788 nos seguintes termos:

> Das atestações, testemunhas e documentos consta a distinção de que goza pelos foros de fidalguia com que se ilustra, já dependente de outros semelhantes de seus maiores a quem acredita no emprego de tratamento e conhecida honra civil para desfrutar todos os privilégios e isenções que por direito lhe competirem.[69]

No processo do maranhense José Antônio Gomes de Sousa, coronel do Regimento de Milícias de Itapicuru e cavaleiro da Ordem de Cristo, observamos que apenas é mencionado um avô, Filipe Marques da Silva, que servira os cargos da república e fora almoxarife da Fazenda Real em São Luís durante muitos anos. Do outro avô, nada é dito. O pai, o sargento-mor Antônio Gomes de Sousa, igualmente servira os cargos camarários, e o próprio coronel se apresenta como cidadão da cidade do Maranhão "e por isso goza dos privilégios de que gozam os cidadãos da cidade do Porto por especial graça de Sua Majestade". Já vimos em outro capítulo que os camaristas de algumas cidades do Brasil, inclusive Rio de Janeiro, foram equiparados em privilégios aos portugueses.

---

69 ANTT, Cartório da nobreza, maço 24, doc.18.

Os membros dessas três gerações eram "muito nobres e legítimos descendentes das famílias de seus apelidos e como tais ocuparam sempre os cargos mais honrosos tanto civis como militares, tratando-se sempre à lei da nobreza com cavalos, criados, armas e toda a mais ostentação própria dela".[70] Os símbolos da ostentação podem variar de um documento para outro, mas um ponto é constante em todos os que se jactam de nobreza: quando são mencionados escravos, logo se apontam os criados, pois, enquanto qualquer um podia ter escravaria, só o nobre era rodeado de criadagem. Aqui se fala de cadeira, outras vezes surge a menção apenas a cavalos ou, excepcionalmente, a carruagem. As armas igualmente revelavam a nobreza, pois nenhum plebeu as podia carregar.

A remuneração de serviços

Como acentuado, o conceito de mercê é fundamental no Antigo Regime na medida em que tudo o que os vassalos obtêm do monarca é fruto de sua benevolência e amor de pai, muito embora se detecte um substrato racional e mesmo uma avaliação quantitativa e qualitativa dos serviços prestados à Coroa. Enquanto os defensores da monarquia constitucional irão defender a pura meritocracia, o Antigo Regime avaliava os vassalos e estabelecia com eles uma contabilidade, na relação serviços/mercês, a qual dependia em última instância da vontade do rei. Os vassalos limitavam-se a esperar que a benevolência régia atuasse de forma racional.

Os treze grossos volumes de pedidos de mercês que chegaram ao Conselho Ultramarino entre 1644 e a Independência do Brasil revelam que, sobretudo no século XVIII, eram os serviços prestados na América e não mais na Índia que ocupavam os conselheiros. A promessa de mercês por parte do monarca era por vezes aconselhada pelos governadores das capitanias, a fim de que certas atividades de interesse para a Coroa fossem desenvolvidas. Em 1757 Francisco Xavier de Mendonça Furtado informava para Lisboa que se encontrava em São Luís um irlandês, Lourenço Belford, casado "e sumamente

---

70 ANTT, Cartório da nobreza, maço 34, doc.18. Em 1965 o Arquivo Nacional do Rio de Janeiro colaborou numa exposição sobre brasões em Minas Gerais e no catálogo dessa mostra consta a carta de brasão de armas, nobreza e fidalguia passada a José Antônio Gomes de Sousa, cavaleiro professo da Ordem de Cristo, coronel de milícias do regimento de Itapicuru, na capitania do Maranhão (*Catálogo da exposição de modelos de brasão e cartas de nobreza e fidalguia*, Juiz de Fora, 1965, p.21).

bem estabelecido". Dedicara-se à criação dos bichos-da-seda e enviara-lhe, por intermédio do governador do Maranhão, uma amostra da seda ali produzida. Mendonça Furtado considerava esta atividade um "relevante serviço": "eu o reputo ainda mais interessante do que se descobrisse minas de diamantes naquele continente". Por esta razão achava conveniente que Dom José lhe prometesse algumas mercês, "se ele fizesse aquele estabelecimento e o pusesse em termos de todos os moradores poderem trabalhar nele em benefício comum" (Rodrigues, 1997, v.2, p.135-6).

Em muitos casos, viúvas e filhos encaminhavam as petições, depois de provar, com atestações do Registro das Mercês, que os serviços prestados por seus maridos e pais ainda não tinham sido recompensados. Por exemplo, Dona Jacinta Margarida do Pilar e Gama pediu a remuneração dos serviços de seu marido, José Ignácio de Almeida, obrados na Nova Colônia do Sacramento, e o parecer dos conselheiros, em 1787, foi que a rainha Dona Maria I lhe concedesse 100$000 réis de tença "e a graça de poder renunciá-la", ou seja, passar esta para um filho ou filha. Já Dona Joaquina Anastácia Kely pretendia simultaneamente os serviços do pai na Nova Colônia e os do marido na vila do Príncipe, e o despacho régio foi a mercê do ofício de tabelião do Rio de Janeiro para um filho da requerente, "com a obrigação de alimentar seus irmãos".[71]

Que havia uma mensuração dos serviços prova-o o parecer do Conselho Ultramarino em relação ao pedido de José Rodrigues Freire, militar do Regimento de Infantaria do Rio de Janeiro que atuara no Sul contra os rebeldes nas missões do Uruguai e que alegou: "se esteve repetidas vezes em armas e se passaram extraordinários trabalhos, chegando as tropas até o extremo de se alojarem alguns dias em cima de árvores por causa das inundações". Nessas expedições militares andara Rodrigues Freire cerca de oito anos, mas sua patente e seus serviços apenas lhe proporcionaram uma tença de 15$000 réis.[72]

Sobretudo no que se refere à tropa paga, a chamada tropa de linha, constatamos serviços prestados no Brasil por indivíduos que tinham nascido em outra parte do império, como já vimos também no capítulo anterior. A questão da naturalidade é de somenos importância num serviço militar extremamente longo. A 3 de outubro de 1764, o Conselho Ultramarino examinou a petição de Matias Correia de Melo, natural da ilha da Graciosa, nos Açores. Ele servira mais de 62 anos, continuados, sem interpolação, na praça da Bahia, entre 1699 e 1762. Durante esse período passara de soldado a cabo de esquadra, depois

---

71 AHU, Mercês gerais, Consultas, Cod.90, f.43v e 32.
72 Ibidem, f.53.

a sargento supranumerário e do número, e finalmente a alferes e capitão de infantaria de uma das companhias do Regimento Velho daquela cidade.

Mas afinal quais tinham sido seus serviços? Em 1701 acompanhara um desembargador nomeado para a vila de São Francisco. Em 1703 passara à Nova Colônia do Sacramento que fora atacada pelos espanhóis. Ali permanecera dois anos, executando "com valor tudo quanto se lhe encarregou do Real Serviço". Em 1713 embarcara numa sumaca em perseguição de uma balandra de piratas, e com esta pelejara "desde as 9 horas da manhã até às 4 da tarde". Em 1718 fizera parte da guarnição do Morro de São Paulo. Em 1732, já alferes, fora enviado "com soldo dobrado" em diligência a serviço do rei.

Poder-se-ia pensar que esses serviços nada tinham de especial para quem pertencia à tropa paga, mas o longo tempo de serviço militar sem interrupção permitia aspirar a um hábito da Ordem de Cristo, pedido com a tença de 80$000 réis e com a faculdade de poder renunciar num fidalgo da Casa Real e tenente de infantaria de uma das companhias do mesmo regimento em que Matias Correia de Melo servira. Certamente o açoriano, que permanecera como militar tantos anos no Brasil, nunca casara e pretendia com a renúncia do hábito retribuir os "muitos benefícios" que recebera daquele tenente. Ou então simplesmente o queria vender. O Conselho Ultramarino concordou com o pedido "em atenção aos seus muitos anos de serviço", mas o despacho de 28 de março de 1766 reduziu para metade a tença concedida.[73]

Quando Ignácio de Melo da Silva, natural de Olinda, pretendeu a remuneração de seus serviços e dos de seu pai, Francisco de Melo da Silva, também pernambucano, este fora militar por um período ainda mais longo, mais de 72 anos! Entre 1687 e 1760 ocupara os postos desde soldado até chegar a capitão da fortaleza das Cinco Pontas. O filho percorrera a mesma hierarquia militar, atingindo a patente de capitão de granadeiros do regimento da praça do Recife; guardara os presos que se encontravam na fortaleza do Ceará; aprisionara seis piratas que tinham desembarcado na praia e que ele surpreendera durante sua ronda; fora para a ilha de Fernando de Noronha cuidar de suas fortificações; encontrando-se no presídio do Rio Grande, embrenhara-se pelos sertões para cobrar os dízimos; voltara para a guarnição de Fernando de Noronha, onde tivera de enfrentar corsários ingleses e lidar com dois navios franceses que ali tinham arribado.

A soma dos serviços de pai e filho devia, nos cálculos deste, dar lugar a dois hábitos de Cristo, um com 100$000 réis de tença (pai) e outro de 80$000

---

73 AHU, Mercês gerais, Consultas, Cod.89, f.49v-50.

réis (filho). Neste caso foi o próprio Conselho Ultramarino e não o rei que propôs a redução de ambas as tenças para 50$000 réis.[74]

É interessante notar que o longo período de serviço militar na tropa paga permitia a subdivisão dos serviços em várias parcelas, havendo quem recebesse pelos primeiros, segundos e mesmo terceiros serviços. Patrício Manuel de Figueiredo já tinha sido despachado com uma tença de 30$000 réis pelos serviços no Reino e na capitania de Pernambuco até chegar ao posto de capitão da infantaria paga da cidade de Olinda. Depois servira mais de 22 anos na capitania do Rio de Janeiro, de 1737 até 1759, chegando a tenente-coronel de um dos regimentos da guarnição daquela praça. Em seguida reformara-se no posto de coronel, pedindo então a satisfação dos terceiros serviços. Também ele, em 1740, embarcara para a Nova Colônia no transporte da gente de leva, munições de boca e guerra, cumprindo seu dever "sem faltar aos quartos de vigia, fainas marítimas e mais serviço daquela profissão". Fora ainda destacado para a ilha de Santa Catarina.[75]

Na segunda metade do século XVIII permanece a remuneração dos serviços militares, mas estes deixaram de ocorrer em situações excepcionais, como no período anterior com a conquista do Maranhão e a guerra de Pernambuco, e passaram a fazer parte do dia a dia de um exército remodelado no período pombalino para atender sobretudo às necessidades do Sul.

A Coroa distribuía também mercês àqueles que na Colônia se distinguiam por atividades que poupavam despesas à Fazenda Real, mas é preciso lembrar que algumas dessas mercês impunham condições para serem concretizadas. E, por uma razão ou outra, nem sempre se tornaram realidade. O caso mais notório diz respeito a Garcia Rodrigues Pais Leme, a quem foram prometidas grandes extensões de terras no caminho das Minas Gerais "com a condição de pôr primeiro o caminho capaz de irem por todo ele bestas carregadas" (Guimarães & Reis, 1987, p.91-2).

Complementando as informações dos arquivos locais mineiros, deparei no Arquivo Histórico Ultramarino com uma consulta de 6 de abril de 1762 do Conselho Ultramarino, pela qual se vê que o guarda-mor das Minas, Pedro Dias Pais Leme, filho mais velho de Garcia Rodrigues Pais Leme, ainda pedia o cumprimento das mercês que tinham sido feitas a seu pai, e mesmo a seu avô, Fernão Dias Pais Leme.[76]

---

74 Ibidem, f.54v-55v.
75 Ibidem, f.60-62.
76 AHU, Minas Gerais, Caixa 59, doc.19.

As mercês tinham sido concedidas havia "mais de 40 anos" e uma parte delas já não se poderia concretizar, sendo portanto justo que se compensasse essa falta de outra maneira. O que poderia então o rei ainda conceder? O governador do Rio de Janeiro foi encarregado de assinalar o local onde Pedro Dias Pais Leme erigiria uma vila na margem do rio Paraíba do Sul, "dando por termo à mesma vila 5 léguas para cada parte". Quando a povoação tivesse cinquenta vizinhos, o guarda-mor poderia "intitular-se senhor dela". A mercê do senhorio de uma vila, muito comum em Portugal e menos frequente na Colônia, tinha como consequência que ao senhor pertencia "a data de ofícios que nela se criarem". Mas não poderia ter ouvidor, "nem jurisdição alguma concernente à administração da Justiça, por evitar as desordens que de semelhantes jurisdições costumam resultar nas donatarias do Brasil".

O problema maior na concretização das mercês concedidas quarenta anos atrás dizia respeito às datas de terras no caminho das Minas, prometidas a Garcia Rodrigues Pais Leme e a seus doze filhos. Na época em que a promessa fora feita as datas tinham doze léguas de frente e uma de fundo, e da que fora prometida ao pai só cinco léguas, entre os rios Paraíba e Paraibuna, tinham sido efetivamente doadas. Quanto às doze datas destinadas aos filhos, estavam por cumprir dez. Estas equivaleriam a trinta léguas de testada as quais, acrescentadas às sete léguas que faltavam na data do pai, perfaziam 37 léguas de frente, ao longo do caminho, com uma légua de fundo.

Ora, aquelas terras tinham sido dadas em sesmaria e, apesar de as cartas terem sido passadas com a cláusula "de que seriam sem prejuízo das mercês feitas a Garcia Rodrigues e a seus filhos", quando o guarda-mor geral, em 1710, requerera na Corte que se mandasse desalojar os sesmeiros, "não se teve por conveniente ordená-lo assim, atendendo aos clamores que resultariam". Lembremos que se estava então em pleno conflito dos emboabas.

E em 1752 ainda seria mais difícil expulsar sesmeiros que detinham aquelas sesmarias havia mais de quarenta anos. O procurador da Fazenda sugeriu, como forma de compensação, que eles pagassem "pensões", ou seja, foros, a Pedro Dias, mas os conselheiros não concordaram com esta solução, pois não seria justo que "se lhes impusessem pensões depois de passados tantos anos que receberam as terras livres". Também não adiantava compensar aquelas datas com outras terras que estivessem desocupadas no Brasil, "pois não seria possível, nem ainda com grande número de outras, ressarcir-lhe o valor daquelas". Isto porque as 37 léguas numa região tão valorizada como era o caminho do Rio de Janeiro para Minas dificilmente encontrariam equivalentes disponíveis.

A proposta dos conselheiros foi que Dom José fizesse mercê de "uma vida mais no senhorio da vila que ele há de fazer", de "duas vidas na comenda de Alverca" e finalmente, enquanto ele vivesse, da sexta parte do rendimento anual das passagens dos rios Paraíba e Paraibuna, "que presentemente andam arrendadas em 29 mil cruzados por ano". O acerto de contas entre a Coroa e o beneficiário das mercês ficaria assim feito, pois todos os serviços do avô e do pai até 1700 tinham sido já remunerados. Pedro Dias Pais Leme ganhava ainda "o foro de fidalgo cavaleiro, uma comenda de lote de 100$000 réis e o ofício de guarda-mor".

O que a carta régia de 10 de maio de 1753 consignou como mercê, pelos serviços de Pedro Dias Pais Leme por espaço de doze anos (de 1738 a 1750), bem como pelos segundos serviços de seu pai, Garcia Rodrigues Leme, obrados durante 38 anos "depois de despachado pelos primeiros", foi que lhe pagassem todos os anos 5.000 cruzados do rendimento das passagens dos rios Paraíba e Paraibuna. Esta graça teria vigência em sua vida "e em duas vidas mais", e por ela pagou, "de novo direito", 1:001$080 réis.[77]

Acerca do senhorio da vila é dito na carta régia que, por sentença do Juízo das Justificações do Reino, já fora declarado pertencerem-lhe os segundos serviços de seu pai,

> e também o cumprimento das mercês do senhorio de uma vila que erigirá à sua custa na passagem do rio Paraibuna e que, havendo data de terra, seria avantajado com uma no caminho novo das Minas, que havia feito, com a natureza de sesmaria, que compreendesse o mesmo número de léguas como se houvessem de dar a quatro pessoas, e a cada um dos 12 filhos uma

como havia sido concedido a seu pai em 1703 e 1710, mercês estas que até ao ano de 1753 não haviam sido efetivadas.[78]

A mercê do senhorio da vila às margens do rio Paraibuna foi renovada, anos mais tarde, por alvará de 20 de novembro de 1786, a seu filho Fernando Dias Pais Leme da Câmara, pois o pai nada fizera a tal respeito. Sabe-se que a vila de Resende só veio a ser criada em 1801, mas o que interessa aqui sublinhar é que "só depois da vila ter 100 vizinhos se poderia chamar senhor dela, sem que lhe compita por este título outra alguma jurisdição ou prerrogativa". Enquanto em 1752 se exigiam apenas cinquenta vizinhos, agora, três décadas

---

77 RIHGB, 6 (2.ed.), 1865, p.224-8.
78 Ibidem, p.227.

depois, duplicava-se a exigência de população. Quanto às restrições, continuavam a dizer apenas respeito à administração da Justiça (DH, v.6, p.356-7).

Personagens bem conhecidos dos historiadores não esqueceram a cobrança dos serviços prestados por ascendentes. José de Sousa Azevedo Pizarro e Araújo aproveitou a sua permanência na Corte como cônego da Patriarcal para tentar atualizar a contabilidade rei/vassalo, lembrando os serviços prestados por seu avô, o tenente-general Félix de Azevedo Carneiro e Cunha, durante 52 anos, desde 1685 até 1737, os quais nunca tinham sido recompensados.

O avô servira a Coroa em Portugal, no Maranhão e no estado do Brasil, expondo a vida em "perigos notáveis" e gastando sua fazenda nas "dilatadas jornadas" a bem da Justiça e da arrecadação dos quintos. Foram especificados os serviços seguintes:

1 forneceu os socorros necessários à defesa das vilas da ilha Grande, Parati e praça de Santos em 1710;

2 acompanhou o governador Antônio de Albuquerque Coelho em auxílio do Rio de Janeiro, quando os franceses o invadiram pela segunda vez;

3 pacificou desordens públicas;

4 fez introduzir na cidade do Rio de Janeiro "as águas de que hoje se utiliza o público nos diversos chafarizes, sem maior despesa da Fazenda Real";

5 mereceu o posto de tenente-general, então criado nas capitanias de São Paulo e Minas Gerais, e foi por fim mestre de campo.

O pai de Pizarro e Araújo, o tenente-coronel Luís Manuel de Azevedo Carneiro e Cunha, que fora governador do castelo do Rio de Janeiro, não pedira a remuneração dos serviços do progenitor, e assim o cônego se decidira a fazê-lo, tanto mais que perdera o ofício de escrivão de uma cobrança para a Ordem de Cristo por ele ter sido suprimido. Requereu então o ofício de escrivão da Câmara Eclesiástica do bispado do Rio de Janeiro, dado que a sua Casa sofria com "alguns empenhos" contraídos pelo pai nas campanhas do Sul. Ou seja, a família ficara em má situação financeira com dívidas a pagar. Como se encontrava então na Patriarcal, pretendia nomear serventuário para aquele ofício. Pedia igualmente o foro de fidalgo cavaleiro.[79]

Não só era prática comum cobrar da Coroa a remuneração dos serviços prestados por ascendentes, como também procurar beneficiar familiares com a recompensa concedida pelo rei. Na capitania de Minas Gerais, o bacharel Domingos Pinheiro já era cavaleiro professo da Ordem de Cristo mas achou por bem, em 1766, apresentar o seu pedido de remuneração de vinte anos de

---

79 ANTT, Ministério do Reino, maço 280.

atividades como procurador da Coroa e Fazenda daquela capitania, ajudante do governo na capitação do ouro e intendente desta na vila do Ribeirão do Carmo (depois cidade de Mariana), intendente de Vila Rica, onde criara a Casa de Fundição, e finalmente provedor da Fazenda Real em Minas. Pretendia dois hábitos de Cristo para dois sobrinhos. O Conselho Ultramarino opinou favoravelmente, com 12$000 réis de tença a cada um.[80]

A carreira da magistratura

O estudo de José Manuel Subtil sobre o Desembargo do Paço trouxe dados fundamentais sobre uma carreira na qual se observavam algumas regras gerais, mas onde também era sempre possível a intervenção régia com a concessão de graças especiais. Já vimos, a propósito da nova nobreza, que os filhos dos grandes negociantes podiam "ler" sem precisar, quando fosse o caso, pedir dispensa de mecânica. Ou seja, Dom José permitiu que os filhos de negociantes de grosso trato iniciassem a carreira na magistratura sem os obstáculos iniciais referentes à qualidade dos ascendentes.

Aqueles que terminavam os estudos na Universidade de Coimbra, nas faculdades de Leis ou Cânones, solicitavam a "leitura", a qual lhes abria o acesso à carreira, ou seja, concorrerem aos "lugares de letras". Entre 1750 e 1808, foram 3.882 bacharéis que se candidataram, mas só 2.165 efetivamente passaram nas habilitações. Destes, os que foram providos a juízes de fora, o primeiro cargo relevante na magistratura da Colônia, foram 558, os ouvidores 43, e os desembargadores 31. Estes números referem-se a todo o conjunto do império (Reino, Ilhas e Ultramar), mas, se atentarmos nos totais brasileiros (Rio de Janeiro, Minas Gerais e Bahia), houve apenas 46 provimentos no período. A duração dos mandatos era no Brasil em média de quatro anos e meio, superior portanto aos três anos permitidos no Reino (Subtil, 1996).

Vemos assim que, da massa de bacharéis saídos da Universidade, um número muito reduzido ocupou lugares na Colônia, segundo os dados obtidos por Subtil na documentação do Desembargo do Paço. Consultando na Torre do Tombo o Índice da Chancelaria de Dom José, temos acesso aos nomes dos bacharéis que foram nomeados juízes de fora para o Brasil durante esse reinado.

---

80 ANTT, Conselho Ultramarino, Consultas, maço 318.

Nomeações de juízes de fora para o Brasil durante o reinado de Dom José – 1750-1777

Nome	Localidade	Data
Antônio José Cabral	Bahia	1763
João Ignácio de Brito e Abreu	Belém	1756
José Gomes Ribeiro	Cachoeira	1755
José Álvares de Araújo	Cachoeira	1755
Gaspar Gonçalves dos Reis	Maranhão	1753
José Antônio Pinto Donas Boto	Mariana	1758
Antônio de Gouveia Araújo Coutinho	Mariana	1773
Manuel Franqueiro Frausto	Mato Grosso	1755
João Rodrigues Colaço	Olinda	1751
Miguel Carlos Caldeira	Olinda	1758
Lourenço Antônio de Gouveia	Olinda	1765
José Antônio de Alvarenga	Olinda	1771
Feliciano Ramos Nobre	Pará	1758
Antônio de Matos Silva	Rio de Janeiro	1752
José Maurício de Gama Freitas	Rio de Janeiro	1758
Jorge Boto Machado Cardoso de Carvalho	Rio de Janeiro	1765
João Batista Duarte	Cuiabá	1765
José Gomes Pinto de Morais	Santos	1765
José Carlos Pinto de Sousa	Santos	1772

Fonte: ANTT, Índice da Chancelaria de Dom José (Comuns), Livro 146.

Em relação a esses dezenove bacharéis nomeados para os lugares de letras no Brasil, deve notar-se a nomeação de dois para a vila de Cachoeira, na Bahia, no mesmo ano, um em fevereiro e outro em abril, o que parece significar que o primeiro ou morreu ou não veio ocupar o cargo de juiz de fora. A série de Olinda mostra que os anos de ocupação do cargo eram bem superiores à média apresentada no estudo de José Manuel Subtil: seis e sete anos, observando-se o mesmo em relação ao Rio de Janeiro.

A ausência do nome de Francisco Xavier Ribeiro de Sampaio desta lista de juízes de fora pode ser explicada pela acumulação desse cargo com outro da Fazenda. Ele foi provedor primeiro no Pará e depois na capitania do Rio Negro, e este cargo, na hierarquia burocrática do Antigo Regime português, era superior ao de simples juiz de fora. Bacharel em Leis, leu no Desembargo do Paço a 23 de agosto de 1764. Enviado como juiz de fora e provedor da

Fazenda Real da capitania do Pará em 1767, permaneceu nesse cargo até 1772, e em 1773 tomou posse do cargo de ouvidor e provedor da Fazenda da capitania do Rio Negro, no qual permaneceu até 1779. Foram, então, doze anos seguidos de magistratura na Colônia até regressar ao Reino, onde prosseguiu sua carreira de magistrado.[81] Este reinol não se fixou portanto na Colônia, cumprindo apenas os anos de serviço que lhe foram determinados.

Outros, contudo, enraizaram-se no Brasil. O bacharel Teotônio da Silva Gusmão, ao terminar seu período como juiz de fora da Vila Bela da Santíssima Trindade das minas de Mato Grosso, dirigiu-se a Belém e comunicou ao governador Francisco Xavier de Mendonça Furtado, em 1757, que recebera a incumbência do governador do Mato Grosso de fundar uma povoação entre a primeira e a segunda cachoeira do rio Madeira, a fim de facilitar a comunicação entre Vila Bela e Belém. Por essa razão "mandou buscar toda a sua família para viverem com ele naquela nova terra" (Rodrigues, 1997, v.2, p.98).

Quando a família desembarcou em setembro daquele ano e esperava ser conduzida à povoação de Nossa Senhora da Boa Viagem (era este o nome da nova povoação), chegou a notícia de que Dom José tinha nomeado o bacharel Teotônio da Silva Gusmão para ouvidor de Cuiabá. Mendonça Furtado não deixou de lamentar esta nomeação: "certamente não haverá outro que, por sua livre vontade, se vá meter naquele deserto com toda a sua família, quando não faltarão outros que vão para ouvidores do Cuiabá muito por sua vontade, sem se destruir a tenra planta que o dito Teotônio está criando". Propunha então que se lhe regulassem as mercês "pelo relevante serviço" que este estava prestando e que se entregasse a outro bacharel aquele lugar de ouvidor (ibidem, p.163-4).

Para seguirmos mais de perto a carreira de magistrado, vejamos por exemplo o juiz de fora de Mariana, José Antônio Pinto Donas Boto, nomeado em 1758. Em 1760 pedia uma certidão com o teor das provisões em que constasse a prorrogação de tempo concedida pelo rei aos proprietários dos ofícios arrematados por donativo, "pela diminuição que tiveram nos emolumentos com o novo Regimento que se estabeleceu dos salários da Justiça" e nesse mesmo ano solicitava um cargo na Provedoria da Fazenda Real de Vila Rica, ou na Intendência.[82]

---

81 BMP, Cod.538, "Relação geográfico-histórica do Rio Branco da América portuguesa...", f.3-5, "Notícia biográfica".
82 AHU, Minas Gerais, Caixa 76, doc.50 e Caixa 75, doc.31. Ver também Caixa 84, doc.60 e Caixa 85, doc.28.

Pode parecer estranho que, apenas dois anos depois de ter sido nomeado juiz de fora de Mariana, Donas Boto pretendesse outro ofício. A explicação para este pedido surge numa carta sua para Lisboa, de 7 de fevereiro de 1760. Aludia aí também ao novo regimento, com o qual o cargo de juiz de fora "ficou muito diminuto"; já aqueles outros, na Provedoria da Fazenda ou na Intendência, eram "os mais ricos deste continente" e também "pouco laboriosos", podendo ser acumulados numa só pessoa. Para sensibilizar o secretário de Estado, mencionava "a pouca abundância" com que vivia seu pai no Reino e os contratempos por que passara no mar, onde quase morrera afogado e só escapara "milagrosissimamente pegado a uma amarra". Mas seu pedido não foi atendido, pois um novo juiz de fora para Mariana só foi nomeado em 1773 (DI, v.15, p.131).

O número de juízes letrados, embora fosse superior ao do período anterior, manteve-se reduzido. Podemos dar como exemplo a capitania de São Paulo, que contava apenas com um juiz de fora, o de Santos, no início do século XIX. Num relatório do governador Bernardo José de Lorena, de 6 de maio de 1805, lemos que só havia quatro letrados na capitania: o ouvidor da comarca de Paranaguá, que já evidenciara sua "ignorância e insuficiência"; o da comarca da cidade, "indigno dos lugares que ocupa"; o juiz de fora da vila de Santos, Luís Joaquim Duque Estrada, adequado ao cargo por sua "literatura, prudência, desinteresse e limpeza de mãos"; e o juiz da Alfândega de Santos, limpo de mãos, "mas de curta esfera, e com bem limitados conhecimentos literários para o desempenho de qualquer lugar de letras" (DI, v.15, p.131).

A Coroa decidira criar na capitania de São Paulo alguns cargos de magistratura, ouvindo primeiro o governador, os ouvidores das duas comarcas e as câmaras das vilas. Foi já o governador Antônio José da Franca e Horta que, em 1805, classificou Itu, Taubaté, Guaratinguetá e São Sebastião como vilas mais importantes da comarca de São Paulo; e Paranaguá e Curitiba na comarca de Paranaguá. Estas seriam as localidades que, além da cidade, deveriam receber juízes de fora, evitando-se assim os graves inconvenientes resultantes da presença de juízes ordinários. O governador lembrava

> todas as perturbações que frequentemente costumam nascer do governo de juízes ordinários e magistrados naturais das mesmas terras em que exercem sua jurisdição, por lhes faltar a ciência do Direito indispensável para a boa direção dos negócios da sua inspeção, pelas paixões do amor e do ódio de que ordinariamente são suscetíveis em grave dano do bem comum dos povos, pela preterição da ordem judicial nas matérias forenses, e finalmente por ficarem os graves

delitos sem o competente castigo, omitindo as precisas averiguações e os justos e devidos procedimentos que as leis insinuam.

Não se podia ser mais claro quanto aos prejuízos causados por juízes leigos.

Na sua informação, acrescentava ainda o governador que as duas vilas que mais precisavam de juízes de fora eram as de Taubaté, na comarca de São Paulo, e de Curitiba, na de Paranaguá, por serem

> as que experimentam maiores perturbações e desordens pela insubordinação e altivez dos seus moradores, que por isso não querem ser governados por quem os saiba refrear e fazer conter nos prefixos limites dos seus deveres, sendo esta a genuína razão por que as Câmaras daquelas duas vilas os consideram e julgam desnecessários nas suas respostas. (DI, v.94, p.75-8)

Ainda em abril de 1807 o governador da capitania do Rio Grande do Norte, José Francisco de Paula Cavalcanti Albuquerque, se queixava para Lisboa: "a falta de um ministro letrado residente nesta capitania faz que pela ignorância de juízes leigos fiquem muitos crimes impunes e sejam castigados inocentes". Capitania subalterna, dependia do ouvidor da comarca de Pernambuco, e este, "só sendo de bronze, poderia fazer este giro de mais de 400 léguas de maus caminhos todos os anos".[83]

Tal situação, comum em muitas capitanias periféricas, só começou a ser modificada depois da presença da Corte no Brasil. O fato é que a carreira da magistratura dificilmente tinha início na Colônia e muitos naturais do Brasil, depois de lerem no Desembargo do Paço, viam-se obrigados a iniciá-la no Reino, quando tinham a sorte de o poder fazer. O célebre magistrado de Minas Gerais, Ignácio José de Alvarenga Peixoto, que recebeu o grau de doutor em Leis na Universidade de Coimbra a 3 de fevereiro de 1767, habilitou-se nesse mesmo ano aos lugares de letras, ficando habilitado em fins de 1768. Começou sua carreira como juiz de fora da vila de Sintra (1769-1772) e só embarcou para o Brasil em 1775, para ocupar o cargo de ouvidor da comarca do Rio das Mortes (Lapa, 1960, Prefácio).

O reduzido número dos "lugares de letras" no Brasil teve como consequência um elevado número de bacharéis desempregados dedicando-se a outras atividades, que evidentemente tinham de se coadunar com a nobreza que o grau acadêmico lhes conferia. Deve contudo ser sublinhado que alguns ba-

---

83 AHU, Rio Grande do Norte, Caixa 9, doc.56.

charéis, embora não seguissem a carreira da magistratura propriamente dita (juiz de fora, ouvidor, desembargador), conseguiam empregos relacionados com a Fazenda Real, onde seu saber jurídico era considerado de grande utilidade.

Pode perceber-se a dificuldade de se obter a nomeação para um lugar de letras analisando-se os dados contidos na habilitação à Ordem de Cristo, em 1772, do bacharel mineiro Domingues Rodrigues de Queirós. Natural da vila de Sabará, estava então residindo em Lisboa. Era ainda solteiro, aparentava quarenta anos e, pelo depoimento das testemunhas, vivia dos rendimentos: tratava-se "com estimação dos lucros que percebia de alguns dinheiros que dava a juro e a risco, sem mais ocupação". De nada lhe tinham valido até então os estudos em Coimbra, pois se sustentava apenas de "seus bens patrimoniais". O pai fora "senhor de roças fabricadas por muitos escravos que tinha próprios" e tanto o pai quanto o avô materno tinham possuído engenho de açúcar. Toda a família dos Queirós era "muito distinta e abastada". Seus colegas da Universidade testemunharam que ele vivia em Lisboa "dos réditos de sua legítima, que tinha sido avultada", enquanto se habilitava aos lugares de letras.[84]

Uma possibilidade aberta aos bacharéis que não conseguiam entrar na carreira da magistratura era a advocacia, mas mesmo nesse campo a concorrência era grande, como se vê por uma petição de advogados da Bahia a Dona Maria I. Queixavam-se dos "inumeráveis rábulas e advogados de provisão" que com eles concorriam nos auditórios. Depois de terem sofrido

> os grandes trabalhos e despesas da Universidade de Coimbra pela cuidadosa aplicação dos estudos e conhecimentos das Faculdades Jurídicas, passando por vigílias, sobressaltos, risco de vida e honra e consumindo seus patrimônios na esperança de compensarem as suas fadigas e laboriosas aplicações com o lucro proveniente da advocacia,

viam-se preteridos por "causídicos" e "escreventes de cartórios", e mesmo "mercadores e vendilhões", que se aliavam aos solicitadores de causas para com estes repartirem "os dinheiros extorquidos das partes litigantes". Os advogados letrados ficavam apenas com as sobras do que os outros não queriam. Pediam assim que os rábulas não pudessem advogar na Relação e só o fizessem nos juízos inferiores, e que só os bacharéis advogassem em todos os auditó-

---

84 ANTT, HOC, Letra D, maço 8, doc.3. Já professo na Ordem de Cristo e ainda opositor aos lugares de letras, o bacharel justificou, em 1773, na Correição do Cível da Corte, sua nobreza, "pela qual lhe pertence usar das armas que foram concedidas aos seus antepassados" (ANTT, JN, maço 9, doc.15).

rios, superiores ou inferiores. Pretendiam também a suspensão de vários indivíduos que emprestavam o nome a "curiosos" e estes advogavam sem provisão, "debaixo de assinatura alheia".[85]

A elite da magistratura incluía, nesse período, não só os desembargadores da Relação da Bahia como também os da Relação do Rio de Janeiro. Os estudos de Arno e Maria José Wehling mostraram que foram 86 os desembargadores que serviram nesse tribunal entre 1752 e 1808, mas nem sempre foi possível averiguar a condição social e profissional de seus pais e avós, nem suas naturalidades (Wehling, 1997, p.151-5). Quanto a este último dado, sabemos que 38 eram reinóis e 16 coloniais, permanecendo sem identificação geográfica 32 desembargadores. Dos coloniais (que representavam 29,6% do total), seis eram originários do Rio de Janeiro, cinco da Bahia, três de Minas Gerais e dois de Pernambuco.

Quanto à condição social e à atividade dos pais e avós, pela documentação apresentada por ocasião da leitura dos bacharéis, se constata que nenhum mecânico foi encontrado entre os progenitores. Eram negociantes, letrados, oficiais da tropa auxiliar ou paga. Aqueles que os autores desse estudo classificam como "nobres" eram provavelmente os fidalgos da Casa Real. Tenho apenas uma ressalva quanto ao critério classificatório utilizado: os "fazendeiros" só seriam considerados de condição nobre se fossem oficiais das milícias ou tivessem ocupado cargos camarários. Mas, entre os avós, foram localizados quatro de condição mecânica e, nesse caso, os bacharéis receberam a graça da dispensa régia.

A carreira da magistratura, muito procurada pelos coloniais (basta atentar no número dos que seguiram Leis ou Cânones na Universidade de Coimbra nesse período), nem sempre se abria no fim do curso. O número de bacharéis era muito superior ao dos lugares de letras e restava obter ofícios afins ou praticar a advocacia. De notar também que à margem da magistratura se encontravam os cargos da Fazenda Real, muitas vezes ocupados por bacharéis que os preferiam por serem mais rendosos.

A carreira militar

"É erro constantemente seguido em todo o Brasil, ainda com mais preocupação que em Portugal, o não consultarem os pais nobres os talentos de

---

85 APEB, Ordens régias, v.83, doc.41B.

seus filhos para verem então se os hão de aplicar à espada, à toga, ou a outra qualquer ocupação distinta." Estas palavras foram escritas por Domingos Alves Branco Moniz Barreto, provavelmente na década de 1790, confirmando assim que, além das carreiras eclesiástica e jurídica, era a carreira militar que se abria aos filhos das famílias nobres da Colônia.[86]

Só temia o recrutamento na tropa paga o plebeu que iria ser soldado e teria de cumprir um longo período de serviço, abandonando a família e as atividades lucrativas para viver com um soldo miserável e muitas vezes pago com atraso. Aqueles que podiam provar sua nobreza não só entravam já como cadetes como ascendiam mais facilmente aos postos de oficiais superiores e eram agraciados com um hábito ao fim dos anos de serviço à Coroa.

Foi no período pombalino, em 1757, que se regulamentaram o estatuto e os privilégios dos cadetes. Os que aspiravam a esta categoria em qualquer das três armas do Exército tinham primeiro de fazer a justificação de nobreza por pais e pelos quatro avós. Sendo moços fidalgos, ou de foro maior, ou filhos de sargentos-mores ou mestres de campo (tenentes-generais) não precisavam realizar esta prova perante os auditores do Exército. Além da justificação de nobreza, o habilitando a cadete, "para manter seu tratamento nobre", havia de possuir um rendimento anual de 144$000 réis, pois deste modo não ficava apenas dependente do soldo (Carneiro, 1826, liv.I, tít.IV, §52).

Por outro lado, quando se criou a Academia dos Guardas-Marinha, ninguém era ali admitido sem ter foro de fidalgo, por pai ou mãe, e provar que seus progenitores tinham sempre vivido à lei da nobreza, de acordo com o decreto de 13 de novembro de 1800 (ibidem, §53).

Tal como os bacharéis para terem acesso à carreira da magistratura, também aqueles que ingressavam na carreira militar como cadetes, e não como simples soldados, tinham de apresentar provas de sua nobreza. José Ignácio Accioli de Vasconcelos Brandão, natural da freguesia de Jesus Maria José e São Gonçalo do Pé Branco, na comarca de Sergipe d'el-rei, encontrou-se nessa situação, conforme o testemunho de um seu camarada militar, José Joaquim de Argolo Queirós, em 1778. Declarou essa testemunha na habilitação para o hábito de Cristo que os ascendentes de José Ignácio eram todos "pessoas distintas" que serviam o rei nas milícias, o que sabia por ser natural da Bahia e "pela justificação que o mesmo justificante fez de sua nobreza para ser cadete".

Filho e neto de oficiais milicianos, esse sergipano aprendera as primeiras letras e seguira os estudos de latinidade na freguesia de sua naturalidade. De-

---

[86] BMP, Cod.1054.

pois fora para a cidade da Bahia, para a casa de um tio cônego e assentara praça de cadete no Regimento de Artilharia e, quando se habilitou à Ordem de Cristo em 1778, já era tenente do mesmo regimento, "tratando-se sempre à lei da nobreza".[87]

O recifense Manuel Carlos de Abreu e Lima recebeu seu brasão de armas em 1784 e em 1788 habilitou-se à Ordem de Cristo. As testemunhas inquiridas na sua habilitação afirmaram que seus princípios tinham sido os estudos. Depois sentara praça de cadete (o que por si só já provava nobreza) e passara a Minas Gerais, onde ocupara vários postos militares. Quando dera baixa da tropa, fora para Lisboa, onde vivia dos rendimentos da Casa de seus pais. Possuía foro de fidalgo da Casa Real e era descendente da Casa de Lindoso e Regalados, sendo parente do secretário de Estado visconde de Vila Nova de Cerveira. Seus ascendentes "sempre se ocuparam no exercício militar e vivendo dos rendimentos das suas fazendas, em que tinham avultada escravatura".[88]

Mas, apesar de ser uma carreira de prestígio, a carreira militar era frequentemente considerada mal paga, pelo menos nas palavras do governador de São Paulo, Antônio Manuel de Melo Castro e Mendonça, em 1800. Sendo aquela capitania, "e toda a América", composta de pessoas aplicadas ou à agricultura ou ao comércio, as que não exerciam estas ocupações forçosamente haviam de "viver na indigência". Ora, os militares pagos passavam "mediocremente com os seus soldos" e assim não achavam casamentos "dos de melhor fortuna", porque eram reputados "homens sem estabelecimento e a quem nenhum pai sensato quer entregar a sua filha" (DI, v.29, p.200-1).

Talvez para compensar a mediocridade dos soldos, os oficiais da tropa paga frequentemente pediam o hábito de Cristo, alegando uma vida militar sem interrupção durante um período mais ou menos longo. Foram tantas as petições que basta dar um exemplo trienal. Embora o tempo de serviço fosse contabilizado em anos, meses e dias, na lista a seguir são indicados apenas os anos.

Ao dar parecer sobre essas petições, o Conselho Ultramarino em alguns casos sugeria logo o montante da tença a ser concedida. A Luís de Sousa de Matos e Meneses propôs 40$000 réis, "sendo 12$000 a título de hábito". Outras vezes eram os próprios requerentes que indicavam a tença pretendida, como Domingos Franco, que pedia 200$000 réis, ou Cândido Xavier de Almeida e Sousa, que queria 50$000 réis. Muito naturalmente, aquele que ser-

---

87 ANTT, HOC, Letra J, maço 60, doc.17.
88 ANTT, HOC, Letra M, maço 28, doc.22.

vira mais tempo, 54 anos, pretendia "uma maior tença que bem corresponda ao trabalho e serviço".

Os militares e o hábito da Ordem de Cristo – 1778-1780

Nome	Capitania	Anos de serviço
José Francisco de Moura e Câmara	Bahia	12
Luís de Sousa de Matos e Meneses	Bahia	11
Pedro de Sequeira e Queirós	Grão-Pará	22
Domingos Franco	Grão-Pará	37
Manuel Joaquim de Sousa Xavier	Rio de Janeiro	17
Manuel José da Assunção	Maranhão	22
Antônio Albino do Amaral	Pernambuco	13
Manuel Ferreira de Andrade	Bahia	13
João da Costa Ferreira	Bahia	13
Paulino Aires de Aguirre	São Paulo	12
Ignácio da Soledade da Cruz	Bahia	54
Cândido Xavier de Almeida e Sousa	São Paulo	16
Antônio Fernandes da Silva	Rio de Janeiro	14

Fonte: ANTT, Conselho Ultramarino, Consultas, maço 320.

Esses documentos revelam também o que era a carreira militar no Brasil colonial e o modo como as promoções ocorriam. Alguns percorriam a hierarquia sem atingir os mais altos postos, como o baiano João da Costa Ferreira, que começou como soldado, passando depois a cabo de esquadra, sargento, alferes, tenente e quartel-mestre do 2º Regimento de Infantaria da Bahia. Outros chegavam a capitão.

A Ordem de São Bento de Avis parece ter sido concedida sobretudo àqueles que tinham servido muitos anos no Exército e que não possuíam uma nobreza que justificasse a Ordem de Cristo. Tendo permanecido durante cinquenta anos na tropa paga, primeiro no Reino e depois nas capitanias do Maranhão, Pará e Rio Negro, Joaquim Antunes recebeu, em 1792, o hábito desta Ordem com 120$000 réis de tença.[89]

---

89 ANTT, Conselho Ultramarino, Consultas, maço 321.

Como mostrou Fernanda Olival em estudo recente, um alvará de 16 de dezembro de 1790 regulou os soldos dos militares e procurou ao mesmo tempo regularizar as chamadas "recompensas extraordinárias e honoríficas". A partir de 1º de janeiro de 1792 ficaram abolidas as ações de serviços por parte da oficialidade da tropa de linha até ao posto de capitão inclusive, uma vez que os soldos tinham sido aumentados. E em março de 1792 foi estabelecida pelo Conselho Ultramarino uma tarifa para remunerar os serviços dos militares no Brasil e mais domínios ultramarinos (Olival, 2001, p.142-3).

Esta racionalização, quer nas tenças militares sem hábito, quer na concessão de hábitos, atingiu também os foros de fidalgo, que passaram a ser concedidos automaticamente conforme a patente militar. Toda a legislação de finais do século XVIII tendia a nobilitar os postos mais elevados do Exército, aumentando assim a diferença entre o topo da hierarquia militar e sua base.

Para aqueles que atingiam os postos máximos a concessão do foro de fidalgo tornou-se automática a partir do decreto de 13 de maio de 1789. Levando em consideração que a profissão militar garantia a segurança dos reinos e que ela era "a nobre profissão dos grandes homens que, com honra da sua pátria, deixaram eterna memória dos seus nomes", dando assim origem a "grandes famílias", Dona Maria I quis que esta atividade, além das recompensas que sempre obtivera, recebesse outro prêmio capaz de elevar aqueles que a exerciam a "uma classe e hierarquia superior à em que nasceram".

E o decreto estabelecia uma analogia com a carreira da magistratura, na qual determinados cargos traziam consigo os títulos de membros do Conselho e o foro de fidalgo da Casa Real. Do mesmo modo, a rainha determinava que os oficiais militares que atingissem os postos de marechais de campo, ou de tenentes-generais, "cujas graduações têm já a si anexos distintos tratamentos e honras", fossem logo considerados fidalgos, expedindo-se pela Mordomia-mor os respectivos alvarás. Isto não significava contudo que não pudessem receber outras recompensas pelos serviços prestados.[90]

Já em 1786 Dona Maria I revelara o apreço em que tinha os militares ao ordenar ao vice-rei do Brasil que censurasse "asperamente" os desembargadores da Relação por terem querido "disputar preferências" com os oficiais superiores: "Fareis saber aos mesmos desembargadores que, fora da Relação, não têm graduação alguma e se devem reputar como homens particulares, e que os militares gozam de todas as distinções e honras que lhes tenho concedido".[91]

---

90 ANTT, Ministério do Reino, maço 280.
91 Nota de Brás do Amaral às *Memórias históricas e políticas da Bahia* de Ignácio Accioli de Cerqueira e Silva, v.3, p.220.

Novos privilégios das milícias

Embora já fossem privilegiados pelos alvarás de 24 de novembro de 1645 e de 6 de fevereiro de 1654, os milicianos viram seus privilégios alargados pelo decreto de 22 de março de 1751, que determinou não poderem ser constrangidos a servir os empregos civis e os cargos da república.[92]

Esse decreto veio complicar ainda mais a situação da Câmara de Santos que já enfrentava dificuldades para encontrar pessoas para os lugares da vereança. Explicavam os camaristas: a fuga decorria do fato de ficarem obrigados os bens dos oficiais da câmara que tinham eleito os tesoureiros quando havia quebra nos direitos por eles cobrados. Tratava-se dos direitos da Alfândega, do almoxarife da Fazenda Real e do fiel do sal que se pagava para as tropas. Além da responsabilidade financeira que pesava sobre os camaristas, estes não gozavam dos privilégios concedidos a outras câmaras, por exemplo as propinas recebidas por ocasião das quatro procissões principais do ano.

Assim, expunham os camaristas de Santos a 25 de junho de 1768, "todos os moradores desta vila faziam as maiores diligências, ou por não serem eleitos, ou por serem escusos, ou com afetadas causas, que algumas vezes eram atendidas, ou com privilégios que a todo o custo alcançavam para serem isentos". Eram esses os privilégios dos familiares do Santo Ofício e dos dizimeiros. A situação piorara bastante quando o rei mandara alistar nas tropas auxiliares quase todos os moradores da vila, determinando "que gozassem dos privilégios das Tropas pagas, com que todos se escusam de servirem de vereadores, procurador, almotacé e tesoureiros".

Da extensão dos privilégios dos auxiliares se seguiam dois grandes inconvenientes, diziam eles. O primeiro era "não restarem pessoas hábeis para trienalmente se fazerem as pautas dos vereadores e procuradores, e a cada três meses almotacéis, e em tempo oportuno tesoureiros". Muitas vezes eram eleitas pessoas que não se podiam considerar, como a lei mandava, das "melhores da vila". O segundo inconveniente, "ainda maior que o primeiro", era que sobravam para a Câmara não as pessoas abonadas, mas aquelas que eram tão pobres que nem mesmo serviam para soldados auxiliares. Habilmente mostravam os camaristas os prejuízos que daí resultavam para a Fazenda Real: "tais tesoureiros, nem os vereadores que os nomearam, terão com que ressarcir a respetiva falência".

---

92 *Privilégios e honras concedidos aos corpos de auxiliares ou milicianos, até o ano de 1809*, Lisboa, Tipografia Lacerdina, 1810, p.6-7. E também Sousa, 1825, t.1, verbete "Auxiliar".

No final dessa argumentação, pediam a Dom José que os privilégios dos auxiliares não fossem entendidos "em tal prejudicial isenção" e, por outro lado, que fossem concedidos à Câmara de Santos os mesmos privilégios de que gozava a Câmara de São Paulo.[93]

Mais tarde, o alvará de 1º de setembro de 1800 isentou do serviço da tropa de linha o filho único do miliciano, embora não ficasse livre das milícias. Quando tivesse vários filhos, o pai poderia escolher aquele que preferia livrar da tropa paga. Os oficiais dos corpos auxiliares gozavam as mesmas honras que cabiam aos oficiais da infantaria de linha e, tal como estes, só seriam julgados, nos casos criminais, em Conselho de Guerra. Quando presos por culpas militares, recolhiam-se a prisões do Exército e nenhum miliciano poderia ser posto na enxovia: "dar-se-lhe-á sempre a prisão mais decente".[94]

Pelo alvará de lei de 16 de dezembro de 1790, os coronéis e majores com vinte anos de serviço efetivo obtinham a mercê da cruz de Avis com a tença correspondente às suas graduações; os capitães, também com vinte anos de serviço e "boas informações de seus chefes", eram condecorados com a insígnia da mesma Ordem, gozando a tença da tarifa (Costa, 1816, tít.XXI, p.400, Recompensas honoríficas). Havia contudo uma ressalva: os oficiais auxiliares que não servissem em tempo de guerra não eram considerados membros do corpo militar no que se referia ao despacho do hábito de Avis com que esse corpo era premiado (Sousa, 1825, t.1, verbete "Auxiliar").

Nesse período vemos os oficiais milicianos serem ainda mais privilegiados do que anteriormente pela necessidade que a Coroa sentiu de poder contar com eles de uma maneira mais pronta e eficaz. E, por outro lado, deparamos com esses oficiais em funções no mínimo inesperadas. Sabemos que na década de 1790 os auxiliares do regimento da cidade do Pará representaram uma ópera "em aplauso do fausto nascimento da S. A. R. Dona Maria Teresa"...[95] As suas obrigações eram, assim, muito variadas.

Os auxiliares gozavam de nobreza, usufruíam de privilégios, e em muitos casos continuavam cuidando de seus negócios. Como escrevia em abril de 1776 o governador de São Paulo, Martim Lopes Lobo de Saldanha, ao juiz de fora da vila de Santos, um capitão de auxiliares era "inquestionavelmente no-

---

93 AHU, São Paulo, Caixa 5, doc.337.
94 *Privilégios e honras...*, p.23.
95 *Drama Aódia, recitado no Teatro do Pará, antes da ópera nele representada pelos auxiliares do Regimento denominado da cidade, em aplauso do fausto nascimento de SAR Dona Maria Teresa*, 1794.

bre", como outro de posto igual na tropa paga. Aliás, se não gozassem dos privilégios da nobreza, poucos seriam os capitães. E arrematava: "Em uma palavra, eles não têm soldo e indispensavelmente hão de negociar e traficar, como Sua Majestade não ignora" (DI, v.75, p.7).

Em outras capitanias a oficialidade das milícias, sobretudo nos portos de comércio, também era ocupada pelos mais abonados homens de negócio. Tenente-coronel do 1º Regimento de Milícias da Bahia, Antônio Martins da Costa, negociante de grosso trato, girava "grosso cabedal", como ele próprio escrevia. Mas o que ele acentuava, na sua petição para obter a reforma naquele posto, eram seus contributos para o aumento das rendas reais mediante o pagamento dos direitos de importação e exportação: "desde 1789 até 1801 lhe tem satisfeito na Alfândega da Bahia 80:326$320 réis". Além disso fornecera o Arsenal e os armazéns da Coroa "sem se propor a lucros extraordinários com a Real Fazenda". Na sua informação, em 1802, o governador Francisco da Cunha Meneses confirmava ser Antônio Martins da Costa um dos negociantes mais antigos e de crédito na cidade, com grande casa de comércio, "e que tem dado utilidade à Real Fazenda pelos despachos na Alfândega e nos gêneros que exporta desta capitania, tendo sido útil também no estabelecimento e conservação do Hospital do Lazareto".[96]

O recenseamento da cidade de São Paulo feito em 1767 mostra vários oficiais da tropa auxiliar "vivendo de seus negócios" e esta duplicidade de funções era inevitável, como comentava em 1776 o governador Lobo de Saldanha: "O serem os capitães de Auxiliares negociantes é assim forçoso em quase todo o Brasil, especialmente nesta capitania, onde uns são mercadores, outros traficantes, outros tropeiros, outros condutores, e poucos serão os isentos destes manejos" (DI, v.62, p.7).

Nanci Leonzo, no seu estudo sobre as milícias de São Paulo, apresenta o reinol Luís Antônio de Sousa Macedo e Queirós como um negociante que ocupou sucessivamente postos da oficialidade dos auxiliares, sendo em 1797 coronel do Regimento de Infantaria de Milícias de Sorocaba, ano em que também pedia uma sesmaria para aí estabelecer um engenho de açúcar (Leonzo, 1979).

Ao enviar para Lisboa, em 1803, os Mapas dos Regimentos Milicianos da capitania de São Paulo, o governador Antônio José da Franca e Horta tece um comentário que deixa entrever nessa época uma diferença entre o prestígio social dos oficiais auxiliares e o dos oficiais das ordenanças. Enquanto os pri-

---

96 AHU, Bahia, CA 23802-3.

meiros eram em número excessivo relativamente à população da capitania, a ordenança via-se reduzida à "última decadência", estando "muito limitada em número". E os oficiais das ordenanças encontravam-se "gravados com tantas obrigações e encargos quanto são os de que os auxiliares se isentam em virtude de seus privilégios" (DI, v.94, p.29).

Onerosos à Coroa os regimentos milicianos "pelo grande número de seus oficiais, efetivos como reformados e agregados", a eles concorriam "quantos podiam servir nas Câmaras, nos cargos civis e ofícios onerosos", ficando destes isentos. Era preciso "rogá-los" para não serem eles ocupados por "oficiais mecânicos e pessoas da última qualidade". E várias vezes reiterou para Lisboa o excesso de patentes de oficiais agregados na capitania, pois num só regimento havia mais de trinta. E acrescentava: "quase todos os homens munidos com elas se esquivam dos cargos da república fundados nos seus privilégios, vindo por consequência a compor-se as Câmaras dos indivíduos da mais ínfima condição" (ibidem, p.50 e 56).

Os novos privilégios dos oficiais auxiliares, isentando-os dos cargos camarários, e o número daqueles que procuravam tal isenção, mostram que um longo caminho se tinha percorrido desde o início do século XVIII, quando a nobreza da terra e os mercadores de Pernambuco se disputavam aqueles cargos, o mesmo ocorrendo na Bahia, embora com menos intensidade.

Pelo menos na capitania de São Paulo, no início do século XIX muitos queriam gozar das "franquezas e privilégios" concedidos e o governador apontava como consequência o "tropeço e encalhe do serviço público". Além disso, criticava o "gozar honras e privilégios quem não está na classe de os merecer, maiormente quando sem patentes, aniquilado e reduzido a indevido abatimento aquele honorífico distintivo com que Sua Alteza aumenta e premeia os beneméritos" (ibidem, p.30). Nomeações feitas por governadores sem confirmação régia de patente significavam apenas favoritismo no exercício do poder na capitania, e Franca e Horta criticou muito tal prática em seu antecessor, Antônio Manuel de Melo Castro e Mendonça.

É notório que as ordenanças, nessa época, não gozavam do mesmo prestígio que as milícias, sendo elas que executavam a parte mais pesada das diligências do governo. Nanci Leonzo, ao estudá-las, aponta a decadência dessas companhias a partir das novas diretrizes na política defensiva do Sul, expedidas em 1774 por Martinho de Melo e Castro. As ordenanças serviam então apenas para o fornecimento de soldados para a tropa paga e para a tropa auxiliar da capitania (Leonzo, 1977, p.230).

Escrevia Franca e Horta em 1804: "O corpo das Ordenanças é em toda a América aquele sobre que mais carrega o peso do serviço". Estava a seu cargo elaborar as listas e os mapas gerais da população; fiscalizar a arrecadação de muitos direitos reais na passagem dos rios e registros; reparar as estradas públicas e encarregar-se de pontes e aterrados; prender criminosos e malfeitores etc. Era também a oficialidade das ordenanças que servia nas câmaras, "de cujos cargos se eximem os milicianos fundados nos seus privilégios" (DI, v.94, p.58).

Esse governador de São Paulo não se cansava de lembrar ao Conselho Ultramarino a procura constante dos postos de milícias por parte da elite paulista: "Foi um sistema seguido por todas as pessoas de alguma probidade munirem-se de patentes de oficiais de Milícias para com esse privilégio se escusarem de servir os cargos da república" (ibidem, p.59).

Aproveitando a ocasião em que devia informar sobre a petição do coronel do Regimento de Milícias da vila de Cunha, Antônio José de Macedo, Franca e Horta mostrava o conceito que fazia daqueles que ocupavam os postos da oficialidade miliciana mais por vaidade social do que para serviço da Coroa. Aquele coronel pedia a patente de brigadeiro e o hábito de Cristo com tença proporcionada àquela graduação. Além disso pretendia, apesar da distância a que ficavam umas das outras, o comando das vilas de São Luís de Paraitinga, Ubatuba e São Sebastião, tudo isto levado por sua "descomedida vaidade e enfunado gênio". Era tal o seu orgulho que obrigava todos os oficiais a irem a sua casa nos domingos e dias santos "para o acompanharem na ida e volta quando saía para a igreja a ouvir missa". O coronel baseava sua felicidade na subordinação dos outros e, "para adquirir esta autoridade, se sacrificaria gostosamente a exaurir todo o fundo do seu patrimônio", o qual, aliás, já não estava em condições de suportar mais liberalidades.

O coronel mandava ir à vila de Cunha algumas companhias do seu regimento "para mais aparatosamente ostentar a sua autoridade" e para isso as mimoseava à custa de sua fazenda. Os seus lances de generosidade, como dar 400$000 réis por ocasião de um subsídio voluntário pedido pela Coroa, tinham como objetivo "lisonjear a sua vanglória e adquirir-lhe a preeminência e o governo dos seus concidadãos, que ele tanto ambiciona". Com tais gastos tinha dissipado seu patrimônio, encontrando-se sua casa "em grande empenho", ou seja, endividada. Não se pode descrever mais claramente o papel que representavam na sociedade colonial estes postos da oficialidade auxiliar e como o desejo de honra e prestígio se sobrepunha mesmo ao interesse financeiro.

Embora o governador de São Paulo se mostrasse contrário à promoção de Antônio José de Macedo a brigadeiro e ao alargamento do seu comando militar, nada objetava à concessão do hábito de Cristo, pois se tratava à lei da nobreza e fizera alguns serviços dignos de recompensa. Não deixou, contudo, de lembrar que o coronel não descendia das principais famílias da capitania (ibidem, p.82-5).

Os donatários e a Coroa

No reinado de Dom João V o ouro do Brasil facilitou a compra de várias capitanias donatariais e, no reinado de Dom José, uma série de resoluções régias retirou à nobreza do Reino os rendimentos provenientes das últimas donatarias. Mercês honoríficas e compensações monetárias foram então concedidas aos antigos donatários. Vejamos quais foram essas anexações à Coroa.

1753 – Capitanias da Paraíba do Sul (visconde de Asseca), de Cumá e Camutá (Francisco de Albuquerque Coelho de Carvalho) e de Caeté (Manuel de Sousa e Melo).

1754 – Capitanias da Ilha Grande de Joanes (barão de Mesquitela), de Ilhéus (almirante do Reino) e de Itamaracá e de Itaparica (marquês de Cascais).

O texto das resoluções régias deixava claro ser "de maior prejuízo e embaraço o uso das amplíssimas jurisdições concedidas aos seus donatários". Na reorganização do espaço brasileiro por Sebastião José de Carvalho e Melo não mais tinham lugar as pequenas capitanias de donatário, quer no estado do Grão-Pará e Maranhão quer no estado do Brasil.

As compensações foram em primeiro lugar honoríficas: o donatário de Ilhéus recebeu o título de conde de Resende; o barão de Mesquitela passou a visconde do mesmo nome; ao visconde de Asseca foram concedidas as honras de "grande" do Reino (conde). Outros receberam senhorios equivalentes em Portugal, como aconteceu com o donatário de Caeté e também com o de Cumá e Camutá.

Quanto às compensações monetárias, o sistema de compra utilizado no reinado de Dom João V foi substituído por rendas anuais. Francisco de Albuquerque Coelho de Carvalho e o visconde de Mesquitela recebiam 3.000 cruzados; o visconde de Asseca, 4.000 cruzados; o almirante do Reino, 5.000 cruzados; Manuel de Sousa e Melo, 600$000 réis (Saldanha, 2001, p.422-4).

O caso da capitania da Paraíba do Sul deve ser analisado em maior detalhe, dada a oposição local ao donatário. Em 1750, os moradores da vila do Salvador dos Campos de Goitacazes enviaram a Lisboa um procurador, Sebastião da Cunha Coutinho Rangel, pai do conhecido José Joaquim de Azeredo Coutinho que, aliás, se refere a essa missão paterna em seu *Ensaio econômico sobre o comércio de Portugal e colônias*.

Era ele portador de uma relação dos abusos cometidos pelo donatário e seus representantes na capitania, e duas soluções eram propostas: ou o rei mandava ajustar com o visconde de Asseca "um equivalente pela dita donataria, ficando esta da Coroa e governada por ministros dela"; ou o rei permitia que os moradores se reunissem "pagando pelos seus bens ao suplicado o equivalente da ação que tem, ou pretende ter, aquela donataria, ficando esta incorporada na Coroa" (ibidem, p.417-8). Por outras palavras: ou o rei arrumava dinheiro para o acerto com o donatário ou os moradores o faziam. De qualquer modo a capitania da Paraíba do Sul passaria para a Coroa.

Em 1751 o Conselho Ultramarino mostrou-se favorável à compra ao donatário, "ou por ajuste feito com ele, convindo este no seu justo valor, ou por avaliação que se deve fazer na forma que o Direito permite, quando assim convém à causa pública".[97]

Mas não foi fácil chegar ao ajuste com o visconde de Asseca. Num arrazoado datado de 9 de fevereiro de 1753 e intitulado "Reflexões que devem fazer os senhores procuradores régios para poder conseguir com igualdade o ajuste da compra da capitania da Paraíba do Sul, de que é donatário o visconde de Asseca", este fazia valer seus direitos. Lembrava aos procuradores da Coroa e da Fazenda

> quanto merece ser atendido um vassalo quando, por dar gosto ao seu soberano, sacrifica os interesses da sua Casa e de todos os seus sucessores, quando se resolve a largar todas as jurisdições que logra como donatário no mesmo lugar em que tem estabelecido o seu morgado, cuja circunstância se não acha em outra alguma capitania do Brasil.

Este ponto é extremamente importante pois, como veremos mais adiante, mesmo depois de perder a capitania o visconde conservou seu morgado. Nessas reflexões inventariava tudo o que iria perder: não só o seu poder de senhor de duas vilas (São Salvador e São João da Barra) com 10.000 habitantes, como a nomeação dos oficiais das ordenanças, dos alcaides, dos oficiais de Justiça, e ainda o direito de criar outras vilas. Esta constituía, por assim dizer, a parte "honorífica" do seu senhorio. Mas era ainda preciso levar em conta "o útil", ou seja, a parte financeira: os ofícios de sua capitania rendiam 6.000

---

[97] AHU, Rio de Janeiro, CA 14982.

cruzados, aos quais se deviam ainda acrescentar os direitos sobre os engenhos e passagens, os 350$000 réis da redízima e o dízimo do pescado.

Perdendo tudo isso com a separação da sua capitania e do seu morgado ("ficando súdito adonde foi senhor"), não hesitou o visconde de Asseca em pedir "as honras de conde, as quais devem lograr com o mesmo título todos aqueles sucessores a quem pertencer a sucessão da mesma capitania", uma pensão anual de 8.000 cruzados; e o pagamento de 24.000 cruzados de uma só vez, no momento da escritura.

O ajuste da compra da capitania da Paraíba do Sul só foi finalizado com a ordem régia de 1º de junho de 1753, ficando ela incorporada à Coroa e pertencendo à Ouvidoria da capitania do Espírito Santo. Por um decreto com a mesma data, Dom José fez mercê a Martim Correia de Sá e Benevides, 4º visconde de Asseca, das prerrogativas de conde e 3.000 cruzados de renda para sempre (Araújo, 1945-1951, v.3, p.124-8). Mas um documento de permutação e sub-rogação, datado de 14 de junho de 1753, atribuiu um novo valor ao rendimento: 4.000 cruzados anuais, dada a "boa situação da dita capitania, por conter duas boas vilas e se achar toda povoada" (Pinto, 1883, t.1, p.156-7).

Que os nobres portugueses defenderam denodadamente seus direitos a compensações por parte da Coroa prova-o a extemporânea pretensão dos condes de Vimieiro, em finais do século XVIII, em relação à antiga capitania de São Vicente, há muito denominada de São Paulo. O conde obtivera, no Juízo das Justificações do Reino, a confirmação do seu direito como sucessor dos últimos donatários e requereu com isso a Dona Maria I a renovação da mercê da capitania e, enquanto corresse o processo, a concessão de "alimentos provisionais".

Na Torre do Tombo estão conservados documentos referentes a esta pretensão, inclusive uma carta da condessa de Vimieiro a Marcelino Pereira Cleto, datada de 1790, em que lhe remete vários papéis sobre a questão.[98] Os pareceres do dr. José de Seabra da Silva, um dos quais datado de 30 de junho de 1781 e outro de 28 de março de 1783, encontram-se igualmente naquele arquivo português.[99]

Cabe aqui lembrar que o genealogista e historiador Pedro Taques de Almeida Pais Leme surge relacionado com essa questão desde 1754, por solicitação dos condes de Vimieiro. Pediram-lhe que em Portugal coligisse os fatos referentes à capitania de São Vicente, a qual até 1653 pertencera à sua Casa.

---

98 ANTT, Papéis do Brasil, Cod.4.
99 ANTT, Ministério do Reino, maço 642.

Em 1755 esteve Pedro Taques na Corte. Não lhe bastando a documentação do Reino, voltou ao Brasil para pesquisar "o copioso cartório da Provedoria da Fazenda". Pretendia obter maiores informações, "desde o princípio da fundação desta capitania até o ano de 1714, que se incorporou à Coroa (por conceito errado e contra toda a verdadeira inteligência)". Essa busca documental só terminou em 1768. Por incumbência ainda de Dom João de Faro, tio do conde de Vimieiro, iniciou o cronista nesse mesmo ano a pesquisa sobre as vilas que se encontravam dentro das cem léguas iniciais de Martim Afonso de Sousa.[100]

Da exaustiva pesquisa nasceu em 1772 a *História da capitania de São Vicente*, desde a sua fundação por Martim Afonso de Sousa em 1531, a qual permaneceu manuscrita até ser publicada, em 1847, pelo Instituto Histórico e Geográfico Brasileiro. Mal aproveitada até hoje pelos historiadores, usa contudo documentação em grande parte desaparecida sobre a concessão de sesmarias, os pagamentos da redízima, a tomada de posse dos donatários, as procurações passadas aos locotenentes e procuradores, os pleitos de demarcação e de disputa da sucessão da capitania, e, finalmente, sua incorporação à Coroa. A obra de Pedro Taques serviu, por um lado, para alicerçar as reivindicações dos condes de Vimieiro na última década do século XVIII e, por outro, para inspirar a obra de frei Gaspar da Madre de Deus, publicada pela Academia Real das Ciências de Lisboa em 1797.

Dona Maria I, perante os requerimentos do conde de Vimieiro, mandou pela resolução de 14 de junho de 1780 proceder a "exames e averiguações" sobre a consulta para confirmação por sucessão da capitania de São Vicente, e depois por outra, de 24 de janeiro de 1781, sobre o requerimento de alimentos provisionais.

Um terceiro requerimento de Dom Sancho de Faro e Sousa merece uma análise mais detalhada. Começava por dizer que as "averiguações e informações" exigidas deixavam adivinhar "larga demora", o que lhe causava prejuízo por se ver privado da fruição de "uns bens que constituem o maior fundo da sua Casa". Por essa razão pedira "uma mesada interina de 600$000 réis, à conta das caídas que os cofres da Real Fazenda têm recebido da referida capitania desde o falecimento do último donatário a quem foi confirmada". Quando ocorresse a "liquidação formal dos vencimentos vencidos", ele ressarciria a Real Fazenda das mesadas pagas.

Por intermédio do Conselho Ultramarino, a Coroa recusou a mesada, alegando que se ignorava "quais fossem os distritos da referida capitania,

---

100 RIHGB, 6, 1847, p.137.

quais as alienações que dela se tinham feito, quais seus rendimentos, e os que da mesma percebeu o último donatário, ou algum dos seus antecessores".

Agora o conde de Vimieiro esclarece que aquela mesada significava "alimentos provisionais e um auxílio para as despesas da mesma liquidação". Seu advogado lhe fornece o necessário suporte jurídico:

> No sistema de Direito são inegáveis os alimentos provisionais a *expensas litis*, ainda pendente a demanda, aquele litigante que precisa e mostra ter direito aos bens que pede, porque sendo justo que cada um se valha do que é seu, não permite a equidade que, enquanto se disputa em Juízo a entrega dos bens, padeça quem os pede e que, por falta de possibilidade, se veja no extremo de desamparar a demanda, e deixar de lhe procurar o que lhe pertence.

Ora, ele já obtivera sentença favorável à sucessão da capitania e portanto estava pedindo alimentos "do seu próprio patrimônio", não só a bem do "tratamento a que o obriga a qualidade de grande" (conde), mas para deles deduzir as despesas "indispensáveis e importantes" da liquidação da questão.

Quanto ao ponto dos rendimentos da capitania, "tão amplos como é a sua extensão", recorre certamente à fundamentação histórica fornecida por Pedro Taques na sua *História da capitania de São Vicente*. Da "doação remuneratória" feita por Dom João III constavam cem léguas, 55 de uma parte e 45 de outra, e nelas Martim Afonso de Sousa e seus sucessores concederam terras de sesmaria no Cabo Frio, Rio de Janeiro etc., conforme se lia nos livros das provedorias respectivas. Só as distribuídas pelo primeiro donatário e seus lugares-tenentes se elevavam a 118.

Dentro das 55 léguas, várias povoações tinham sido criadas: a cidade de Nossa Senhora da Assunção de Cabo Frio, a cidade do Rio de Janeiro, a vila da Ilha Grande de Angra dos Reis, a de Parati e a de Ubatuba. De salientar ainda "as inumeráveis freguesias e povoações que não têm foral de vilas, mas que pela cultura e população conduzem para aumentar as rendas".

Nas outras 45 léguas, existiam a vila de Santos, da Conceição de Itanhaém, de Iguape, Cananeia, Paranaguá e Curitiba, a cidade de São Paulo, as vilas de Parnaíba, Jundiaí, Itu, Sorocaba, Moji das Cruzes. A cidade de São Paulo compreendia as minas da serra da Jaguanimbaba, denominadas depois minas velhas do Geraldo, as de Jaraguá e ribeiro de Santa Fé, as minas de Apiaí, Capibá e as de Santo Amaro, "que todas dão grande cópia de ouro em pó e algum bruto, chamado de folhetas".

Em seguida é defendida a "integridade" da capitania de São Vicente, apesar da "intrusão" do conde de Monsanto (explicada em todo o pormenor) e da venda que o marquês de Cascais fizera à Coroa, pois esta se referia apenas à antiga doação de Pero Lopes, "nada compreendendo da capitania de São Vicente". Esta se conservara "sem desmembração alguma", e todas as suas rendas eram cobradas pela Coroa. E acrescentava-se: "Os diversos nomes que arbitrariamente se têm dado a esta capitania são acidentes que não mudam a substância e a identidade, como se tem mostrado". Pouco importava também que a capitania do Rio de Janeiro estivesse separada da de São Paulo: ela tinha de ser compreendida nas cem léguas concedidas a Martim Afonso.

Passava-se depois à demonstração dos rendimentos, utilizando para isso a doação e o foral originais: as pensões resultantes dos ofícios de tabelião; as rendas, foros e tributos das alcaidarias-mores; os foros das moendas de água, marinhas de sal e outros engenhos; os foros das vinte léguas de terras privativas do donatário; a redízima; a vintena do pau-brasil. Mas era evidente que não se conseguia dar um valor a todas essas rendas e por isso se lê na petição que só a Fazenda Real o podia calcular, "pela cobrança que delas tem feito, calculando-as pelas arrematações das rendas, contratos, dízimos, e quaisquer direitos desde o ano de 1724".

Isso não significa contudo que o conde de Vimieiro não tivesse uma ideia de alguns montantes. Sabia, por exemplo, que só o contrato dos escravos do Rio de Janeiro para as Minas fora arrematado, no triênio de 1748 a 1751, por 16:000$000 réis cada ano; que o contrato das passagens do Paraíba e do Paraibuna rendera, em 1745, 34.000 cruzados anuais durante o triênio, o que dava 13:600$000, e que em 1760 esse contrato fora novamente arrematado por 14:810$000. Quanto às passagens do sertão, tinham garantido, de 1754 a 1756, 14:050$000.

Não deixou o conde de Vimieiro de dizer que tinha conhecimento desses contratos "por notícias particulares", pois no Erário Régio lhe tinham negado tais informações. Mas não insistia no assunto, visto tratar-se agora apenas de alimentos provisionais e não terem lugar contas rigorosas dos rendimentos. De qualquer modo, só daqueles quatro contratos caberia ao donatário, de redízima anual, entre 14.000 e 15.000 cruzados. E prosseguia: "Que soma tão considerável não lhe pertencerá de todos os mais contratos, rendas, dízimos e direitos há 57 anos até o presente!". Não se podiam portanto considerar exagerados os 18.000 cruzados anuais de alimentos provisionais que ele estava requerendo.[101]

---

101 ANTT, Ministério do Reino, maço 642.

Foi sobre este último requerimento que se pronunciou José de Seabra da Silva a 30 de junho de 1781. O conde de Vimieiro pretendia receber 18.000 cruzados de alimentos provisionais e esta pretensão parecia "extraordinária" ao jurista que, para provar seu ponto, analisou os direitos do conde à capitania de São Vicente. Para tal apresentou um resumo histórico do que ocorrera no Brasil desde seu descobrimento até aquela data, resumo este bem genérico e mais de acordo com uma argumentação jurídica do que com qualquer pesquisa documental mais profunda.

Considerou no mínimo imprudente a divisão da costa no século XVI em capitanias de 30, 40, 50, 80 e 100 léguas. Com "pouca consideração no futuro", organizara-se um formulário que se aplicara a todas as cartas de doação, "não vindo em consideração o que a nossa América podia ser, e foi, passados poucos anos". Ignorando-se a extensão para o interior, para o sertão, "deu-se às cegas a cada donatário um império"; estabeleceram-se as cláusulas "mais exuberantes" de direitos, privilégios e regalias, como se podia ver pela carta de doação a Martim Afonso de Sousa, anexada ao requerimento do conde de Vimieiro, e em todas as outras.

O fim dessas "exorbitantes doações" era promover a povoação e a cultura, e os donatários da América, com muito custo e fadiga, começaram a levar ou a mandar gente para suas capitanias, como o tinham feito os donatários das ilhas atlânticas.

> Vasco Fernandes Coutinho passou em pessoa com muitos casais e com muitos fidalgos seus parentes, que sofreram na capitania do Espírito Santo muitas guerras com os gentios. Francisco Pereira Coutinho gastou no estabelecimento da Bahia tudo o que tinha ganhado na conquista da Índia.

E, para mais facilmente levar a água a seu moinho, José de Seabra da Silva afirmou que "quem menos arriscou foi Martim Afonso de Sousa nesta capitania de São Vicente". Esta afirmação é central na argumentação e certamente deu origem ao esforço de frei Gaspar da Madre de Deus, como anteriormente ao de Pedro Taques, para demonstrar que aquele donatário, embora tivesse partido logo em 1534 para a Índia, não tinha deixado sua capitania abandonada.

Passados poucos anos, prosseguia Seabra da Silva, a Coroa principiou a prescindir das doações "e a suprir, pelo modo que o tempo o permitia, com novas e eficazes providências". A primeira mudança ocorrera na Bahia, e Dom João III gastou aí mais de 300.000 cruzados, "sem o que seria a Bahia em poder do donatário fácil conquista e excelente Colônia de estrangeiros".

O insucesso de Francisco Pereira Coutinho e o desaire de João de Barros fizeram ver aos reis "que era necessário tomarem a si a população e defensa daquele vasto país", pois era impossível aos donatários cumprir suas doações. Acabaram estes por aceitar que os reis "se apropriassem, despendessem e dispusessem, sem os contemplarem, das suas capitanias". Para esse jurista, no reinado de Dom José tinham sido concedidas "algumas compensações vantajosas", havendo esse monarca liberalizado "honras e rendimentos" a donatários de outras capitanias e isso talvez tivesse inspirado o conde de Vimieiro nas suas pretensões. Mas o que ele viesse a receber dependeria não da justiça, mas da "piedade e grandeza" de Dona Maria I.[102]

Ao emitir seu voto na questão da capitania de São Vicente num documento não assinado, mas datado de 28 de março de 1783, José de Seabra da Silva examinou a segunda alegação do advogado do conde de Vimieiro, na qual este invectiva o parecer anteriormente apresentado, acusando seu autor de ignorar a história de Martim Afonso de Sousa:

> ignorante da sua qualidade, porque a confundiu; ignorante dos seus merecimentos e serviços, porque pretendeu aniquilá-los; ignorante da especialidade da sua doação a respeito das outras; ignorante dos seus cuidados e trabalhos como donatário; ignorante da História Civil e Política, ainda da presente, intrometendo-se a arbitrista nesta dependência.

Segundo o advogado do conde, dessas ignorâncias tinham resultado "os erros, confusões, equivocações e temeridades com que o consulente encheu o seu papel".[103]

Ironicamente comentava Seabra da Silva ser pouco verossímil tanta ignorância num homem que tivera a honra de ser consultado pela soberana. E começava por assentar em princípios "triviais mas certos", todos eles relacionados com o saber histórico, aliás pouco apreciado pelo jurista.

> Que o saber história não consiste em repetir como papagaio, nem em transcrever como amanuense, passagens de livros históricos, ainda que eles tenham o merecimento que falta aos que este advogado viu e transcreveu. Que também não se chama ignorar a história universal, ou particular, o ignorar os fastos, anedotas ou contos áridos, fúteis, ou de tão pouca utilidade, ou entidade, que nem ensinam em geral, nem ornam em particular o herói de cujas ações se trata.

---

102 Ibidem.
103 Ibidem.

Que o saber bem a história sem saber dela fazer uso, ou como filósofo, ou como jurista, ou como homem de Estado, é o mesmo que saber pouco mais de nada.

No parecer anteriormente apresentado tinham sido aventadas duas soluções para a questão da capitania de São Vicente levantada pelo conde de Vimieiro:

> ou confirmando-lhe a capitania com a declaração de não poder dela haver outros proventos, que não sejam os insignificantes que se toleraram aos seus antecessores; ou compensando-lha com honras e utilidades proporcionadas à sua grande pessoa, servindo de norma quanto às utilidades o que se praticou com as capitanias da Bahia, de Porto Seguro, de Santo Amaro, e a estimação que os antecessores do conde deram a esta mesma capitania de São Vicente na ocasião em que a dotaram ao conde da Ilha.

Nenhuma destas soluções fora aceite pelo conde de Vimieiro, aconselhado pelo seu advogado, que lhe prometia "riquezas imensas". O próprio Seabra da Silva reconhecia que as mencionadas capitanias tinham sido avaliadas no pouco dinheiro que mereciam, enquanto mais recentemente houvera excesso nas negociações entre a Coroa e os donatários da capitania dos Ilhéus, dos territórios no Rio de Janeiro (capitania da Paraíba do Sul), o da Ilha Grande de Joanes, "em que se liberalizaram títulos e se deram padrões de juro com lesão da Coroa".

Assim, essas capitanias, em vez de serem vendidas ao soberano (neste caso Dom José) por 40.000, 30.000 ou 20.000 cruzados em dinheiro, pagos de uma só vez ou em prestações, tinham rendido por contrato aos seus proprietários um título de 3.000, 4.000 ou 5.000 mil cruzados de renda, o que denotava "ignorância ou estupidez", a não ser repetida agora, pois, quando o senhor de Vimieiro dera a capitania em dote à irmã para esta se casar com o conde da Ilha, ela fora avaliada em apenas 20.000 cruzados.

Concluindo seu parecer, Seabra da Silva queria pôr termo a esse negócio, que fizera "tanto ruído", com uma solução que agradasse tanto à Coroa quanto ao donatário. Em primeiro lugar, era necessário negar a confirmação da capitania "para cortar pela raiz estas pretensões aéreas". Em segundo lugar, devia ser dado ao conde "um padrão de 600$000 réis de juro real em morgado", mesmo que este valor fosse excessivo em relação aos 20.000 cruzados em que fora avaliada a capitania. Era contudo digno da soberana "contemplar sem tanto rateio a pessoa e Casa de um vassalo como o conde de Vimieiro". Em contrapartida não aprovava honras para o conde, a título de capitão donatário de São Vicente.

Em novembro de 1790 foi finalmente tomada uma decisão em relação às pretensões da Casa de Vimieiro. Dois decretos de 19 desse mês regularam o que se havia de pagar por um lado à condessa viúva, e por outro a Dom João de Faro, irmão e sucessor do conde de Vimieiro Dom Sancho. Em relação à primeira, a Coroa pagaria, desde a sentença de 1767 contra o conde de Lumiares, 400$000 réis até a data da morte do conde Dom Sancho. Esta quantia equivalia ao juro de 5% dos 20.000 cruzados em que a capitania de São Vicente fora avaliada ao ser dada em dote ao conde da Ilha. Em relação ao sucessor, Dom João de Faro, como compensação pela incorporação da capitania à Coroa, seriam pagos de uma só vez 4:800$000 réis "para os encargos e preparos da sua Casa" e, enquanto esse pagamento não fosse feito, continuaria a receber 400$000 réis.[104]

O mais interessante em relação a esse pedido extemporâneo de ressarcimento pela perda da capitania, é que por um documento do Arquivo Histórico do Itamarati, divulgado por Hélio Viana e datado de 1825, se constata que mesmo depois da independência do Brasil os pagamentos continuavam a ser feitos pela Contadoria Geral do Rio de Janeiro aos sucessores, "em compensação dos bens que seus antepassados possuíam no Brasil e ficaram pertencendo à Coroa" (Viana, 1966, p.155-7).

Contadoria Geral do Rio de Janeiro – 1825

Capitania	Pagamento
No Recôncavo da Bahia*	640$000
Ilha Grande de Joanes	1:200$000
Caeté	600$000
Campos de Goitacazes	1:600$000
Cumá e Cametá	1:200$000
Ilhéus	2:000$000
São Vicente (depois São Paulo)	1:600$000

* Deve tratar-se da capitania de Itaparica.

A questão das donatarias é assim muito mais complexa do que em geral se supõe e mostra que os reis do Antigo Regime não detinham um poder absoluto que lhes permitisse revogar a seu bel-prazer doações que tinham sido feitas. Pleitos e compensações financeiras e honoríficas apontam para os limites desse poder.

---

104 Ibidem.

Titulares de Portugal com patrimônio no Brasil

Nas suas *Memórias históricas e genealógicas dos grandes de Portugal*, ao tratar da Casa de Asseca, Dom Antônio Caetano de Sousa escreveu que Dom José tinha concedido ao 4º visconde "as honras e prerrogativas de conde no seu mesmo título, de jure e herdade", por decreto de 1º de junho de 1753, e ainda "3.000 cruzados de renda para sempre, em recompensa de certas terras que tinha no Rio de Janeiro". Já vimos em capítulo anterior que terras eram essas.

Por outro lado, num documento não datado mas que é posterior à expulsão dos jesuítas do Brasil, o capitão Bento José Lisboa descreveu os Campos de Goitacazes (que denomina Oetacazes) e as três grandes fazendas que ali existiam: "a dos padres bentos, a que foi dos jesuítas, e a do visconde de Asseca, que é a mais pequena e menos bem administrada".[105] Esse capitão já apontava os problemas existentes na administração do patrimônio brasileiro do visconde de Asseca. Dom José, em 1758, pôs os bens patrimoniais da Casa de Asseca no Brasil em administração, ficando esta a cargo do chanceler da Relação do Rio de Janeiro.

De qualquer modo, nessa fazenda tal como nas outras duas havia engenhos de açúcar "e grande quantidade de gados" e naquelas "imensas terras" se podiam fazer "muitos e grandes estabelecimentos com a melhor proporção para deles se exportarem os seus efeitos pelo rio abaixo, em grandes canoas, porquanto as ditas terras são fertilíssimas e capazes de grandes canaviais e da maior e mais fácil cultura".[106]

Em finais do século XVIII as terras do visconde de Asseca nos Campos de Goitacazes continuavam sob administração, como se pode ver pelos almanaques então elaborados.

Ou o redator do Almanaque de 1792 não recolheu as informações necessárias ou a administração dos bens do visconde de Asseca passou a exigir um maior número de pessoas com o desdobramento de funções que, em 1792, estavam concentradas num só indivíduo: o tesoureiro era ao mesmo tempo procurador e cobrador.

---

105 BMP, Cod.464, f.83-83v.
106 Ibidem, f.84-84v. Para adiantar a cultura da região dos Campos, Bento da Silva Lisboa recomendava a vinda de casais açorianos, ao mesmo tempo que apontava para a possibilidade de o rei criar "um governo separado" do Rio de Janeiro.

Juízo da administração dos viscondes de Asseca

Almanaque de 1792	Almanaque de 1794
Juiz administrador: chanceler	–
Sebastião Xavier de Vasconcelos Coutinho	Antônio Diniz da Cruz e Silva
Escrivão: Manuel da Costa Couto	–
Tesoureiro: Dr. Joaquim José Susano	Tomás Francisco Novais
Advogado	Joaquim José Susano
Escriturário	José Nicolau da Costa
Procurador	Francisco Correia Sampaio

Só o estudo futuro dessa administração pela documentação da Relação do Rio de Janeiro permitirá avaliar a rentabilidade do patrimônio brasileiro dos viscondes de Asseca. De momento só possuo informações para o período da Corte no Brasil, como veremos no capítulo seguinte.

Outro grande proprietário era o conde da Ponte. Na Bahia, além do morgado herdado pelo casamento, essa Casa nobre de Portugal possuía uma grande quantidade de propriedades alodiais arrendadas. Todas elas estavam situadas no sertão do rio São Francisco. É difícil saber quando e como esses sítios foram adquiridos, pois o tombamento feito em 1819 só se preocupa com a data dos arrendamentos cobrados nessa época.

São 111 sítios arrendados, mas o total das rendas atingia apenas a quantia anual de cerca de 300$000 réis. O valor dos arrendamentos elevava-se de um mínimo de $300 réis a um máximo de 12$500 réis. A data mais recuada nesse tombamento era 1802 e a mais recente julho de 1808. O tamanho das propriedades ia desde a meia légua em quadra, até uma légua de comprido e três léguas de largo, ou duas léguas de comprido e uma de largo.[107] Exatamente porque essas propriedades arrendadas davam pouco rendimento é que mais tarde elas foram postas à venda, como veremos no capítulo seguinte.

Em 1806 o príncipe regente Dom João concedeu ao marquês de Alorna os foros que pagavam à Fazenda Real os 113 colonos da sesmaria da aldeia de Santo Antônio dos índios Garulhos (será Guarulhos?), situada nos Campos de Goitacazes, na capitania do Rio de Janeiro. Nessa época os foros rendiam 2:400$000 réis e o marquês ficava com a obrigação de assumir as despesas

---

107 "Tombo da Casa da Ponte", 1957.

com os índios que habitavam na aldeia de Santo Antônio, chamada a Aldeia Velha, cabeça daquela sesmaria.[108]

Além do visconde de Asseca, do conde da Ponte e do marquês de Alorna, com terras e rendas ou foros no Brasil, é provável que uma pesquisa mais ampla nos arquivos portugueses venha a revelar outros titulares com patrimônio em terras brasileiras.

A Coroa e os ricos vassalos

Já disse que nobreza e riqueza não eram sinônimos na sociedade colonial. Podia haver indivíduos de condição nobre sem grandes meios de fortuna e conservando apenas aqueles mínimos sinais exteriores de nobreza (cavalo, armas, criados) para não serem socialmente desclassificados, e indivíduos de fortunas avantajadas sem cargos, postos ou honras que os elevassem acima dos plebeus.

Mas, como escrevia o tratadista Pereira Oliveira em 1806, os ricos geralmente encontravam o caminho aberto para as dignidades da Igreja, para os postos das milícias, para os cargos da república, e também sem dificuldade contraíam casamentos nobres. Tendo assim os ricos, no início do século XIX, acesso a "tudo o que há de mais honroso na sociedade", era comum dizer-se que "a riqueza produz o brilhantismo da nobreza".

O tratadista explicitava duas condições para que a riqueza nobilitasse: era preciso que a fortuna fosse "considerável e antiga". Um pequeno patrimônio só levava à ascensão "para o estado médio, assim chamado por ficar entre o da nobreza e da plebe". Reconhecia contudo que o Direito não definia o limite a partir do qual a riqueza passava a ser nobilitante. Quanto à antiguidade da riqueza, alguns estabeleciam cem anos, outros aludiam mesmo a um "tempo imemorável".

Em épocas de guerra e de falta de dinheiro, como era este início do século XIX, não há dúvida de que a riqueza serviu para a conquista da nobreza. Conferiu-se então o foro de fidalgo a quem concorresse com 25.000 cruzados para as urgências da Coroa, e o hábito de Cristo a quem entrasse com 5.000 cruzados no Real Erário para acudir às despesas da guerra com a França (Oliveira, 1806, cap.XII).

Encontramos um exemplo do modo como a Coroa se propunha recompensar quem a ajudasse nos seus apertos financeiros num impresso raríssimo

---

108 ANTT, Conselho Ultramarino, Registro de correspondência, Liv.179, f.103v-104.

que inclui o "Mapa do donativo voluntário que ao Augusto Príncipe R. N. S. ofereceram os povos da capitania de Minas Gerais no ano de 1806".[109] Esse documento é a resposta dos ricos mineiros à carta régia de 6 de abril de 1804, que encarregava o governador de convocar "as pessoas competentes" para lhes dar a conhecer "as circunstâncias atuais". A Coroa esperava que elas espontaneamente concorressem com uma tarifa mínima: os proprietários de engenhos, roças e lavras deveriam dar 600 réis por cabeça de cada escravo. Nessa mesma carta recomendava que, havendo quem se distinguisse no donativo, o governador informasse para que o príncipe regente Dom João remunerasse com "despachos honoríficos" aqueles beneméritos.

Vejamos, no "Mapa do donativo...", as "pessoas que se distinguiram em ofertas de 400$000 inclusive para mais, além da quota de seus escravos".

Comarcas	Donativo
Vila Rica	
O bispo	1:400$000
O governador	1:200$000
Salvador Peregrino Airão	1:700$000
Florêncio Guedes Pinto de Sousa	1:600$000
Ignácio José de Sousa	1:600$000
José Ribeiro Carvalhais	1:000$000
Francisco de Morais	600$000
José Veloso Carmo	720$000
Afonso Dias Pereira	720$000
Manuel Joaquim Ribeiro	550$000
José de Deus Lopes	400$000
José Fernandes de Oliveira	400$000
Sabará	Donativo
José Fernandes Valadares	1:000$000
Francisco de Abreu Guimarães	700$000
Antônio Fernandes Guimarães	600$000
Manuel José Pena	400$000
Antônio da Fonseca	400$000
José Gregório de Morais Navarro	400$000

---

109 *Uma raridade bibliográfica: o Canto encomiástico de Diogo Pereira Ribeiro de Vasconcelos impresso pelo padre José Joaquim Viegas de Meneses, em Vila Rica, 1806*. Rio de Janeiro: Biblioteca Nacional; São Paulo: Gráfica Brasileira, 1986.

Serro Frio	Donativo
Modesto Antônio Mayer	1:200$000
Antonio Coelho Peres de França	400$000
Caetano Miguel da Costa	400$000
Manuel Pinto de Figueiredo	400$000
Francisco Martins Pena	400$000
Antônio Gomes de Meireles	400$000
Rio das Mortes	Donativo
João Manuel Pinto Coelho	800$000

Fonte: *Uma raridade bibliográfica...*

Alguns desses indivíduos deram sua contribuição por dever de ofício, como o bispo, o governador, o juiz de fora de Paracatu, o intendente dos diamantes, caixas e fiscal da mesma Intendência, o capitão mor das Minas Novas, o capitão mor regente da Campanha. Outros provavelmente porque almejariam uma graça honorífica, se ainda não tivessem recebido nenhuma. Até os professores de Retórica e de Filosofia de Vila Rica revelaram tais aspirações.

Na capitania de São Paulo, o governador Antônio José da Franca e Horta resolveu adaptar o sistema de cobrança desse donativo "ao gênio dos habitantes e próprio da atual situação da capitania", explicando, em outubro de 1804, por que não aplicara a imposição de 600 réis em cada escravo. A escravatura em São Paulo era muito diminuta "à proporção de todas as mais deste Brasil", e por isso a coleta daquela capitação não ultrapassaria os 35$000 réis. Não havia na capitania "minas permanentes" nem a posse de escravos estava "na razão direta dos haveres de cada um". Essa cobrança seria prejudicial a muitos, sobretudo a mulheres, "que não obstante possuírem alguns escravos, vivem toda a vida com eles na maior indigência".

Além de usar em São Paulo e Santos de uma "persuasão exortativa" perante o bispo, a câmara, "e toda a nobreza eclesiástica, regular, civil e militar", mandou anotar em um livro as ofertas prometidas, encarregando quatro indivíduos de fazerem o mesmo nas regiões mais distantes. Não foi localizada a lista dos donativos, mas o governador salientou "as poucas forças dos seus habitantes pela estreiteza do seu comércio e atraso da agricultura". O mais interessante é que alguns moradores aproveitaram a ocasião para oferecer dívidas de difícil cobrança no Reino e que, desse modo, seriam diretamente cobradas por agentes da Coroa, evitando a eles trabalhos e despesas. Essas dívidas a serem cobradas atingiram a soma de 12:524$753 réis.

O governador pediu o foro de fidalgo para os seus quatro emissários, "não só em contemplação de serem as suas ofertas generosas em proporção dos seus rendimentos, como pelo grande trabalho e dispêndio feito à sua custa em tão dilatadas e trabalhosas jornadas". Eram eles o brigadeiro Manuel Mexia Leite; o coronel Francisco Xavier dos Santos, professo na Ordem de Cristo e tesoureiro-geral da Junta da Fazenda; o coronel da cavalaria miliciana José Joaquim da Costa Gavião, cujos antepassados já tinham tido o foro de fidalgo; e o coronel José Vaz de Carvalho, "sujeito que se trata com todo o esplendor e sem mecanismo algum, empregando-se em negociações grossas e em tomar as grandes rendas da capitania". Além desses quatro emissários, também devia ser recompensado, mas com a Ordem de Cristo, o coronel de milícias reformado Francisco Pinto Ferraz, "em razão de exceder a todos na oferta que fez" (DI, v.94, p.223-5).

A Coroa contava com os ricos vassalos sempre que se tratava dos chamados donativos, ou para dotes de princesas reais, ou para sustentar guerras, ou por ocasião de eventos extraordinários como o terremoto de Lisboa de 1755. Essas contribuições, obrigatórias até um certo teto, e a partir daí voluntárias, eram recompensadas com as graças honoríficas tão desejadas por aqueles que tinham mais fortuna do que nobreza.

4
A Corte joanina

Titulares desterrados

A 14 de janeiro de 1808 um brigue trouxe ao Rio de Janeiro a notícia de que a família real embarcara em Lisboa com destino a esse porto "com grande número de pessoas de primeira grandeza da Corte, e de outras muitas de todas as ordens", como relatava o padre Luís Gonçalves dos Santos (Santos, 1943, Época I, parte I, §1). É sintomático o vocabulário utilizado pelo memorialista. Os acompanhantes do príncipe regente Dom João pertenciam a todos os grupos sociais, mas alguns tinham a obrigação de viajar com o monarca: os titulares ("de primeira grandeza") que eram simultaneamente cortesãos.

Distribuídos pelas várias naus da frota, os grandes da Corte sofreram a primeira baixa em Salvador com a morte do duque de Cadaval. Ao Rio chegaram apenas a duquesa viúva e seus filhos (ibidem, §13, nota). Mas, no desembarque, o desfile da nobreza cortesã era ainda de molde a impressionar os cariocas: desfilaram "os grandes do Reino, oficiais-mores da sua Real Casa, camaristas e nobreza", seguidos pelos militares, oficiais da Marinha e eclesiásticos vindos de Lisboa. Eram aquelas as principais categorias de cortesãos, os grandes ou titulares, os servidores do Paço e a nobreza não titulada (ibidem, §24).

O primeiro ministério nomeado no Brasil foi composto por Dom Fernando José de Portugal e Castro (Reino), Dom Rodrigo de Sousa Coutinho (Negócios

Estrangeiros e Guerra) e visconde de Anadia (Negócios da Marinha e Ultramar). E logo passou o príncipe regente a "prover à subsistência dos titulares e mais fidalgos, assinando-lhes pensões pagas da sua Real Fazenda", uma vez que, ao abandonar Portugal, essa nobreza tinha ali deixado seus bens e seus rendimentos. Do mesmo modo procedeu em relação aos oficiais da Marinha e do Exército, aos eclesiásticos e aos civis, acomodando-os em "benefícios ou empregos da pública administração que, ou estavam vagos ou, pela maior parte, se criaram de novo". Segundo Luís Gonçalves dos Santos, a liberalidade do soberano incidiu também sobre os habitantes do Brasil, concedendo "a uns, hábitos e comendas, a outros, postos e ofícios; a estes dignidades e empregos, àqueles honras e mercês" (ibidem, §35).

Mas afinal que titulares acompanharam o monarca naquilo que para eles constituiu um verdadeiro exílio? Uns vieram sozinhos, outros trouxeram consigo pelo menos parte da família, permanecendo no Reino os filhos primogênitos para cuidar de suas Casas e patrimônios. Vejamos a lista fornecida pelo memorialista.

1 Duque de Cadaval (falecido durante a paragem na Bahia), a duquesa e três filhos.

2 Marquês de Alegrete, Luís Teles da Silva e Meneses.

3 Marquês de Angeja, Dom José de Noronha Camões e Albuquerque.

4 Marquês de Belas, Dom José de Vasconcelos e Sousa, marquesa e filhos.

5 Marquês de Lavradio, Dom Antônio de Almeida Soares e Portugal, marquesa e filhos.

6 Marquês de Pombal, Henrique José de Carvalho e Melo e marquesa.

7 Marquês de Torres Novas, Dom Álvaro Antônio de Noronha Abranches Castelo Branco e irmãos.

8 Marquês de Vagos, Nuno Telo da Silva.

9 Conde de Belmonte, Dom Vasco Manuel da Câmara, condessa e filhos.

10 Conde de Caparica, Dom Francisco de Meneses da Silveira, condessa e filhos.

11 Conde de Cavaleiros, Dom Gregório Ferreira d'Eça e Meneses e condessa.

12 Conde de Pombeiro, Dom Antônio Maria de Castelo Branco Correia e Cunha Vasconcelos e Sousa.

13 Conde de Redondo, Tomé José de Sousa Coutinho Castelo Branco e Meneses e filhos.

14 Visconde de Anadia, José Rodrigues de Sá e Meneses (ibidem, n.46).

Essa lista de titulares foi logo aumentada nos despachos de 17 de dezembro de 1808, destinados a comemorar o aniversário da rainha Dona Maria I: Dom Rodrigo de Sousa Coutinho recebeu o título de conde de Linhares e Dom Fernando José de Portugal foi feito conde de Aguiar. Dias antes, a 2 de dezembro, Dom João de Almeida de Melo e Castro adquirira o título de conde das Galveias. E, durante os anos de permanência da Corte, os componentes da lista de titulares foi-se sempre alterando, com a chegada de uns e a partida de outros, e mesmo com a morte ocorrida em território brasileiro. Basta consultar os almanaques publicados na Corte nesse período (1811, 1816 e 1817) para perceber as variações ocorridas no grupo dos "grandes".

As casas titulares de Portugal de uma maneira geral ficaram divididas com a vinda da família real. Alguns familiares, porque desempenhavam funções no Paço ou no governo, acompanharam o príncipe regente, enquanto outros membros ficavam no Reino cuidando dos interesses de suas Casas.

O marquês de Borba, cujo nome não consta da lista do padre Luís Gonçalves dos Santos, talvez porque tivesse chegado um pouco mais tarde, era viador da Casa Real e veio acompanhado de um filho, viador de Dona Carlota Joaquina, e de uma filha, camarista do infante Dom Miguel, tendo deixado em Portugal a mulher, o filho primogênito, já casado, e a filha mais nova.

A 20 de fevereiro de 1809 escreveu ao filho uma carta cheia de lamentações contra o clima, as enfermidades, a carestia da cidade. A respeito dos negros exclama: "Parece isto uma Babilônia infame". Manter o tratamento nobre custava muito caro: "as despesas aqui são imensas, as casas 400$000 réis por ano e é uma barraca, sem chácara; a carruagem importa em rios de dinheiro, tanto as seges como sustento das bestas, ordenado do boleeiro e moço de tábua, enfim preciso a maior economia". E terminava a missiva com as seguintes palavras: "peçam perdão a Deus por mim, e que nos levem deste inferno para esse paraíso da minha Casa" (Pereira, 1946, p.139-41).

Mas, numa carta de 10 de maio de 1810, não vislumbrava fim próximo para seu desterro pelos sinais à sua volta: "vejo que mandam vir muitas coisas de lá, pois mandam vir músicas e até o resto da livraria da Ajuda, tudo isto me dá a maior aflição, e oiço que vêm vindo muitas famílias com receio daquelas infernais criaturas tornarem, por estarem já na Espanha". Temendo o regresso dos franceses, recomendava ao filho que pusesse a família a salvo "e o melhor que houver na Casa" (ibidem, p.143).

A 29 de junho de 1812 continuava desperançoso do regresso ao Reino: "A respeito da nossa ida, não há nem as menores esperanças, e antes cada vez mais me parece dificultoso o irmo-nos pois até a imensa gente que vem para morrerem à fome o confirma mais" (ibidem, p.147). Claro que ele exagera o destino dos reinóis que se dirigiam ao Rio de Janeiro atraídos pela presença da Corte. Mas o fato é que ele não mais regressou a Portugal, pois morreu em outubro de 1813 "em terra de tanta abominação e escândalo", como ele próprio dizia.

Dom João nomeou o filho que estava na Corte para ocupar o lugar do pai e este contava ao irmão que ficara em Lisboa: "Eu estimei isto por todas as razões, pois SAR me concedeu ração efetiva como meu pai tinha e, além de tudo o mais, o estimei por não sair de nossa Casa e família" (ibidem, p.150). Esta questão da "ração" era fundamental para os titulares desprovidos dos rendimentos de suas Casas no Reino e que, na sua qualidade de servidores do Paço, tinham assim parcialmente garantida sua subsistência.

Durante sua permanência no Rio de Janeiro, Dom João produziu uma boa safra de novos titulares, sobretudo ao nível do baronato e do viscondado. Pela primeira vez, nos títulos concedidos predomina a toponímia brasileira: barão de Vila Nova da Rainha (1809), de Magé (1810), baronesa de São Salvador de Campos (1812), barão de São José de Porto Alegre (1814), da Laguna (1818), de Santo Amaro (1818), de São Simão (1818), de São João Marcos (1818), de Itanhaém (1819), de Goiana (1821) e de Bagé (1821). Em 1818, João Maria Coutinho Pereira de Seabra tornou-se visconde da Bahia e, em 1819, Dona Isabel Sill Bezerra viscondessa de Tajuaí. Também um gentil-homem da câmara foi feito conde de Parati em 1813.

De ressaltar que o título de baronesa de São Salvador de Campos foi concedido a Dona Ana Francisca Maciel da Costa, viúva do coronel Brás Carneiro Leão, fidalgo da Casa Real e um dos mais conceituados negociantes do Rio de Janeiro.[1] Quanto ao barão de São Simão, era Paulo Fernandes Carneiro Viana, filho do desembargador do Paço e intendente-geral da Polícia Paulo Fernandes Viana.

A concentração da distribuição de títulos no ano de 1818 se deve certamente às comemorações da aclamação de Dom João VI. Alguns desses titulares transitaram de um título para outro, como o barão de Vila Nova da Rainha, feito visconde em 1810; ou o barão de Magé, que alcançou o viscondado em 1811; ou o barão de Rio Seco, visconde em 1818.[2]

---

1 Ver meu livro *História da família no Brasil colonial*, p.124-5.
2 ANRJ, Cod.15, v.2.

Títulos concedidos por Dom João

Data	Barão	Visconde	Marquês
1808	–	–	1
1809	1	–	–
1810	2	4	3
1811	1	6	3
1812	3	2	3
1813	1	–	5
1814	1	–	–
1815	2	6	–
1816	–	–	–
1817	–	–	–
1818	9	9	1
1819	–	–	–
1820	2	–	–
Totais	22	29	16

Fonte: ANRJ, Cod.116, Registro Geral das Mercês, Ordens e Títulos, v.1.

Os almanaques publicados no Rio de Janeiro permitem-nos conferir o número de titulares em solo brasileiro, embora esse número varie com as mortes, as chegadas e as partidas. Segundo o Almanaque de 1816, por exemplo, eram 35 os titulares, mas três não residiam na Corte, ocupando governos de capitanias: o conde dos Arcos na Bahia; o conde da Palma em São Paulo; e o marquês de Alegrete no Rio Grande do Sul. Também nesse ano o conde da Figueira se encontrava residindo em Lisboa.

Uma das informações contidas nos almanaques era o local de residência desses titulares e o de 1816 revela que alguns ainda moravam no centro da cidade, sem terem adquirido aquelas casas nobres em chácaras que lhes permitissem esquecer as quintas nos arredores de Lisboa. Vejamos como eles se distribuíam na malha urbana do Rio de Janeiro.

Marrecas: marquês de Aguiar.
Rua do Lavradio: visconde de Andaluz.
Campo de Santana: marquês de Angeja, conde de Belmonte, conde de Linhares.
Rua da Alfândega: visconde de Asseca.
Glória: conde de Avintes, marquês do Lavradio, conde da Ponte.

Rua detrás da Lapa: visconde de Barbacena.
Defronte do Passeio: conde da Barca, marquês de Valada.
Rua detrás do Hospício: marquês de Belas, conde de Cavaleiros.
Rua da Lapa: duque de Cadaval.
Rio Comprido: marquês de Campo Maior.
Catete: conde da Lousã, conde de Viana.
Rua Direita: visconde de Magé.
Aos Barbônios: visconde de Mirandela.
Rua detrás do Carmo: marquês de Torres Novas, conde de Parati, conde de Valadares.
Rua de Santa Teresa: conde da Ribeira Grande.
Rua do Conde: barão do Rio Seco.
Matacavalos: barão de São Lourenço.
Rua da Quitanda: conde de Valadares.
À Guarda Velha: visconde de Vila Nova da Rainha.

Morar no Catete constituía já uma inovação, pois só com a presença da Corte esse arrabalde se desenvolveu. O Campo de Santana, na Cidade Nova, possibilitava igualmente melhores acomodações do que a rua da Quitanda ou rua Direita. Mas, de qualquer modo, a nobreza cortesã tardou a encontrar no Rio de Janeiro o tipo de moradia a que estava habituada.

Quando, em 1814, Silvestre Pinheiro Ferreira deu seu parecer sobre o regresso do príncipe regente e da Corte a Portugal, este funcionário régio, conhecido por suas *Preleções filosóficas* ministradas a partir de 1813, aproveitou a ocasião para tecer algumas considerações sobre a nobreza titulada numa época em que, em Espanha, Fernando VII já tinha sido obrigado a aceitar a Constituição de Cádiz de 1812.

Pinheiro Ferreira defendia a adaptação dos titulares aos novos tempos, embora reconhecesse seu papel numa monarquia:

> A necessidade de um corpo da nobreza em qualquer monarquia é ponto que nem mesmo admite contestação. Mas também não é menos certo que as instituições da nobreza devem variar segundo as leis, usos e costumes de cada nação e de cada século. Por esta razão é que, não existindo hoje entre nós senão alguns fracos vestígios do que na instituição da atual nobreza a fazia importante nos negócios do Estado e digna de respeito e veneração aos olhos dos povos, quase que desapareçam tanto esta consideração como aquela importância.[3]

---

3 RIHGB, t.47.

Ou seja, aqueles feitos que outrora tinham justificado a criação dos títulos nobiliárquicos não mais garantiam os privilégios de que os titulares gozavam na segunda década do século XIX: "é logo necessário que das cinzas da antiga nobreza nasça outra nova, cujas funções, honras e vantagens sejam mais conformes aos usos e costumes do nosso século". Assente este ponto, Pinheiro Ferreira faz a defesa clara da meritocracia: "Cumpre combinar a nobreza hereditária com a de aquisição. É justo que o nascimento habilite, mas é necessário que, *coeteris paribus*, o merecimento prefira". Desse modo defendeu que, nas baronias vagas, deveriam suceder em primeiro lugar os vassalos beneméritos que, em recompensa de seus serviços, haveriam de passar à qualidade de titulares.

Condenando a atitude daqueles nobres titulados que só consideravam compatível com sua "grandeza" e linhagem o cargo de embaixador ou ministro, defendia que eles fossem distribuídos pela administração dos domínios da Coroa. Estes deviam ser divididos em circunscrições de maneira a que cada nobre se encarregasse de sua administração, sugerindo ainda um rodízio de postos que obrigasse os nobres a ocuparem-se das circunscrições ultramarinas, mesmo daquelas menos apetecíveis, como eram certamente à época as de África.

É preciso contudo notar que Silvestre Pinheiro Ferreira está se referindo apenas aos "grandes", aos títulos, pois há muito que a Coroa se servia de outros nobres para fazer o rodízio da administração ultramarina. No fundo, o que ele pretendia era dar um emprego mais útil à nobreza cortesã que apenas servia no Paço, sem maiores responsabilidades administrativas.

Talvez por recearem as consequências do movimento constitucional do Rio de Janeiro a 26 de fevereiro de 1821, é que vários titulares decidiram contribuir para a gratificação da tropa de linha da guarnição da cidade que atuara nesse dia obrigando o rei e a família real a jurarem a futura Constituição.

Contribuição dos titulares para a tropa de linha, 1821

Visconde do Rio Seco	1:000$000
Marquês de Alegrete	200$000
Barão de Alvaiazere	600$000
Conde de Belmonte	500$000
Visconde de Vila Nova da Rainha	200$000
Marquês de Valada	100$000
Marquês de Torres Novas	300$000
Conde de Parati	300$000
Conde de Cavaleiros	100$000

Fonte: *Para uma gratificação a toda a honrada e valorosíssima tropa de primeira linha da guarnição do Rio de Janeiro...*

Servidores do Paço

À chegada da família real ao Rio de Janeiro foi necessário acomodar nos edifícios já existentes, ou depois em novas construções, as repartições do serviço do Paço e seus empregados. Para tal foram anexados ao palácio o convento do Carmo e a Casa da Câmara e Cadeia, ligados por um passadiço ao corpo principal. No antigo convento instalaram-se a rainha e suas damas nos quartos virados para o Terreiro do Paço, enquanto no interior se distribuíram a ucharia, as cozinhas e outras oficinas. A Casa da Câmara e Cadeia foram destinadas às criadas, tendo sido feita a necessária reforma para que se desvanecesse "o seu lúgubre aspecto", nas palavras de Luís Gonçalves dos Santos. As cavalariças reais ficaram no aquartelamento da cavalaria junto do Real Trem, e ao longo da praia de Dom Manuel se ergueram construções para a recolha dos coches e para habitação dos empregados que deles cuidavam. Todas estas acomodações foram providenciadas pelo tesoureiro da Casa Real, Joaquim José de Azevedo (Santos, 1943, Época I, Parte II, §3).

Este era um dos mais importantes cargos no serviço do Paço. John Luccock calculou que os servidores fossem cerca de mil, mas este número é francamente exagerado, mesmo incluindo os de mais baixa condição social, pelo que conhecemos da documentação da Casa Real e também pelas informações dos almanaques da época.

A superintendência da Casa Real cabia ao mordomo-mor, que dirigia todos os servidores, e a documentação do Arquivo Nacional do Rio de Janeiro permite entender seu funcionamento. O serviço do Paço implicava funções variadas que eram desempenhadas por pessoas de diferente hierarquia, desde os titulares aos fidalgos e aqueles cuja nobreza provinha de graus acadêmicos, postos militares ou cargos eclesiásticos.

A mudança da Corte e sua instalação no Rio de Janeiro implicou, em primeiro lugar, o pagamento dos ordenados atrasados dos criados e das criadas, bem como a procura de benesses equivalentes àquelas de que tinham usufruído em Lisboa. As petições choveram na Mordomia-mor, como a de três reposteiros da Câmara "de cavalo do número" a quem se estavam devendo as três quartas de cevada que venciam diariamente de sua moradia como fidalgos, pois "na grande precisão" em que se achavam lhes era "penosa" a delonga. Estas três quartas de cevada equivaliam a 300 réis diários.[4]

---

4 ANRJ, Casa Real, Mordomia-mor, Caixa 1, pacote 1, doc.1.

A 11 de maio de 1808 o tesoureiro da Casa Real, Joaquim José de Azevedo, e o escrivão dessa Tesouraria, Manuel Anastácio de Brito, elaboraram uma relação dos criados do Paço que nos permite avaliar a despesa feita com os servidores. Estes ganhavam no Rio de Janeiro o mesmo que em Lisboa "por diferentes folhas".[5] Os ordenados eram pagos a quartéis. Vejamos cada uma das categorias.

Guarda-roupas: oito, sendo quatro pertencentes à mesma família (Francisco José Rufino de Sousa Lobato, Joaquim José de Sousa Lobato, Matias Antônio de Sousa Lobato e José Joaquim de Sousa Lobato). O ordenado anual era 80$000 réis, "de que paga a décima".

Confessores: quatro, com ordenados diferenciados conforme acumulavam, ou não, outras funções. Frei Antônio Batista Abrantes recebia 706$000 réis anuais por ser também capelão-mor da Armada Real. Já frei Antônio da Arrábida auferia apenas 200$000 réis e frei João Mazzoni acrescentava a esta quantia uma "mesada" paga pelo "Real Bolsinho". Frei Heliodoro de Jesus Maria tinha de ordenado 320$000.

Tenente da Guarda Real: ordenado de 200$240 réis, "de que paga a décima", mais 17$100 de moradia do foro de fidalgo da Casa Real e doze moios e sete alqueires de cevada.

Médicos da Câmara: seis, com ordenados diferenciados. O 1º médico, Manuel Vieira da Silva, tinha direito a 200$000 réis, "com desconto da décima", aos quais juntava 576$000 como deputado da Junta do Proto-Medicato e 500$000 de "uma capela". Não paravam aqui as benesses: "tem mais a moradia do foro em espécie, a tença do hábito de Cristo, sege e ração da Ucharia e 500 moios de pau do mouchão da Azinhaga". Esta última regalia era recebida em Portugal e é provável que no Rio de Janeiro tenha passado a receber algo equivalente. O 1º cirurgião da Câmara, José Correia Picanço, ao ordenado básico de 100$000 réis acrescentava 200$000 por aquele posto e 72$000 "de iguarias" por ano. José Francisco de Paula, 100$000 réis mais 9$000 de moradia pelo foro de cavaleiro fidalgo e um alqueire de cevada por dia. Em Portugal fora também médico do convento de Mafra, o que lhe garantia mais 520$000, mas resta saber se no Rio obteve emprego equivalente. Também Vicente Antônio de Azevedo, ao escasso ordenado de médico da Real Câmara (75$000), juntava em Portugal 240$000 como médico do Hospital da Estrela. Portanto certamente pretendia agora outro emprego que complementasse o que recebia da Casa Real. Cirurgião da Câmara, frei Custódio tinha 100$000

---

5 Ibidem, Caixa 1, pacote 2, doc.8 A.

réis de ordenado. O cirurgião "honorário", Teodoro Ferreira de Aguiar, estava bem aquinhoado: recebia moradia e cevada por ter o foro de cavaleiro fidalgo, 1:200$000 como cirurgião-mor dos Exércitos e 540$000 como cirurgião-mor das Armadas e 1º cirurgião do Hospital da Marinha. Ignoro se manteve esta acumulação de cargos no Brasil. Em Lisboa recebia ainda 100$000 de emolumentos como delegado da Junta do Proto-Medicato (que será extinta pouco depois no Brasil) e 1$200 por cada navio mercante que saía do porto de Lisboa. Ordenados menores cabiam ao médico e ao cirurgião da família (ou seja, dos servidores do Paço), e ao cirurgião da enfermaria.

Almoxarife da Casa das Obras: Esta função era desempenhada por Joaquim José de Azevedo, o tesoureiro da Casa Real, que por ela recebia 800$000 réis, além do foro de escudeiro cavaleiro.

Couteiro das Praias: 47$000.

Mestre da Picaria da Princesa Real: 240$000 mais moradia e cevada pelo foro de cavaleiro fidalgo.

Criados particulares: onze. Ao ordenado básico de 240$000 somavam "vestiárias, moradias e cera", e por vezes "comedorias".

Reposteiros: 23. Embora o ordenado fosse baixo (18$000), a acumulação de funções e a generosidade do Real Bolsinho elevavam-no por vezes a valores bem mais altos. Vejamos apenas um exemplo. José Fernandes Adrião conseguia ganhar 388$020, pois desempenhava também as funções de estribeiro de cavalo e caçador, recebia moradias por ser moço da estribeira do número, e também vestiárias. Pelo Real Bolsinho chegavam-lhe às mãos mais 57$000.

Porteiros da cana: quatro. Não lhes era atribuído ordenado, mas recebiam vestiária, moradia, cevada e tença do Real Bolsinho.

Varredores: dezesseis. Ordenado básico de 64$000 réis, mais comedorias e remuneração pelo Real Bolsinho.

Varredores do Paço de Belém: quatro. Ordenado mais alto, 145$320, mais ocasionais tenças para eles, ou seus familiares. É provável que esta diferença se mantivesse no Brasil.

Moços da prata: seis. Ordenado de 57$000 mais comedorias.

Assim, o serviço do Paço empregava, em maio de 1808, 88 indivíduos do sexo masculino, de variada hierarquia social, e os ordenados a serem pagos pouco tempo depois da chegada da Corte, incluindo os quartéis atrasados e outras regalias desses servidores, somavam 21:833$606.

Resta agora examinar a folha referente às criadas do Paço, apresentada na mesma data. Eram 106, mas custavam mais barato do que os homens, 13:591$000. Entre elas estavam duas titulares, a marquesa de São Miguel, camareira-mor, e a marquesa de Lumiares, camareira-mor da princesa do Brasil, Dona Carlota Joaquina. Cada uma auferia elevados proventos.

Marquesa de São Miguel		Marquesa de Lumiares
479$900	Ordenado anual	173$900
322$858	Título de marquesa	322$858
150$000	Tença no almoxarifado das carnes	–
–	Tença do serviço de dama	500$000
213$480	Ordenado de aia	–
75$000	Tença de irmã freira	75$000
1:241$238	Total	1:071$790

Fonte: ANRJ, Casa Real, Mordomia-mor, Caixa 1, pacote 2, doc.8 A.

Criadas da Casa Real em 1808

Função	Nº	Ordenado anual	Total
Camareira-mor	1	1:280$000	1:280$000
Camareira da princesa	1	1:174$000	1:174$000
Damas do Paço	9	600$000	5:400$000
Donas da Câmara	5	76$200	381$000
Açafata alemã	1	150$000	150$000
Açafatas	28	76$200	2:133$600
Retretas	22	53$900	1:185$800
Porteiras	5	53$400	267$000
Moças do lavor	14	53$400	747$600
Moças de quarto	16	38$400	614$400
Mulher de leite	1	147$200	147$200
Pensionistas	3	36$800	110$400
Total	110		13:591$000

Fonte: ANRJ, Casa Real, Mordomia-mor, Caixa 1, doc.10.

De notar que as servidoras da Casa Real, mesmo que gozassem de outras benesses, almejavam sempre entrar para a folha de ordenados do serviço do Paço, como se pode ver por uma petição de Maria Rita do Coração de Jesus, casada com um capitão tenente da Armada Real, a qual servia Dona Carlota Joaquina no foro de retreta com 80$000 réis anuais de tença, e que mesmo assim preferia receber um ordenado inferior, mas ser enquadrada entre as criadas do Paço.[6] No mesmo sentido requeria Dona Mariana do Carmo, filha de um capitão de mar e guerra, a qual tivera "a honra de dar leite de peito ao sereníssimo príncipe Dom Antônio que Deus tem em glória". Pretendia entrar na folha da Casa Real a exemplo de outra "mulher de leite". A este respeito informava o mordomo-mor: "É da prática da Casa Real dar 200 réis por dia às mulheres que chegam a ter a felicidade da suplicante, enquanto se não dá um ofício aos maridos, o que não obteve ainda o da suplicante".[7]

O tesoureiro da Casa Real, Joaquim José de Azevedo, pediu em 1808 informações à marquesa camareira-mor acerca do ordenado de uma lavadeira do Paço em Lisboa. Como esta o ignorava, uma criada de quarto de Dona Carlota Joaquina informou que eram duas as lavadeiras, cada uma com 600$000 réis anuais, além da cobrança de 3$200 por mês de cada pessoa real (ou seja, 34$400 anuais). Sendo catorze as pessoas da família real, angariava portanto cada lavadeira por ano mais 537$600, e também 349$440 "a título de sabão". Perante estas cifras elevadas, Dona Carlota Joaquina opinou que, no Rio de Janeiro, recebesse a lavadeira do Paço 1:200$000 réis por ano em paga da lavagem de roupa das pessoas reais.[8] É evidente que um tão elevado ordenado significava ser essa lavadeira uma autêntica empresária que contratava assalariadas ou, no Brasil, comprava escravas para o desempenho de tal tarefa.

Vemos assim, numa primeira abordagem do serviço do Paço, que este englobava homens e mulheres de condição social diferente e que entre os servidores existia uma hierarquia conforme os ordenados e as regalias recebidas. Os de condição social inferior eram facilmente substituídos e por essa razão as folhas de ordenados não apresentam sempre os mesmos contingentes.

Novamente, a 17 de setembro de 1808, o tesoureiro e o escrivão da Casa Real elaboraram o "Resumo dos ordenados que venceram as criadas e os criados da SAR no 3º quartel de 1808", ou seja, referente aos meses de julho, agosto e setembro. Salientamos agora as funções para que se possa observar a acumulação de atividades numa mesma pessoa.

---

6 Ibidem, Caixa 1, pacote 2, doc.18.
7 Ibidem, Caixa 1, pacote 2, doc.23.
8 Ibidem, Caixa 1, pacote 4, doc.55.

Funções masculinas	Nº
Tesoureiro da Casa Real, almoxarife da Casa das Obras, comprador e guarda-roupa	1
Escrivão da Tesouraria da Casa Real e das Reais Cavalariças	1
Ajudante do tesoureiro	1
Confessores	4
Primeiro médico da Câmara	1
Primeiro cirurgião da Câmara	1
Médicos da Câmara	2
Cirurgião da Câmara	1
Médico da família	1
Criados particulares	12
Fiel da Mantearia, moço da prata e reposteiro	1
Guarda-cera, apontador dos varredores e reposteiro	1
Conserveiro e reposteiro	1
Moço de Mantearia e reposteiro	1
Reposteiros	25
Porteiros da cana	4
Varredores	36
Moços da prata	8
Moços da porta	2
Barbeiros	2
Escrivão dos Filhamentos	1
Oficial da Secretaria dos Filhamentos	1
Apontador geral dos foros	1
Coiteiro geral da coitada (ou coutada)	1
Guardas da coutada	7
Mestre de picaria da princesa	1
Total	119

Fonte: ANRJ, Casa Real, Mordomia-mor, Caixa 1, doc.20.

As listas de criados e criadas do Paço vão sempre sendo modificadas com indivíduos que mudam de funções ou as vão acumulando. Aqui estão apenas aqueles que recebiam ordenado pago a quartéis. Aqueles que trabalhavam a jornal, brancos ou negros, tinham um estatuto completamente diferente. Eram, por exemplo, os moços de água e os serventes. As pessoas empregadas na limpeza do Paço e os aguadeiros eram pagos, não pela folha da Casa Real, mas sim pela Casa das Obras e Paços Reais.

Embora se percebam algumas regras gerais nos ordenados, cada um usufruía de uma mercê individual. Por exemplo, ao nomear Manuel Francisco da Costa couteiro da Real Coutada da ilha do Governador, o príncipe regente concedeu-lhe a remuneração anual de 300$000 réis pela folha da Casa Real, além dos 17$000 mensais que já recebia "a título de caçador", devendo "residir aturadamente na referida coutada e ser empregado na administração dela debaixo da inspeção do conselheiro Joaquim José de Azevedo, a quem para este efeito ficará subordinado como os outros couteiros e guardas".[9] É que nesse mesmo ano a inspeção e a direção da Real Coutada foram entregues a Joaquim José de Azevedo, que assim acrescentava mais uma função às muitas que já acumulava no Paço.[10]

Os lugares de criados e de criadas da Casa Real eram muito desejados e por vezes perpetuavam-se de pai para filho. As nomeações constam dos Livros do Registro Geral das Mercês, que se encontram no Arquivo Nacional do Rio de Janeiro. Para dar apenas uma ideia, entre 1808 e 1822 constam 164 nomeações para reposteiro da Câmara e dezenove para porteiro da Câmara (Farinha, 1867).

Nesses livros estão também registradas as nomeações para médicos e cirurgiões da Real Câmara, os quais muito frequentemente acabavam por receber o foro de fidalgos. Nos 43 nomes aí incluídos, além das diferenças sociais entre médicos e cirurgiões, nota-se a diferença entre ser honorário e efetivo, ou do número, e entre pertencer à Real Câmara ou simplesmente à "família", ou seja, o conjunto dos criados e criadas da Casa Real.

Logo a 21 de abril de 1808, o administrador da Real Enfermaria prestou informações sobre as medidas que tomara para estabelecer no Rio de Janeiro, sem maiores despesas, aquela instituição destinada aos servidores da Casa Real. Pensara desde o início no Hospital da Ordem Terceira de São Francisco da Penitência, "não somente pelo seu bom local, mas também pela caridade com que são tratados os doentes". O irmão ministro presidente e mais mesários da Ordem tinham-se oferecido para cuidar dos criados da Casa Real "sem donativo algum" pelo seu tratamento. Só não podiam oferecer local de sepultamento para os que falecessem. O administrador então combinara com os religiosos de Santo Antônio que estes dessem sepultura, mortalha e tudo o que fosse necessário pela esmola de 6$000 por doente que falecesse. Como o Regimento da Real Enfermaria dos criados da Casa Real estabelecia que se

---

9 Ibidem, Caixa 1, pacote 4, doc.93.
10 Ibidem, Caixa 1, pacote 4, doc.94.

dissessem dez missas de corpo presente por falecido, com a esmola de 240 réis cada uma, e como no Rio de Janeiro as missas custavam mais caro (400 réis), aquele número foi reduzido para seis.[11]

Os "grandes" da Corte desempenhavam variadas funções dentro do Paço, conforme nos informam os almanaques. O de 1816 registra os viadores da rainha (marquês de Valada, conde de Cavaleiros, conde da Lousã, visconde de Asseca, visconde de Barbacena) bem como os gentis-homens da Câmara (conde de Belmonte, marquês de Torres Novas, conde de Valadares, conde de Viana, conde de Parati, marquês de Angeja, marquês de Belas).

O serviço do Paço por vezes aumentava a graduação social dos indivíduos que ali serviam. Francisco José Rufino de Sousa Lobato, que em 1808 era porteiro da Real Câmara e guarda-joias, recebeu nesse ano o título do Conselho, em 1809 foi feito barão de Vila Nova da Rainha, e em 1810 visconde do mesmo nome. Foi com os anos acumulando cada vez mais funções dentro do Paço: guarda-roupa, manteeiro, tesoureiro do Real Bolsinho, guarda-tapeçarias. Por seu lado Joaquim José de Azevedo, que recebeu o alvará de fidalgo cavaleiro em 1808, o título do Conselho em 1810 e o baronato do Rio Seco "em sua vida" em 1812, foi tesoureiro da Casa Real, almoxarife da Casa das Obras, comprador da Coroa e guarda-roupa.

A rede de repartições e de funções no Paço não é facilmente desenhada, sobretudo porque uma nomenclatura arcaica exige a consulta de um dicionário da época. Antônio de Morais Silva, no seu *Dicionário de Língua Portuguesa*, em 1813, definia Uxaria como a "casa onde se guardam as viandas, ou despensa, ainda hoje se diz a Uxaria d'el-rei"; já a Mantearia se encarregava da roupa e da prata da mesa real.

A organização desta última repartição mereceu, em 1815, algumas observações do manteeiro, visconde de Vila Nova da Rainha, provocadas pela grande mobilidade dos servidores do Paço, que mudavam facilmente de uma função para outra. Escrevia ele ao marquês de Aguiar que, "para evitar procedimentos dolosos e de má-fé praticados por alguns empregados da Real Mantearia", tornava-se necessária uma ordem para que não se fizesse o pagamento de nenhum ordenado "sem se mandar todos os quartéis a folha assinada, ou rubricada, pelo manteeiro, a fim de não continuarem a perceber ordenados que lhes não competem por dizerem que têm lugares que não gozam, ou porque já passaram a diferente serviço e emprego".[12]

---

11 ANRJ, Casa Real, Mordomia-mor, Caixa 1, pacote 2, doc.7.
12 Ibidem, Caixa 1, pacote 4, doc.185.

As Cavalariças Reais eram administradas pelo estribeiro-mor, função desempenhada por um titular, que em 1812 era o marquês de Vagos. Em julho desse ano, em ofício ao então ainda conde de Aguiar, evidenciava a diminuição das despesas daquela repartição, as quais, como veremos mais adiante, eram na sua totalidade muito elevadas. Nesse ofício o marquês só menciona os gastos com o milho. A quantidade desse cereal iria ser reduzida em 1.275 alqueires por mês, passando as Reais Cavalariças a consumir mensalmente apenas 2.935 alqueires, ou seja, 1.467 sacos. A despesa mensal com o milho iria ser de 2:934$000, e anualmente 35:208$000.

E comentava o marquês de Vagos:

> Não posso deixar de ter muita satisfação que esta repartição, que por graça especial de SAR me foi confiada, esteja reduzida e semelhante despesa, que só parecerá muito a quem não tiver prática qual é o serviço da Casa Real e dos seus Estados nesta repartição para luzimento da grandeza e magnificência em que deve refletir no público este ramo.[13]

As palavras do marquês são sintomáticas da atitude de um cortesão que justificava o elevado custo da manutenção das Cavalariças Reais com a necessidade de a monarquia se revestir de todo o aparato perante seus vassalos.

Depois da morte do marquês de Vagos, uma "Demonstração da receita e despesa das Reais Cavalhariças do ano de 1814", feita a 15 de fevereiro de 1815 e assinada por Manuel Anastácio Xavier de Brito, revela um dispêndio considerável com esta repartição. As despesas elevavam-se a 237:926$442 e o Erário Régio só contribuíra com 192:000$000, tendo Joaquim José de Azevedo, já então barão do Rio Seco, adiantado, como era habitual, a quantia que faltava a título de suprimento gratuito, ou seja, sem cobrar juros.

Chama a atenção, nesse rol de gastos, o custo do alimento do gado. Talvez por isso, numa nota, se informe que havia ali mais 211 cabeças que em 1813 e que se tinham comprado 84 cavalos, uma parelha de bestas muares e uma burra de leite. Também foi anotada a compra de carruagens e carrinhos novos, seges e arreios (selas, estribos e xairéis).

Nem sempre é fácil delimitar as áreas de competência das repartições da Casa Real e das funções nelas existentes. Vejamos por exemplo a Real Casa das Obras e o almoxarifado dos Paços Reais, que geria as obras feitas nas residências reais e que, em 1808, empregava as seguintes pessoas, todas pagas a jornal e portanto com estatuto social inferior, plebeu.

---

13 Ibidem, Caixa 1, pacote 4, doc.111.

Despesas das Reais Cavalariças em 1814

Ordenados	46:449$677
Comedorias	35:365$127
Sustento do gado (milho, sêmeas, capim)	61:692$030
Jornais dos oficiais (correeiros, seleiros, serralheiros, ferreiros etc.)	18:748$175
Materiais para as oficinas	32:328$090
Pintura de carruagens, seges e carrinho etc.	9:025$500
Despesas de botica	2:173$275
Despesas miúdas e feitas em jornadas	32:144$582

Fonte: ANRJ, Casa Real, Mordomia-mor, Caixa 1, pacote 4, doc.189.

Empregados da Real Casa das Obras – 1808

Função	Nome	Jornal
1º arquiteto	Antônio dos Santos e Azevedo	1$200
2º arquiteto	João da Silva Moniz	960
Discípulo de arquiteto	João Luís Gomes	480
Mestre carpinteiro	Reinaldo José da Silva	800
Mestre entalhador	Cipriano Antônio Teixeira	800
Mestre pedreiro	Brás Correia da Costa	800
Apontador geral	José Francisco dos Santos	600

Fonte: ANRJ, Casa Real, Mordomia-mor, Caixa 1, pacote 2, doc.11.

Esse documento revela o estatuto artesanal, e consequentemente plebeu, dos arquitetos no fim do Antigo Regime. Seu jornal era apenas um pouco mais elevado do que o dos carpinteiros, entalhadores ou pedreiros. Seu saber não os elevava ainda acima dos artesãos, pois, ao contrário dos engenheiros militares, não recebiam uma formação profissional específica. A valorização social dos arquitetos nos séculos seguintes fez por vezes esquecer qual fosse seu verdadeiro estatuto nessa época.[14]

---

14 Ver meu livro *Cultura luso-brasileira: da reforma da Universidade à independência do Brasil*, Lisboa, Estampa, 1998.

Joaquim José de Azevedo, que acumulava com outras a função de almoxarife da Casa das Obras, deu um parecer em 1811 que mostra suas competências, além da direção dos artesãos. Vejamos do que se tratava. Um coronel possuía umas casas na esquina da rua do Cano com a rua dos Sapateiros e pretendia nelas construir "um quarto nobre", ou seja, um cômodo mais elevado. O almoxarife opôs-se terminantemente a tal construção e expôs suas razões. Havia que respeitar a residência do príncipe regente, não abrindo janelas que devassassem seu interior, como havia de suceder, pois aquele cômodo daria para o jardim onde as senhoras da família real costumavam passear com suas criadas. Além deste inconveniente, apontou ainda outro: as janelas do antigo convento do Carmo (que estava servindo de alojamento a parte da família real) ficariam apenas à distância da largura de uma rua e ao mesmo nível daquelas que se pretendiam construir. Preservar a privacidade dos membros da família real fazia portanto parte das responsabilidades do almoxarife dos Paços Reais.[15]

Embora não fossem incluídos na folha dos criados do Paço, a Casa Real pagava ainda aos músicos da Real Câmara, como ocorreu em novembro de 1810, quando foram aceitos, como músicos instrumentistas, dois rabecas, Joaquim Correia dos Santos e Francisco Ansaldi, com o mesmo ordenado daqueles que estavam em Lisboa e que era de 260$450 réis pagos aos quartéis. Este Ansaldi já tivera "a distinta honra de tocar por três vezes um concerto de rabeca na Real Capela do Carmo", no Rio de Janeiro. Quanto a Correia dos Santos, intitulava-se "professor da Arte da Música", tendo sido escolhido para tocar rabeca na Real Câmara e também na Real Capela, e por isso pretendia a honra de ser criado do príncipe regente.[16]

O pintor Antônio José Nunes acompanhou Dom João ao Brasil e em 1808 pedia uma pensão pelo Real Bolsinho, ou por qualquer repartição, "a fim de se poder manter e exercer a sua arte". Em Lisboa fora discípulo de Domingos Antônio de Siqueira, pintor da Câmara e Corte, e recebia 800 réis por dia, pagos pela folha dos ordenados das pessoas empregadas na Real Obra da Ajuda. Foi decidido que no Rio de Janeiro ganharia 640 réis diários, "pela folha da Casa das Obras", com a obrigação de trabalhar nas obras do Paço.[17] Assim, o pintor nessa época se equiparava socialmente aos demais artesãos, não possuindo nenhum estatuto social superior, como ocorria com os músicos, mais valorizados pelo príncipe regente.

---

15 ANRJ, Casa Real, Mordomia-mor, Caixa 1, pacote 4, doc.79.
16 Ibidem, Caixa 1, pacote 4, doc.73.
17 Ibidem, Caixa 1, pacote 4, doc.19.

Os cozinheiros da Casa Real, apesar da relevância da arte da cozinha na Corte, queixavam-se em 1810 a Dom João da "indigência" em que viviam, pois os ordenados que recebiam mal chegavam para pagar o aluguel das casas onde moravam. Além disso seu trabalho era especialmente duro: "Eles vivem sem o menor descanso, trabalhando noite e dia, e deitados a maior parte das vezes sobre a terra sem cama, motivo por que grande parte deles gravemente tem adoecido". A situação dos cozinheiros era ainda pior no Real Sítio de Santa Cruz e eles mereciam ser atendidos nas suas reclamações, pois tinham acompanhado a família real deixando no Reino seus familiares e os poucos bens. Este foi o parecer do conde de Redondo, que certamente tinha sob sua responsabilidade as Reais Cozinhas.[18]

Quanto ao cabeleireiro que penteava a família real, permaneceu sem ordenado definido até junho de 1809, quando foi decidido que lhe seriam pagos 10$000 réis mensais. O seu estatuto era portanto intermédio entre aqueles que recebiam ordenados anuais pagos a quartéis e os que ganhavam apenas jornais.[19]

A rede do serviço do Paço, desde a camareira-mor à mais humilde servente, desde o tesoureiro da Casa Real ao simples aguadeiro, ocupava titulares, nobres e plebeus e organizava-se em várias repartições, cada uma delas chefiada por um "grande" da Corte. A mobilidade no exercício de funções, as mercês pecuniárias que saíam do Real Bolsinho, e a diversidade de formas de pagamento caracterizavam os servidores do Paço.

A figura central nessa rede de serviços era sem dúvida a do tesoureiro da Casa Real, que manejava as somas necessárias aos gastos do Paço. Joaquim José de Azevedo logo em setembro de 1808 foi feito fidalgo cavaleiro devido aos serviços prestados na organização da partida da família real, chegando mesmo a "adiantar os seus cabedais para mantimentos da referida esquadra". Conselheiro do príncipe regente em 1810 e barão do Rio Seco em 1812, em breve começaram a circular no Rio de Janeiro mordazes pasquins contra ele, acusando-o de roubar no Paço.

Talvez em decorrência das críticas recebidas, o barão do Rio Seco procurou passar o cargo para o filho, João Carlos de Azevedo, então com 22 anos, e que era também fidalgo cavaleiro desde 1808. O barão manter-se-ia porém como responsável perante Dom João pela atuação do jovem naquela Tesouraria. O ordenado deste seria o mesmo do pai, 1:000$000 réis. Deste modo o

---

18 Ibidem, Caixa 1, pacote 4, doc.64.
19 Ibidem, Caixa 1, pacote 3, doc.43.

barão continuava a responsabilizar-se por quaisquer faltas de dinheiro no serviço do Paço, ao mesmo tempo que procurava garantir o futuro do filho com um bom ordenado.[20]

Mas, na documentação da Casa Real, o barão do Rio Seco continua a assinar como tesoureiro. Uma de suas preocupações era o descontrole das despesas, sobretudo na área das "denominadas Guarda-roupas, em cujo artigo entram os outros de Mantearia, Guarda-cera, etc.". Era frequente, e isso ocorreu em agosto de 1813, a despesa ser maior do que a verba a ela destinada e o tesoureiro queixava-se: "tenho de pagar na presente semana a importância da cera do mês de julho, os róis dos mestres do mês passado, e o chuveiro de despesas dos quartos". Em relação a estas últimas, tinha o cuidado de pagar apenas aquelas que eram apresentadas pela marquesa camareira-mor depois do "beneplácito régio", mas era difícil reduzi-las devido à tradição perdulária da Corte. "Em um só mês em Lisboa se gastava mais do que tem sido a despesa desde que SAR chegou até o presente". Ou seja, a Corte no Rio de Janeiro viu-se obrigada, pela escassez de recursos, a despender menos do que estava habituada a fazer.[21]

A variedade de pagamentos a serem efetuados pelo tesoureiro da Casa Real resultava da estrutura do serviço do Paço e da multiplicidade de benefícios concedidos aos servidores, que iam das comedorias a vestuário, passando pela cera, pela cevada a quem tinha foro de fidalgo etc. Luís dos Santos Marrocos, funcionário da Livraria régia, escrevia, nas suas cartas para Lisboa ao pai, que o capelão do infante Dom Pedro Carlos recebia ração, tinha casas pagas, cavalo e criado para o acompanhar, além de seu ordenado (Marrocos, 1934, carta 24).

Também pela documentação da Casa Real se constata que ao cargo de mordomo-mor competiam dois arráteis de velas de cera e ao escrivão dos Filhamentos meio arrátel, "sendo paga esta cera pelo guarda-reposte da Casa Real", embora em maio de 1813 este benefício ainda não tivesse sido concedido no Rio de Janeiro. O escrivão da Matrícula na Casa Real devia receber por dia um alqueire de cevada "em espécie na Real Cevadaria", conforme foi decidido em fevereiro daquele mesmo ano.[22]

Por um opúsculo publicado pelo tesoureiro da Casa Real em 1821, na Impressão Régia do Rio de Janeiro, tomamos conhecimento de como funcio-

---

20 Ibidem, Caixa 1, pacote 4, doc.180.
21 Ibidem, Caixa 1, pacote 4, doc.144.
22 ANRJ, Casa Real, Mordomia-mor, Caixa 1, pacote 4, doc.136 e 131 A.

navam as várias repartições do serviço do Paço. Trata-se da *Exposição analítica e justificativa da conduta e vida pública do visconde do Rio Seco, desde o dia 25 de novembro de 1807 até 15 de setembro de 1821*, que teve também uma edição em Lisboa.

Vejamos por exemplo a função de comprador das guarda-roupas do Paço:

> Quando em algum dos quartos das pessoas reais havia falta de alguma coisa, faziam as retretas o seu pedido, autorizado pela excelentíssima camareira-mor, a quem se dirigiam semelhantes alegações. Mas esta formalidade ainda não era bastante para se proceder à despesa. Era necessário que Sua Majestade o ordenasse e por isso, assinados os pedidos pela excelentíssima camareira-mor, eram remetidos ao porteiro da Câmara para os apresentar a el-rei.[23]

Assim, na compra de qualquer peça de vestuário para algum membro da família real, atuavam pelo menos quatro servidores do Paço: retreta, camareira-mor, comprador das guarda-roupas e porteiro da Câmara. A atuação do visconde do Rio Seco, segundo suas próprias palavras, limitava-se a proceder aos pagamentos dos vendedores "com suas contas já assinadas e rubricadas para serem satisfeitos de suas quantias". A escolha das mercadorias era feita diretamente pelos membros da família real e suas retretas às modistas francesas ou aos mascates.

Tal como o visconde do Rio Seco, também Francisco José Rufino de Sousa Lobato, visconde de Vila Nova da Rainha, por ter acumulado várias funções no Paço, foi objeto de poesias satíricas por ocasião do movimento constitucional, que atacou sobretudo os áulicos do serviço do Paço. Numa delas se lê:

> Brasileiros, dissipai tudo o que pode servir
> de obstáculo ao nosso sossego, e aos vossos interesses,
> tirai de entre vós a prisão e fonte
> donde têm manado todas as vossas desgraças,
> e para segurar a vossa felicidade necessário que
>   Morra Francisco Lobato[24]

---

23 *Exposição analítica e justificativa da conduta e vida pública do visconde do Rio Seco, desde o dia 25 de novembro de 1807, em que Sua Majestade Fidelíssima o incumbiu dos arranjamentos necessários da sua retirada para o Rio de Janeiro, até o dia 15 de setembro de 1821, em cujo ano dimitirá todos os lugares e empregos de responsabilidade de Fazenda...*, 1821, p.7.

24 BNRJ, I – 33,30,40.

Fidalgos da Casa Real

Entre as graças honoríficas concedidas durante a presença da Corte no Rio de Janeiro estão os foros de fidalgos da Casa Real. Em 1867, Sanches de Baena publicou em Lisboa um *Dicionário aristocrático*, elaborado pacientemente a partir dos Livros de Registro das Mercês que existiam no então denominado Arquivo Público do Rio de Janeiro. Nele encontramos as datas de todos os alvarás de foros de fidalgo da Casa Real desde 1808 até setembro de 1822, ou seja, até a independência.

Ao instalar-se no Rio de Janeiro, o príncipe regente Dom João criou as instituições e os cargos equivalentes aos que existiam em Lisboa e consequentemente o Registro Geral das Mercês e o ofício de escrivão da Real Câmara, "para constar a todo o tempo com a legalidade necessária às mercês que faço aos meus fiéis vassalos e evitar os inconvenientes que podem ocorrer por falta do competente registro". Este ofício de escrivão da Real Câmara fora regulamentado pelo Regimento de 1º de agosto de 1777.[25]

Os alvarás de concessão do foro de fidalgo tinham um prazo para serem registrados pelos beneficiados e, quando este não era cumprido, os interessados pediam ao monarca uma dispensa por lapso de tempo. Foi o que fizeram, em janeiro de 1820, Antônio Rodrigues Veloso de Oliveira e Henrique de Oliveira Veloso Pereira, ambos filhos do desembargador do Paço Antônio Rodrigues Veloso, os quais tinham recebido o foro de moços fidalgos em 1813.[26]

Dos 523 foros de fidalgo concedidos nesse período, cinco destinavam-se a donas sob forma de dote para aqueles com quem se casassem. Incluíam-se ainda naquele número dois que tinham sido anteriormente concedidos, mas cujos alvarás se tinham perdido, tratando-se portanto de mercês renovadas. Em cinco casos ignora-se a gradação com que o foro foi atribuído.

A estas categorias simples de fidalguia, hierarquicamente dispostas desde o moço fidalgo até o fidalgo cavaleiro, há que juntar ainda as categorias compósitas: moço fidalgo com acrescentamento a fidalgo escudeiro, dezessete; moço fidalgo com acrescentamento a fidalgo cavaleiro, um; fidalgo escudeiro com acrescentamento a cavaleiro fidalgo, doze; e cavaleiro fidalgo com acrescentamento a fidalgo cavaleiro, um. Ou seja, um total de 31 foros compósitos.

---

25 *Coleção das leis do Brasil de 1808*, alvará de 9 de maio de 1808.
26 ANRJ, Cod.564, provisões de 10 de janeiro de 1820.

Fidalgos da Casa Real 1808-1822

Ano	Moço fidalgo	Fidalgo escudeiro	Cavaleiro fidalgo	Fidalgo cavaleiro
1808	6	–	4	32
1809	2	–	3	14
1810	1	1	3	19
1811	4	–	–	8
1812	1	4	4	25
1813	4	2	6	23
1814	2	1	4	12
1815	7	–	1	42
1816	7	–	11	33
1817	2	–	4	13
1818	5	–	3	32
1819	7	–	2	36
1820	4	–	7	35
1821	10	–	3	25
1822	–	–	–	2
Totais	62	8	55	351

Fonte: Farinha (1867).

O foro mais elevado foi sem dúvida o que Dom João mais distribuiu por reinóis e naturais do Brasil. Entre estes últimos, deparamos com sessenta agraciados: vinte do Rio de Janeiro; catorze de Minas Gerais; nove de Pernambuco; cinco da Bahia; seis de São Paulo; quatro do Maranhão; um do Espírito Santo e um do Rio Grande do Sul.

Mas esta separação entre reinóis e naturais do Brasil é puramente formal, como tenho vindo a insistir ao longo deste estudo, dada a grande mobilidade geográfica da elite. Vários fidalgos reinóis fixaram residência no Brasil e aqui desempenharam suas atividades. Basta lembrar os negociantes do Rio de Janeiro, Elias Antônio Lopes, Antônio Gomes Barroso e Luís de Sousa Dias, ou o negociante da Bahia Pedro Rodrigues Bandeira; Felisberto Caldeira Brant Pontes, senhor de engenho na Bahia, e seu filho homônimo; vereadores do Rio de Janeiro como Francisco de Sousa Oliveira e Manuel Caetano Pinto; os desembargadores do Paço João Severiano Maciel da Costa e Joaquim de

Amorim Castro; ou marechais de campo bem conhecidos da historiografia brasileira, como Luís do Rego Barreto e José Arouche de Toledo Rendon.

De notar que, nesse final do período colonial, a fidalguia não se circunscrevia ao Nordeste, mas abrangia regiões como Minas Gerais e São Paulo, geralmente pouco aquinhoadas com este tipo de graça honorífica. Nas tradicionais famílias baianas o foro de fidalgo acompanhava as várias gerações: em 1808, Salvador Pires de Carvalho e Albuquerque recebeu o foro de fidalgo cavaleiro, que era o mesmo de seu pai, José Pires de Carvalho e Albuquerque. Também Francisco Lopes Vilas Boas recebeu em 1811 o mesmo foro de seu pai, Luís Lopes Vilas Boas: escudeiro e cavaleiro fidalgo. Já o magistrado Antônio Luís Pereira da Cunha, natural da Bahia, mas chanceler da Relação do Rio de Janeiro, parece ter inaugurado a fidalguia de sua família, e o mesmo ocorreu com o baiano Luís José de Carvalho e Melo, corregedor do Crime da Corte e Casa em 1808, cujo filho, natural do Rio de Janeiro, recebeu no mesmo ano o foro de fidalgo cavaleiro, igual ao de seu pai.

Em Pernambuco, ao lado de representantes de famílias tradicionais, como Francisco Pais Barreto, Francisco de Paula Cavalcanti e Albuquerque, Manuel Caetano de Albuquerque e Melo (neto de Antônio de Sá de Albuquerque, que também fora fidalgo cavaleiro), José Félix de Andrade e Melo e Francisco Joaquim Pereira de Carvalho, surgem os quatro filhos do marechal de campo Dom Jorge Eugênio de Locio e Seiblzt.

Com a presença da Corte no Rio de Janeiro ficou mais fácil solicitar a carta de brasão de armas, pois na própria gazeta o juiz da nobreza, Isidoro da Costa e Oliveira, criado particular do príncipe regente, anunciava em 1811 que o escrivão da nobreza era Antônio Bernardo Cardoso Peçanha de Castelo Branco, e a ele se deviam dirigir os interessados. Mas advertia: "primeiramente devem justificar no Cível da Corte a sua nobreza, naturalidade, filiação, e a de pais e avós, sendo possível com seis testemunhas". Uma vez recebida a sentença de habilitação de nobreza, podiam então requerer ao juiz que mandasse passar o brasão de armas.[27]

Um dos que o solicitou foi o negociante Amaro Velho da Silva, que acumulara já quatro títulos honoríficos: conselheiro do monarca, comendador da Ordem de Cristo, fidalgo da Casa Real e tenente-coronel de milícias da Corte, como se pode ver pelo magnífico brasão pintado por Guillobel em 1813 e conservado no Arquivo Nacional do Rio de Janeiro.

---

27 *Gazeta do Rio de Janeiro*, n.43, 29 de maio de 1811.

Uma nova ordem militar

No que se refere às ordens militares, a grande inovação do período joanino foi o renascimento da Ordem da Espada, por decreto de 13 de maio de 1808. Destinava-se esta a recompensar os relevantes serviços dos "ilustres estrangeiros" que, por professarem outro credo religioso, não podiam ser agraciados com nenhuma das outras três ordens militares existentes "por serem juntamente religiosas". Por esta razão o príncipe regente resolveu renovar e aumentar a única ordem de cavalaria que se achava ter sido instituída "puramente civil". Ou seja, a Ordem da Espada, criada em séculos passados por Dom Afonso V. Já por ocasião da passagem de Dom João pela cidade da Bahia, este fizera cunhar uma medalha com as palavras "Valor e lealdade" e com ela gratificara dois vassalos do rei de Inglaterra. Na data do decreto de 13 de maio de 1808, o regente encarregou Dom Fernando José de Portugal de elaborar os novos estatutos, que foram depois aprovados por carta de lei de 29 de novembro de 1808.

Esta ordem passaria a designar-se Ordem da Torre e Espada e os grão-cruzes seriam os membros da família real mais importantes depois do príncipe regente, que era seu grão-mestre: o príncipe da Beira, grão-cruz comendador-mor; o infante Dom Miguel, grão-cruz cavaleiro e o infante Dom Pedro Carlos, sobrinho de Dom João, grão-cruz alferes.

Além destes, outros doze grão-cruzes (seis efetivos e seis honorários) foram criados para as "pessoas da maior representação e a quem já competia o tratamento de Excelência". Os honorários passavam a efetivos por morte de algum destes, e só ao príncipe regente competia "avaliar a qualidade de serviços que merecem esta honrosa recompensa".

Seriam oito os comendadores efetivos e o número dos honorários dependia da vontade régia. Tanto os grão-cruzes quanto os comendadores receberiam comendas criadas no solo brasileiro (e não mais no português, como ocorria nas demais ordens militares). As dos primeiros teriam "2 léguas de raiz, ou 4 quadradas de terra cada uma"; as dos segundos mediriam "légua e meia de raiz, ou duas e um quarto quadradas".

A inovação em relação a essas comendas residia no fato de se tratar de terras incultas e quem as recebesse não teria sobre elas "domínio ou posse, ou qualquer outra pretensão". Assim, quando um comendador morresse, sua comenda passaria para o novo comendador de nomeação régia "com todos os aumentos". Era contudo permitido "aforarem parte do terreno das comendas a colonos brancos para aumento da agricultura e povoação, percebendo o foro e ficando com todos os direitos e faculdades que têm os senhores diretos em qualquer aforamento". Dado o caráter dessas comendas, só poderiam ser criadas depois que os governadores das capitanias informassem sobre as terras incultas. Desse modo, as comendas brasileiras, ao contrário das do Reino, não seriam imediatamente rentáveis. Dependeriam suas rendas do esforço dos comendadores no sentido da cultura e povoamento daquelas terras.

Quanto aos cavaleiros da Ordem da Torre e Espada, não lhes era permitido renunciar a mercê do hábito em outra pessoa e os seis primeiros que fossem agraciados receberiam uma tença de 100$000. Resta agora saber quem, na Corte joanina, foi agraciado com esta nova ordem militar.

Darei apenas alguns exemplos. Em 1810, Bernardo José de Sousa Lobato, guarda-roupa do príncipe regente, recebeu o título de comendador honorário, atendendo "ao bem que se houve" durante o tempo do "intruso governo francês no Reino de Portugal". A mesma mercê foi concedida a Marco Antônio de Azevedo Coutinho Montaury, também guarda-roupa, e a Frederico Caldwell, tenente-coronel dos Reais Exércitos.[28]

Já Dom Manuel José de Sousa, viador de Dona Carlota Joaquina, passou a comendador efetivo a 24 de junho de 1810, bem como o conde de Figueira, Dom José Castelo Branco.[29] Embora não se possa generalizar a partir de tão poucos dados, parece que a nova ordem militar serviu inicialmente para agraciar servidores do Paço e titulares.

Quanto àqueles que foram feitos comendadores ou cavaleiros nas outras ordens militares, há que levar em conta a informação contida num códice em mau estado, conservado no Arquivo Nacional do Rio de Janeiro. Segundo ele, Dom João, ao desembarcar na Bahia em 1808, teria feito 102 cavaleiros da Ordem de Cristo, mesmo antes de aportar no Rio de Janeiro.[30]

Por outro lado, convém lembrar que os nomes listados sem nenhuma indicação de naturalidade tanto podiam residir no Brasil como em Portugal ou nas ilhas atlânticas. Além disso, os totais computados são certamente inferiores aos reais, pois em muitos casos a anotação menciona apenas o nome de um agraciado, aludindo a "outros" sem dizer quantos. Seja como for, é útil conhecer esses números, ainda que aproximados.

Como seria de esperar, durante a regência de Dom Pedro em 1822 não houve distribuição de comendas e certamente só se deu despacho a petições

---

28 ANRJ, Cod.15, Graças honoríficas, v.2, f.3-3v, 16 e 18v.
29 Ibidem, f.15v-16.
30 ANRJ, Cod.116, Registro Geral das Mercês, v.1.

de hábitos já anteriormente encaminhadas. A ordem mais desejada continuava a ser a de Cristo, mas o elevado número de comendas e hábitos de Avis explica-se pelo fato de as altas patentes militares terem acesso automático a esta ordem desde o alvará de lei de 16 de dezembro de 1790, como vimos anteriormente.

Ordens Militares

Ano	Ordem de Cristo		Ordem de Santiago		Ordem de Avis	
	Com.	Cav.	Com.	Cav.	Com.	Cav.
1808	9	47	–	6	1	22
1809	7	143	–	10	3	46
1810	17	195	2	12	5	54
1811	28	65	3	6	4	35
1812	19	150	1	9	6	49
1813	18	139	3	2	3	55
1814	28	146	1	2	4	56
1815	38	156	–	6	15	98
1816	26	181	2	2	5	125
1817	20	227	–	7	–	99
1818	55	131	2	8	22	146
1819	39	97	2	5	14	126
1820	46	127	1	2	23	91
1821	32	91	2	5	18	35
1822	–	95	–	–	–	21
Totais	382	1.990	19	82	123	1.058

Fonte: ANRJ, Cod.116, Registro Geral das Mercês.

Quanto às comendas, elas destinavam-se sobretudo a servidores do Paço, ou a empregados públicos de alto escalão, embora alguns negociantes também as tenham recebido nesse período. Em maio de 1810, Tomás Antônio de Vilanova Portugal foi agraciado com uma comenda da Ordem de Cristo da lotação de 30$000 réis que estivesse vaga, ou viesse a vagar, "podendo desde logo usar da insígnia de comendador". Esta graça honorífica recompensava o "zelo, honra, verdade e inteligência" com que este funcionário se empregava no Real Serviço.[31]

---

31 ANRJ, Cod.15, Graças honoríficas, v.2, f.1.

Na mesma data foi também beneficiado o guarda-roupa José Estêvão de Seixas Gusmão e Vasconcelos com uma comenda de Cristo "das de África", sem que seja indicado o que isto significava. Rodrigo Pinto Guedes, do Conselho de Guerra, vice-almirante da Armada Real, recebeu nesse ano de 1810 uma comenda de Avis de lotação de 20$000 réis e Dom Miguel Antônio de Noronha, gentil-homem da Câmara, outra no valor de 25$000 réis. De valor inferior, 16$000, eram as comendas de Cristo destinadas a um conselheiro do príncipe regente, a um coronel de milícias e a um deputado da Junta do Comércio.[32] Se Dom João multiplicou este número de mercês, foi sem dúvida à custa do valor das tenças.

Pelo que se pode coligir da documentação, os servidores do Paço e os altos funcionários públicos não precisavam prestar serviços especiais à Coroa para receber comendas. A 20 de outubro de 1810 foram beneficiados com comendas de Cristo, de 20$000 réis, os doutores José de Oliveira Pinto Botelho Mosquera, que acumulava as funções de conselheiro, desembargador do Paço e procurador da Coroa e Fazenda, e Luís José de Carvalho e Melo, também conselheiro e desembargador do Paço.[33]

O aniversário do príncipe regente (13 de maio), ou do príncipe da Beira (12 de outubro), ou ainda eventos festivos como o casamento da infanta Dona Maria Teresa com o infante Dom Pedro Carlos, constituíam as ocasiões propícias para os despachos de concessão de mercês. Com o pretexto deste casamento real foram dezenove os agraciados com o hábito de Cristo, na sua maioria servidores do Paço, empregados públicos e militares. Vejamos a lista.

Nome	Função
Francisco Bernardino Ferreira Duarte	Oficial, Secretaria dos Negócios do Brasil
Manuel José de Oliveira Guimarães	Coronel, Regimento de Cavalaria Milícias, Minas
Luís Antônio da Costa Barradas	Lente de Física, Academia Militar, Corte
Ignácio Francisco Xavier dos Santos	Vigário colado (Rio Grande)
Luís Ribeiro	Criado particular de SAR
João Brusco	Criado particular de SAR
Francisco José Dias	Criado particular de SAR
José Maria de Azevedo	Reposteiro da Câmara

---

32 Ibidem, f.3-3v.
33 Ibidem, f.60.

continuação

Nome	Função
Luís Antônio de Sousa	Professor de Gramática Latina, Corte
José Antônio de Oliveira Guimarães	Sargento-mor, 1º Regimento de Milícias, Corte
Fernando José Leal	Tenente-coronel, Regimento de Milícias, Goiás
Hermogênio de Siqueira	Reposteiro da Câmara
Antônio da Costa Moreira	Tenente-coronel, Cavalaria Miliciana, Corte
Joaquim José de Castro	Ouvidor da comarca de Alagoas
Gabriel José Rodrigues	Tenente-coronel, Cavalaria Miliciana, São Paulo
Francisco Amaro de Sousa Galhardo	Criado particular de SAR
Camilo Martins Lage	Oficial, Secretaria dos Negócios Estrangeiros
João Manuel Martins da Costa	Oficial, Secretaria dos Negócios do Brasil
Luís Furtado de Mendonça	Cirurgião-mor, 1º Regimento de Cavalaria, Corte

Fonte: ANRJ, Cod.15, Graças honoríficas, v.2, f.2v-3.

Essa lista de despachos inclui, entre os beneficiários de hábitos, um professor régio de Gramática Latina e um lente de Física, o que é raro. Também não era muito comum a presença de eclesiásticos como o vigário colado aqui listado. Embora os moradores da Corte tenham sido especialmente aquinhoados, as capitanias não estavam marginalizadas em relação a este processo de nobilitação.

A correspondência entre a Corte e a Bahia revela que os pedidos de hábitos dessa capitania começaram a chegar logo em 1808. Manuel de Bastos Varela Pinto Pacheco, tenente-coronel do 1º Regimento de Infantaria de Linha da cidade de Salvador, pediu um para o genro, mas esta mercê foi indeferida pois nessa época os pedidos de hábitos para familiares já não eram bem-vistos. Os baianos parecem não ter levado em conta esta restrição, pois tais pedidos continuaram a ser enviados para o Rio de Janeiro.[34]

---

34 ANRJ, IJJ 9, 23, f.6 e 15.

Na sistemática da concessão de hábitos, a informação das autoridades das capitanias constituía agora um elemento importante no processo, como se pode ver pela correspondência com o governador de São Paulo, por exemplo (DI, v.36, p.21 e 30). Em 1819, o sargento-mor Joaquim José de Oliva quis renunciar em Antônio da Silva Prado o segundo hábito que recebera, e ao governador João Carlos Augusto de Oeynhausen foi pedida a informação "se a pessoa designada tem o tratamento e mais qualidades necessárias para não recair mal aquela condecoração" (ibidem, p.90). Como nessa época se dispensava frequentemente das habilitações, o papel da Mesa da Consciência e Ordens tornou-se menos relevante do que o dos governadores das capitanias. De qualquer modo, neste caso específico, o capitão Antônio da Silva Prado era um dos mais importantes negociantes de São Paulo, que em 1821 conseguiu a isenção de direitos sobre os quinhentos escravos que ele e seus sócios pretendiam importar diretamente dos portos não proibidos de África (ibidem, p.138).

Os hábitos eram distribuídos pela maior parte das capitanias, embora a Corte, com tantos servidores do Paço, empregados públicos e militares, fosse de longe a mais aquinhoada, como podemos ver por um único ano.

Distribuição dos hábitos das três ordens militares – 1810

Capitania	Cristo	Avis	Santiago
Pará	3	–	2
Maranhão	4	1	–
Pernambuco	5	2	–
Alagoas	1	–	–
Bahia	3	–	–
Goiás	3	–	1
Minas Gerais	6	–	–
Rio de Janeiro	3	–	1
Corte	44	–	–
Rio Grande de São Pedro	1	–	–

Fonte: ANRJ, Cod.15, Graças honoríficas, v.2.

Entre os que solicitaram comendas estava o intendente-geral da Polícia, Paulo Fernandes Viana, em 1810. Pretendia uma da Ordem de Cristo, "qualquer que ela seja", e com a declaração de "mais uma vida" a favor do filho primogênito, Paulo Fernandes Carneiro Viana.[35] O despacho foi publicado a

---

35 BNRJ, Documentos biográficos, 1066, 11.

12 de outubro de 1810, dia do aniversário do príncipe da Beira, e divulgado até mesmo na Metrópole, onde o gazeteiro se referia também à "estância de São Simão, no Rio Grande de São Pedro em propriedade e por princípio de remuneração de seus serviços".

A *Gazeta de Lisboa* divulgou a lista completa dos despachos desse dia, que incluiu mais duas comendas aos desembargadores do Paço Mosquera e Carvalho e Melo, e os hábitos seguintes:

Hábitos de Cristo concedidos no dia do aniversário do príncipe da Beira – 1810

Nome	Função
Nicolau Soares do Couto	Negociante em Vila Rica
Luís Gonzaga da Costa	Vigário colado de Pirajá
Januário Francisco Diniz	Cônego da Real Capela
José Ignácio Borges	Ajudante de ordens de Pernambuco
Manuel Joaquim do Passo	Ajudante de ordens do Maranhão
Manuel José Ribeiro	Coronel, Regimento dos Úteis, São Paulo
Antônio Francisco Maciel Monteiro	Tenente-coronel, Cavalaria Miliciana, Serinhaém
Manuel Teixeira Travasso	Vigário da igreja da Vitória, Maranhão

Fonte: *Gazeta de Lisboa*, n.48, 1811.

O interesse da gazeta lisboeta em divulgar os despachos do Rio de Janeiro resulta do fato de o príncipe regente atender, na nova sede da Corte, os pedidos da Metrópole e de outras regiões do império. Na lista acima foram selecionados apenas os residentes no Brasil. Três hábitos de Avis foram ainda atribuídos nessa data, dois na Corte e um em Pernambuco, todos a oficiais da tropa de linha.

Cabe notar que surgem agora razões bem concretas para a atribuição das mercês, não se falando apenas vagamente em serviços militares ou de letras. Luís Moutinho Lima Alves e Silva fizera um "dom gratuito" em 1817, "a bem da conservação das águas do aqueduto da Carioca e em utilidade pública", de três braças da chácara que ele possuía no Cosme Velho, de um e outro lado do aqueduto, e também do terreno que lhe ficava acima. O hábito tinha de tença 12$000 réis.[36]

---

36 ANRJ, Ordem de Cristo, Caixa 787, pacote 3.

Por outro lado, foi na Corte joanina que se atribuíram mais comendas aos residentes no Brasil, embora nem sempre estes alcançassem elevadas tenças. O marechal de campo Bernardo da Silveira Pinto de Fonseca, pelos serviços na campanha do Sul, e o coronel de milícias e ajudante de ordens do governo de Goiás, por 43 anos de serviços, receberam em 1818 comendas, um de 20$000 réis de tença e outro de 16$000 réis.[37] Apesar do baixo rendimento da maior parte das comendas agora distribuídas, havia quem solicitasse a sobrevivência desta graça num familiar. Manuel Jacinto Nogueira da Gama, bacharel em Matemática e Filosofia, já possuía uma comenda da Ordem de São Bento de Avis e gozava do foro de fidalgo, além do título do Conselho, quando pediu para o filho primogênito, Brás Carneiro Nogueira da Costa e Gama, a sobrevivência da comenda que recebera.[38]

Conselheiros do monarca

Uma das honras que o soberano concedia a um grupo selecionado de indivíduos era a de pertencer ao seu Conselho. Tratava-se de uma graça honorífica que recaía sobre representantes da nobreza civil nas mais variadas áreas geográficas do império. Esses conselheiros não precisavam estar na Corte, junto do monarca, para receber um título honorífico que implicava o aconselhamento do soberano em determinadas questões e tais pareceres tanto podiam ser dados oralmente como por escrito.

Durante a permanência da Corte no Rio de Janeiro, Dom João concedeu 144 títulos do Conselho, que honraram altas patentes militares, altos dignatários da Igreja, representantes diplomáticos, desembargadores do Paço, conselheiros da Fazenda e da Guerra, titulares e mesmo alguns negociantes. Nem todos os agraciados se encontravam em território brasileiro, espalhando-se pelas cortes europeias, pelo Reino de Portugal e por pontos distantes do império, como Macau ou o estado da Índia. Entre os conselheiros do monarca encontramos vários governadores.

Ao contrário das demais mercês (hábitos e comendas, foros de fidalgo, ofícios), o título do Conselho resultava de uma iniciativa do monarca e não de uma petição do vassalo. O que nos leva a colocar a seguinte questão: a escolha de apenas alguns governadores decorria das qualidades individuais da-

---

37 Ibidem.
38 BNRJ, Documentos biográficos, C 944,33.

queles que ocupavam tais cargos no império ou, pelo contrário, da relevância estratégica das regiões que governavam? No caso dos governadores em território brasileiro, a escolha de Carlos Frederico Lecor, barão de Laguna, em 1819, parece óbvia devido à anexação recente da região de Montevidéu. Mas por que os governadores do Maranhão, Mato Grosso e Goiás e não os de Pernambuco ou São Paulo? Não tenho como responder a estas perguntas no estado atual da pesquisa.

Conselho do monarca – 1808-1822

Governadores	Data do título
Madeira e Porto Santo	1818
Açores	1816 e 1819
Cabo Verde	1808, 1816 e 1821
Angola	1809, 1815 e 1818
Moçambique	1812, 1819 e 1821
Maranhão	1809, 1818 e 1819
Goiás	1819
Mato Grosso	1808, 1815 e 1817
Montevidéu	1819

Fonte: Farinha (1867).

Do mesmo modo, só alguns titulares foram escolhidos para o Conselho: conde de Amarante, conde dos Arcos, conde de Barbacena, conde do Barreiro, conde de Cavaleiros, conde da Cunha, conde de Ficalho, conde da Figueira, conde de Parati, conde de Peniche, conde de Redondo, duque de Cadaval, conde de Linhares (não Dom Rodrigo de Sousa Coutinho, mas Dom Vitório de Sousa Coutinho). Quanto aos altos dignatários da Igreja do Brasil, deparamos com o bispo de Pernambuco, frei Antônio de São José Bastos; o célebre cônego da Sé de Olinda, comissário do Santo Ofício, Joaquim Marques de Araújo; e vários monsenhores da Real Capela.

Dois grupos estão muito bem representados no Conselho do rei: os desembargadores do Paço e os conselheiros da Fazenda. Entre estes últimos, havia vários "honorários", o que na linguagem burocrática do Antigo Regime significava que não eram efetivos. Vejamos os nomes.

Desembargadores do Paço no Conselho de Dom João, príncipe e rei

Nome	Data
Antônio José de Miranda	1810
Antônio Filipe Soares de Andrade e Brederode	1818
Antônio Rodrigues Veloso	1812
Clemente Ferreira França	1821 (6 de abril)
Francisco Antônio Duarte da Fonseca Montanha	1818
João Severiano Maciel da Costa	1818
Joaquim de Amorim Castro	1814
José Albano Fragoso	1821
José Joaquim Borges da Silva	1818
José Joaquim Nabuco de Araújo	1814
José de Oliveira Pinto Botelho e Mosquera	1809
José Xavier Teles	1818
Luís Dias Pereira	1818
Luís Freire da Fonseca Coutinho	1814
Manuel Antônio da Fonseca e Gouveia	1814
Manuel Vicente Teixeira de Carvalho (honorário)	1813

Fonte: Farinha (1867).

Conselheiros da Fazenda no Conselho de Dom João, príncipe e rei

Nome	Data
Antônio José Guião (honorário)	1813
Diogo de Toledo Lara e Ordonhes	1810
Francisco Batista Rodrigues	1815
Francisco Bento Maria Targini	1808
Francisco de Lemos Faria Pereira Coutinho (honorário)	1813
Francisco de Sousa Guerra Araújo Godinho	1817
Francisco Xavier da Silva Cabral	1808
João Carlos de Sousa Coutinho	1819
Joaquim da Costa e Silva (honorário)	1813
José Antônio Ribeiro Freire (honorário)	1813
José Antônio de Sá (honorário)	1812
José Fortunato de Brito Abreu Sousa Meneses	1821
José da Silva Magalhães	1818
Manuel Ferreira da Câmara Bittencourt e Sá (honorário)	1816
Manuel José Gomes Loureiro	1812
Miguel de Arriaga Brum da Silveira	1811

Fonte: Farinha (1867).

Embora em número mais reduzido, os conselheiros da Guerra também eram chamados para o Conselho do rei. Tinham em geral a patente de tenentes-generais do Exército. O chanceler da Relação da Bahia, Antônio Luís Pereira da Cunha, foi nomeado logo em 1808. Entre os deputados da Real Junta do Comércio, foram escolhidos Elias Antônio Lopes em 1812 e João Rodrigues Pereira de Almeida em 1821. Dois negociantes de grosso trato, além dos dois deputados da Junta do Comércio, receberam a honra deste título: os irmãos Amaro Velho da Silva e Manuel Velho da Silva. O bem conhecido monsenhor José de Sousa de Azevedo Pizarro e Araújo pertencia à Real Capela quando, em 1808, foi feito conselheiro. E José Bonifácio de Andrada e Silva, quando em 1820 se tornou conselheiro, tinha dois cargos no Reino: desembargador da Relação do Porto com exercício da Cadeira de Metalurgia da Universidade de Coimbra, e intendente-geral das Minas e Metais do Reino de Portugal.

Negociantes de grosso trato e capitalistas

Num ofício ao conde de Linhares, datado de 12 de novembro de 1810, o conde dos Arcos, governador da Bahia, escrevia:

> Devo aqui lembrar que os homens que agora avultam no Rio de Janeiro por seus cabedais e representação, saltaram em terra com um alforge às costas, dormiram nos alpendres do Carmo e de São Bento, e assim sem terem recebido qualquer educação de seus pais, cujos nomes e ofícios ainda se ignoram, enriqueceram e avultam.

Puro exagero retórico destinado a ressaltar os baianos, "homens de nobreza antiga, de riqueza herdada, de educação adquirida já por pais e avós lá na Europa".[39]

O conde dos Arcos comparava os incomparáveis: os homens de negócio, chegados do Reino muito meninos, apenas sabendo ler, escrever e contar, e que no Rio de Janeiro como na Bahia aprendiam o trato mercantil numa casa comercial como caixeiros; e os filhos dos senhores de engenho que partiam para estudar em Coimbra, ou Montpellier, seguros de uma "riqueza herdada".

Em 1823, ao comentar a "revolução do Brasil", ou seja, o movimento constitucional primeiro e o movimento separatista depois, Francisco de Sierra y Mariscal condenava a "grande dissipação do Tesouro" durante a permanência

---

39 Pedro Calmon, Introdução a Jaboatão, 1985, p.5-6.

da Corte no Brasil, causada pelo excesso de distinções concedidas por Dom João "a homens que antes eram meros negociantes" (Mariscal, 1926, p.9).

É preciso contudo confirmar, ou infirmar, esta "impressão" do estrangeiro pelo exame atento das graças honoríficas então concedidas e dos seus beneficiários. Pelo menos num ponto esse analista político estava equivocado: há muito que os negociantes recebiam a mercê das ordens militares em resultado das ajudas financeiras prestadas à Coroa, ou simplesmente pelas suas transações comerciais que geravam rendas para o Erário Régio. No período joanino as mercês honoríficas aos negociantes apenas aumentaram em qualidade (comendas) quando se tratava de agraciar a elite mercantil.

O negociante Joaquim José Pereira de Faro, matriculado com provimento da Real Junta do Comércio de Lisboa, já tinha enviado para a Metrópole a sua folha de serviços até 1804 a fim de obter um hábito de Cristo ou de Avis. Fizera grandes despesas com o 1º Regimento de Infantaria de Milícias do Rio de Janeiro, fardando os soldados à sua custa e consertando o armamento. Fora inspetor da Mesa de Inspeção do Rio de Janeiro e servira por alguns meses de tesoureiro do contrato do tabaco. Como entretanto a Corte deixara Lisboa, a remuneração daqueles serviços não fora feita e então ele pedia no Rio a mercê do hábito de Cristo para seu filho, do mesmo nome, que também já era negociante naquela praça e igualmente servia naquele regimento de milícias. A sua petição só foi deferida a 3 de maio de 1819.[40]

Logo à chegada da Corte em 1808, Custódio Moreira Lírio solicitou o hábito dizendo ter servido de juiz almotacel em 1800 e de vereador em 1806, e ter feito vários empréstimos de dinheiro à Coroa. Anexou à sua petição uma atestação assinada por 63 homens de negócio da praça do Rio de Janeiro, entre os quais se leem as assinaturas de Fernando Carneiro Leão, Antônio Gomes Barroso, Joaquim José Pereira de Faro e Amaro Velho da Silva. A 31 de maio de 1809 o príncipe regente Dom João dispensou-o das habilitações e de quaisquer certidões, sem embargo dos estatutos em contrário, devendo o negociante receber o hábito na catedral do Rio de Janeiro.[41]

Outro que anexou uma longa lista de donativos à Coroa foi João Rodrigues Pereira de Almeida: na qualidade de capitão do regimento da Candelária, vestira e armara a sua companhia; adquirira dez ações do Banco do Brasil; concedera um empréstimo para a Fábrica da Pólvora; oferecera apetrechos mili-

---

40 BNRJ, Documentos biográficos, C 331,10.
41 BNRJ, Documentos biográficos, C 76,4.

tares e peças de artilharia para a Armada Real; fizera despesas com os índios da serra da Mantiqueira.[42]

Com um erário bem desfalcado, Dom João recompensava com graças honoríficas aqueles negociantes que lhe tinham valido em seus apertos financeiros. Em 1810, tendo a casa de comércio Carneiro, Viúva e Filhos emprestado 100.000 cruzados para a instalação de uma fábrica de fundição de peças de artilharia e de canos de espingarda, foi concedida ao principal representante daquela casa uma comenda numa das ordens militares, e ao outro sócio, Geraldo Carneiro Beléns, "o foro de fidalgo na forma que seu avô e cunhado o têm".

Deve-se ressaltar que no período joanino os grandes negociantes já não se contentavam com hábitos e que a mercê desejada eram as comendas. Os principais homens de negócio do Rio de Janeiro eram comendadores e com este título assinam uma subscrição por ocasião da elevação do Brasil a Reino: "comendador Fernando Carneiro Leão, comendador João Rodrigues Pereira de Almeida, comendador Amaro Velho da Silva, comendador Luís de Sousa Dias, comendador Joaquim José de Siqueira, comendador José Luís da Mota" (Santos, 1943, v.2, p.475).

A língua ferina de Luís dos Santos Marrocos trouxe à baila na sua correspondência com o pai em Lisboa o custo deste tipo de vaidade social: "Certo negociante da minha amizade, já cavaleiro, anda querendo ser grão-cruz da Ordem de Cristo e apronta 80:000$000 réis" (Marrocos, 1934, carta 38, de 7.1.1813). Esta seria na verdade uma pretensão desmedida, uma vez que as grã-cruzes eram mais difíceis de alcançar do que as comendas, mais vulgarizadas na Corte joanina.

Na Bahia constatamos a mesma apetência por símbolos de prestígio social. Francisco Belens pediu o hábito de Cristo em 1815, alegando fazer o grande comércio havia mais de trinta anos, com o que a Fazenda Real muito tinha ganho de direitos alfandegários. Era proprietário de três navios, fora deputado da Mesa de Inspeção e correspondente do Banco do Brasil e da Companhia dos Vinhos do Douro naquela capitania.[43]

Mesmo em capitanias menos consolidadas na área do comércio de grosso trato, notamos idêntico desejo de distinções enobrecedoras. Na capitania do Rio Grande de São Pedro, o negociante Manuel Álvares Lousada dizia em 1810 ter dado 200$000 réis para as despesas da guerra do Sul, além de ter pago

---

42 BNRJ, Documentos biográficos, C 496,14.
43 BNRJ, Documentos biográficos, C 814,33.

com suas transações mercantis avultados direitos à Coroa, "a exemplo de seus pais e avós, antigos e acreditados negociantes", o que justificava a mercê do hábito de Cristo.⁴⁴ Em 1810 o príncipe regente Dom João recompensou a "boa vontade" com que Caetano José Teixeira, negociante do Maranhão, concorrera "para as urgências do Estado com diferentes donativos e ofertas de valor" concedendo-lhe o hábito de Cristo com 12$000 réis de tença.⁴⁵

Na capitania do Ceará, Lourenço da Costa Dourado, negociante matriculado na Real Junta do Comércio e morador na vila de Fortaleza, enumerou todos os seus serviços à Coroa. Concorrera para o adiantamento da agricultura, tendo introduzido "grandes porções de escravatura" onde se fazia sentir falta de braços. Além disso, dada a carência de numerário, fiara aos moradores para que estes pudessem comprar escravos, "sofrendo assim grandes desembolsos e empates". Beneficiara a Fazenda Real com os direitos pagos pela escravaria. Despachara pela Alfândega grandes partidas de algodão, pagando por elas "avultadas somas", não só na capital como em outros portos de embarque da capitania. Colaborara com 2:576$000 réis para a construção de um mercado público, evitando deste modo o monopólio dos gêneros de primeira necessidade, e o governo ainda lhe estava devendo 1:502$250 réis. Contribuíra para a edificação da fortaleza que o governador estava erigindo no porto. Dada a longa lista de serviços, pedia o hábito de Cristo, apresentando ao mesmo tempo várias certidões.

Uma delas, passada pelo desembargador juiz da Alfândega a 1º de agosto de 1815, traz informações sobre o tipo de comércio praticado por Dourado. Desde o ano de 1810 até aquela data, o negociante importara 333 escravos dos gentios Mina e Angola; pagara de direitos de fazendas vindas da Europa 3:152$630 réis; dos direitos e dízimos do algodão exportado para Pernambuco e portos europeus desembolsara um total de 28:550$765 réis. O hábito foi-lhe concedido a 3 de maio de 1819, sem que o agraciado tivesse de passar pelas provanças.⁴⁶

Na Corte, Antônio Gomes Barroso foi um dos negociantes que mais se preocupou em alcançar mercês honoríficas. Já era coronel de milícias e comendador da Ordem de Cristo quando pretendeu o foro de fidalgo cavaleiro, com a alegação de ter adquirido vinte ações do Banco do Brasil. Esta compra de ações proporcionara já a fidalguia aos dois filhos da viúva Dias e a outros

---

44 AHU, capitania do Rio Grande de São Pedro, Caixa 20, doc.14.
45 ANRJ, Cod.15, Graças honoríficas, v.2, f.10.
46 BNRJ, Documentos biográficos, C 498,4.

capitalistas. Sua petição foi despachada favoravelmente a 6 de fevereiro de 1818, mas elevando para quarenta ações do Banco do Brasil o preço para obtenção do foro de fidalgo.

Isto não significa, contudo, que se tratasse de uma simples compra de fidalguia, uma vez que a petição original, datada de 1808, enumerava os serviços do negociante à Coroa. Fora capitão de regimento de milícias da freguesia de São José da cidade do Rio de Janeiro, servira os cargos da república várias vezes, fora deputado da Mesa de Inspeção. Com a sua atividade mercantil pagara elevados direitos à Alfândega desde 1802: 227 contos de réis. Fizera um empréstimo à Coroa de 2:200$000 réis. Fora promovido a coronel. Ao Real Erário pagara de direitos, desde o fim de abril de 1802 até o fim de março de 1808, 80:073$976 réis, e entrara gratuitamente com 400$000 réis. Aprontara dois navios para irem no comboio que se destinava aos portos de Inglaterra. Por tudo isso pedia a mercê do foro de fidalgo com que o soberano costumava "enobrecer aos seus vassalos, quando os julga dignos dessas honras pelos seus serviços". Assim, entre o pedido original e a concessão da fidalguia, dez anos se tinham passado e na verdade fora a compra de ações do Banco do Brasil que possibilitara a mercê.

Depois negociou com a Coroa um novo título honorífico mediante a exposição seguinte. Ao arrematar na praça da Real Junta da Fazenda o engenho Taguaí, situado na aldeia de São Francisco Xavier de Taguaí, impusera como condição a remoção da aldeia dos índios das terras do engenho, mas isto fora recusado e a aldeia fora transformada em vila pelo alvará com força de lei de 5 de julho de 1818. Ora, tal medida muito prejudicara o negociante e esse prejuízo foi usado como moeda de troca para a obtenção de uma nova mercê honorífica em 1819.

Escrevia Barroso na sua petição:

> Não foi por desconhecer o suplicante quanto o benefício particular deve ceder ao bem público que requereu a Vossa Majestade suspender-se aquela nova criação e a execução do sobredito alvará, mas sim por se persuadir que ele se podia pôr em prática de maneira que não prejudicasse em tanto o acesso àquela propriedade pela diminuição de meia légua em quadra de terra que, para logradouro da mesma vila, se lhe permitiu e que, sendo tirada da melhor parte do terreno, lhe absorve também as melhores pastarias, sem as quais não pode o suplicante sustentar o suficiente número de cavalos e bois que lhe são necessários, e por consequência se inabilita de promover maiores plantações de canas, de que lhe resultaria considerável rendimento.

Com este longo arrazoado, pretendia o negociante "melhoramento de representação" mediante a concessão da alcaidaria-mor da vila de Taguaí, "de jure e herdade".[47]

Este tipo de mercê foi concedido a vários negociantes no período joanino. José Gonçalves da Silva, negociante do Maranhão, já era fidalgo da Casa Real quando, pelos "donativos" à Real Fazenda, recebeu

> uma alcaidaria-mor para se lhe verificar em uma vila que será obrigado a fundar nas terras que possui na capitania do Maranhão, aforando terrenos a habitantes brancos no número ao menos de 30 casas e fazendo à sua custa casas da Câmara, cadeia e mais despesas de ereção da mesma vila.[48]

Mais uma vez a Coroa pretendia com a honra concedida poupar na despesa da criação de uma vila. É que o soante título de alcaide-mor constituía uma digna recompensa para vassalos desejosos de nobilitação.

Na Corte, Elias Antônio Lopes foi recompensado por decreto de 29 de agosto de 1810, certamente por ter cedido sua Quinta da Boa Vista para residência régia. Já comendador da Ordem de Cristo e deputado da Real Junta de Comércio, recebeu a mercê "em sua vida" da alcaidaria-mor e senhorio da vila de São José d'el-rei, na comarca do Rio de Janeiro, "com as mesmas honras que são devidas na forma da lei às pessoas que têm mercê de se chamarem senhores de algumas terras".[49]

Dada a diversidade de seus investimentos (companhias de seguros, comércio de escravos, Banco do Brasil, contratos da Coroa, importação e exportação, empreendimentos manufatureiros), os negociantes da Corte joanina possuíam aspirações nobiliárquicas mais elevadas. Já não se contentavam com um simples hábito da Ordem de Cristo nem com um alto posto nas milícias. Pretendiam o foro de fidalgos, as comendas, as alcaidarias-mores, e também ocupar cargos em órgãos do governo, por exemplo a Real Junta do Comércio.

Em 1809 foram nomeados para deputados nessa instituição reguladora das atividades mercantis Elias Antônio Lopes, João Rodrigues Pereira de Almeida, José Caetano Gomes e Antônio da Silva Lisboa, ao lado de letrados como José da Silva Lisboa e Mariano José Pereira da Fonseca. Mais tarde, em 1817, tomou posse João Pereira de Sousa Caldas, que já tinha atuado na Junta

---

47 BNRJ, Documentos biográficos, C 527,19.
48 *Coleção das leis do Brasil*, decreto de 22.4.1816.
49 *Gazeta de Lisboa*, n.53, 1811. Nessa mesma data, Fernando Dias Pais Leme recebeu "o senhorio da vila de Resende".

de Comércio de Lisboa. Outros nomes de negociantes nessa instituição: Manuel Velho da Silva e Amaro Velho da Silva.[50]

Os cargos de deputados da Real Junta do Comércio eram muito ambicionados e as petições para os ocuparem não faltam. Alegando ter sempre exercitado a carreira mercantil, adquirindo conhecimentos acerca do comércio nacional e estrangeiro, Agostinho da Silva Hofman pleiteou um desses lugares. Para dar mais força ao seu pedido escreveu: "sofreu graves prejuízos na invasão dos franceses em Portugal", tendo a sua casa comercial perdido mais de 200.000 cruzados. Vira-se por isso obrigado a residir no Rio de Janeiro "com uma numerosa família de mulher e 7 filhos". Mas não havia vaga naquela instituição. Mais tarde, depois de ter solicitado vários empregos, pretendeu o lugar de procurador-geral da Real Junta do Comércio "com as honras e o ordenado de deputado", no que também não foi atendido.[51]

Também o cargo de diretor do Banco do Brasil interessava à elite mercantil do Rio de Janeiro. João Rodrigues Pereira de Almeida, José Marcelino Gonçalves, Manuel Caetano Pinto e Amaro Velho da Silva o ocuparam. Deputados foram Antônio Gomes Barroso, Fernando Carneiro Leão, José Pereira Guimarães, Antônio da Cunha, Domingos Antunes Guimarães, Luís de Sousa Dias, Antônio da Silva Lisboa, Joaquim Antônio Alves e Bernardo Lourenço Viana. À Casa da Moeda do Rio esteve ligado Fernando Carneiro Leão e à da Bahia Pedro Rodrigues Bandeira. Em Salvador, José Egídio Álvares de Almeida obteve em 1808 o cargo de provedor da Alfândega em duas vidas. Em 1809 foi nomeado conselheiro do recém-criado Conselho da Fazenda, com o ordenado de 1:800$000 e os emolumentos que pertenciam ao cargo. Além disso, a propriedade do ofício de meirinho do mar da Alfândega da Bahia foi-lhe dada em 1810.[52]

Se atentarmos agora no número dos negociantes de grosso trato, ou seja, matriculados na Real Junta do Comércio (primeiro em Lisboa e depois no Rio de Janeiro), constatamos pelo Almanaque do Rio de 1816 que eram 273. Se utilizarmos o Livro de Matrícula dos negociantes de grosso trato entre 1809 e 1822, chegamos a um total de 421 matrículas na sede da Corte, o que tornava o Rio de Janeiro a praça mais importante do período. Logo a seguir vinha a Bahia com 134 matrículas e, bem distantes, a capitania do Rio Grande de São Pedro com 62, Pernambuco com 48, Ceará com 11, Maranhão com 6, São Paulo com 4 e Santa Catarina com 2.[53]

---

50 ANRJ, Cod.520.
51 BNRJ, Documentos biográficos, C 233,5.
52 BNRJ, Documentos biográficos, C 1020,26; e Araújo, 1936, decreto de 29.6.1809.
53 ANRJ, Cod.170.

Vejamos agora com mais pormenor o comércio baiano do período joanino, o qual tem sido menos estudado pelos historiadores do que o do Rio de Janeiro na mesma época. Segundo o Almanaque para 1812, o corpo do comércio era constituído por 154 negociantes nacionais. Mais distantes da sede da Corte, e ocupando menos cargos em instituições ligadas ao comércio, se excetuarmos a Mesa de Inspeção, que continuava a funcionar, é nas páginas da gazeta baiana que percebemos sua atividade. Na *Idade d'Ouro do Brasil* eles surgem anunciando suas mercadorias, divulgando leilões ou anunciando viagens ao Reino a negócios.

Na atividade leiloeira destacou-se Antônio Joaquim Ferreira, matriculado a 4 de julho de 1810 na Real Junta do Comércio do Rio de Janeiro. Os leilões realizavam-se pela manhã na cidade baixa, na casa do negociante na rua dos Caldeireiros, onde se encontravam "as listas e as condições". Infelizmente tais listas não chegaram até nós e assim desconhecemos os produtos leiloados, bem como o procedimento seguido. Num dos anúncios lemos apenas: "O prazo é de 30 dias precisos". O que parece indicar que os concorrentes deviam apresentar suas propostas ou ofertas naquele prazo. Para atrair os interessados era por vezes divulgada uma pequena listagem das mercadorias a serem leiloadas: "fazendas, linhas do Porto, fio de Brabante, enxadas, vinho do Porto feitoria, vinhos de Bordeaux, vinho de Grave, cerveja preta, e um bom pianoforte" (*Idade d'Ouro do Brasil*, n.11, 1811). No mesmo ano de 1811 participava o negociante/ leiloeiro aos negociantes nacionais e estrangeiros e aos "mercadores de loja" que passaria a fazer leilões apenas uma vez por semana, às quintas-feiras, destinando-se os demais dias da semana a receber as mercadorias (ibidem, n.56, 1811). Claro que os dias santos alteravam esse calendário semanal. O leiloeiro por vezes deslocava-se à casa dos vendedores, quando as mercadorias leiloadas assim o exigiam. O coronel Pedro Gomes Ferrão pretendia vender "uma carruagem de 4 rodas, moderna e em muito bom uso, montada sobre molas inglesas, forrada de seda com todos os seus pertences", e assim o leilão realizar-se-ia na residência do coronel à rua do Maciel, onde se encontrava a carruagem em exposição na cocheira (ibidem, n.58, 1811).

Vejamos agora as mercadorias vendidas pelos negociantes baianos. Boaventura da Costa Dourado, matriculado na Real Junta do Comércio a 7 de fevereiro de 1811, tinha sua casa comercial também na cidade baixa, na rua dos Caldeireiros. Ali anunciava a chegada de mercadorias vindas de Jersey, trazidas por um bergantim que fizera escala em Lisboa: "vinho do Porto engarrafado, dito clarete, licores de diferentes qualidades, açúcar refinado em pão, ferro em barras, vergalhão e em arcos, sabão, cabos, uma amarra de linho de 16 polegadas, azeite em botijas, louça e sal de Lisboa" (ibidem, n.20, 1811).

Esse negociante estabelecera sociedades mercantis com outros negociantes, Martins, Barroso e Carvalho, em Londres e em Liverpool, das quais se desligou em 1812, conforme anúncio feito à praça por Domingos José Martins, que então se encontrava em Salvador e que com ele ajustara contas e alterara as firmas (ibidem, n.23, 1812). Por seu lado, Boaventura fazia público:

> Só é devedor à casa de Barroso, Martins e Companhia, de Londres, da quantia de 118$407 por saldo de todas as contas sociais que ajustou com seu procurador bastante Domingos José Martins em 30 de dezembro de 1811 e 30 de maio de 1812, e que a este apenas se lhe deve a quantia de 4:725$213 de todas as letras e ordens que recebeu para balanço das referidas contas montante em 19:798$950, e igualmente faz público que, em virtude das condições sociais, nenhuma responsabilidade tem com os débitos da mesma casa, falida a 5 de setembro de 1812. (Ibidem, n.29, 1813)

E acrescentou a este um novo aviso: "Tem depositado no escritório da Companhia de Seguros *Conceito Público* as contas sociais que ajustou com Domingos José Martins, procurador e sócio da falida casa de Barroso, Martins e Companhia, de Londres". Qualquer pessoa interessada ali as podia consultar, sendo-lhe disponibilizadas pelo diretor da casa de seguros, Joaquim da Costa Dourado, bem como "as condições da mesma sociedade tiradas em pública forma", a fim de mostrar a verdade do que afirmara em aviso anterior à praça (ibidem, n.30, 1813).

Mas Domingos José Martins não ficou calado e anunciou no mesmo número da gazeta baiana que, "por duas contas parciais" ajustadas entre a firma londrina e Boaventura da Costa Dourado, recebera em algumas obrigações, "das quais estão por cobrar muitas", 15:165$405 réis, ficando Dourado a dever ainda 4:633$544, "tendo-se calculado que, no ajuste final de contas, ainda deverá quantia grande além desta". Martins negava, por outro lado, que a firma londrina tivesse falido, "porque fazer ponto, ou parar os pagamentos por empates, e outros inconvenientes, bem comuns no comércio, não é falir, e ponto é o que sucedeu". Pouco tempo depois deste bate-boca entre os dois ex-sócios, Boaventura da Costa Dourado anunciava a sua partida para o Rio de Janeiro, onde certamente iria procurar resolver seus problemas mercantis (ibidem, n.86, 1813).

Este exemplo mostra claramente que o estudo dos negociantes durante o período joanino passa necessariamente pela análise das sociedades mercantis, sua criação e dissolução, e dos capitais de cada sócio, nacional ou estrangeiro. De algumas temos já notícia pela gazeta. Em 1813 morreu Francisco Dias

Coelho, mas seu irmão, João Dias Coelho, e seu outro sócio, Francisco da Costa Carvalho, mantiveram a casa comercial "no mesmo pé, debaixo da firma Coelhos e Carvalho". Essa firma era proprietária do navio *Canoa* e também "caixa" dessa embarcação. Ainda localizada à Fonte dos Padres em 1815, denominava-se então João Dias Coelho, Irmão e Companhia, mas, quando nesse mesmo ano morreu o irmão Manuel Dias Coelho, cessou esta sociedade que passou a designar-se apenas João Dias Coelho e Companhia, tendo como sócio Pedro Pires Gomes.

Esta fora uma sociedade parcialmente familiar, mas os sócios estrangeiros começam já a aparecer na Bahia. João Primo fora durante mais de cinco anos caixeiro do americano Henry Hill (que desempenhava funções de cônsul dos Estados Unidos), mas em 1816 anunciou ter terminado tal emprego. Depois estabeleceu uma sociedade com George T. Rogers e William Bartlett "para o expediente de comissões", denominando-se a firma G. T. Rogers e Companhia. Esta recebia embarcações americanas e vendia, por atacado ou a retalho, "a preços cômodos com prazo ou a troco de frutos do país", as seguintes mercadorias: "papel de diversas qualidades, camas, espelhos, linha branca, aniages, chumbo em pasta, amarras e cabos de linho, couros do Rio da Prata, copos de vidro, tábuas de pinho, botas, sapatos de homem e de mulher, alcatrão, piche, sabão de pedra, salmão, carne e peixe salgado, vinagre, azeite, manteiga e vinho engarrafado". Não nos é dado saber se a sociedade se manteve até à data em que João Primo se matriculou na Real Junta do Comércio, 12 de julho de 1819 (ibidem, n.41 e 81, 1816).

No comércio com os Estados Unidos participava também o negociante Joaquim José da Silva Maia, matriculado já desde 1811 e que, na época da independência, desempenhou um papel importante com seu periódico *Semanário Cívico*, partidário das Cortes de Lisboa. Em 1813 anunciava algumas mercadorias americanas para serem vendidas "em partida ou por miúdo": alcatrão, piche, breu, tabuado de pinho (ibidem, n.17, 1813).

No anúncio colocado na gazeta, não fica claro se Francisco Faure, matriculado a 16 de outubro de 1811, era o proprietário do navio *Santa Rosa*, de cujos fretes se encarregava em seu escritório Ao Corpo Santo pelos seguintes preços: açúcar, arroz e café, a 400 réis por arroba; couros a 300 réis; algodão a 1$200; e pipas a 25$000. Também vendia à consignação uma carga de "bom vinho de Maiorca" recentemente chegado (ibidem, n.95, 1813).

Outros negociantes baianos eram proprietários de embarcações de vários tipos para comércio de cabotagem ou transatlântico. Francisco Pereira Dutra, matriculado a 22 de fevereiro de 1817, aparece como dono da sumaca *Vênus* com fretes para o Rio de Janeiro. João Batista Gonçalves, matriculado a 8 de abril de 1818, tinha a propriedade do bergantim *Duque de Vitória*, e Filipe Justiniano Costa Ferreira, matriculado a 17 de junho de 1816, a do bergantim *Flor da Bahia*.

João José da Silva Neto, com seu escritório na rua Direita do Guindaste dos Padres, era dono de uma sumaca que, desde 1813, navegava para o Maranhão com escala em Pernambuco. Ele matriculou-se na Junta do Comércio em 1814 e depois disso surge na gazeta como correspondente do iate *Minerva* e do brigue *Bela Elisa*, cuidando também do fretamento do brigue *Feliz Dia* que, em 1816, se dirigia para Angola.

Matriculado em 1815, Joaquim de Azevedo Maia era em 1817 proprietário do bergantim *Carlota*; Joaquim José Duarte da Silva, com armazém em Santa Bárbara, da escuna *Bela Astreia* e correspondente de vários bergantins; José Joaquim Machado, embora só se matriculasse em 1820, já tinha em 1817 a galera *Tâmega*; e Manuel José de Almeida, matriculado em 1815, aparece com o bergantim *Elisa* e a galera *Bom Sucesso* em 1817.

É preciso não esquecer que a Bahia desenvolvera seus estaleiros de construção de embarcações mercantis. Entre 1812 e 1815 foram construídas quatro galeras, doze brigues, 21 sumacas, duas escunas e uma lancha de coberta nos três principais estaleiros em Itapagipe, na Preguiça e nas Pedreiras. E o gazeteiro comentava: "A construção naval tem chegado aqui a um grande ponto de perfeição e a Bahia leva uma vantagem decidida aos outros portos do Brasil, não só na perfeição como em número de navios que anualmente saem de seus estaleiros".[54]

Mas os negociantes baianos, ainda que matriculados na Real Junta do Comércio, não adquiriram a projeção social de seus congêneres do Rio de Janeiro, mais próximos da Corte e prestando serviços financeiros de relevância para a Coroa. Assim, não receberam as mesmas honras e mercês, continuando estas a serem distribuídas à tradicional elite baiana.

Os militares

Com a presença da Corte no Rio de Janeiro, a tropa paga, ou tropa de linha, adquiriu maior visibilidade na Colônia e assumiu papel político preponderante quer na eclosão do movimento constitucional, quer depois, quando surgiram as primeiras formas de separatismo.

---

54 Ver meu livro *A primeira gazeta da Bahia: Idade d'Ouro do Brasil*, p.78-9.

De qualquer modo, antes mesmo da saída da família real de Lisboa, já ocorrera um processo de racionalização na remuneração dos serviços dos militares. De 1805 data o "Assento do Conselho Ultramarino sobre a tarifa, e prática da remuneração dos serviços militares no Brasil e mais domínios ultramarinos".

Tarifa da remuneração de serviços – 1805

Graduação	Tença infantaria	Tença cavalaria
Brigadeiro	300$000	–
Coronéis	220$000	240$000
Tenentes-coronéis	120$000	140$000
Sargentos-mores	80$000	100$000
Capitães	60$000	80$000
Tenentes	50$000	60$000
Alferes	40$000	50$000

Fonte: ANTT, Ministério do Reino, Consultas do Conselho Ultramarino, maço 324.

Esta tarifa dizia respeito às tenças sem hábito, mas se os militares pretendessem o hábito seria descontada a quantia de 20$000 réis na tença respectiva. Havia ainda a possibilidade de acrescentar à tença 10$000 réis para cada ferimento recebido em campanha, guerra ou outra qualquer diligência do real serviço, desde que fossem apresentadas "certidões autênticas e legais".

Como se pode perceber percorrendo o códice referente às graças honoríficas, no período joanino os militares continuaram a ambicionar o hábito de Cristo, embora alguns tenham recebido o de Avis.[55] Por outro lado, 52 oficiais de altas patentes militares alcançaram o foro de fidalgo (Farinha, 1867).

É interessante notar que a organização militar, pelo menos no Rio de Janeiro, era criticada por especialistas por ter uma excessiva oficialidade. Tal excesso foi apontado em 1816 pelo tenente-general Vicente Antônio de Oliveira, autor de umas "Reflexões sobre a instituição da Força Armada da capitania do Rio de Janeiro".[56] Criticava ele a falta de uma adequada proporção entre o número de soldados e o dos oficiais: "Todos reconhecem o erro im-

---

55 ANRJ, Cod.15, Graças honoríficas, v.2.
56 BNRJ, Ms. "Reflexões sobre a instituição da Força Armada da capitania do Rio de Janeiro a fim de que esta não somente seja a máxima possível em defesa do país, mas também a menos perigosa em seus efeitos pelo que respeita a todos os interesses em geral de uma nação civilizada".

político que se tem cometido nesta parte, formando-se (diga-o assim) o nosso exército à imitação de um monstro que, tendo cabeça de gigante, o tronco e pernas fossem de anão". No caso da capitania do Rio de Janeiro, os oficiais de todas as graduações eram em número suficiente para um exército de 100.000 homens, quando os soldados não passavam de 10.000.

Essa desproporção resultava, por um lado, de uma carreira militar que servia também para remunerar serviços, e por outro do grande temor em relação à vida de soldado. Para aumentar o recrutamento, sempre feito à força na Colônia por se tratar de uma vida dura, longa e mal paga, o tenente-general propunha a criação de uma classe de "soldados distintos" que incluísse todos os que, não podendo aspirar à condição de cadetes, ou soldados nobres, pertenciam a grupos sociais de uma nobreza inferior.

Para essa categoria de soldados distintos entrariam os filhos de oficiais de patente até capitão inclusive; os filhos de cavaleiros de uma das três ordens militares e igualmente da mais recente Ordem da Torre e Espada; os filhos de negociantes matriculados; e também os filhos dos que, "vivendo de suas rendas", se tratavam à lei da nobreza.

A ideia proposta pelo tenente-general Vicente Antônio de Oliveira, em 1816, de uma classe de soldados distintos foi parcialmente seguida em 1820, quando Dom João VI determinou que os filhos de oficiais de patente da tropa de linha do Exército do Brasil, ou de pessoas condecoradas com o hábito das ordens militares, fossem admitidos como segundos cadetes; e que os filhos de pessoas com "alguma consideração civil, ou pelos seus empregos, ou pelos seus cabedais", entrassem para a tropa paga como "soldados particulares". Esta última categoria estendia-se às milícias para os descendentes de pessoas que, pelos seus bens ou "por outros respeitos", merecessem tal consideração. Esse decreto de 24 de fevereiro de 1820, dada a sua relevância para a sociedade colonial, foi transcrito pelo *Correio Brasiliense* (v.25, n.145).

Com o movimento constitucional passaram a ser malvistas estas diferenças sociais entre os soldados. Em Lisboa, na Impressão Liberal, foi publicada em 1822 uma significativa *Memória sobre a utilidade da extinção dos cadetes, cuja existência parece repugnante ao sistema constitucional e nociva ao serviço da pátria*. Foi escrita por João Pereira da Costa, 1º sargento de um regimento de artilharia, que se apresentava como o porta-voz dos oficiais inferiores do Exército. Fazia um apelo a Dom João VI para que suspendesse "as habilitações de cadetes", ou seja, as provas de nobreza apresentadas para se poder auferir daquele estatuto. Escrevia: "Na verdade, Senhor, um tal fenômeno horroriza em todos os tempos, mas numa época constitucional é certamente intolerável".

Criticava ainda o sargento o fato de, nas promoções no Exército, se levar mais em conta "uma nobre genealogia" do que a capacidade e o bom desempenho militar (Costa, 1822, p.6-8). E num apêndice aquela *Memória* colocava a questão em termos mais claros ainda: "Os postos, esta moeda com que um governo sábio e generoso devia recompensar os serviços prestados em obséquio da pátria, eram o patrimônio de classes privilegiadas, embora merecessem, ou não, tão honrosas e importantes recompensas" (ibidem, p.16).

Desvinculação de capelas e instituição de morgados

Durante a permanência da Corte no Rio de Janeiro manteve-se o processo de abolição de capelas iniciado no período pombalino, recorrendo agora os peticionários ao Desembargo do Paço criado na cidade em 1808. Baseando-se no §21 da lei de 9 de setembro de 1769, assim como no alvará com força de lei de 20 de maio de 1796 (a que me referi no capítulo anterior), o administrador de uma capela de 25 missas anuais, instituída em 1744 em uma morada de casas térreas na rua dos Ourives, solicitou em 1808 sua abolição, alegando que o rendimento anual não atingia os 100$000 réis exigidos.[57]

Idêntica argumentação e base legal utilizou em 1811 o coronel Antônio Nascentes Pinto, administrador de uma capela instituída por Dona Antônia Maria em seu testamento. Essa senhora quisera que, com os rendimentos da quantia deixada para tal fim, se comprassem hóstias, vinho e cera para a igreja de Santa Rita, na cidade, e se dissesse uma missa todas as segundas-feiras por sua alma e de seu marido. O administrador expôs na petição: "sendo o fundo daquela capela a quantia de 800$000 réis, e o seu rendimento ânuo o de 40$000 réis, que não chega para os encargos dela, e muito menos para ficarem livres, depois de deduzidos os encargos, 100$000 réis ânuos", estava em condições de ser abolida a capela. Alegava ainda não haver na cidade sacerdotes que recebessem por esmola de missa menos de 400 réis, preço este que tornava muito dispendioso o cumprimento da disposição testamentária.[58]

No fim do período colonial não só os administradores de capelas procuraram aboli-las como já ninguém as instituía, razão pela qual em 1819, no seu *Manual do tabelião*, J. H. Correia Teles decidiu não incorporar esse formulário ao seu livro:

---

57 ANRJ, Caixa 135, pacote 1.
58 Idem.

Bastará ao tabelião saber que é proibido instituí-las em bens de raiz, ou seja por testamentos e doações *causa mortis*, ou por contratos entre vivos. O tabelião que nas suas notas lavrar escritura, ou testamento, contra aquela proibição, perde o ofício sendo proprietário, ou o valor dele sendo serventuário. A mesma pena tem reconhecendo escritos particulares de contrato oposto àquela determinação, sem embargo de que tais escritos nada valem, porque a instituição de uma capela exige escritura pública *pro forma* (lei de 9 de setembro de 1769, §14 e 16). É porém permitido instituir capelas em fundos de dinheiro, mas precedendo provisão régia, que deverá ser copiada na escritura da instituição (citada lei, §17). (Teles, 1819)

Segundo Pizarro e Araújo, nas *Memórias históricas do Rio de Janeiro*, na região de Campos dos Goitacazes estava localizada uma fazenda com um morgado pertencente ao visconde de Asseca, com cerca de quinhentos escravos e dois engenhos de açúcar (Araújo, 1945-1951, v.3, p.96). Vimos no capítulo anterior que a administração desse morgado ficara, por determinação de Dom José, a cargo do chanceler da Relação do Rio de Janeiro. Aproveitando sua permanência na Corte como viador da rainha e alegando a má administração dos engenhos daquele morgado, o visconde de Asseca pediu que ela passasse para seu irmão, Antônio de Saldanha da Gama.[59]

Pela tabela que acompanhava a petição, e que já analisei em *História da família no Brasil colonial*, a totalidade dos rendimentos desde 1801 até 1812 tinha sido, em dinheiro, 123:953$721; 828 caixas de açúcar; 83 fechos de açúcar; 644 pipas de aguardente; 811 alqueires de feijão; 424 alqueires de milho; 592 alqueires de arroz e 8.501 alqueires de farinha. Produzira ainda quinze arrobas e meia e sete sacas de café.

O administrador desse morgado, o chanceler da agora Casa da Suplicação, José de Oliveira Pinto Botelho e Mosquera, apresentou, a 12 de março de 1814, sua justificação ao marquês de Aguiar: "Apesar dos embaraços dos meus empregos, eu não tenho deixado de promover o melhoramento dos sobreditos bens e fazendas, que na maior parte andam arrendados de quatro em quatro anos". Um desembargador, procurador daquela administração, ia duas vezes por ano ao engenho de água fiscalizar o estado em que se encontrava. Comprara para esse engenho 24 escravos e renovara o engenho da casa-grande dos Campos de Goitacazes, que estava arruinado. Se esses dois engenhos tinham tido nos últimos anos safras menores, isto se devia a causas climáticas: uma grande seca, seguida em 1811 de um "dilúvio de águas", e em 1812 por um

---

59 ANRJ, Casa da Suplicação, Caixa 774, pacote 1.

"tufão de vento e água" que arrancara canas e mandioca. O ano de 1813 também fora de grandes chuvas. Assim, o problema era geral e não específico do morgado do visconde de Asseca.

O príncipe regente deve ter atendido aquela petição, pois no Almanaque de 1816 já não aparece a administração da Casa do visconde de Asseca, diferentemente do que ocorria nos almanaques anteriores. E, pelo decreto de 20 de junho de 1820, Dom João VI deu licença ao visconde para aforar "em prazos perpétuos" suas terras de Jacarepaguá, Tijuca, Gávea, Iguaçá e Campos de Goitacazes, "não obstante qualquer natureza de vínculo ou outro embaraço" (Araújo, 1936).

Além da resolução dos problemas desse morgado, assistimos no período joanino à instituição de outros, nomeadamente na capitania de São Paulo, anteriormente pouco aquinhoada em bens vinculados, ao contrário do que ocorria no Nordeste. Manuel Rodrigues Jordão possuía já um longo rol de títulos honoríficos quando, em 1821, encaminhou petição para instituição de morgado. Era brigadeiro reformado dos Reais Exércitos, comendador da Ordem de Cristo, tesoureiro-geral e deputado da Real Junta da Fazenda de São Paulo e um dos diretores da Caixa de Descontos, filial do Banco do Brasil.[60]

Seu objetivo era formar um estabelecimento "sólido", a fim de conservar a "nobreza adquirida". Persuadia-se que na sua pessoa concorriam todas as circunstâncias, "ainda com superabundância", estabelecidas na carta de lei de 3 de agosto de 1770, §15, 16 e seguintes, além de ter "aberto e roteado as terras de seu engenho de açúcar denominado Senhora do Rosário", no termo da vila de Itu. Equipara seu engenho "com as máquinas e aprestos necessários", possuindo no momento quarenta escravos de um e outro sexo, pela maior parte casados. Esse engenho seria a "cabeça do pretendido morgado", juntando-se-lhe a casa nobre na cidade e ainda 20 contos de réis de 20 ações que possuía no Banco do Brasil. Só o rendimento destas, "ainda computado simplesmente a 5%", seria suficiente para cumprir a exigência da lei acerca do rendimento do morgado.

Perante este sólido rendimento, o procurador da Coroa limitou-se a escrever no seu parecer que o administrador e seus sucessores seriam obrigados a "substituir e inteirar o número de escravos aditos ao engenho", quando algum falecesse, pois sem eles cessaria a produção e consequentemente o rendimento do morgado. Aliás, para os padrões habituais da época, aquele número de escravos era baixo.

---

60 ANRJ, Caixa 135, pacote 1.

A 2 de março de 1821 se mandou passar a provisão de instituição de um morgado

> em uma propriedade de casas e num engenho com escravos, gados e seus pertences, tudo no valor de 34:389$400 réis, e assim mais em 20 ações do Banco do Brasil no valor de 20 contos de réis, sendo o rendimento anual das casas de 250$000 e o do engenho 1:600$000.

Também em São Paulo, Manuel da Cunha de Azeredo Coutinho Sousa Chichorro e sua mulher, Dona Catarina Fortunata Ricci de Leme, doaram suas terças em vínculo de morgado a favor de seu filho único, João Maria de Sousa Chichorro e Lima, por escritura pública lavrada na cidade a 19 de abril de 1809. Mas em 1813 pretenderam anexar a esse vínculo as legítimas do filho, então de menor idade. Como era necessário o consentimento deste, o pai encaminhou ao príncipe regente Dom João uma petição para que fosse passada provisão ao ouvidor de São Paulo ordenando-lhe a nomeação de um tutor "para por ele prestar consentimento a quanto disser respeito a este negócio somente".[61]

No entanto, o assunto ficou parado, talvez por não ser juridicamente exequível, e só em 1822, a 23 de novembro, foi feita a escritura do vínculo, quando o filho já era de maior idade e portanto podia decidir que parte de suas legítimas seria anexada ao morgado a fim de inteirar os bens listados. Essa escritura seguia, nas suas várias cláusulas, "a regularidade estabelecida na Ordenação do liv.IV, tít.100, e a lei de 3 de agosto de 1770".

Pela cláusula 1ª, o instituidor, natural da Corte e cidade do Rio de Janeiro, fidalgo cavaleiro, comendador da Ordem de Cristo, coronel de cavalaria das milícias, secretário de governo da então denominada província de São Paulo, seria o primeiro administrador do morgado. Neste, como em outros casos, a nobreza adquirida resultava da conjunção de várias formas de nobilitação (fidalgo da Casa Real, comenda de Cristo, posto de oficial superior das milícias, cargo honroso) e não de uma só.

A cláusula 2ª dizia respeito à instituidora, sua mulher: no caso de ficar viúva, receberia "de apanágio, para se tratar enquanto se conservar no dito estado, a décima parte dos rendimentos da Casa, além dos bens livres que de direito lhe ficarem pertencendo".

---

61 ANRJ, Caixa 135, pacote 1.

A enumeração dos bens a serem vinculados era feita na cláusula 3ª:

> Este morgado se chamará de Nossa Senhora da Conceição do Chichorro, sendo dele cabeça a fazenda de Nossa Senhora da Conceição do Pouso Alto, no distrito da freguesia de Paraibuna, termo da vila de Jacareí desta comarca de São Paulo, e se comporá da dita fazenda; do engenho de fabricar açúcar denominado de Santa Catarina, sito na freguesia de Juqueri, termo da vila de Jundiaí da mesma comarca; da fazenda de criar gado denominada de Nossa Senhora de Belém, contígua e pegada ao dito engenho, com 400 cabeças de gado vacum de cria, incluídos os competentes touros; de 60 escravos de ambos os sexos, pela maior parte casados; em uma casa nobre de sobrado nesta cidade, no largo do Palácio do Governo; em uma chácara também com casas nobres de sobrado no subúrbio da mesma cidade, junto da freguesia do Senhor da Varje.

Todos estes bens estavam sendo avaliados por ordem da Mesa do Desembargo do Paço e a eles seria ainda acrescentada uma ação do Banco do Brasil, bem como aquelas que o instituidor viesse a adquirir.

Pela cláusula 4ª se comprometia, e a seus sucessores, a manter as condições de rentabilidade dos bens vinculados, conservando sempre aquele número de escravos e "distribuindo-os como melhor convier". Além disso, haveria sempre na fazenda de Belém o mesmo número de vacas e touros "e os animais necessários para o custeio e serviço das fazendas, a fim de que o morgado vá sempre em crescimento".

A cláusula 5ª apenas repetia aquilo que a legislação determinava quanto aos morgados: os bens vinculados não podiam ser divididos, nem vendidos, nem aforados, "salvo nos casos determinados pela lei com licença régia e com sub-rogação de outros bens de maior utilidade". Mas a cláusula seguinte continha um elemento novo nesse tipo de documentos: impunha fidelidade a Dom Pedro, "primeiro imperador constitucional do Brasil, e seus sucessores". Em caso de infidelidade, os futuros administradores seriam privados do morgado e a sua linhagem extinta.

Como nesse morgado do Chichorro o filho era único, nada havia a estabelecer em relação aos demais irmãos, mas os instituidores, cautelosos, embora não esperassem vir a ter mais filhos, determinaram na cláusula 9ª que, caso houvesse mais herdeiros, estes receberiam suas legítimas com os bens alodiais que o casal possuísse e, se estes não fossem suficientes, o filho primogênito os compensaria anualmente em dinheiro.

A avaliação dos bens desse morgado teve lugar em novembro de 1822. Primeiramente foram avaliados os bens de raiz, benfeitorias, cobres, e depois os gados e os escravos. Os avaliadores chegaram à conclusão de que a fazenda de Santa Catarina teria um rendimento líquido anual de 1:200$000 réis, desde que se conservassem os escravos inventariados. Quanto às terras lavradias e campos de criar da fazenda de Nossa Senhora de Belém, se esta fosse bem administrada proporcionariam um rendimento de 400$000 réis. Assim, o rendimento anual do morgado do Chichorro elevar-se-ia para 1:600$000 réis.

O Nordeste não está, contudo, ausente dessas instituições do período joanino. O cadete Antônio de Bittancourt Berenger César pediu para vincular em morgado o remanescente da terça deixada por seu pai, o tenente-coronel do mesmo nome, anexa à sua legítima, conforme disposição do testamento paterno.[62] O morgado seria instituído no engenho do Papagaio, situado no termo da vila de Santo Amaro, na capitania da Bahia. Como o ouvidor-geral era sogro do requerente, foi o desembargador Henrique de Melo Coutinho de Vilhena quem, em 1816, mandou proceder à avaliação dos bens a serem vinculados e quem deu o parecer a 7 de janeiro de 1817.

Os avaliadores examinaram "em toda a sua extensão e largura as terras pertencentes ao referido engenho do Papagaio, com todas as fábricas de escravos, bois e cavalos do mesmo". Fazendo um cálculo sobre a porção que seria necessária para se obter o valor da terça (pois a legítima estava fora de questão, como se via pela informação do desembargador), levando em conta a "fecundidade do terreno, que era quase todo de macapé e da melhor qualidade", chegaram à conclusão de que era suficiente a sorte de terras denominada Genipapo, perto do rio Pojuca.

> Arbitrando, segundo suas inteligências, e bom conhecimento daquelas terras o valor de 30$000 réis a cada uma tarefa compreendida nas ditas 1.590 braças de comprimento e 700 de largura, avaliavam toda esta porção de terreno, pela sobredita maneira medido e demarcado, em 33:420$000 réis.

Para atingir a quantia de 39:537$665 réis em que fora calculada a terça, anexaram-se ao vínculo cinquenta bois a 20$000 cada, cinquenta cavalos do mesmo valor e vinte escravos valendo 3:917$000 réis. Quanto ao rendimento anual do vínculo, "suposto fosse este incalculável, atenta à fecundidade do terreno, e ao muito que de ordinário costumavam produzir as terras daquele engenho Papagaio, e os demais circunvizinhos, cuja produção muitas vezes excede a 50 e mais por cento", seria, com os cativos, cavalos e bois, uns 10%,

---

62 ANRJ, Caixa 133, pacote 1, doc.2.

ou no mínimo 8%, nos anos mais estéreis. O valor atribuído foi portanto de 3:950$000.

É interessante notar que nem em Portugal nem no Brasil o movimento constitucional teve força suficiente para derrubar a prática da instituição de morgados. Muito embora o vintismo tivesse seguido a Constituição de Cádiz e os atos legislativos das Cortes de Espanha, não se espalhou uma opinião favorável à extinção dos morgados. A questão foi naturalmente debatida quando se começaram a discutir no Brasil os princípios em que devia assentar uma monarquia constitucional.

Numa obra publicada anonimamente na Bahia, provavelmente em 1821, e intitulada *Lembranças úteis tendentes a melhor reforma que o Brasil procura pela Constituição*, surge um capítulo sobre morgadios e vínculos em que se defende o seu desaparecimento, mas de modo algum houve unanimidade a tal respeito.

O autor não parecia estar muito informado acerca da legislação referente aos bens vinculados, nem mesmo sobre a prática vigente no Brasil. Ele atribuía a instituição dos morgados ao "abuso da liberdade de testar, tendo recaído os bens em pessoas estranhas do sangue, só pelo desvanecimento orgulhoso de conservar a família do beneficiado o apelido do instituidor".[63]

Ora, o que temos vindo a observar na documentação referente aos morgados contraria fortemente este impressionismo polêmico. A instituição dos morgados teve muito mais que ver, depois da lei de 1770, com o rendimento dos bens e a autorização da Coroa do que com a liberdade de testar. Não podia vincular bens quem queria, mas sim quem o rei autorizava dentro de exigências bem definidas. Por outro lado, a sucessão dos morgados fazia-se quase sempre em linha reta e só em alguns casos, por extinção da descendência, por linha transversal. Não se verificou a prática apenas para a conservação de um apelido, como o autor escreve, mas sim para a manutenção da nobreza do filho primogênito.

Em relação a este ponto, o autor do opúsculo apresenta o panorama mais pessimista possível, quando escreve que o morgado espezinhava "o direito dos mais filhos caídos em desgraça, e muitas vezes sujeitos a um primogênito frívolo, insensato e carregado de vícios". É certo que o morgado contrariava o princípio da igualdade na partilha dos bens entre os filhos, privilegiando o mais velho e o homem em relação à mulher. Mas, por outro lado, criava obrigações ao primogênito em relação aos irmãos, e muitas vezes estes recebiam os bens alodiais dos pais.

---

63 *Lembranças úteis tendentes a melhor reforma que o Brasil procura pela Constituição*, 1821, cap.2.

Em Portugal, o *Correio do Porto*, logo a 4 de janeiro de 1821, publicava uma carta de um leitor em que este afirmava peremptoriamente:

> Os morgados, que há tantos tempos têm prevalecido entre nós, e que fazem o grosso das casas da fidalguia portuguesa, não podem ser extintos, sem que esta se extinga igualmente. O governo monárquico para o seu esplendor necessita da nobreza e esta sem bens não se pode sustentar.

O missivista nada via de prejudicial na manutenção de uma prática tão antiga:

> Por ventura um morgado que tem a administração do vínculo unicamente para sustentar o esplendor da sua família, que sustenta seus irmãos, que promove o seu adiantamento tudo pelas forças da maior parte dos bens vinculados, que se presta às urgências do Estado, por ventura será prejudicial à sociedade esta porção de bens inalienáveis? (*Correio do Porto*, n.4, de 4.1.1821)

Exatamente porque não houve consenso quanto à abolição dos morgados é que estes se mantiveram nos dois países até a década de 1830. Às vésperas da lei a seu respeito ainda o visconde da Torre escrevia da Bahia defendendo a manutenção dos morgados. Alegava ele o pouco conhecimento que se tinha da instituição dos vínculos e esclarecia aquilo que se lhe afigurava como os pontos principais da questão:

> que todos, ou quase todos, foram estabelecidos em bens pertencentes às terças dos instituidores, sem prejuízo das heranças dos co-herdeiros dos sucessores dos vínculos; e outrossim, que os rendimentos dos bens vinculados servem de conservação e aumento dos livres, os quais por falecimento dos administradores dos vínculos são repartidos igualmente por seus herdeiros; além disso, que havendo despesas extraordinárias com os vínculos é a sua importância lançada no quinhão dos sucessores deles.

Lembrava ainda o visconde da Torre outros pontos a favor dos morgados:

> a obrigação de concorrer o administrador de um vínculo para a sustentação dos irmãos quando precisem, e sejam pobres; o direito que tem o imediato sucessor de entrar na administração do vínculo quando o atual administrador deixa arruinar-se os bens, de que ele se compõe; finalmente que esses bens vêm a ficar no número dos nacionais, quando o administrador não tem parentes que lhe sucedam.

Por todos esses motivos, era o visconde de opinião, em 1835, que os morgados eram úteis e necessários, devendo continuar a instituir-se. A conservação daqueles que existiam devia ser defendida, pois a sua extinção violava o direito de propriedade.[64]

A nobreza na nova ordem política

O movimento constitucional no Brasil não atacou os privilégios sociais da nobreza, preferindo virar-se contra aqueles que denominava "áulicos", ou seja, aqueles que, vivendo em torno do monarca, o aconselhavam nas suas tomadas de decisão. Em contrapartida procurou retirar à nobreza a primazia política, defendendo uma única câmara de representantes, sem que houvesse na futura monarquia representativa, como pretendia o conde de Palmela, uma câmara dos pares.

Nada impedia, contudo, que um nobre fosse eleito deputado, como se deduz das *Instruções para inteligência dos povos nas próximas eleições de eleitores e deputados de Cortes*:

> Bem sabeis, que as dignidades, e distinções civis não têm sido concedidas a quem justamente as merecia, mas sim aos que tinham poderosos valimentos, ou grandes fortunas. Raríssimas vezes a graça coroou a justiça, e mui raras vezes os grandes lugares foram ocupados pelo mérito, e pela virtude. Por isso, não vos deixeis fascinar do falso brilho das dignidades, ou privilégios; percorrei as classes desde a alta nobreza até à do inferior artífice; procurai nelas indistintamente o cidadão amigo da religião, e da pátria. Aonde ele existir publicai o seu nome, e dai-lhe o voto.

O que interessa sublinhar nesta tirada retórica não é a referência ao modo como as dignidades e as distinções tinham sido distribuídas no Antigo Regime, mas sim a não exclusão do nobre do processo eleitoral: "percorrei as classes desde a alta nobreza até à do inferior artífice". Pois em qualquer delas se podia encontrar um "cidadão" elegível. A apologia da meritocracia tinha como consequência lógica que o nobre, tal como o plebeu, deveria ter a oportunidade de se mostrar bom cidadão e digno de ser votado, quer para eleitor, no

---

[64] A carta encontra-se manuscrita no Arquivo do Instituto Histórico e Geográfico da Bahia e sua cópia foi-me gentilmente cedida pelo saudoso José Gabriel, do Arquivo Nacional do Rio de Janeiro.

primeiro grau das eleições, quer para deputado na fase final. Um dos periódicos baianos, o *Semanário Cívico*, ao referir-se à eleição dos compromissários de paróquia, defendia a 7 de julho de 1821:

> As qualidades que devemos procurar nos compromissários são juízo reto, conhecimento das pessoas da respectiva freguesia, e decidido amor à causa da Constituição. Estas qualidades podem encontrar-se no preto, no branco, no rico, no pobre, no nobre, no mecânico. (n.15, 1821)

Como tenho vindo a salientar ao longo deste estudo, uma das características fundamentais do Antigo Regime era a remuneração dos serviços prestados à Coroa, a recompensa do vassalo que, por seus feitos militares, administrativos ou mesmo financeiros, tinha servido bem seu rei. Mas esta relação serviço/remuneração nada tem que ver com a meritocracia defendida pelo vintismo português e pelos constitucionais no Brasil. O fato de a recompensa pelos serviços poder ser reclamada por filhos, viúvas e outros parentes depois da morte daquele que os fizera mostra que era a família, mais do que o indivíduo, a beneficiada pela Coroa. Já a meritocracia defendida pelos constitucionais era puramente individualista.

O que o novo sistema político não admitia era uma nobreza que monopolizasse os cargos importantes do governo ou da diplomacia, fossem eles as presidências dos tribunais, as comissões diplomáticas, os governos lucrativos das colônias, os postos mais altos no Exército, os grandes benefícios eclesiásticos, as comendas das ordens militares. Aliás, o *Dicionário corcundativo*, no seu verbete "fidalgos", o que criticava eram os inúteis cortesãos:

> Dantes comandavam exércitos, agora comandam caçadas. Dantes iam descobrir a Índia, agora vinha a Índia para a casa deles. Dantes gastavam o seu na guerra, agora comiam o alheio na paz. Dantes tinham castelos para defender, agora têm quintas para passear. Por isso dantes mereciam ser árbitros dos destinos de um povo nascente, hoje basta-lhes o ser contemplados na ordem diplomática.[65]

Silvestre Pinheiro Ferreira, em 1814, defendia já que a nobreza titulada se devia adaptar aos novos tempos. Lembremos que a Constituição espanhola data de 1812 e que é provável que ela inspirasse tal opinião. Nessa adaptação

---

65 *Dicionário corcundativo ou Explicação das frases dos carcundas* ...Rio de Janeiro, Imprensa Nacional, 1821. Agradeço a minha amiga Lúcia Bastos P. Neves o envio deste verbete.

teria a nobreza de conviver com indivíduos que, pelo seu mérito, poderiam ocupar as mesmas funções que antes eram seu exclusivo.

Quando, por ocasião do movimento constitucional, começaram a circular no Rio de Janeiro pasquins manuscritos, não foram apenas os grandes da Corte como o marquês de Loulé ou o conde de Parati os atacados, mas também o grande negociante Amaro Velho da Silva e os membros mais notórios do governo joanino como Tomás Antônio Vilanova Portugal ou Paulo Fernandes Viana.[66]

Num opúsculo publicado em Lisboa, mas que igualmente circulou no Brasil, as *Memórias para as Cortes lusitanas em 1821*, o autor defendia que se anulassem "as pensões, tenças, comendas e todas as mercês feitas sem serviços", dando assim a entender que nos últimos tempos as mercês concedidas não correspondiam na verdade a nada.[67] Pensava certamente na compra, mais ou menos disfarçada, das graças honoríficas, mas ele não era contra o sistema, desde que voltasse à pureza primitiva. Pretendia a moralização de uma prática, não sua supressão.

Mais radical, no entanto, se mostrou ao criticar o acúmulo de empregos num só indivíduo e a distinção entre proprietário e serventuário de um ofício. Escrevia: "Os proprietários de ofícios que não servirem devem perdê-los. É uma iniquidade consentir que um escrivão arrende o seu ofício, obrigando o serventuário a dar-lhe um quartinho cada dia".[68] Durante o Antigo Regime nem todos os ofícios eram suscetíveis de serventuário, mas a própria possibilidade de poder colocar alguém em seu lugar mediante a cobrança de parte do ordenado aumentava a acumulação de empregos. Um indivíduo podia morar no Rio de Janeiro e aí exercer uma atividade e arrendar a outrem um ofício que recebera em propriedade, por exemplo, em Minas Gerais.

Revoltava-se o autor dessas *Memórias* contra os privilégios hereditários que considerava odiosos e, mesmo sem pretender abolir aqueles que andavam anexos à qualidade de nobre, julgava-os "onerosos ao povo", devendo por isso ser concedidos "com muita reserva". Não se mostrava portanto partidário da supressão de todos os privilégios da nobreza, mas defendia a abolição do privilégio de não poderem ser citados os fidalgos e os militares perante a justiça sem autorização régia. "Todos devem ser igualmente sujeitos à lei".

---

66 BNRJ, Ms. I – 33,30,40.
67 *Memórias para as Cortes lusitanas em 1821...*, 1821, p.29-30.
68 Ibidem, p.30-1.

Em relação à nobreza titulada, criticava que o filho de um grande recebesse o título sem nada ter feito para o ganhar e defendia "uma rígida reforma" das administrações das Casas dos nobres a fim de que seus credores fossem rapidamente ressarcidos, independentemente dos bens serem vinculados ou livres. Isto o levava a afirmar taxativamente: "Todos os vínculos devem anular--se para bem da humanidade".

Lúcia Maria Bastos P. Neves, no seu magnífico estudo *Corcundas e constitucionais*, mostra como as Cortes, aos olhos do autor do *Dicionário corcundativo*, nada mais eram do que o espaço "em que o plebeu se atreve a combater as opiniões do nobre cara a cara, sem que este ao menos tenha um lugar distinto por cima da cabeça daquele". Nessa assembleia se atendia mais "ao bem de um simples lavrador, do que ao esplendor da nobreza titular" e as diferenças de condição pouco importavam (Neves, 2003, p.177).

Partidários do Antigo Regime e constitucionais se digladiaram na imprensa e se combateram em relação aos privilégios e às mercês, mas na prática ambos sobreviveram ao movimento constitucional. Em dezembro de 1822, pouco depois da independência, Dom Pedro decidiu criar a Ordem do Cruzeiro, certamente para recompensar aqueles que o apoiavam, e a incongruência de tal medida foi logo apontada pelo *Conciliador do Maranhão* ao escrever seu redator que o "primeiro passo do liberalismo" fora criar a Ordem do Cruzeiro "para aumentar os privilegiados" (ibidem, p.185).

Uma vez assente a necessidade de uma Constituição, não há dúvida de que a nobreza titulada que não optou pela simples e pura manutenção do Antigo Regime fez suas escolhas em função de sua condição social. O conde de Palmela defendeu uma câmara alta que, tal como na Inglaterra, representasse a aristocracia, mas o vintismo só aceitava uma assembleia de representantes.[69]

Isto não significa que os defensores do bicameralismo fossem todos nobres pretendendo defender seus privilégios sociais. Hipólito da Costa, no *Correio Brasiliense*, mostrou-se partidário de uma segunda câmara ou senado, não à imitação do sistema monárquico inglês, mas à maneira prescrita pela Constituição republicana dos Estados Unidos, com as devidas adaptações. "A maior e mais transcendente utilidade prática de um tal Senado, no governo monárquico, consiste em conciliar a autoridade do monarca com a dos representantes do povo". É que os senadores eram escolhidos numa certa classe de proprietários para servirem mais tempo do que os deputados, e por isso "adquire

---

69 Ver meu livro *Movimento constitucional e separatismo no Brasil, 1821-1823*, 1988.

a corporação certo carácter de aristocracia, sempre ciosa do poder do monarca, e sempre inimiga das precipitadas inovações do povo".[70]

Hipólito da Costa sabia que, para o pensamento político dominante no vintismo, esta sua defesa do bicameralismo podia soar como reacionária: "É natural que a facção dominante em Lisboa, ou pelo menos seus imitadores, gritem aqui contra os princípios aristocráticos do *Correio Brasiliense* que recomenda duas Câmaras".[71] Mas ele ripostava que, de modo algum, estava defendendo um sistema aristocrático no Brasil: "Raciocina segundo as ideias que tem adquirido pela lição da história, pelo conhecimento dos países de que tira o exemplo, e pela experiência que tem dos costumes e circunstâncias do Brasil".

Estava, aliás, bem acompanhado na defesa do bicameralismo, como ele mostrava. O abade du Pradt, ao felicitar os espanhóis pela sua regeneração política, esperava que eles em breve corrigissem "a monstruosidade de uma só Câmara legislativa". Lanjuinais apontava aos napolitanos as correções que deveriam fazer na Constituição espanhola e insistia na formação de uma segunda câmara de senadores, lembrando ao mesmo tempo os abusos que tinham sido cometidos em França pela Assembleia Nacional. Do lado americano, Adams escrevera dois volumes para demonstrar aos seus compatriotas os perigos de uma só câmara, e os americanos, depois de uma experiência de dez anos, efetivamente estabeleceram no seu Congresso duas câmaras, com a plena aprovação de Washington, Franklin "e todos os mais conspícuos defensores da liberdade americana".[72]

Assim esta concepção do poder legislativo podia nada ter que ver com a manutenção dos privilégios políticos da nobreza como se verificava no sistema monárquico inglês. Tratava-se de uma simples questão de bom senso, pois a experiência mostrara, escrevia ainda Hipólito da Costa, "a utilidade deste segundo escrutínio na formação das leis".

E na verdade a Constituição brasileira de 1824 seguiu a tradição bicameralista.

Concluindo, podemos afirmar que a clivagem social nobre/plebeu se manteve durante todo o período colonial e sobreviveu mesmo à mudança de sistema político. O primeiro imperador manteve os títulos nobiliárquicos, as ordens honoríficas, os morgados, a noção de Corte e a existência de cortesãos.

---

70 *Correio Brasiliense*, v.29, n.172, "Constituição do Brasil", p.366-7.
71 Ibidem, p.373.
72 Ibidem, p.374.

Passaram contudo a ser menos ostensivos os privilégios daqueles que eram considerados nobres. A noção de cidadão adquiriu uma centralidade que fez passar para segundo plano a oposição entre nobres e plebeus. Na legislação civil foi-se esbatendo a diferença de condição social, quer nos procedimentos a seguir, quer nas punições aplicadas.

Pelo contrário, durante o período colonial, toda a vida familiar, civil, militar e política assentava nessa diferenciação social, embora pelo estudo aqui apresentado ela se revele mais complexa do que se poderia supor. No Antigo Regime havia o rei e os vassalos, e aqueles que prestavam serviços à Coroa eram recompensados com formas várias de nobilitação que lhes atribuíam determinados privilégios, em geral de caráter jurídico e militar mais do que de caráter financeiro. Foi criada uma complexa máquina de retribuição de serviços, mas as honras distribuídas produziam prestígio, não riquezas. Só a distribuição de cargos na magistratura e nos órgãos fazendários proporcionavam um rendimento substancial, mas por outro lado alguns ofícios eram atribuídos mediante donativo à Coroa, que lucrava com sua distribuição.

Podemos afirmar que aqueles que viviam na Colônia cuidavam de obter riquezas e graças a elas aspiravam depois ao prestígio decorrente das honras e mercês concedidas pela Coroa. É um erro pensar que nobreza e riqueza se confundiam. É certo que homens ricos encontravam maiores facilidades em alcançar a nobilitação, mas havia indivíduos nobres cujos bens patrimoniais eram insignificantes.

A historiografia tem constantemente referido o horror que os brancos no Brasil tinham ao trabalho manual e atribui essa repugnância à existência do trabalho escravo. Mas o fato relevante na sociedade colonial é que qualquer atividade mecânica impossibilitava a aquisição de nobreza e portanto era evitada por todos aqueles que não pertenciam claramente à classe dos artesãos. De salientar também o peso que o saber adquiria então: um grau acadêmico dava automaticamente a condição de nobre a quem o obtinha na Universidade de Coimbra.

A nobreza colonial era individual e não familiar. Cada nova geração devia percorrer o mesmo caminho para que a condição nobre se mantivesse na família e daí a importância de alianças matrimoniais que não desqualificassem com antepassados plebeus as gerações futuras. Uma presença de "mecânica" só podia ser superada por uma graça do monarca e esta, no fim do período colonial, exigia contrapartidas financeiras.

Finalmente, ser nobre na Colônia implicava um estilo de vida, o "tratar-se à lei da nobreza", como por exemplo ter criados (ou escravos), dispor de cavalo (ou seja, não andar a pé), trajar de acordo com a condição social, possuir uma espada ou arma equivalente. A mulher e as filhas de um nobre deviam ter uma vida recolhida, não se mostrando em público senão em ocasiões especiais e sempre em lugares onde não se misturassem com a massa da população. O estilo de vida nobre tinha de ser mantido a todo custo, mesmo que os bens de fortuna não abundassem, pois só assim se evitava a desqualificação social.

Fontes e bibliografia

Fontes manuscritas

Arquivo Nacional do Rio de Janeiro

Códices

Cod.15. Graças honoríficas.
Cod.23. Concurso de habilitação dos bacharéis.
Cod.116. Registro geral das mercês (ordens militares).
Cod.170. Livro de matrícula de negociantes de grosso trato.
Cod.520. Posses e juramentos dos deputados da Real Junta do Comércio.
Cod.564. Decretos e alvarás sobre a concessão do foro de moços fidalgos.
Cod.601. Morgado do Marapicu.
IJJ9 23. Correspondência com a Bahia.

Caixas

Casa Real, Mordomia-mor, Cx.1.
Mesa do Desembargo do Paço, Vínculos, Cx.133, 134 e 135.
Senado da Câmara do Rio de Janeiro, Cx.500, pacote 2.
Casa da Suplicação, Cx.774, pacote 1.
Ordem de Cristo, Cx.787.

Biblioteca Nacional do Rio de Janeiro

5,3,13-15. Papéis relativos ao casamento do desembargador Manuel Pereira Ramos de Azeredo Coutinho Ramalho.

11,3,5. "Nobiliarquia brasiliense, ou coleção de todas as famílias nobres do Brasil...", Lisboa, 5 de fevereiro de 1792. Roque Luís de Macedo Leme da Câmara.

15,2,15. "Memórias genealógicas do Brasil...", Lisboa, 30 de dezembro de 1792.

I – 32,17,8. "Abreus do Rio de Janeiro".

I – 33,30,40. Versos satíricos por ocasião do movimento constitucional.

II – 33,25,55. Alvará régio autorizando frei Luís Coelho Ferreira Carvalho a prestar juramento da Ordem de Cristo perante qualquer autoridade eclesiástica. Lisboa, 4 de junho de 1764.

II – 34,6,51. Profissão que fez frei Luís Coelho Ferreira na Ordem de Cristo nas mãos do abade provincial de S. Bento no Brasil. Bahia, 30 de setembro de 1764.

II – 34,5,89. Ofício do governo da Bahia ao juiz de fora presidente do Senado da Câmara. Bahia, 9 de julho de 1761.

OLIVEIRA, Vicente Antônio de. "Reflexões sobre a instituição da Força Armada da capitania do Rio de Janeiro a fim de que esta não somente seja a máxima possível em defesa do país, mas também a menos perigosa em seus efeitos pelo que respeita a todos os interesses em geral de uma nação civilizada" (1816).

Série Documentos biográficos
Agostinho da Silva Hofman, C 233,5.
Antônio Gomes Barroso, C 527,19.
Antônio José da Costa Ferreira, C 782,3.
Antônio Pedro da Silva Guimarães, C 795,28.
Custódio Moreira Lírio, C 76,4.
Joaquim José Pereira de Faro, C 331,10.
José Egídio Álvares de Almeida, C 1020,26.
Lourenço da Costa Dourado, C 498,4.
Paulo Fernandes Viana, 1066,11.
Pedro Rodrigues Bandeira, C 483,4.

Arquivo Público do Estado da Bahia

Ordens régias, v.83.

Instituto de Estudos Brasileiros da Universidade de São Paulo

Cod.50.35.1.
Cod.50.35.3.
Cod.50.35.9.

Arquivo Nacional/Torre do Tombo

1. Ministério do Reino

Conselho Ultramarino, Registro de correspondência, liv.179.
Petições para serviço no Paço e Casa Real, maços 278-80.
Conselho Ultramarino, Consultas, maços 312-24.
Pareceres de José de Seabra da Silva, maço 642.

2. Mesa da Consciência e Ordens

Ordens Militares, Papéis diversos, maços 22-4.

Habilitações da Ordem de Cristo
Agostinho Gomes, Letra A, maço 15, doc.8.
Amaro Velho Cerqueira, Letra A, maço 46, doc.44.
Amaro Velho da Silva, Letra A, maço 36, doc.27.
Antero José Ferreira de Brito, Letra A, maço 25, doc.11.
Antônio Borges Uchoa, Letra A, maço 37, doc.7.
Antônio Cardoso dos Santos, Letra A, maço 21, doc.6.
Antônio Correia Furtado de Mendonça e Azevedo, Letra A, maço 37, doc.22.
Antônio Fernandes de Matos, Letra A, maço 49, doc.14.
Antônio Gomes Pereira, Letra A, maço 49, doc.81.
Antônio Lopes da Costa, Letra A, maço 50, doc.45.
Antônio Pereira de Azevedo, Letra A, maço 52, doc.16.
Bartolomeu de Sequeira Cordovil, Letra B, maço 6, doc.10.
Bernardo Vieira Ravasco, Letra B, maço 12, doc.149.
Brás Carneiro Leão, Letra B, maço 7, doc.4.
Cláudio Manuel da Costa, Letra C, maço 7, doc.3.
Cristóvão da Rocha Pita, Letra C, maço 10, doc.25.
Domingos Alves Branco, Letra D, maço 8, doc.1.
Domingos Martins Pereira, Letra D, maço 1, doc.16.
Domingos Pires de Carvalho, Letra D, maço 13, doc.84.
Domingos Rodrigues de Queirós, Letra D, maço 8, doc.3.
Domingos da Silveira Rego, Letra D, maço 11, doc.14.
Francisco Aurélio Teixeira, Letra F, maço 7, doc.17.
Francisco Correia de Araújo, Letra F, maço 25, doc.81.
Francisco Dias Coelho, Letra F, maço 25, doc.84.
Francisco Marinho Machado, Letra F, maço 26, doc.23.
Jerônimo Martins Fernandes, Letra J, maço 55, doc.3.
João Barbosa Pereira, Letra J, maço 68, doc.63.
João da Costa Monteiro, Letra J, maço 90, doc.11.
João de Oliveira Gouvim, Letra J, maço 3, doc.11.

João Francisco da Costa, Letra J, maço 64, doc.21.
João Pedro Borges de Góis, Letra J, maço 65, doc.40.
João Ribeiro de Oliveira, Letra J, maço 93, doc.9.
José Bonifácio de Andrada e Silva, Letra J, maço 67, doc.44.
José Ignácio Accioli de Vasconcelos Brandão, Letra J, maço 60, doc.17.
José Pereira Guimarães, Letra J, maço 70, doc.1.
José Pires de Carvalho e Albuquerque, Letra J, maço 39, doc.17.
José de Sousa Meireles, Letra J, maço 70, doc.41.
Luís Pereira de Lacerda, Letra L, maço 8, doc.18.
Manuel Carlos de Abreu e Lima, Letra M, maço 28, doc.22.
Manuel Nunes Viana, Letra M, maço 44, doc.13.
Manuel Ribeiro Guimarães, Letra M, maço 26, doc.9.
Martim Correia de Sá e Benevides, Letra M, maço 47, doc.29.
Matias Alves de Brito, Letra M, maço 25, doc.3.
Nataniel Lins de Albuquerque, Letra N, maço 4, doc.46.
Nicolau da Costa Guimarães, Letra N, maço 1, doc.17.
Pedro Carvalho de Morais, Letra P, maço 7, doc.5.
Sebastião da Rocha Pita, Letra S, maço 6, doc.52.
Teodósio Gonçalves da Silva, Letra T, maço 2, doc.4.
Tomás Gonçalves, Letra T, maço 5, doc.23.
Vicente José Queirós Coimbra, Letra V, maço 4, doc.6.

Habilitações da Ordem de São Bento de Avis
Brás Barbalho Feio, Letra B, maço 1, doc.27.
Domingos Rodrigues Carneiro, Letra D, maço 1, doc.1.
Luís da Mota Silveira, Letra L, maço 1, doc.40.

Habilitações da Ordem de Santiago
Amaro Cardigo, Letra A, maço 6, doc.10.
Antônio de Albuquerque, Letra A, maço 6, doc.24.

3. Desembargo do Paço

Leitura de bacharéis
Antônio Rodrigues Banha, Letra A, maço 26, doc.14.
Cristóvão Álvares de Azevedo Osório, Letra C, maço 3, doc.4.
Cristóvão de Burgos, Letra C, maço 2, doc.55.
João Eliseu de Sousa Sarrão, Letra J, maço 17, doc.47.
João de Góis e Araújo, Letra J, maço 16, doc.44.
João da Rocha Pita, Letra J, maço 17, doc.25.
João Rodrigues Campelo, Letra J, maço 18, doc.6.
Luís de Sousa Pereira, Letra L, maço 7, doc.6.
Simão Álvares de la Penha, Letra S, maço 5, doc.40.

4. Inquisição

Habilitações do Santo Ofício
Agostinho de Crasto Ribeiro, Letra A, maço 3, doc.42.
Antônio Rodrigues Campelo, Letra A, maço 29, doc.780.
Baltazar da Costa Bulcão, Letra B, maço 8, doc.125.
Brás Carneiro Leão, Letra B, maço 5, doc.66.
João Barbosa Pereira, Letra J, maço 27, doc.661.
Joaquim Coelho da Silva, Letra J, maço 18, doc.226.
Joaquim da Costa Dourado, Letra J, maço 21, doc.270.
José Pereira da Silva, Letra J, maço 21, doc.3.
José Vaz Salgado, Letra J, maço 45, doc.718.
Luís da Costa Monteiro, Letra L, maço 24, doc.465.

5. Arquivo dos Feitos Findos

Justificações de nobreza
Dona Ana Quitéria do Nascimento e Castro, maço 1, doc.31.
Antônio Correia Furtado de Mendonça, maço 2, doc.29.
Bento Bandeira de Melo e seu irmão Antônio Borges da Fonseca, maço 7, doc.9.
Domingos Rodrigues de Queirós, maço 9, doc.15.
Francisco Agostinho Gomes, maço 10, doc.14.
Dom Gabriel Garcez Gralha, maço 12, doc.3.
João Pedro Borges de Góis e seu irmão Doutor João Borges de Góis, maço 15, doc.37.
Manuel Carlos de Abreu e Lima, maço 25, doc.32.
Simplício Dias da Silva, maço 31, doc.48.

6. Cartório da nobreza

Caetano José de Almeida, maço 35, doc.7.
Francisco Gomes de Sousa, maço 24, doc.18.
Hipólito José da Costa Pereira, maço 32, doc.8.
José Antônio Gomes de Sousa, maço 34, doc.18.
José Mariano de Albuquerque Cavalcanti, maço 42, doc.12.
Manuel Carlos de Abreu e Lima, maço 20, doc.26.

7. Papéis do Brasil

Cod.4, microfilme, rolos 699 e 699A.

Avulsos 3, doc.6, "Relação das pessoas que vieram na fundação da cidade da Bahia, de que faz menção uma folha de pagamento que se acha na Junta da Fazenda Real da dita cidade".

8. Coleção Raul Duro Contreiras, maço 1, doc.21, 22, 48 e 53.

Biblioteca Nacional de Lisboa

Coleção Pombalina
Cod.475, f.394-5v, Pergunta sobre algumas terras do Brasil para se saber se se hão de julgar por de sesmaria ou por de capitania (Microfilme 7075).

Fundo Geral
Cod.1570, f.253-4, Provisão de D. João IV concedendo aos cidadãos da cidade de Belém os mesmos privilégios de que gozam os da cidade do Porto.
Cod.7627, Documentos do Dr. Tomé Pinheiro da Veiga.
Caixa 44, doc.43, Alvará de 21 de outubro de 1605.

Arquivo Histórico Ultramarino

Códices
Mercês gerais. Consultas.
Cod.87, 88, 89 e 90.
Cod.566, Conselho Ultramarino, Catálogo das ordens que se expediram para a capitania do Rio de Janeiro e as mais adjacentes no ano de 1761 (até 1765).
Cod.1257.

Avulsos

São Paulo
Cx.3, doc.204.
Cx.5, doc.337.
Cx.13, doc.7.
Cx.28, doc.1266.

Minas Gerais
Cx.58, doc.20.
Cx.59, doc. 19 e 49.
Cx.63, doc.47.
Cx.73, doc.11.
Cx.76, doc.50.
Cx.75, doc.31.
Cx.84, doc.60.
Cx.85, doc.28.
Cx.96, doc.47.

Cx.135, doc.8.
Cx.156, doc.20.
Cx.159, doc.15.
Cx.186, doc.66.

Bahia
Cx.177, doc.33, 34, 36, 47A, 63, 64, 67.
Cx.193, doc.32.
CA 69.
CA 189.
CA 2441-2.
CA 2573-9.
CA 2584-5.
CA 2804-7.
CA 3548-55.
CA 23802-3.

Rio de Janeiro
Cx.36, doc.67 e 102.
Cx.153, doc.3.
Cx.156, doc.16.
CA 6693-4.
CA 14982.

Pernambuco
Cx.27, doc.2426 e 2469.

Capitania do Rio Grande de São Pedro
Cx.20, doc.14.

Capitania do Rio Grande do Norte
Cx.9, doc.56.

Biblioteca Municipal do Porto

Códices 235, 296, 464, 516, 538 e 1054.

Sociedade de Geografia de Lisboa

Coleção Vidigueira, Cod.1, Livro da Fazenda da Capitania de Caeté.

Fontes impressas

ALGUNS documentos sobre a colonização do Brasil (século XVI). Lisboa: Alfa, 1989.
ALMANAQUES da cidade do Rio de Janeiro para os anos de 1792 e 1794. ABNRJ, 59, 1940.
ALMANAQUE da Corte do Rio de Janeiro para o ano de 1811. Rio de Janeiro: Impressão Régia, 1810.
ALMANAQUE do Rio de Janeiro para o ano de 1816. Separata da RIHGB, v.268, 1966.
ALMANAQUE para a cidade da Bahia. Ano 1812. Salvador: Conselho Estadual de Cultura/ Secretaria de Educação e Cultura da Bahia, 1973.
ANAIS do Arquivo do Estado da Bahia, v.39 e 42.
ANTONIL, André João. *Cultura e opulência do Brasil por suas drogas e minas*. Introdução e comentário crítico por Andrée Mansuy Diniz Silva. Lisboa: Comissão Nacional para as Comemorações dos Descobrimentos Portugueses, 2001.
APÊNDICE das leis extravagantes, decretos e avisos que se têm publicado do ano de 1747 até o ano de 1760.... Lisboa, 1760.
ARAÚJO, José de Sousa Azevedo Pizarro e. *Memórias históricas do Rio de Janeiro*. Rio de Janeiro: Imprensa Nacional, 1945-1951. 10v.
ARAÚJO, José Paulo de Figueiroa Nabuco. *Legislação brasileira, ou coleção cronológica das leis, decretos, resoluções de consulta, provisões, etc. desde o ano de 1808 até 1831*...Rio de Janeiro, 1936.
ATAS da Câmara de São Paulo. v.3, 1623-1628.
ATAS da Câmara de Salvador. v.8, 1718-1731.
BREVE exposição do comportamento público do visconde de Rio Seco. Lisboa: Imprensa Nacional, 1821.
BRITO, João Rodrigues de. *Cartas econômico-políticas sobre a agricultura e comércio da Bahia*. Salvador: Arquivo do Estado da Bahia, 1985.
CARNEIRO, Manuel Borges. *Extrato das leis, avisos, alvarás, assentos e editais, publicados nas Cortes do Rio de Janeiro e Lisboa, desde a época da partida d'el-rei nosso senhor em 1807 até julho de 1816*. Lisboa: Impressão Régia, 1816.
_____. *Resumo cronológico das leis mais úteis no foro e uso da vida civil, publicadas até o presente ano de 1818*. [Lisboa]: Impressão Régia, [1817-1820]. 3v.
_____. *Direito civil de Portugal contendo três livros, I Das pessoas; II Das cousas; III Das obrigações e ações*. Lisboa: Impressão Régia, 1826.
COLEÇÃO das leis do Brasil. Rio de Janeiro: Imprensa Nacional, 1891.
COLEÇÃO das leis, decretos e alvarás, que compreende o feliz reinado d'el-rei fidelíssimo D. José I. Lisboa, 1792. t.1.
[CASAL, Aires do]. *Corografia brasílica, ou relação histórico-geográfica do Reino do Brasil... por um presbítero secular do grão-priorado do Crato*. Rio de Janeiro: Impressão Régia, 1817. 2v.
CORDEIRO, Antônio. *História insulana das ilhas a Portugal sujeitas no Oceano Ocidental*. Lisboa: Oficina de Antônio Pedroso Galrão, 1717.

CORTESÃO, Jaime (Org.). *Pauliceae Lusitana Monumenta Historica*. Lisboa, 1956.
COSTA, João Pereira da. *Memória sobre a utilidade da extinção dos cadetes, cuja existência parece repugnante ao sistema constitucional e nociva ao serviço da pátria*. Lisboa: Impressão Liberal, 1822.
COSTA, Veríssimo Antônio Ferreira da. *Coleção sistemática das leis militares de Portugal dedicada ao príncipe regente n. s. e publicada por ordem do mesmo senhor, Primeira parte, Leis pertencentes à Tropa de Linha*. Lisboa: Impressão Régia, 1816.
COSTA, Vicente José Ferreira da. *Compilação sistemática das leis extravagantes de Portugal, Livro I, Leis militares*. s. n. t.
COUTO, D. Domingos Loreto. *Desagravos do Brasil e glórias de Pernambuco (1757)*. Rio de Janeiro: Biblioteca Nacional, 1904.
DEFINIÇÕES *e estatutos dos cavaleiros e freires da Ordem de Nosso Senhor Jesus Cristo, com a história da origem e princípio dela, oferecidos ao muito alto e poderoso rei Dom João V nosso senhor*. Lisboa: Oficina de Miguel Manescal da Costa, impressor do Santo Ofício, 1746.
DEUS, Frei Gaspar da Madre de. *Memórias para a história da capitania de São Vicente, hoje chamada de São Paulo*. São Paulo: s. n., 1953.
DIÁLOGOS *das grandezas do Brasil*. São Paulo: Melhoramentos, s. d.
DOAÇÕES *e forais das capitanias do Brasil, 1534-1536*. Lisboa: Torre do Tombo, 1999.
DOCUMENTOS *avulsos* (Arquivo do Estado de São Paulo), v.6.
DOCUMENTOS *históricos* (Biblioteca Nacional do Rio de Janeiro), v.6, 13, 37, 86, 90, 92 e 93.
DOCUMENTOS *interessantes para a história e costumes de São Paulo* (Arquivo do Estado de São Paulo), v.12, 15, 16, 27, 29, 32, 36, 60, 62, 75 e 94.
DOCUMENTOS *para a história do açúcar*. v.I. Legislação (1534-1596). Rio de Janeiro, 1954; v.III. Engenho Sergipe do Conde. Espólio Mem de Sá (1569-1579). Rio de Janeiro, 1963.
DOCUMENTOS relativos a Mem de Sá, governador-geral do Brasil. ABNRJ, t.27.
DRAMA *Aódia, recitado no Teatro do Pará, antes da ópera nele representada pelos auxiliares do Regimento denominado da cidade, em aplauso do fausto nascimento de SAR D. Maria Teresa*. Lisboa: Oficina de Simão Tadeu Ferreira, 1794.
EMENTA *de habilitações de ordens militares nos princípios do século XVII*. Lisboa: Biblioteca Nacional, 1931.
ESCRITURA de contrato entre os procuradores de Sua Majestade e Gil de Góis sobre a Capitania de Cabo Frio, Estado do Brasil. RIHGB, 56, Parte I, p.151-9.
EXPOSIÇÃO *analítica e justificativa da conduta e vida pública do visconde do Rio Seco, desde o dia 25 de novembro de 1807, em que Sua Majestade Fidelíssimo o incumbiu dos arranjamentos necessários da sua retirada para o Rio de Janeiro, até o dia 15 de setembro de 1821, em cujo ano dimitirá todos os lugares e empregos de responsabilidade de Fazenda, com permissão de Sua Alteza Real o príncipe regente do Brasil, concedida por decreto de 27 de agosto do presente ano, publicada por ele mesmo*. Rio de Janeiro: Imprensa Nacional, 1821.

FARIA, Manuel Severim de. Da nobreza das famílias de Portugal com a notícia da sua antiguidade, origem dos apelidos e razões dos brasões das armas de cada uma. In: *Notícias de Portugal*, Discurso III. 2.ed. Lisboa, 1740. (1.ed. 1655).

FERREIRA, Silvestre Pinheiro. Memórias políticas sobre os abusos gerais e modo de os reformar e prevenir a revolução popular, redigidas por ordem do príncipe regente no Rio de Janeiro em 1814 e 1815. RIHGB, 47.

FONSECA, A. J. V. Borges da. *Nobiliarquia pernambucana*. 2 v. Rio de Janeiro, 1935, ABNRJ, v.47 e 48.

[FRUTUOSO, Gaspar]. *História genealógica de S.Miguel*. s. n. t.

GAIO, Manuel José da Costa Felgueiras. *Nobiliário de famílias de Portugal*. Braga, 1989.

GUERREIRO, Padre Bartolomeu. *Jornada dos vassalos da Coroa de Portugal (1625)*. Rio de Janeiro: Biblioteca Nacional, 1966.

INFORMAÇÃO geral da capitania de Pernambuco (1749). ABNRJ, 28, 1908.

JABOATÃO, Frei Antônio de Santa Maria. *Catálogo genealógico das principais famílias que procederam de Albuquerques e Cavalcantis em Pernambuco e Caramurus na Bahia*. Introdução e notas de Pedro Calmon. Salvador: Empresa Gráfica da Bahia, 1985.

LEMBRANÇAS úteis tendentes a melhor reforma que o Brasil procura pela Constituição. Bahia: Tipografia Viúva Serva e Carvalho, 1821.

LEME, Pedro Taques de Almeida Pais. *História da capitania de São Vicente desde a sua fundação por Martim Afonso de Sousa em 1531, escrita por (...) em 1772*. RIHGB, v.6, 7 e 8, 1847.

_____. *Nobiliarquia paulistana histórica e genealógica*. São Paulo: Comissão do IV Centenário da cidade de São Paulo, [1954]. 3v.

LISBOA, Baltazar da Silva. Recordação memorável das pessoas ilustres que serviram à glória deste país até à época de 1710. RIHGB, 3.ed., t.V, 1886 (reimpressão dos n.17-20 de 1843), n.20, p.448-56.

LISBOA, José da Silva. *Princípios de Direito Mercantil e leis da Marinha para uso da mocidade portuguesa destinada ao comércio*. Lisboa, 1798.

LIVRO que dá razão do estado do Brasil. Rio de Janeiro: Instituto Nacional do Livro/Ministério da Educação e Cultura, 1968.

LOBÃO, Manuel de Almeida e Sousa de. *Tratado prático de morgados*. 2.ed. correta e adicionada pelo autor. Lisboa: Impressão Régia, 1814.

MARISCAL, Francisco de Sierra y. *Ideias gerais sobre a revolução do Brasil e suas consequências*. Rio de Janeiro: Biblioteca Nacional, 1926.

MARROCOS, Luís dos Santos. *Cartas de (...), escritas do Rio de Janeiro à sua família em Lisboa, de 1811 a 1821*. ABNRJ, 56, 1934.

MEMÓRIAS para as Cortes lusitanas em 1821, que compreendem corpos regulares dum e doutro sexo, ordens militares, corpo eclesiástico, bispos, abades, dízimos, bulas, Inquisição, Justiça, tropa, pensões, economia e polícia. Bahia: Tipografia Viúva Serva e Carvalho, 1821 (atribuídas a José Possidônio Estrada).

MENDONÇA, Marcos Carneiro de (Org.). *Século XVIII. Século pombalino do Brasil*. Rio de Janeiro: Xerox, 1989.

MORENO, Diogo de Campos. Memórias para a história da capitania do Maranhão. In: *Coleção de notícias para a História e Geografia das nações ultramarinas*. Lisboa, 1812.

NARRAÇÃO histórica das calamidades de Pernambuco sucedidas desde o ano de 1707 até o de 1715 com a notícia do levante dos povos de suas capitanias escrita por um anônimo e pelo mesmo correta e aumentada. Ano de 1749. RIHGB, 53, parte II, p.1-307, 1890.

OLIVEIRA, Francisco Xavier de (Cavaleiro de Oliveira). *Recreação periódica*. Lisboa: Biblioteca Nacional, 1922. 2v.

OLIVEIRA, Luís da Silva Pereira. *Privilégios da nobreza e fidalguia de Portugal*. Lisboa, 1806.

OLIVEIRA, Frei Nicolau de. *Livro das grandezas de Lisboa (1620)*. Lisboa: Veja, 1991.

PAPÉIS inéditos sobre João Fernandes Vieira. RIHGB, 25, parte II, p.23-50.

PARA uma gratificação a toda a honrada e valerosíssima tropa de primeira linha da guarnição do Rio de Janeiro, que tão subordinada como corajosamente deu o maior brilhantismo nos fastos da nação no dia 26 de fevereiro de 1821... [Rio de Janeiro: Impressão Régia, 1821].

PEGAS, Manuel Álvares. *Alegação de direito por parte dos senhores condes de Vimioso sobre a sucessão da capitania de Pernambuco composta pelo licenciado seu advogado e da Casa da Suplicação*. Évora: Oficina da Universidade, 1671.

PITA, Sebastião da Rocha. *História da América portuguesa*. Belo Horizonte: Itatiaia, 1976.

PORTUGAL, Tomás Antônio de Vilanova. Memória ao programa: Qual foi a origem, e quais os progressos, e as variações da jurisprudência dos morgados em Portugal. In: *Memórias de literatura portuguesa*. Lisboa: Academia Real de Ciências, 1792. t.III, p.374-470.

PRIVILÉGIOS e honras concedidos aos corpos de auxiliares ou milicianos até o ano de 1809. Lisboa: Tipografia Lacerdina, 1810.

PRIVILÉGIOS dos familiares e oficiais da Inquisição. Lisboa, 1685.

PROVISÕES e mercês concedidas ao brigadeiro José da Silva Pais. Rio Grande: Centro Rio-Grandense de Estudos Históricos, 1987.

UMA raridade bibliográfica: o Canto encomiástico de Diogo Pereira Ribeiro de Vasconcelos impresso pelo padre José Joaquim Viegas de Meneses, em Vila Rica, 1806, edição fac-similar com estudo histórico biobibliográfico de Lygia da Fonseca Fernendes da Cunha. Rio de Janeiro: Biblioteca Nacional; São Paulo: Gráfica Brasileira, 1986.

REGIMENTO dos familiares do Santo Ofício. *Cadernos de Estudos Baianos* (Salvador), 140, 1990.

REGIMENTOS das mercês e decretos relativos. Rio de Janeiro: Tipografia Imperial e Nacional, 1826.

REGISTRO geral da Câmara Municipal de São Paulo, v.12, 1796-1803.

RELAÇÃO de todos os ofícios da Fazenda e Justiça que há neste Estado do Brasil. In: *Documentação ultramarina portuguesa*. Lisboa: Centro de Estudos Históricos Ultramarinos, 1962. v.2, p.18-39.

RELAÇÃO dos 31 compromissários nomeados à pluralidade de votos pelos paroquianos da freguesia de Santa Rita em domingo 8 de abril de 1821, seguida de Relação dos 7 eleitores de paróquia nomeados à pluralidade de votos pelos 31 compromissários da freguesia de Santa Rita em terça-feira 10 de abril de 1821. Rio de Janeiro: Impressão Régia, 1821.

RELAÇÃO do levante de Pernambuco em 1710. *Brasília (Coimbra)*, 6, 1951.

RIBEIRO, João Pedro. *Índice cronológico remissivo da legislação portuguesa posterior à publicação do Código Filipino com um apêndice*. 2.ed. Lisboa: Academia das Ciências, 1805-1820. 4v.

RIBEIRO, João Pinto. *Obras várias*. Parte I. Coimbra, 1729.

SAMPAIO, Antônio de Vilas Boas e. *Nobiliarquia portuguesa. Tratado da nobreza hereditária e política*...Lisboa: Oficina de Filipe de Sousa Vilela, 1708.

SANTOS, Luís Gonçalves dos. *Memórias para servir à História do Reino do Brasil...* Rio de Janeiro: Livraria Zélio Valverde, 1943. 2v.

SILVA, Antônio Delgado da. *Coleção da legislação portuguesa desde a última compilação das Ordenações*. Lisboa, 1825-1830. 6v.

SILVA, José Justino de Andrade e. *Coleção cronológica da legislação portuguesa compilada e anotada por (...)*.Lisboa, 1854-1859. 10v.

SOUSA, Dom Antônio Caetano de. *Memórias históricas e genealógicas dos grandes de Portugal, que contém a origem e antiguidade de suas famílias, os estados e os nomes dos que atualmente vivem, suas árvores de costado, as alianças das Casas e os escudos de armas que lhes competem, até o ano de 1754*. 2.ed. Lisboa: Régia Oficina Silviana e da Academia Real, 1755.

SOUSA, Gabriel Soares de. *Notícia do Brasil*. Lisboa: Alfa, 1989.

SOUSA, Joaquim José Caetano Pereira e. *Esboço de um dicionário jurídico, teorético e prático, remissivo às leis compiladas e extravagantes*. Lisboa: Tipografia Rolandiana, 1825-1827, 2v.

[STUDART, Guilherme]. *Documentos para a História do Brasil e especialmente do Ceará*. Fortaleza, 1904-1921. 4v.

TELES, J. H. Correia. *Manual do tabelião, ou ensaio de jurisprudência euremática, contendo a coleção de minutas dos contratos e instrumentos mais usuais e das cautelas mais precisas nos contratos e testamentos*. Lisboa: Impressão Régia, 1819.

TESTAMENTO de Domingos Afonso Sertão, descobridor do Piauí. RIHGB, 20: 140--150, 1857.

TOMÁS, Manuel Fernandes. *Repertório geral, ou índice alfabético das leis extravagantes do Reino de Portugal, publicadas depois das Ordenações, compreendendo também algumas anteriores, que se acham em observância*. Coimbra: Real Imprensa da Universidade, 1819. 2v.

Tombo da Casa da Ponte. *Anais do Arquivo Público do Estado da Bahia*, 34, 1957.

VEIGA, Manuel Luís da. *Escola mercantil sobre o comércio assim antigo como moderno entre as nações comerciantes dos velhos continentes*. Lisboa, 1803.

VERA, Álvaro Ferreira. *Origem da nobreza política. Brasões de armas, apelidos, cargos e títulos nobres*. Lisboa: Matias Rodrigues, 1631.

Periódicos

Correio Brasiliense
Correio do Porto
Gazeta de Lisboa
Gazeta do Rio de Janeiro
Idade d'Ouro do Brasil
Semanário Cívico

Bibliografia

ALBUQUERQUE, Cleonir Xavier de. *A remuneração de serviços da guerra holandesa*. Recife: Imprensa Universitária, UFPE, 1968.

ALDEN, Dauril. *Royal government in colonial Brazil with special reference to the administration of the marquis of Lavradio, viceroy, 1769-1779*. Berkeley e Los Angeles: University of California Press, 1968.

_____. *The making of an entreprise*: the Society of Jesus in Portugal, its empire and beyond, 1540-1750. Stanford: Stanford University Press, 1996.

ALMEIDA, Cândido Mendes de. *Memórias para a história do extinto estado do Maranhão*. Rio de Janeiro: Tipografia do Comércio, 1860-1874.

BARATA, Manuel de Melo Cardoso. A capitania de Camutá: Breve notícia histórica. RIHGB, 69, parte II: 1908, p.183-92.

BARRETO, Carlos Xavier P. Morgadio dos Pais, do Cabo de Santo Agostinho. RIAHGP, 39: 64-70, 1944.

BELLOTTO, Heloísa. *Autoridade e conflito no Brasil colonial*: o governo do morgado de Mateus em São Paulo (1765-1775). São Paulo, 1979.

BICALHO, Maria Fernanda Batista. As representações da Câmara do Rio de Janeiro ao monarca e as demonstrações de lealdade dos súditos coloniais: séculos XVII e XVIII. In: CENTRO DE ESTUDOS DE HISTÓRIA DO ATLÂNTICO. *O município no mundo português*. Funchal, 1998.

BLAJ, Ilana, *A trama das tensões*: o processo de mercantilização de São Paulo colonial (1681-1721). São Paulo: Humanitas, 2002.

BOXER, Charles R. *Salvador Correia de Sá e a luta pelo Brasil e Angola, 1602-1686*. São Paulo: Nacional, s. d.

CALMON, Pedro. *História da Casa da Torre*: uma dinastia de pioneiros. 2.ed. Rio de Janeiro: J. Olympio, 1958.

DIAS, Carlos Malheiro (Org.). *História da colonização portuguesa no Brasil*. Porto: Nacional, 1921-1926. 3v.

DOMINGUES, Ângela. *Quando os índios eram vassalos*: colonização e relações de poder no Norte do Brasil na segunda metade do século XVIII. Lisboa: CNCDP, 2000.

DUTRA, Francis A. Membership in the Order of Christ in the seventeenth century: its rights and obligations. *The Americas*, 27: 3-25, 1970.

_____. Centralization vs. donatarial privilege: Pernambuco, 1602-1630. In: ALDEN, Dauril (Org.). *Colonial roots of modern Brazil*: Papers of the Newberry Library Conference. Berkeley: University of California Press, 1973.

_____. Duarte Coelho, first lord proprietor of Pernambuco: the beginning of a dinasty. *The Americas*, 37: 415-41, 1973.

_____. Blacks and the search for rewards and status in the seventeenth-century Brazil. *Proceedings of the Pacific Coast Council on Latin American Studies*, 6: 25-35, 1977-1979.

_____. Salvador Moreira, cirurgião e degredado no Maranhão, século XVII. *Textos de História*, 6 (1 e 2): 101-14, 1998.

_____. A hard-fought struggle for recognition: Manuel Gonçalves Dória, first afro-brazilian to become a knight of Santiago. *The Americas*, 56: 91-113, 1999.

_____. Os dotes dos hábitos das ordens militares de Santiago e de Avis em Portugal e no Brasil do século XVI. In: SILVA, Maria Beatriz Nizza da (Org.). *Sexualidade, família e religião na colonização do Brasil*. Lisboa: Livros Horizonte, 2001.

FALCI, Miridan Britt. O ilustre senhor da Parnaíba: Simplício Dias da Silva. *Anais da XIII Reunião da SBPH*, 1994.

FLORY, Era, SMITH, David Grant. Bahian merchants and planters in the seventeenth and early eighteenth centuries. HAHR, 58: 571-94, 1978.

FRAGOSO, João Luís Ribeiro. *Homens de grossa aventura*: acumulação e hierarquia na praça mercantil do Rio de Janeiro (1790-1830). Rio de Janeiro: Arquivo Nacional, 1992.

GOUVEIA, Maria de Fátima Silva. Os homens da governança do Rio de Janeiro em fins do século XVIII e início do XIX. In: CENTRO DE ESTUDOS DE HISTÓRIA DO ATLÂNTICO. *O município no mundo português*. Funchal, 1998.

GUIMARÃES, Carlos Magno, REIS, Liana Maria Reis. Agricultura e caminhos de Minas (1700-1750). *Revista do Departamento de História (Belo Horizonte)*, 4: 85-99, 1987.

HIGGS, David. Comissários e familiares da Inquisição no Brasil ao fim do período colonial. In: NOVINSKI, Anita, CARNEIRO, Maria Luiza Tucci (Org.). *Inquisição*: ensaios sobre mentalidade, heresias e arte. São Paulo: Edusp, 1992.

KENNEDY, John Norman. Bahian elites, 1750-1822. HAHR, 53 (3): 415-39, 1973.

KIEMEN, Mathias C. *The Indian policy of Portugal in the Amazon region, 1614-1693*. Washington DC: The Catholic University of America Press, 1954.

LALANDA, Maria Margarida de Sá Nogueira. Os municípios micaelenses nos séculos XVI e XVII. In: CENTRO DE ESTUDOS DE HISTÓRIA DO ATLÂNTICO. *O município no mundo português*. Funchal, 1998.

LAMEGO, Alberto. *A terra goitacá à luz de documentos inéditos*. Bruxelas: L'Éditon de l'Art, [1913]. 6v.

LAPA, M. Rodrigues. *Vida e obra de Alvarenga Peixoto*. Rio de Janeiro: Instituto Nacional do Livro, 1960.

LEONZO, Nanci. *As companhias de ordenanças na capitania de São Paulo*: das origens ao governo do morgado de Mateus. São Paulo: Coleção Museu Paulista, 1977.

LIMA, Américo Pires de. *Privilégios concedidos aos "cidadões" do Rio de Janeiro por el-rei Dom João IV*. Coimbra: Coimbra Editora, 1948.

MALERBA, Jurandir. *A Corte no exílio*: civilização e poder no Brasil às vésperas da independência. São Paulo: Companhia das Letras, 2000.

MATOS, Artur Teodoro de. O império colonial português no início do século XVII: elementos para um estudo comparativo das suas estruturas econômicas e políticas. *Arquipélago (Açores)*, Série História, 1: 181-223, 1995.

MAXWELL, Kenneth. *A devassa da devassa*: a Inconfidência Mineira: Brasil e Portugal, 1750-1808. 3.ed. Rio de Janeiro: Paz e Terra, 1985.

MELLO, Christiane Pagano de. Os corpos de ordenanças e auxiliares e a hierarquia do bem comum na capitania do Rio de Janeiro. *Anais da XXI Reunião da SBPH (Curitiba)*, 2002.

MELLO, Evaldo Cabral de. *Olinda restaurada*: guerra e açúcar no Nordeste. 1630-1654. São Paulo: Edusp, 1975.

_____. *O nome e o sangue*: uma fraude genealógica no Pernambuco colonial. São Paulo: Companhia das Letras, 1989.

_____. *A fronda dos mazombos*: nobres contra mascates, 1666-1715. São Paulo: Companhia das Letras, 1995.

MELLO, José Antônio Gonsalves de. *Dom Antônio Filipe Camarão, capitão mor dos índios da costa do Nordeste do Brasil*. Recife: Universidade do Recife, 1954.

_____. *Francisco de Figueiroa, mestre de campo do terço das ilhas em Pernambuco*. Recife: Universidade do Recife, 1954.

_____. *Henrique Dias, governador dos pretos, crioulos e mulatos do estado do Brasil*. Recife: Universidade do Recife, 1954.

_____. A nobiliarquia pernambucana. *Estudos Pernambucanos (Recife)*, 1960.

_____. Nobres e mascates na Câmara do Recife, 1713-1738. RIAHGP, 53: 113-262, 1981.

_____. *Um mascate e o Recife. A vida de Antônio Fernandes de Matos no período de 1671--1701*. 2.ed. Recife: Fundarpe, 1981.

MELLO, José Antônio Gonsalves de. *João Fernandes Vieira, mestre de campo do terço de infantaria de Pernambuco*. Lisboa: CNCDP, 2000.

MEREA, Paulo. A solução tradicional da colonização do Brasil. In: DIAS, Carlos Malheiro (Org.). *História da colonização portuguesa no Brasil*. Porto: Nacional, 1921--1926. v.III.

METCALF, Alida. *Family and frontier in colonial Brazil*: Santana de Parnaíba, 1580-1822. Berkeley: University of California Press, 1992.

MONTEIRO, Ana Rita. *Legislação e atos de posse do Conselho Ultramarino (1642-1830)*. Porto: Universidade Portucalense, 1997.

MONTEIRO, John Manuel. *Negros da terra*: índios e bandeirantes nas origens de São Paulo. São Paulo: Companhia das Letras, 1994.

MONTEIRO, Nuno Gonçalo. Notas sobre nobreza, fidalguia e titulares nos finais do Antigo Regime. *Ler História (Lisboa)*, 10: 15-51, 1987.

_____. Casa e linhagem: o vocabulário aristocrático em Portugal nos séculos XVII e XVIII. *Penélope (Lisboa)*, 12: 43-63, 1993.

_____. O "ethos" da aristocracia portuguesa sob a dinastia de Bragança: algumas notas sobre a Casa e o serviço ao rei. *Revista de História das Ideias (Coimbra)*, 19: 383-404, 1997.

MORAIS, Francisco. Estudantes da Universidade de Coimbra nascidos no Brasil. *Brasília (Coimbra)*, 4, 1949.

NEVES, Erivaldo Fagundes. *Uma comunidade sertaneja*: da sesmaria ao minifúndio (um estudo de história regional e local). Salvador: Universidade Federal da Bahia; Feira de Santana: Universidade Federal de Feira de Santana, 1998.

NEVES, Guilherme Pereira das. *E receberá mercê*: a Mesa da Consciência e Ordens e o clero secular no Brasil, 1808-1828. Rio de Janeiro: Arquivo Nacional, 1997.

NEVES, Lúcia Maria Bastos Pereira das. *Corcundas e constitucionais*: a cultura política da Independência (1820-1822). Rio de Janeiro: Revan/Faperj, 2003.

OLIVAL, Fernanda. O Brasil, as companhias pombalinas e a nobilitação no terceiro quartel de setecentos. In: *Do Brasil à metrópole*: efeitos sociais (séculos XVII-XVIII). Universidade de Évora, 2001.

_____. *As ordens militares e o Estado moderno*: honra, mercê e venalidade em Portugal (1641-1789). Lisboa: Estar, 2001.

PEDREIRA, Jorge Miguel. Os negociantes de Lisboa na segunda metade do século XVIII: padrões de recrutamento e percursos sociais. *Análise social (Lisboa)*, 27: 407-40, 1992.

PEREIRA, Ângelo. *Os filhos d'el-rei D. João VI*. Lisboa: Empresa Nacional de Publicidade, 1946.

_____. *D.João VI príncipe e rei*. Lisboa, 1953-1958. 4v.

PERES, Fernando da Rocha. A família Matos na Bahia do século XVII. *Cadernos de Estudos Baianos (Salvador)*, 132, 1988.

PETERSEN, Dwight E. Sweet success: some notes on the founding of a brazilian sugar dinasty. the Pais Barreto familiy of Pernambuco. *The Americas*, 40: 325-48, 1984.

PINHO, Wanderley. *História de um engenho do Recôncavo*: Matoim, Novo Caboto, Freguesia: 1522-1944. 2.ed. São Paulo: Nacional; Brasília: INL, 1982.

PINTO, Albano da Silveira. *Resenha das famílias titulares e grandes de Portugal*. Lisboa: Empresa Editora de Francisco Artur da Silva, 1883.

PINTO, Luís de Aguiar Costa. *Lutas de famílias no Brasil*: introdução ao seu estudo. 2.ed. São Paulo: Nacional, 1980.

PINTO DE AGUIAR. *Bancos no Brasil colonial*: tentativas de organização bancária em Portugal e no Brasil até 1808. Salvador: Progresso, 1960.

PUNTSCHARDT, William. Riqueza e poder em Sorocaba na época de D. João VI. *Anais da XVI Reunião da SBPH*, Curitiba, 1997.

RESENDE, Maria Efigênia Lage de. Negociação sobre formas de executar com mais suavidade a "novíssima" lei das Casas de Fundição. *Varia Historia (Belo Horizonte)*, 21: 259-73, 1999.

RUI, Afonso. *História da Câmara Municipal da cidade do Salvador*. Salvador: Câmara Municipal, 1953.

RUSSELL-WOOD, A. J. R. *Society and government in colonial Brazil*: 1500-1822. Aldershot: Variorum, 1992.

_____. *A world on the move*: the Portuguese in Africa, Asia and America, 1415-1808. Manchester: Carcanet Press, 1992.

SALDANHA, Antônio Vasconcelos de. *As capitanias do Brasil*: antecedentes, desenvolvimento e extinção de um fenômeno atlântico. 2.ed. Lisboa: CNDP, 2001.

SALGADO, Graça (Org.). *Fiscais e meirinhos*: a administração no Brasil colonial. 2.ed. Rio de Janeiro: Arquivo Nacional/Nova Fronteira, 1990.

SARAGOÇA, Lucinda. *Da Feliz Lusitânia aos confins da Amazônia (1615-1662)*. Lisboa: Cosmos, 2000.

SCHWARTZ, Stuart B. *Sovereignty and society in colonial Brazil*: the High Court of Bahia and its judges, 1609-1751. Berkeley, Los Angeles, Londres: University of California Press, 1973.

_____. The voyage of the vassals: royal power, noble obligations, and merchant capital before the Portuguese Restoration of Independence, 1624-1640. *The American Historical Review*, 96 (3): 735-62, 1991.

_____. *Sugar plantations in the formation of brazilian society*: Bahia, 1550-1835. Cambridge: Cambridge University Press, 1985.

SILVA, Ignácio Accioli de Cerqueira e. *Memórias históricas e políticas da Bahia*, com notas de Brás do Amaral. Bahia: Imprensa Oficial do Estado, 1931. v.3.

SILVA, Maria Beatriz Nizza da. *Análise de estratificação social*: o Rio de Janeiro de 1808 a 1821. São Paulo, 1975 (Boletim n.7, Nova série, Departamento de História, n.6, Faculdade de Filosofia, Letras e Ciências Humanas).

SILVA, Maria Beatriz Nizza da. *A primeira gazeta da Bahia: Idade d'Ouro do Brasil*. São Paulo, Cultrix, 1978.
_____. *Movimento constitucional e separatismo no Brasil, 1821-1823*. Lisboa: Livros Horizonte, 1988.
_____. Relações familiares e patrimônios na capitania de S. Vicente. *Ler História (Lisboa)*, 19: 71-103, 1990.
_____. Herança no Brasil colonial: os bens vinculados. *Revista de Ciências Históricas (Porto)*, 5: 291-319, 1990.
_____. *História da família no Brasil colonial*. Rio de Janeiro: Nova Fronteira, 1998.
_____. *Cultura luso-brasileira*: da reforma da Universidade à independência do Brasil. Lisboa: Estampa, 1998.
_____. A elite baiana: senhores de engenho e negociantes. *Anais. Série História (Lisboa)*, Universidade Autônoma de Lisboa, 5/6: 201-12, 2000/2001.
SIQUEIRA, Sônia. *A Inquisição portuguesa e a sociedade colonial*. São Paulo: Ática, 1978.
SOARES, Sérgio Cunha. Nobreza e arquétipo fidalgo: a propósito de um livro de matrículas de filhamentos (1641-1724). *Revista de História das Ideias (Coimbra)*, 19: 403-55, 1997/1998.
SUBTIL, José Manuel Louzada Lopes. *O Desembargo do Paço (1750-1833)*. Lisboa: Universidade Autônoma de Lisboa, 1996.
TORRES, José Veiga. Da repressão religiosa para a promoção social: a Inquisição como instância legitimadora da promoção social da burguesia mercantil. *Revista Crítica de Ciências Sociais (Coimbra)*, 40: 109-35, 1994.
TOSTES, Vera Lúcia Bottrel. *Títulos e brasões, sinais de nobreza*. Rio de Janeiro: JC Editora, 1996.
VEIGA, Afonso Costa Santos. *Luís de Albuquerque de Melo Pereira e Cáceres, governador e capitão general de Cuiabá e Mato Grosso*. Arouca, 1997.
VIANA, Hélio. Liquidação das donatarias. RIHGB, 273: 147-58, 1966.
_____. Donatarias, morgados e senhorios do Brasil. In: _____. *Capítulos de história luso-brasileira*. Lisboa: Academia Portuguesa da História, 1968.
WEHLING, Arno e Maria José. O magistrado do Tribunal da Relação: origem geográfica e social. *Anais da XVI Reunião da SBPH*, Curitiba, 1997.

Obras de referência

ALMEIDA, Eduardo de Castro e. *Inventário dos documentos relativos ao Brasil existentes no Arquivo da Marinha e Ultramar de Lisboa*. Rio de Janeiro: Biblioteca Nacional, 1913--1914. 2v.
BLUTEAU, Rafael. *Vocabulário português e latino*. Coimbra: Real Colégio das Artes de Companhia de Jesus, 1712-1721. 10v.

CATÁLOGO *da exposição de modelos de brasão e cartas de nobreza e fidalguia*. Juiz de Fora, 1965.
(CASTELO BRANCO, João Carlos Feo de). *Dicionário aristocrático contendo os alvarás dos foros de fidalgos da Casa Real que se acham registrados nos Livros das Mercês, hoje pertencentes ao Arquivo da Torre do Tombo desde os mais antigos que neles há até os atuais*, t.1 (único publicado), A-E, Lisboa, 1840.
FARINHA, A. R. Sanches de Baena. *Dicionário aristocrático que contém todos os alvarás de foros de fidalgos da Casa Real, médico, reposteiros e porteiros da Real Câmara, títulos e cartas de Conselho. Fiel extrato dos Livros do Registro das Mercês existentes no Arquivo Público do Rio de Janeiro desde 1808 até setembro de 1822...* Lisboa: Tipografia Panorama, 1867.
EMENTAS *de habilitações de ordens militares nos princípios do século XVII*. Lisboa: Biblioteca Nacional, 1931.
INVENTÁRIO *dos Livros de Matrícula dos Moradores da Casa Real*. Lisboa: Imprensa Nacional, 1911-1917. 2v.
INVENTÁRIO *dos Livros das Portarias do Reino*. Lisboa: Imprensa Nacional, 1909-1912. 2v.

Teses não publicadas

ANTUNES, Álvaro de Araújo. *Espelho de cem faces*: o universo relacional do advogado setecentista José Pereira Ribeiro. Belo Horizonte, 1999. Mestrado – Universidade Federal de Minas Gerais.
BICALHO, Maria Fernanda Batista. *A cidade e o império*: o Rio de Janeiro na dinâmica colonial portuguesa. Séculos XVII e XVIII. São Paulo, 1997. Doutoramento – Universidade de São Paulo.
LEONZO, Nanci. *Defesa militar e controle social na capitania de São Paulo*: as milícias. São Paulo, 1979. Doutoramento – Universidade de São Paulo.
LUGAR, Catherine. *The merchant community of Salvador, Bahia, 1780-1830*. UMI, 1980. Doutoramento – University Microfilms International.
MORAES, Vera Lúcia Vilhena. *O morgado de Marapicu*. São Paulo. Mestrado – Universidade de São Paulo.
PEDREIRA, Jorge Miguel Viana. *Os homens de negócio da praça de Lisboa de Pombal ao vintismo (1755-1822)*: diferenciação, reprodução e identificação de um grupo social. Lisboa, 1995. Doutoramento – Universidade Nova de Lisboa.
PUNTSCHARDT, William. *Os negociantes de grosso trato no Brasil colonial (1808-1822)*. São Paulo, 1992. Mestrado – Universidade de São Paulo.
RODRIGUES, Maria Isabel da Silva Reis Vieira. *O governador Francisco Xavier de Mendonça Furtado no Grão-Pará e Maranhão (1751-1759)*: contribuição do seu epistolário para a história portuguesa do Brasil. Lisboa, 1997. Mestrado – Universidade de Lisboa.

SOBRE O LIVRO

Formato: 16 x 23 cm
Mancha: 28 x 50 paicas
Tipologia: Iowan Old Style 10/14
Papel: Offset 75 g/m² (miolo)
Cartão Supremo 250 g/m² (capa)
1ª edição: 2005

EQUIPE DE REALIZAÇÃO

Coordenação Geral
Sidnei Simonelli

Produção Gráfica
Anderson Nobara

Edição de Texto
Túlio Kawata (Preparação de Original)
Ana Paula Castellani e
Sandra Regina de Souza (Revisão)
Oitava Rima Prod. Editorial (Atualização Ortográfica)

Editoração Eletrônica
Santana